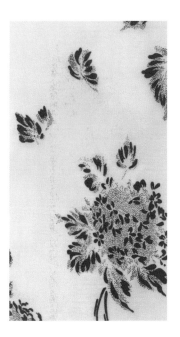

유민영·전성희 편

차범석 전집
3

희곡
1965-1969

태학사

차범석 전집 - 희곡 3(1965~1969)

초판 1쇄 인쇄 2018년 11월 23일
초판 1쇄 발행 2018년 11월 30일
엮은이 유민영·전성희
펴낸이 지현구
펴낸곳 태학사
등록 제406-2006-00008호
주소 경기도 파주시 광인사길 223
전화 마케팅부 (031) 955-7580~2 편집부 (031) 955-7584~90
전송 (031) 955-0910
홈페이지 www.thaehaksa.com   **전자우편** thaehak4@chol.com

ISBN 978-89-5966-994-3 04680
ISBN 978-89-5966-991-2 (세트)

〈풍운아 나운규〉 포스터

〈열대어〉 포스터

〈장미의 성〉 포스터

〈장미의 성〉 공연사진

〈장미의 성〉 공연사진

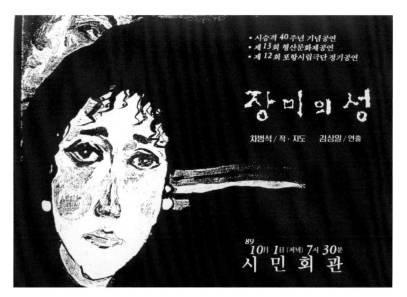

〈장미의 성〉 포스터

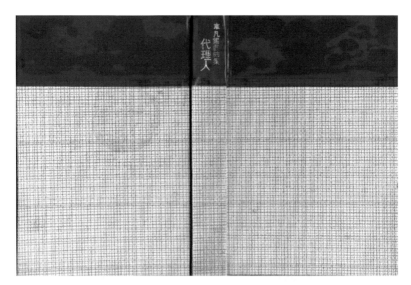

「대리인」 표지

〈대리인〉 포스터

〈대리인〉 포스터

〈대리인〉 공연사진

〈대리인〉 공연사진

발간사

유민영

차범석 선생은 생전에 감투 쓰는 것에 그렇게 연연하지는 않았지만 그의 비중에 걸맞게 문화예술계 인사들이 오르기 어려운 큰 자리를 모두 거쳤다. 가령 한국문예진흥원장과 대한민국예술원 회장, 그리고 예술대학장 등이 바로 그런 자리였는데, 그 외에도 각종 잘디잔 감투를 누구보다도 많이 썼었다. 그러나 그가 어디에 글을 쓸 때, 붙이는 호칭에는 언제나 극작가라고 적었다. 이처럼 그는 여러 가지 감투는 잠시 지나가는 자리고 자신은 어디까지나 극작가로서 자부하고 있었지 않나 싶다.

그럴 수밖에 없는 것이 그의 평생을 놓고 볼 때 교사, 방송국 PD, 교수, 그리고 문예진흥원장 등 고정월급으로 생활한 기간보다는 극작가로서 원고료를 받고 산 기간이 더 길 것이기 때문이다. 그만큼 그는 자신이 일생을 보내면서 역사 속에 남길 유산은 어떤 자리가 아니라 문화예술계에 던져놓는 방대한 작품이라고 확신했던 것으로 보인다.

따라서 그가 생전에 가장 갈망했던 것은 전집출판이었고, 사후에는 자신의 이름을 딴 희곡상 제정이었다. 그래서 그는 만년에 12권짜리 전집을 발간하려고 목차까지 다 짜놓고 출판사와 접촉하다가 출판사정이 여의치 않아 무산됨으로써 생전의 꿈을 이루지 못하고 소천했지만 사후의 꿈인 희곡상 제정만은 유족과 조선일보사의 협조로 잘 되어 유망한 후진을 계속 양성하고 있다.

저간의 사정을 가장 잘 아는 이는 유족이지만 필자 역시 선생과 가까이 지내면서 그에 관한 이야기를 많이 했던 터라서 항상 숙제를 안고 있었다. 그러다가 이번에 유족 측의 용단과 태학사의 호의로 그의 꿈인 12권짜리 전집을 발간케 되어 숙제를 푼 것 같아 기쁘다. 그런데 이번에 전집을 준비하면서 선생을 잘 안다고 생각했던 필자마저 놀랄 정도로 그가 방대한 작품을 남겼음을 발견케 되었다. 희곡사적으로는 유치진에 이어 소위 리얼리즘극을 심화 정착시킨 작가지만 그의 창작범위는 상상을 초월한다. 즉 희곡을 필두로 하여 무용극본, 오페라극본, 시나리오, 악극대본, 그리고 방송드라마 등에 걸쳐 편수를 헤아리기 어려울 정도로 엄청난 작품을 남긴 것이다. 그가 작품만 쓴 것도 아니고, 자전을 비롯하여 수많은 연극평론과 에세이도 남겼다.

그런데 더욱 놀라운 것은 그 많은 글을 그가 순전히 수작업 手作業으로 해냈다는 사실이다. 선비적인 기질 때문인지 그는 일평생 컴퓨터, 운전, 휴대폰, 카드까지 거부하고 만년필과 볼펜으로 수십만 장의 원고지를 메꾼 셈이다. 문제는 작품이 너무 넘쳐서 12권 속에 모두 주어 담을 수가 없다는데 있었다. 그래서 할 수없이 나머지 작품들은 다음 기회에 별도로 내기로 하였다.

이 전집이 순탄하게 나올 수 있도록 도와준 차범석재단 차혜영 이사장 및 유족, 작품을 열심히 찾아내고 교정까지 보아준 전성희, 이은경 교수, 지방에서 멀리 올라와서까지 도와준 김삼일 석좌교수와 홍미희 목포문학관 학예사, 그리고 박명성 대표 등에 감사하고 태학사 지현구 사장 및 직원들에게도 고마움을 표한다.

아버지의 전집 발간에 부쳐

차혜영

사랑하는 아버지!

아버지 가신지 12년이 지났습니다.

세월이 흘러도 아버지는 생전의 그 모습 그대로 카랑카랑한 목소리는 제 가슴에 남아 아버지의 못 다 이룬 이야기들을 들려주시는 듯, 문득문득 부족한 제 자신에 죄송한 마음이 들곤 합니다.

쓰고 싶은 일 하고 싶은 일이 너무 많아 83년의 시간이 너무나도 부족하셨나요? 바람처럼 살다보니 시간조차 쫓아오지 못해서 늙지도 않는다는 아버지의 욕심이 사단이었나 싶습니다.

아버지 가신 뒤 우리는 그저 무력하게 아무것도 할 수 없었습니다. 그때 저희를 일깨워 준 '신시뮤지컬 컴퍼니'의 박명성 대표의 은혜는 영원히 잊지 못합니다.

머뭇거리지 말고 하루 빨리 '차범석 재단'을 만들어 다음 해 부터라도 아버지를 기리는 일을 해야 한다고 우리를 설득했지요.

참 복도 많으신 우리 아버지! 아버지의 양아들 박 대표는 우리가 해야 할 일이 무엇인지 아버지의 뜻을 알고 있었답니다. 거기에 평생 아버지의 행동대장이시던 어머니는 사시던 집을 팔아 부족하지만 결코 부끄럽지 않은 재단이 탄생되었습니다. 10여 년 재단을 운영하며 아버지께서 가장 안타까워하시던 『차범석 전집』을 숙제처럼 가슴에 지니고 있었습니다. 그러던 지난 2016년 6월 6일 아버지의 10주기 날 저녁 유민영 교수님께서 전화를 주셨습니다.

"『차범석 전집』을 내야지? 오늘 문득 그 생각이 나서 말이야. 더 늦으면 나도 힘들어" 교수님은 그 날이 아버지 기일인지 모르셨다며 놀라셨습니다. 저는 순간 아버지께서 교수님의 생각을 빌어 말씀해 주시는 것 같은 착각에 가슴이 떨렸습니다.

그때부터 유민영 교수님의 기획 하에 전성희 교수님의 집요한 열정은 폭풍처럼 아버지의 여든 세 해의 시간을 무섭게 파고 드셨습니다. 가끔 저는 교수님의 일 하시는 모습에서 아버지의 깐깐한 모습을 보는 듯 깜짝 놀라기도 했습니다.

세월이 지나도 변함없는 의리와 애정으로 저희를 지지 해주시는 포항의 김삼일 교수님, 아버지의 발자취가 모조리 남아있는 목포 문학관의 홍미희 학예사님의 아낌없는 성원, 또한 첫 작업부터 완성까지 무조건으로 힘든 일 함께 해 주신 이은경 교수님, 그리고 저희의 풍족치 못한 재정에 항상 고민 하시면서도 출판을 맡아 주신 태학사 지현구 대표님이 계셔서 꿈같은 『차범석 전집』이 세상에 빛을 보게 되었습니다.

사랑하는 아버지!

『차범석 전집』의 책 커버는 아버지께서 어머니께 선물하신 저고리를 모티브로 어머니의 영정사진에서 전성희 교수님의 기발한 아이디어로 진행되었지만 이 모든 것에서 또 하나의 기적을 보는 듯 합니다. 아버지께서는 저 세상에 계시면서 우리를 총지휘 하시는 것 같은 착각 말입니다. 저희는 아버지라면 어떠셨을까를 항상 염두에 두고 하나하나 조심스럽게 만들어 나갔습니다.

아버지의 흡족해하시는 모습을 훗날 만날 수 있기를 기대합니다.

아버지의 영전에 아버지 여든 세 해의 소중한 작품을 바칩니다.

차범석의 생애와 예술

전성희

　차범석은 한국연극사에서 최고의 사실주의 희곡작가이며 64편의 희곡을 발표한 다작의 작가다. 한국에서 사실주의 연극의 시작은 유치진에 의해서였지만 찬란하게 꽃을 피운 것은 차범석이다. 그러나 무용, 뮤지컬, 오페라, 국극, 악극에 이르기까지 다양한 예술 분야뿐만 아니라 방송대본에 이르기까지 전방위적인 활동을 펼쳤던 차범석을 연극계의 인물로만 한정할 수는 없다. 그가 가장 애착을 가졌던 분야는 연극이었지만 그의 뛰어난 극작술과 다양한 예술에 대한 이해는 여러 장르의 대본을 창작할 수 있는 바탕이 되었고 그 결과 연극 이외의 분야에도 많은 작품들을 남길 수 있었다.

　차범석은 1924년 11월 15일(음력 10월 19일) 전라남도 목포시 북교동 184번지에서 아버지 차남진(車南鎭) 어머니 김남오(金南午) 사이에서 3남 3녀 중 차남으로 태어났다.

　일본 유학생 출신의 아버지는 중농 규모의 할아버지 유산을 잘 관리했을 뿐만 아니라 간척사업에 착수, 농토를 늘려 천석지기 지주가 되었는데 이는 아버지가 진취적이면서도 이재와 치산에 밝았기 때문일 것이다. 그 덕에 차범석은 유복한 가정에서 성장할 수 있었고 이러한 안정적인 가정환경은 차범석이 식민지의 궁핍한 상황에서도 교육과 일정부분 제도적 보살핌을 받을 수 있었다.

　차범석은 외향적이며 저돌적인 형이나 소유욕이 강하고 고집스러운 아우의 성정과는 달리 말수도 적었고 자기주장을 하기 보다는 조용히 책을 읽거나 어머니의 곁을 지켰다. 보통학교 4학년 때 교지 「목포학보」에 〈만추〉라는 글을 실어 '예사롭지 않은 문재'가 엿보인다는 말을 듣고 소설가를 꿈꾸기도 했다.

이 무렵부터 차범석은 목포극장과 평화관을 드나들며 영화 관람에 빠졌고 1930년대 전후의 영화를 두루 섭렵, 극예술에 대한 이해를 넓힐 수 있었다. 6학년이 되던 해 그는 최승희의 무용 발표회를 보고 큰 충격과 감동을 받았다. 최승희는 차범석에게 '무대라는 세계, 막이 객석과 무대를 갈라놓은 공간, 보여주는 자와 봐주는 자 사이의 공존의 의미를 깨우쳐 준 첫 번째 예술가'였다.

어릴 적 차범석의 이름은 평균(平均)이었는데 중학교 입시를 앞두고 범석(凡錫)으로 개명, 이후 줄곧 범석이라는 이름으로 활동했다. 광주고등보통학교(后에 광주서중으로 개칭) 진학을 위해 목포를 떠나 광주로 갔지만 소극적인 성격은 변함이 없었다. 호기심이 많았던 그는 책방을 드나들며 하이네나 바이런의 시집, 일본 소설들을 읽고 장차 문학가가 되어야겠다는 꿈을 키웠다. 그러면서도 차범석은 어린 시절 목포에서 그랬던 것처럼 광주에서 보낸 5년 동안 약 4, 50편의 영화를 관람하고 영화 잡지까지 사서 보는 등 적극적으로 영화의 세계에 빠져 들었다. 후에 연극으로 진로를 변경하기는 했지만 극의 세계라는 같은 뿌리의 영화에 마력을 느꼈다. 방학이 되면 목포 본가에 내려가서 골방에 있었던 세계문학 등을 독파했다.

아버지는 차범석이 의사가 되기를 원했지만 그는 의사보다는 문학과 예술에 뜻을 두고 있었다. 아버지와의 불화는 권위적인 아버지가 어린 시절부터 형과 차별 대우를 했던 것에서 비롯, 그를 내성적이고 비사교적인 반면 '회의적이고 반항적이면서 한편으로는 미지의 세계에 대한 도전성과 공격성'을 갖고 있는 사람으로 성장하게 했다.

학교를 졸업하고 진학을 위해 도쿄로 건너가 2년 동안 입시 준비를 하면서도 극장에를 드나들었다. 이 극장은 '예술적인 호기심에다 불붙인 하나의 매체이자 기폭제'였으며 차범석에게 '직접적으로 드라마가 무엇인가를 암시하고 시사하고 터득해 준 교실'이었다. 이 무렵 차범석은 영화뿐만 아니라 일본 연극에도 관심이 생겨 자주 관람했다.

연이어 입시에 실패한 차범석은 재수 준비를 하고 있었는데 전쟁으로 위험하니 귀국하라는 아버지의 명령으로 급히 돌아왔다. 차범석은 귀국하자마자 군대를 가야하는 징집의 위기를 맞았지만 병역면제의 혜택을 받기 위해 1년 과정의 관립광주사범학교 강습과에 입학을 했다. 교육에 뜻이 있었던 것이 아니었기 때문에 현실도피 생활에서 오는 자포자기의 심정과 허무는 그를 술로 이끌었고 이후 차범석의 건강과 삶에 큰 영향을 미쳤다. 교사 발령 4개월 만에 징집, 4개월간의 군대생활 중 해방이 되고 다시 모교에 복직하게 되었다.

그는 1946년 문학공부를 위해 연희전문학교 전문부 문과에 입학, 뒤늦게 사회적 정치적으로 개안을 하게 되었다. 친일세력에 대한 과거청산이 역사적 필연성에 있다는 것과 동학혁명정신이 광주학생독립운동이나 3.1운동 정신과도 맥을 같이 한다는 것이다. 이러한 역사의식의 재확인은 자아각성으로 연결되고 그 결과 문학이나 연극에 대한 인식과 태도도 달라질 수밖에 없었다. 그래서 차범석은 일제 말기에 폐간되었던 문학잡지 「문장」의 전 질을 구해 읽으며 다시 문학공부를 하는 등 문학의 참다운 뿌리를 찾기 위해 노력했다. 자신이 가야할 길이 문학과 연극에 있다는 신념으로 문학서클 '새마을회'에서도 활동하고 '연희극예술연구회'를 조직하기도 했다.

대학 시절 "우리가 처해있는 현실을 그대로 거울 속에 비춰보고 싶다"는 그에게 유치진의 강의는 사실주의에 대한 확신을 갖게 해주었고 이후 자신의 연극관으로 삼게 되었다. 그러면서 차범석은 직업극단의 공연과

차범석의 생애와 예술

연습장까지 찾아다니는 등 점차 연극 세계에 깊이 빠져들어 갔다.

1949년 유치진이 만든 제 1회 전국남녀대학 연극경연대회에 '연희극예술연구회'가 차범석 역/연출의 〈오이디프스 왕〉으로 참가, 우수상을 수상했다. 차범석은 연극경연대회에 함께 참가했던 각 대학의 연극인들을 모아 '대학극회'를 조직하는데 앞장섰다. 그리고 1950년 초 국립극장이 설치되자 당시 유치진 극장장의 배려로 전속단원이 되어 현장에서 활동할 기회를 가질 수 있었다. 그러나 그것도 잠시 한국전쟁이 발발하자 고향으로 피난을 갔던 차범석은 목포중학에서 교편을 잡았다. 교직생활 중에도 습작을 게을리 하지 않으면서도 '목중예술제'를 만들었다. 목중예술제에서 1951년 처녀작 〈별은 밤마다〉를 무대에 올리고 주연까지 맡았다. 이 시기에 〈닭〉, 〈제4의 벽〉, 〈전야〉, 〈풍랑〉 등의 습작품을 정훈잡지에 발표했다.

대학 다닐 때 방학이면 고향에 내려와 목포청년들과 주변의 섬들을 여행하며 얻었던 소재를 바탕으로 〈밀주〉를 창작, 1955년 조선일보 신춘문예에 가작으로 입선하였다. 가작 입상에 만족을 못한 차범석은 이듬해 조선일보 신춘문예에 재도전, 〈귀향〉이 당선되었다. 〈밀주〉는 흑산도, 〈귀향〉은 해남을 무대로 그가 나고 유년시절을 보낸 바닷가 마을이 배경이다. 차범석은 〈밀주〉에서 가난한 어민들의 찌든 삶을 그렸지만 〈귀향〉에서는 가난한 농민을 묘사하면서 그 이유가 사회의 부조리와 모순 때문이라는 것을 지적했다. 이 지점에서 그의 희곡의 특성, 즉 로컬리즘을 바탕으로 한 사실주의 출발을 확인할 수 있다.

신춘문예 당선을 계기로 서울로 이주, 덕성여고에서 교편을 잡고 중앙무대를 향한 열정을 불태우며 창작에 몰두했다. 그러면서도 대학극회에서 같이 활동했던 김경옥, 최창봉, 조동화, 박현숙, 노희엽, 이두현 등과 '제작극회'를 결성, 한국연극에 새로운 바람을 일으켰다. 이 시기에 차범석은 활발하게 희곡을 창작, 문예지에 〈불모지〉, 〈4등차〉, 〈계산기〉, 〈상주〉, 〈분수〉, 〈나는 살아야 한다〉 등을 발표했다. 앞서 발표했던 로컬리즘을 바탕으로 한 사실주의극과는 다르게 고향을 벗어나 전쟁으로 좌절한 사람들을 사실적으로 묘사했다. 특히 〈껍질이 째지는 아픔 없이는〉은 4·19 1주년 기념공연으로 제작되었는데 혼탁한 정치 상황에서 드러난 신, 구세대 간의 갈등을 형상화한 것으로 차범석의 정치, 사회의 비판적 인식을 확인해 볼 수 있는 작품이다.

이러한 창작 경향은 이후에 〈산불〉(1961년)로 절정을 이루었다. 차범석의 대표작이며 '한국 사실주의 희곡의 최고봉'이라고 일컬어지는 〈산불〉은 6·25전쟁을 겪은 작가가 전쟁을 객관화시키는 사유의 시간을 통해 이데올로기가 인간을 어떻게 파괴하는지를 리얼하게 보여주었다. 그러한 점에서 〈산불〉은 한국 사실주의 연극의 수준을 한 단계 끌어올렸다고 할 수 있다. 차범석은 당시의 연극들이 '답답한 소극장 응접실 무대' 위주였던 데에서 벗어나 대숲이 있는 마을을 무대로 "이념의 대립과 갈등이 동족 전쟁을 야기하고 궁극적으로 인간 그 자체를 파괴해 간다는 강렬한 메시지"를 전달, 차범석 전후의 대표작이 되었다.

〈산불〉은 국립극장 초연 당시 큰 인기를 얻었고 이후 영화로, 방송 드라마로, 오페라로, 뮤지컬(〈섀도우 댄싱〉)로 다양한 매체의 전환을 통해 관객과 만날 수 있었다. 원 소스 멀티 유즈라는 측면에서 보면 〈산불〉은 원천컨텐츠로서의 가치가 충분한 작품이다.

차범석은 〈산불〉의 성공 이후 신협 재기를 위한 이해랑의 요청으로 〈갈매기떼〉를 집필, 국립극장 무대에 올려 〈산불〉 못지않은 인기를 끌었다. 목포 부둣가에 있는 영흥관이라는 식당을 둘러싸고 벌어지는 정치권력과 조직폭력배간의 갈등, 그리고 그로 인해 무구하게 희생당하는 서민들을 그려냈다.

〈산불〉과 〈갈매기떼〉의 성공으로 고무된 차범석은 전문적인 극단을 창단하기로 마음을 먹었다. 당시 연극계가 동인제 극단시대로 진입하기 시작했고 드라마센터의 개관이라는 연극상황의 변화가 일어나고 있었기 때문에 이전의 아마추어적인 '제작극회'로는 변화에 대처할 수 없을 것이라는 판단에서였다. '제작극회' 다른 멤버들의 반대를 무릅쓰고 1963년 연극의 대중화와 전문화를 지향하는 극단 '산하(山河)'를 창단했다. 현실과 동떨어진 번역극 대신 창작극을 주로 공연했고, 극단 창단 당시 의도했던 대로 지방공연도 가지면서 왕성하게 활동을 이어갔다.

이 무렵 차범석은 MBC로 직장을 옮겨 바쁜 와중에도 극단 '산하'의 일뿐만 아니라 창작에도 매진, 〈청기와집〉, 당시 유명 배우 강효실을 위해 집필, '산하'에 상업적 성공을 안겨준 〈열대어〉, 〈풍운아 나운규〉, 동성애 문제를 다룬 〈장미의 성〉, 〈대리인〉, 정치와 정치인을 풍자한 〈왕교수의 직업〉 등의 희곡 외에도 '산하'의 공연을 위해 여러 편의 각색 작업과 연출로도 참여하였다.

1969년 사단법인 한국연극협회 제 7대 이사장으로 선출되면서 협회 일에 열심을 냈고 원래 하고 있었던 방송국 일과 작품 집필, 극단 운영 등으로 건강에 이상이 생겼다. 1970년 봄 간염으로 병원에 입원, 방송국까지 그만 두었지만 발병 전에 국립극장에서 차기공연작으로 위촉한 장막극 〈환상여행〉을 집필했다. 그는 책임감 때문에 와병 중에도 약속을 지키기 위해 무리를 하면서도 완성을 했다.

차범석이 병원에서 퇴원 후 1년간의 요양생활을 하는 동안 같이 활동했던 사람들이 이런저런 이유로 그의 곁을 떠났다. 그는 인생이 철저하게 외로운 것이며 이 길은 자신이 원해서 가는 것이니 누구도 원망하지 않겠다는 결단을 내렸다.

1972년 차범석은 MBC - TV 요청으로 일일연속극 〈물레방아〉를 집필했다. 〈물레방아〉는 당시로서는 드물게 5개월 동안 방영, 100회를 넘겼으며 이러한 롱런은 MBC - TV 사상 최초였다. 이전에 라디오 드라마와 TBC (동양방송) 단막극, 〈태양의 연인들〉과 같은 특집극을 쓰기도 했지만 TV

일일연속극은 그로서도 처음이었지만 성공적이었다. 드라마의 성공은 차범석에게 경제적 안정을 가져다주었고 그래서 차범석은 연극 현장으로 돌아올 수 있었다.

1974년 6년 동안 맡았던 한국연극협회 이사장직을 이진순에게 내주고 그 해 봄 극단 산하의 사무실도 마련하고 연극현장의 기록이 소실되는 것이 안타까워 〈극단 산하 십년사〉를 펴내는 등 다각적인 연극활동을 펼쳤다. 그런데 1975년 동양극장과 '산하' 간의 전속 계약을 체결, 계약금과 중도금을 지불하고 의욕적으로 공연을 준비하던 차에 동양극장의 매각 사실을 알게 되었다. 속수무책 사기를 당한 차범석은 잔금은 안 털렸으니 다행이라고 스스로를 위로했다. 이러한 차범석의 긍정적 태도는 이후 창작태도에도 영향을 미쳤다.

유신의 시대를 거치면서 유신을 지지하기보다는 오히려 부정적인 시선을 견지하고 있었던 그였지만 〈약산의 진달래〉, 〈활화산〉 같은 새마을 극본을 쓰기도 했다. 그렇지만 새마을운동의 찬양이 아니라 "나와 함께 살아가는 이 시대의 이야기"로 가난과 싸우는 농촌여성의 "삶을 리얼하게 묘사함으로써 우리가 안고 있는 퇴영적이면서도 부정적인 행태를 드러내"려 했다. 이 시기에 그의 역사인식은 자연스럽게 개화기를 향했다. 〈새야새야 파랑새야〉에서는 동학도와 같은 민중의 저항을, 〈손탁호텔〉에서는 외세의 압력에도 불구하고 꿋꿋이 자존을 지키기 위해 투쟁하는 서재필과 같은 진보적 청년들의 연대를 그리면서 창작의 지평을 넓혀갔다.

1970년대 중반에 들어서면서 연극계는 상업주의가 팽배하고 있었는데 이것은 '산하'가 지향하는 연극 대중화와는 달랐다. 차범석은 연극에 있어 앙상블을 중요하게 생각했기 때문에 한두 명의 스타에 의존, 웃음을 파는 연극을 극도로 경계했다. 그런데 상업주의가 판치던 당시의 연극현실은 동인제 시스템을 고수했던 차범석에게는 절망적이었다. 그런 상황에서도 문학성과 연극성을 지닌 레퍼토리라면 승산이 있을 것이라고 판단,

차범석의 생애와 예술

1979년 〈제인 에어〉를 무대에 올렸다. 그러나 관객들의 외면으로 흥행에 실패하고 말았다. 일련의 일들로 차범석은 '산하'가 추구하는 대중성에 대한 회의가 일어나고 '산하'의 해산문제까지 생각하기도 했다. 그렇지만 차범석은 유신정권의 횡포와 비민주적 정권욕으로 급격하게 경색되어가는 시대에 연극을 통해서 이야기를 해야겠다는 결심을 했다. 연극대본의 사전심사제로 창작극의 공연이 어렵게 되자 숀 오케이시의 〈쥬노와 공작〉 연습에 들어갔다. 1980년 5월 공연을 보름 앞두고 광주민주화항쟁이 일어나자 차범석은 공연중지를 선언했다. 그 이유는 사람들이 총칼에 쓰러지고 있는데 연극을 하고 있을 수 없다는 것이었다.

실의에 빠진 차범석에게 MBC-TV에서 농촌드라마 의뢰가 들어왔다. 옴니버스 형식의 농촌드라마 〈전원일기〉를 1년 동안 총 48회 집필했다. 1980년 10월 22일 '박수칠 때 떠나라'를 시작으로 1981년 10월 20일 '시인의 눈물'까지 꼭 1년을 썼는데 어수선한 시국에 농촌에 대한 향수를 자극해 최고의 드라마로 자리를 잡았고 이후 20년 동안 방송되면서 최장수 드라마로 남았다. 그런데 차범석은 연극을 하기 위해 방송국의 간청에도 불구하고 〈전원일기〉 집필을 포기했다.

'산하'에 돌아와 1980년에 준비하다 중단했던 〈쥬노와 공작〉을 무대에 올려 보았지만 흥행에 참패하고 말았다. 그리고 '산하'의 재기를 위해 옛 멤버들을 규합해 보려했지만 이마저도 여의치 않았다. 결국 〈산불〉 공연마저 실패하고 1983년 '산하'를 해단하는 어려운 결정을 내렸다.

그를 무대로 이끌었던 유년시절의 최승희 공연의 영향과 대학시절 춤을 배우러 다녔던 경험 때문이었는지 1982년 조영숙무용단의 〈강〉을 시작으로 최청자무용단의 〈갈증〉 등 무용극으로 창작의 장르를 확대해 나갔다. 이후에 무용극 〈도미부인〉(1984년 국립무용단, LA 올림픽참가공연), 〈십장생도〉(1988년 홍정희발레단), 〈저 하늘 저 북소리〉(1990년 국립무용단), 〈고려애가〉(1991년 국립발레단), 〈꿈의 춘향〉(1992년 서울시

립무용단), 〈파도〉(1995년 국립국악원 무용단), 〈오데로〉(1996년, 국립
무용단) 등 여러 편의 무용극 대본을 창작했다.

1983년 차범석은 청주대학교의 요청에 의해 연극영화과 교수로 부임
했다. 조용한 곳에서 창작의 기회를 가질 수 있다는 점이 그에게 매력적
으로 다가왔고 학생들과의 생활이 연극판에서 지친 그에게 활력을 주었
다. 그러나 그가 예술대학장직을 맡으면서 휴식은 끝나고 말았다. 당시는
학원민주화 운동이 번지고 있었을 때였다. 누구보다도 민주화를 열망해
왔던 그였지만 과격해진 학생들의 기물파괴 등의 파괴적인 행동은 받아
들일 수 없었다. 목포 북교초등학교, 덕성여고에서 교사로 재직하고 있을
때 불의를 보면 참지 못하고 투쟁을 했던 그로서도 학생들의 그런 행동은
받아들일 수 없었고 결국 보직에서 물러났다.

그 때 '서울88예술단'이 조직되면서 차범석에게 단장을 맡아달라는 제
의가 들어왔다. 단장직을 수락했지만 총체가무극이라는 것이 그가 생각
했던 연극의 방향과 맞지 않았을 뿐만 아니라 관의 간섭이 싫었던 그는
창립공연으로 〈새불〉을 올리고 다시 대학으로 복귀했다. 생래적으로 구
속을 싫어하고 자유를 추구했던 그로서는 이러한 상황이 견디기 어려웠
을 것이다. 오죽했으면 목포북교 초등학교 시절 자신이 담당했던 학급의
급훈이 자유였을까.

대학으로 돌아간 그는 특정사회단체의 요청이기는 하지만 신채호를
다룬 〈식민지의 아침〉, 김대건 신부의 일대기를 그린 〈사막의 이슬〉 등
활발하게 창작활동을 이어갔다. 1989년 학교 측에서 총장으로 추대하려
는 움직임이 보이자 교수직을 사퇴하고 이후 서울예술대학의 교수로 자
리를 옮겨 창작에 몰두했다. 이 시기에 차범석은 창작방식에 있어 변화가
일어나 이전의 창작방식에서 벗어나 형식과 주제가 다양한 작품을 발표
했다.

1992년 징용 노무자의 딸 야마네 마사코의 자전적 수기를 바탕으로

차범석의 생애와 예술

쓴 〈안네 프랑크의 장미〉는 '일본제국주의의 만행을 용서와 화해의 차원에서 접근' 하였으며, 〈통곡의 땅〉은 백범 김구의 삶을 작품화하면서 한국현대사에서 이념문제를, 〈나는 불섬으로 간다〉에서는 소작쟁의와 그로 인해 생긴 연좌제 문제를 제기하기도 했다. 작가적 연륜이 깊어가면서도 차범석의 의식은 언제나 날카롭게 깨어 있어 부당하거나 문제가 있는 것에 대해서는 비판적 태도를 취하는 스탠스만큼은 변함이 없었다. 이색적으로 〈바람 분다, 문 열어라〉에서는 여성들의 변화를, 〈그 여자의 작은 행복론〉에서는 어머니와 아들 간의 근친상간적 욕망을 그려내는 등 소재의 영역도 넓혀갔다.

차범석은 본래 대중예술과 고급예술을 경계 짓는 것에 대해 우려를 해왔다. 어떤 작가보다 사회의식이 있는 작품을 쓰면서도 대중성 또한 중요하게 생각했다. 노년의 차범석은 그 경계를 허물고 〈가거라 38선〉 같은 악극의 대본을 쓰거나 의뢰를 받은 것이긴 하지만 뮤지컬 〈처용〉, 오페라 〈백록담〉, 〈연오랑 세오녀〉의 대본 등을 썼다. 그러면서도 〈옥단어!〉(2003년)와 같은 작품에서는 깊은 사유의 절정을 보여주었다. 이 작품은 '단순한 연극이 아닌 우리의 현대사와 그 아픔을 되돌아보자는 데에 그 의미를' 두고 있다. 차범석은 〈옥단어!〉에서 자신이 '평생 동안 삶의 방식으로 지켜온 자유정신을 투영'시켰으며 떠돌이 옥단이를 통해 인생의 허망함을 보여주면서 한국적 사실주의의 진전을 이루어 냈다는 평가를 받았다.

2006년 세상을 떠날 때까지 차범석은 다양한 장르를 경계 없이 넘나들며 많은 작품들을 발표했던 현역 작가였으며 연극인이었다. 자리에 욕심을 낸 적이 없었던 차범석이지만 한국연극협회 이사장, 한국문예진흥원장, 대한민국예술원회장 등을 지내 예술인으로서 영광도 누렸다.

차범석 전집 3

■

차례

고구마 (1막)

- **등장인물**

    아버지(50세), 완고한 농부

    어머니(48세), 어질고 순한 부인

    은순(14세), 명랑하나 고집이 센 소녀

    오영택(22세), 서울 A대학 국어국문학과 학생

    동네 처녀 두 사람

- **때**

    어느 시골

- **곳**

    겨울 저녁 때

무대

B읍에서 30리쯤 떨어진 마을. 사방이 산으로 에워싸이고 개울이 있는 평화로운 풍경이다.

무대 오른쪽에 초가집 한 채. 부엌을 사이에 두고 방이 둘 있고, 오른쪽 큰 방 앞에는 툇마루가 있다. 지붕은 낡았고, 흙벽은 연기에 그을려 있다. 옥수숫대로 엮어 세운 울타리 밖은 바로 한길이며, 그 아래로 이웃집의 초가 지붕만이 몇 개 보인다.

막이 오르면, 아버지가 방에서 상반신을 내밀고 앉아 있다. 잔뜩 찌푸린 미간이며, 주름살이 고랑을 이룬 이마며, 움푹 꺼진 볼이 그다지 건강한 몸이 아님을 보여 준다. 어머니는 양지 바른 마당에 앉아서 새끼를 꼬고 있다. 이따금 긴 한숨을 내쉬는 것으로 보아 무슨 걱정거리가 있는 모양이다. 멀리 기차 지나가는 소리.

아버지 (부엌 쪽을 향해 소리를 버럭 지른다) 은순아! 그래도 못 나오겠니?

어머니 (일을 계속하며) 글쎄 그만 해 두시라니까요. 이제 저도 말귀를 알아들을 수 있는 나인데……

아버지 (어머니에게) 알아들을 나인데 왜 통발에서 미꾸라지 빠져 나가듯 하는가 말이오!

어머니 점례랑 끝순이가 한사코 나가자니까 한 번 따라가 본 거래요, 그러니 그만……

아버지 (핏대를 올리며) 임자가 그런 식으로 두둔을 하니까 점점 못되어 간단 말이오.

어머니 (쓴웃음을 지으며) 원, 영감도…… 제가 언제 두둔을 해요? 다만 동네 아이들이 읍내에 야학 夜學이 섰다고 가 보자고 하니까 구경삼아 나갔다는데, 그게 잘못인가요?

아버지 그럼, 상 받을 짓인가, 응? 열네 살이면 어린애가 아니란 말이오. 어디를 함부로 나다녀요, 나다니긴. 그것도 밤마을을……

어머니 (긴 한숨을 쉬며) 따지고 보믄 은순이만 탓할 건 못 되지요.

아버지 뭐라고?

어머니 남의 집 아이들처럼 잘 입히고 잘 먹이지 못한 데다가 학교도 고작 초등학교밖에 못 보냈으니……

아버지 그거면 됐지, 뭐가 모자란단 말이오? 여자가 초등학교나 마쳤으면 감지덕지지, 또 뭐가 필요해?

어머니 그래도 대세는 못 막아요. 웬만한 집 아이들은 읍내 중학교, 고등학교까지 마쳐요.

아버지 흥! 여자가 밖으로 나돌아다니면 되바라져서 못써요. 게다가 그런 돈이 어디 있어? 그런 돈 있으면 비료 사서 농사짓는 데 쓰는 게 훨씬 이익이지.

어머니 농사야 이제 은철이 돌아오면 거들어 줄게 아뇨?

아버지 흥! 은철이 돌아오기 기다리다간 없는 손자의 환갑 지나겠어! 그 녀석도 아비 말대로 집에서 농사나 지으면서 살 일이지. 돈벌이 나가고는 종무소식이니…… (한숨을 쉬며) 자식도 못 믿어요, 못 믿어.

어머니 그래도 우리 아이들은 쓸모가 있을 테니 두고 보셔요. (자리에서 일어선다)

아버지 쓸모? 흥! 우리도 자식 덕 보기는 다 틀렸어! 저렇게 젊은 놈들이 한사코 밖으로만 뛰쳐나가려 하니. 이건 소나 말처럼 외양간에다가 매어 둘 수도 없고, 어떻게 한다지? (다시 화가 치밀어 오르는 듯 부엌을 향해) 은순아, 냉큼 나오지 못해?

어머니 (새끼를 감으면서 부드럽게) 은순아, 어서 나와서 아버지께 말씀드려라, 다시는 안 나가겠다고…… 어서!

　　　　　　　　　　　　　　　　　　고구마

이때, 부엌에서 은순이가 나온다. 입이 뾰로통해서인지 볼이 유난히 붉어 보인다.

어머니 그렇게 서 있지만 말고 아버지께 빌어!

은순 제게 무슨 잘못이 있어요?

아버지 뭐라고?

은순 공부하고 싶어하는 게 뭐가 잘못이란 말씀이어요?

어머니 (타이르듯) 은순아!

은순 서울서 대학생들이 내려와서 야간 학교를 열게 된 것은 모두가 우리를 위한 고마운 일인데……

아버지 (방에서 마루로 나오면서) 듣기 싫어! 그게 어째서 우리를 위한 일이야! 팔자가 좋으니까 심심풀이로 하는 짓들인데, 네가 왜 덩달아서 춤을 추는가 말이다.

어머니 여보! 그게 무슨 당치도 않은 말씀이셔요? 어째서 심심풀이여요?

아버지 그렇지! 지난 여름에 서울서 왔다던 학생들 못 봤어? 농사를 짓기에 땀 흘리는 농꾼들 앞에서 춤추고 놀아나던……

은순 (안타깝게) 그렇지만, 오 선생님은 그런 분이 아니어요.

아버지 오 선생? (따지듯) 오 선생이 누구냐, 응?

은순 (약간 머뭇거리다가 결심이라도 한 듯) 야간 학교를 지도하시는 대학생이어요. 대학 졸업반인데, 친구분들과, 우리처럼 가정 형편이 어려워서 못 배우는 사람들에게 봉사하러 오셨어요. 그런데, 아버지는 무턱대고 미워하시다니 너무 하셔요.

아버지 내가 미워하는 게 잘못이냐? 우리 처지에 그까짓 야간 학교에 나갈 여유가 어디 있어?

은순 낮에는 일하고 밤에 시간을 내서 배운단 말이어요. 수업료도 없어요.

아버지 공짜가 어디 있니? 그렇게 달콤한 사탕발림으로 사람을 혹하게
해 놓고 나중에 가서는 손을 내미는 게야.

어머니 여보! 그렇지만, 은순이뿐만 아니라 다른 아이들도 함께 배운다
는데 어떨라고요.

아버지 안 된다면 안 돼! 그까짓 공부를 해서 쌀이 나오냐, 금이 나오냐?

은순 배우지 못하면 잘 살 수 없는 법이래요.

아버지 뭐라고? 누가 그따위 소릴 하던?

은순 오 선생님이어요. 우리 조상들은 그저 이어받은 땅에서 이어받은
농사 기술로 죽어라 땀만 흘리면서 살아 왔는데, 이건 잘못이래요.

어머니 (약간 겁이 난 듯) 그런 얘길 했어?

은순 외국의 농촌이 잘 사는 것은 농부들이 배우면서 일하는 까닭이래
요. 농지 정리도 그렇고, 종자 저장하는 법도 그렇고, 모든 면에서
배우고 연구하면서 일들을 하니까 그만큼 잘 살 수 있는 거래요.
교육은 도시 사람만 받고 농촌 사람은 안 받아도 된다는 생각부
터 고쳐야 우리도 잘 살 수 있단 말씀이어요.

아버지 (어이없다는 표정으로) 아니, 벙어리가 갑자기 말문이 터졌나, 왜
이렇게?

은순 아버지, 생각해 보셔요. 가난하다고 언제까지나 체념하면서 살
수는 없잖아요?

아버지 그래, 네가 야학에 나간다고 갈대밭에서 콩이 나온다던?

은순 갈대밭을 손질해서 콩이 나오도록 노력을 해야죠, 해 보지도 않
고 어떻게……

어머니 (약간 감동이 되면서) 은순아, 너도 말하는 폼이 제법이로구나! 언
제 그런 걸 다 배웠니?

은순 어머니, 나 어머니한테 한 가지 거짓말을 했어요.

어머니 거짓말?

은순 예! 야학에는 꼭 한 번만 나간 게 아니라, 벌써 3주일째 다녔어요.

아버지 (입을 떡 벌리며) 뭐, 3주일이나?

은순 그동안 국어도 배우고 수학도 배웠지만, 그것보다도 저는, 농촌 사람도 더 배우고 깨치면 지금보다 더 잘 살 수 있다는 자신을 얻은 게 얼마나 마음 든든한지 몰라요. 그러니, 아버지께서 한 번 오 선생님을 만나 보셔요. 그렇게 되면……

아버지 나보고 오 선생을 만나 보라고? 내가 왜 그런 사람을 만나? 아니, 나더러 야학에 나가란 말이냐?

은순 그런 말씀이 아녀요.

아버지 듣기 싫다! 사람은 분수에 맞게 살아야 해. 송충이는 솔잎 먹게 마련이다. 부엉이는 산에서 울어야 해.

이때, 오영택이 조심스럽게 한길에서 등장. 그 뒤에 두 처녀가 따라 나온다. 집을 알려 주려고 온 듯하다. 오영택은 처녀들의 손짓으로 집 안을 기웃거린다. 이때, 오영택을 발견한 아버지가 눈을 부릅뜨고 소리를 지른다.

아버지 누구요?

이 말에 어머니가 고개를 길게 빼며 살펴본다. 아버지의 노기찬 어조에 놀랐는지, 두 처녀는 황급히 되돌아가고, 오영택은 머뭇거린다.

어머니 누구 찾으셔요? (일어선다)

은순이, 무심코 돌아본다. 오영택임을 확인하자, 금세 볼이 붉어진다.

은순   어머나! 오 선생님…… (가까이 간다)

영택   (멋쩍게 웃으며) 마침 집에 있었군요.

은순   어떻게 오셨어요?

영택   실은, 아버님을 만나 뵙고 싶어서…… (사이) 계셔요?

은순   예, 그렇지만, (난처한 표정이다) 몸이 편찮으신데다가……

영택   알고 있어요. 성품이 까다로우시다는 것도……

은순   선생님! 지금 만나지 마셔요.

영택   왜요? 직접 만나 뵙고 말씀드리고 싶은데……

아버지 (크게) 은순아! 뭘 하고 있어? 냉큼 안 들어와?

어머니 (가까이 가며) 무슨 일이지?

은순   어머니! 오 선생님이셔요.

어머니 옳아, 서울서 오셨다는……

영택   (공손히 인사를 하고서) 어머님 되시는군요? 저는 오영택이라고 합니다.

어머니 (손을 쓱쓱 비비며 겸연쩍게 웃는다) 말씀 많이 들었어요. 수고가 많으시다고.

영택   별 말씀을…… 여러분께서 협력을 해 주시는 덕택으로 잘 되어 가고 있을 뿐입니다. 더구나 따님은 머리가 영리하고 노력을 아끼지 않는 편이라서 성적이…… (수첩을 꺼내면서) 이게 제1차 시험 성적인데, 학급에서 가장 뛰어난 점수입니다.

어머니 (놀라움과 기쁨을 억제하지 못하는 양) 어머나, 그래요? 참 이러고 있을 게 아니라……, 자, 들어오셔요.

영택   예. (뒤를 따라 들어온다)

가까이 오는 영택을 보자, 아버지는 노골적으로 적의와 경멸의 표정을 짓는다.

어머니 (그 서먹서먹한 분위기를 조성하려는 듯 명랑한 표정으로) 영감, 글쎄 우리 은순이가 학급에서 일등이라지 뭐요. (아버지는 휙 돌아앉고는 대꾸도 않는다) 여보, 선생님이 좀 뵙겠다는데…… 하실 말씀도 있으시대요.

아버지 (돌아앉은 채) 얘기하시오. 돌아앉았어도 귀는 제대로 뚫렸으니까.

영택 (약간 멋쩍었지만 일부러 상냥스럽게) 처음 뵙겠습니다. 진작 인사를 드려야 옳았을 터인데, 야학을 시작하다 보니까 그만……

아버지 (여전히 쌀쌀하게) 그런 인사 같으면 들으나마나니까…… 용건을 말해 봐요.

영택 저……

아버지 우리 은순이를 야학에 내보내 달라는 건 아니겠죠? (곁눈으로 흘겨본다)

영택 사실은 그 일 때문에…… (부엌 문짝에 기대어 서 있는 은순이와 시선이 마주친다)

어머니 영감, 보아하니 이 선생님은 지난여름에 내려왔던 학생들과는 다른 것 같아요. (호기심이 서린 시선으로 훑어본다)

아버지 당신이 뭘 안다고 그래? 어서 들어가서 저녁이나 지어요.

어머니 에그, 그렇지만……

영택 이런 말씀 드려서 어떨지 모르겠습니다만, 저에게 대해서 무슨 오해를 품고 계신 게 아닙니까?

아버지 오해라고?

영택 저희는 이번 겨울 방학이 대학 생활 4년을 통한 마지막 방학이기도 합니다. 그래서, 몇몇 친구들과 의논한 끝에 뭔가 뜻깊은 일을 남겨보자고 하여 여기에 오게 된 것입니다.

아버지 흥! 고기만 먹다가 식상 食傷이 나서 토장국을 찾는 거겠지!

영택 (차차 열면 어조로) 그런 건 결코 아닙니다. 저희가 이렇게 봉사활동에 나선 것은 일시적인 허영이나 영웅심에서가 아닙니다. 저희는 무엇인가 내 손으로 씨앗을 뿌리고 내 손으로 거둬보자고 애쓰는 것뿐입니다. 번잡한 도시의 소용돌이 속에서 안이하게 살아가는 세속적인 생활에서 벗어나, 교육의 혜택을 제대로 받지 못한 후배들에게 정신적인 양식을 나누어주고 싶어서였습니다. 저희는 그렇다고 보수를 바라거나 칭찬을 받겠다는 욕망도 없습니다. 다만, 도시이건 농촌이건 저희는 다 함께 나누어 가질 수 있는 기쁨과 보람을 찾고자 하는 것 뿐입니다. 여러분께서는 한 줄의 글보다는 한 줌의 쌀이 더 필요하시겠죠! 한 권의 책보다는 한 포대의 비료가 더 절실하시겠죠! 하지만, 그건 갈증 났을 때 일시적으로 목을 축여 주는 냉수에 불과합니다. 우리가 남들처럼 잘 살 수 있는 길은, 먼저 우리 자신이 알고, 우리 자신이 자각하고, 우리 자신이 자신 自信을 가지는 것입니다.

아버지 (차차 동화되어 가는 듯 천천히 돌아앉으며) 자신? 자신이 뭐요?

영택 믿음이죠! 우리도 남들 못지않게 잘 살 수 있다는 자신 말입니다. 우리 조상이 가난했으니까 우리도 그렇게 밖에 못 산다는 게 지금까지의 생각이었지만, 지금은 그게 아닙니다. 그러나, 아무리 잘 살려 해도 배우지 않으면 잘 살 수가 없습니다.

어머니 (눈물이 글썽해지며) 배우지 않으면……

영택 그렇습니다. 우리는 지금까지 무식했기에 잘 사는 길을 몰랐지요. 그러나, 배우면 됩니다. 교실이 없으면 마당에 가마니를 깔고라도 배워 가면……

은순 아버지! 저를 배우게 해 주셔요. 저도 남보다 잘 살 수 있는 자신이 있어요. 예, 아버지!

아버지 (무슨 생각이 들었는지 천천히 방으로 들어가며) 여보! 손님이 오셨는데 밖에 세워 두는 법이 어디 있소?

어머니　(어리둥절해서) 예? 뭐라고요?

아버지　바람이 찬데 어서 건넌방으로 모시고, 고구마나 삶아요. (방으로 퇴장)

남은 세 사람은 잠시 멍하니 서 있더니, 굳었던 표정이 차차 풀리기 시작한다.

은순　선생님! 고구마 잡숫고 가셔요. 제가 곧 삶겠어요.

영택　응, 먹지! 이 고장 고구마는 맛이 좋다지?

어머니　그럼요, 황토밭이라서 달기가 밤맛이어요.

영택　그것만은 자신이 있으시군요.

아버지　(방 안에서) 뭘 꾸물거리고 있어! 빨리 서두르지 않고.

동시에　예……

영택　허허……

멀리서 기적 소리가 힘차게 들려온다.

―급히 막

강강수월래 (4막 2장)

• **등장인물**

최승동(60), 정계에서 떠나 은거하고 있는 벼슬아치

학상(19), 그의 아들

할아범(63), 그의 노복

황씨(50), 과부

은기(16), 그녀의 아들. 양수 부하

은실(17), 그의 누이. 학상의 애인

박양수(19), 토호의 아들. 불한당

갑돌(17), 학상의 친구

재민(18), 학상의 친구

순효(17), 은실의 친구

말례(18), 은실의 친구

동리 노인 A, B

학동 A, B, C

처녀 A, B, C

군중 A, B, C, D, E

• **때**

이조 선조 때

• **곳**

서남지방. 어느 해변에 있는 소읍

제1막

무대

한적한 산비탈에 자리잡은 최승동의 초가. 무대 하수에 ㄱ자로 구부러진 집. 정면에 방문과 부엌이 보이며 앞쪽으로 굽어진 마루방은 동리 학동들이 글을 배우는 서당.

무대 중앙에서 집 뒤를 향해 에워싸는 듯한 옥수숫대 울타리와 싸리문. 울타리 밖은 질펀한 공지이며 무대 안쪽으로 차츰 경사져 올라가는 산길이 상, 하수와 중앙으로 각각 갈라져 있다. 상수는 언덕바지가 되어 산으로 통한다. 언덕 위에 해묵은 참나무가 보기 좋게 서 있으며 그 아래는 알맞은 놀이터가 된다. 중앙에서 무대 안쪽으로 내려가는 길은 마을로 통하는 길. 상수에는 선창으로 통하는 길이 집 뒤를 돌아 뻗어 있다.

때는 달 밝은 한가위 날 밤.

막이 오르면 달은 아직 떠오르지 않았으나 주위는 보얗게 밝다. 언덕 위 참나무 아래 동리 노인 A, B가 담배를 피우며 마을 쪽을 내려다보고 있고 색색으로 단장한 동리 아낙이며 처녀들이 강강술래판을 향해 마을 쪽으로 내려간다. 들국화가 여기저기 피었다.

최승동 집에는 등잔불이 희멀겋게 창에 비칠 뿐이다. 이따금 힘없는 기침소리가 들려온다. 강강술래 판에서 울려오는 농악 소리가 들려온다. 하수에서 처녀 A가 급히 등장하며 뒤를 돌아보며 손짓한다.

처녀 A   얘…… 어서 와! 빨리! 모다들 모였구나!

처녀 B   (옷을 만지며 등장) 아이 숨넘어가겠다! 옷도 채 못 입었는데……
(하며 치마 마장을 치켜올린다)

처녀 A 아이 애도…… 여태 뭘 하고 옷도 못 입었단 말이냐? (하며 뒤로 돌아가 거들어 준다. 그네는 갑자기 웃어댄다)

처녀 B 애가 갑자기 간질병이 났니? 왜 그래?

처녀 A 호…… 글쎄…… 호……

처녀 B 뭐가 어쨌단 말이냐?

처녀 A 너 치마를 뒤집어 입었구나!

처녀 B (당황하며) 뭐? 아이 이를 어쩌니? (하며 다시 마장을 풀려고 한다)

처녀 A 망할 것! 그래 또 그걸 고쳐 입을 작정이니? 그러다가 강강술래는 언제 하니? 그대로 가! 밤눈에 누가 그걸 알아보겠니? 망건 쓰다 장 다 파하겠다!

처녀 B 그럴까……

처녀 A 빨리 가! (하며 두 사람 손목을 잡고 급히 퇴장. 농악소리 드높아간다)

노인 A (담뱃대로 나무 둥치를 치며) 망할 놈들…… 지금이 어느 세상이라고 그놈의 강강술래야! 저놈들은 제 할애비가 죽어도 춤을 출테지!

노인 B 핫하…… 철없는 애들 붙잡고 싸움을 하겠소?

노인 A 아무리 철이 없다기로 눈깔에다 감투를 쓰고 다니는 것도 아닐 게고 이렇게 세상이 험하고 살기가 귀찮은 걸 보면서도 속없이 무슨 놈의 강강술래람……

노인 B 그러기에 젊은 시절이 좋다는 게죠. (한숨) 그러나 우리는 이렇게 앉은 채로 죽는 걸……

노인 A 사실이지 이제 정말 못 살 것 같소. 난리는 그칠 줄 모르고 농사는 흉년인 데다가 인심은 박해지고…… 이제 어디다 낙을 붙이고 산단 말이요?

노인 B 그러기 말이요…… (사이)

노인 A 그러고 보면 그 왜놈들을 뜩뜩 맷돌에 갈아마셔도 시원찮아요 …… (차츰 흥분을 하며) 제놈들이 뭐길래 함부로 남의 땅에 기어

올라와서 지랄이란 말이야? 듣자니까 왜놈들이 순천에까지 밀려
왔다죠?

노인B   그렇대요! 어제도 피난민이 광나루 쪽에서 수없이 들어왔다는군
      요. (한숨을 내쉬며) 그러나 우리 같은 무식이 뭘 알겠소. 땅이나
      파먹지! 이런 땐 눈에 식자가 안든 게 한이구려!

노인A   정말이요! 그러고 보면 저 아래 (하며 턱으로 집을 가리킨다) 훈장님
      이 부럽지요. 문장이 좋고 식견이 넓은 데다 인물이거든!

노인B   참 얘기가 나왔으니 말이지 그 영감님은 자기 전력을 밝히지 않으니
      이상도 하지요…… 그 얘기만 나오면 피난민이라고 껄껄대기만
      하니 말입니다.

노인A   피난 나온 것은 사실이겠지만 보통 영감이 아니야!

노인B   보통이 아니면 뭐란 말이요?

노인A   소문에 듣자니까 서울서 판서 벼슬아치를 지낸 분이라는데……

노인B   (놀라며) 정말일까?

노인A   틀림없어요. 그렇지 않고서야 이번 난리에 대해서나 조정에 대해
      서 그렇게 잘 알 리가 없잖소?

노인B   그건 그렇지만…… 설마 판서 벼슬까지……

노인A   게다가 이순신 장군 얘기는 마치 집안 얘기나 되듯이 환히 꿴다니
      까……

노인B   그럴 법한 얘기군.

잠시 두 사람 말없이 앉아 있다. 얼마 전부터 강강술래 판에서는 애수
에 담뿍 젖은 노랫소리가 완만하게 들려오고 산등성이에 달이 떠오르
고 있다. 바다는 금빛 은빛으로 번쩍인다.

노래   달 떠오네 달 떠오네 (선소리)

강- 강- 술- 래- (후렴)

강호방에 달 떠오네 (선소리)

강- 강- 술- 래- (후렴)

강호님은 어디 가고

저 달 뜬 줄 모르는가

강- 강- 술- 래-

저 달 뜬 줄 아오마는

옥에 갇혀 모르오네

강- 강- 술- 래-

한산낙엽 찬바람에

강- 강- 술- 래-

핫옷* 지어 넣어두고

강- 강- 술- 래-

오늘이나 소식 올까

강- 강- 술- 래-

내일이나 편지 올까

강- 강- 술- 래-

임 그리는 깊은 간장

달님이나 알아주고

강- 강- 술- 래-

노인 A 이제 돌아갑시다. (두 사람 하수로 퇴장)

이때 부엌에서 할아범 약투발을 들고 나온다. 밝은 달을 쳐다보더니

---

* 솜옷

강강수월래

길게 한숨을 쉬며 달을 향해 합장을 한다.

할아범 (축원을 올리고 나서) 아… 오늘 밤은 유난히도 달이 밝구나. 우리는 언제나 한양엘 돌아간단 말인가?

이때 장지문이 열리며 최승동이 상반신을 내민다. 여윈 얼굴.

승동　거 누구냐?

할아범　(깜짝 놀라며) 예…… 예…… 저, 저올시다……

승동　할아범인가? 주책없이 무슨 소리를 그렇게 중얼거리는고……

할아범　예…… 저…… 달이 하 밝아보여서요…… 예…… (하며 멋쩍게 웃는다)

승동　참 오늘이 한가위라지……

할아범　예. 저 강강술래를 들어보십시오.

승동　(귀를 기울이며) 응─. 이 고장 사람들은 행복해 보이는군! 저렇게 들 노래를 부르고 춤을 출 마음의 여유라도 있으니……

할아범　(약투발을 승동에게 주며) 약을 잡수십시오.

승동　(약투발을 비워주며) 이제 약도 뉘가 나는데…… (하며 일어선다)

할아범　(섬돌 위에 신을 놓으며) 그래도 어서 약을 잡수시고 힘을 내셔야죠!

승동　(돌 가운데 서서) 아, 이 고장으로 온 지도 어언 두 해가 지났군…… 세월이 여유수라더니……

할아범　달 밝은 밤이면 유난히도 한양 생각이 나는군요…… 계동 집 뒤뜰에서 영감마님과 달마중하던 일이 엊그제 같사와요.

승동　그게 벌써 40년 전이나 되지?

할아범　예. 영감마님이 글방에 다니시던 때니까요. 꼭 학상 도련님 만한 때였나 봅니다.

승동　그래…… 참 학상이는 어디 나갔나?

할아범　도련님께서는 저녁을 잡수시고 친구들과 나가셨습니다.

승동　공부는 안 하고 또 어딜 갔어?

할아범　산엘 올라가셨는뎁쇼.

승동　밤낮 산엔 뭘 하러 간단 말이야?

할아범　글쎄올시다. 소인도 궁금하기에 여쭸더니 글쎄 도련님 대답이 굉장하지요.

승동　뭐라기에?

할아범　(떡 버티고 서며) 연작하지 대붕지지야 燕雀何知 大鵬之志也라나요?

승동　(잠시 엄숙한 표정) 작은 새가 어찌 큰 새의 뜻을 알 수 있으랴? 핫하…… 보니 할아범은 그 나이에 겨우 참새 대가리가 되었단 말인가? 핫하……

할아범　홋흐…… 그러나 소인은 영감마님과 도련님을 위해서라면 참새 아니라 지렁이 대가리가 된다손 치더라도 싫지는 않사옵나이다.

승동　정말로 할아범도 고생이 많았지. 우리가 이렇게 지낼 수 있다는 것도 할아범의 덕택이라고 마음 깊이 여기고 있으니까……

할아범　원…… 당…… 당치도 않은 말씀을…… 소인이야말로 상놈이면서 상놈답지 않게 살 수 있다는 건 모두가 영감마님의……

승동　또 그런 소릴…… 이 세상에 상놈이 따로 있단 말인가? 그야말로 당치도 않지! 사람 위에 사람 없고 사람 아래 사람 없다는 가르침을 잊었던가!

할아범　죄송하옵니다.

승동　양반이니 상놈이니 하고 사람이 사람을 갈라놓는 버릇 때문에 지금 우리나라가 이 꼴이 되었지 뭐야! (화제를 돌리며) 자 오랜만에 달구경이나 가지…… 응? 할아범도……

할아범 허지만 밤바람이 해로울 텐데요……

승동 일년에 단 한 번의 명절을 그대로 보낸데서야 쓰겠나? (두 사람 마을 쪽으로 퇴장)

강강술래는 전보다 빠른 템포로 변하며 경쾌하게 돌아간다.

이때 산 쪽에서 학상, 재민, 갑돌이가 유쾌하게 얘기를 주고받으며 내려온다. 손에는 목도 木刀가 들렸다.

학상 (길이 갈라진 목에 서서) 아무튼 아까 그 얘기는 거사하기까지는 절대로 비밀에 붙여야 돼!

재민 물론이지! 그러나 아무래도 갑돌이가 말을 퍼뜨릴까 두려운데?

갑돌 아니 이건 뭐 사람을 줄 끊어진 쌈지로 아나? 내가 그렇게 실없이 입을 놀리고 다니던가?

재민 핫하…… 너는 마음씨가 약하니까 말이야……

학상 그러나 남아의 맹세가 얼마나 무거운 것인가를 알고 있을 텐데……

갑돌 (뽐내며) 물론이지! "장부 일언 중천금"이란 말을 잊었어?

학상 그렇지. 핫하……

재민 아주 제법이구나…… 핫하……

재민, 갑돌이도 따라 웃는다.

학상 (엄숙한 표정으로) 우리 젊은이들은 싸움터로 나가야 돼! 왜놈들의 노략질을 뻔히 보고만 있으면서 그저 태평하기만 바랄 수는 없으니까! (차츰 분개하며) 그러나 무엇보담도 조정에서 집정하는 어른들이 그저 원망스럽기만 하지. 나라가 왜구들의 사자밥이 되건 말건 제 세력과 부귀를 긁어모으기에만 눈알이 뒤집혀서 발광하는 꼴이란……

재민 정말이야! 이렇게 해마다 흉년이 계속되고 먹을 것이 없어 나무뿌리로 연명하는 백성이 우리 마을만 해도 얼마나 되느냐 말이야. 그래도 누가 보리톨 하나 날라다 줘야지?

갑돌 그걸 우리가 탓한들 어느 누가 들어줘야지! 그저 이렇게 살다가 죽는 것뿐이지! 상놈의 자식은 백년 가도 상놈! 농군의 자식은 천년 가도 농군인걸!

학상 갑돌의 넋두리 병이 또 시작됐구나? 너는 그렇게 울다가 앉은 채로 송장이 되기를 원하니?

갑돌 그래도 별 도리가 없는걸!

학상 왜 없어? (낮은 소리) 그러니까 우리는 의병으로 나가잔 말이야! 이순신 장군의 곁으로 가잔 말이야! 장군이 인솔하신 돈영에서 땀을 흘리며 일을 하고 유고시에는 왜적과 싸우는 게 얼마나 떳떳한 일이야!

재민 정말이지 장군은 훌륭한 분이래. 매일 밀물처럼 몰려오는 피난민들에게 염전을 개발시키고 양식과 집을 주신다니까……

학상 그 뛰어난 지략과 높은 덕망은 그야말로 문무를 겸비한 명장군이시지. (말을 낮추어) 아버님 말씀도 장군만이 이 난국을 타개하실 수 있을 거라고 그러시더구나!

갑돌 허지만 우리가 의병으로 나간데서 얼마나 뾰족한 수가 생길 것 같지도 않아…… 양수나 은기는 제 마음대로 하고픈 일 다 하고도 살잖아……

재민 그래 넌 양수패가 되고 싶으니? 그런 불한당이 부러워? (하며 대든다)

갑돌　누가 부럽다고 해? 그저 그렇다 그 말이지……

재민　이런 병신 같은 자식! 지금까지 학상이나 내 얘기를 어디로 다 흘려버리고 그따위 소리니? 응?

갑돌　왜 이래? 나를 칠 작정이야?

학상　왜들 이래! 그까짓 양수 따위를 사이에 두고 싸운다면 싸우는 우리들은 그보다 더 못한 건달이 되는 거야! 제 애비의 권세와 재물을 배경 삼아 놀아나는 양수가 부러워 보일지 모르나 그런 놈은 머지않아 스스로 꼬리를 감추고 없어질테니 두고 봐!

재민　그렇고말고!

학상　갑돌이 너는 좀 더 마음을 굳세게 가져야 해! 자신을 가져! 우리보다 몇 갑절 불쌍한 동포가 지금 얼마나 많길래…… 우린 그날이 오기를 위해 이렇게 공부하는 게 아니냐?

갑돌　글쎄 누가 뭐래? 너희들은 왜 나만 가지고 그러니?

학상　핫하…… 자 그럼 내일 또 만나……

재민　잘 자.

갑돌　잘 있어.

재민과 갑돌은 하수로 퇴장. 학상은 집으로 내려온다. 이때 멀리 강강술래 판에서 와자지껄한 부녀자들의 비명이 들려오더니 잠시 후 은실을 중심으로 동리 처녀들이 5, 6명 마을 쪽에서 우르르 몰려온다. 그들은 길목에 서서 제각기 쌕쌕거리며 마을 쪽을 내려다본다.

순효　참 별 꼴을 다 보겠네. 제가 양반이면 양반이지 처녀들 놀음터까지 쫓아다니며 방해놀게 뭐람!

말례　아이 분해 죽겠네. (제 머리채를 만지며) 그 녀석이 어떻게나 잡아당겼던지 골치가 아파 죽겠네!

은실 그러니까 그런 녀석들은 애당초에 상관을 말아야 돼. 이편에서 말대꾸를 해주니까 더 환장을 해서 그러는 거야!

말례 허지만 남의 머리채에다 돌멩이를 달아놓는 녀석을 보고도 내버 려두란 말이니?

은실 글쎄 양수 녀석의 행패를 이 고장에서 탓할 사람이 어디 있었니? 양수 패들과 시비를 걸려거든 차라리 날아가는 까마귀보고 울지 말라고 탓하는 편이 낫겠다.

말례 그 녀석 때문에 모처럼의 강강술래도 깨어졌지? (아랫터를 가리키 며) 우리 저기서 놀아볼까?

순효 참 그게 좋겠다. 애들아— 어서 내려와—.

처녀들 상수로 내려와 둥그렇게 원을 그리며 돌아간다.

은실 선소리를 누가 부르지?

말례 아까 은실이가 할 차례였으니까 네가 해야지.

일동 그래, 그래. 은실이가 해!

은실 그럼 내가 부를까…… (하며 돌아간다)

노래 (전보다 빠른 템포)

원님 아들 원식이는

(후렴)

이방 딸을 눈에 걸고

(후렴)

이인 김삼 담장 넘다

(후렴)

석자 세치 긴장옷을

(후렴)

갈기갈기 찢었다네

일동 핫하……

순효 이번엔 내가 술래야.

노래 양반 아들 양수놈은

(후렴)

은실에게 홀딱 반해

(후렴)

이 길 저 길 좇다가

(후렴)

말례 머리만 뽑혔네

일동은 간드러지게 웃어댄다. 얼마 전부터 언덕 위에 나타난 양수, 은기, 그 외 두어 명이 내려다보고 있다. 그들은 복면을 하고 있다. 양수는 제 이름이 오르자 분노에 떨며 갈피를 못 잡고 있다.

양수 (부하들에게) 야 너희들 뭘 웃고 있어! 어서 내려가! 은실이는 내가 맡을 테니까! (하고 호령하자 은기 이하 일제히 뛰어 내려온다. 처녀들은 다시 비명을 지르며 이리저리 흩어져 도망친다. 은실이가 고갯길을 뛰어오르려고 하자 양수가 앞을 가로막는다. 무대에는 두 사람이 남았을 뿐이다. 달은 어느덧 중천에 걸렸다) 히…… 어딜 가, 은실이! (하며 복면을 벗는다)

은실 아니 왜 길을 막아? 비켜요!

양수 히…… 막기는 누가 막았어? 가려거든 가…… 마음대로…… 어서……

은실 (경계를 하며) 흥 누가 그 꾀에 넘어갈 줄 알구? 저리 비켜……

양수 아니 얌전한 은실이가 사내더러 함부로 길을 비키라고 하다니

．．．．．． 핫하……

은실 아이 참…… (하고 서성대다가 앞으로 나가려 하자 양수는 활개를 벌려 은실을 껴안는다) 앗- 놔! 놓으라니까!

양수 헷헤… 떠들어도 쓸데없는 걸!

은실 아니 이게 무슨 짓이야? 아…… 놓지 못해! (하며 꼬집어 뜯는다)

양수 아앗! 아니 좋아! 더 꼬집어 뜯어! (그는 점점 억세게) 나는 은실이가 곁에만 있으면 좋아! 꼬집어도 물어뜯어도 좋아!

은실 소리를 지를 테야!

양수 은실이 응? 나는 은실이하고……

은실 앗! 사람 살려요.

양수는 은실의 입을 틀어막는다. 이때 학상이가 급히 뛰어나와 이 광경을 보고 우르르 뛰어가서 양수를 보기 좋게 넘어뜨린다.

양수 앗!

학상 야밤중에 이게 무슨 짓이오? 점잖지 못하게……

양수 네…… 네놈은 누구야! 응?

학상 내 이름을 물어 포도청에 고발하겠소?

양수 아니 이 자식이!

학상 (은실에게) 어디 다치시지는 않았습니까?

은실 (수줍어하며) 아뇨…… 저……

학상 요즘엔 불한당이 많으니 밤길을 조심하셔야지.

양수 뭐 뭐 불한당? 이 자식이 뉘집 새끼기에 나를…… (하며 왈칵 대들자 학상의 일격에 보기 좋게 넘어진다. 먼지를 털고 일어서며) 이 새끼! 두고 봐라! 네 놈이…… (하며 황망히 하수로 퇴장)

학상 처자가 밤길을 함부로 다니는 건 좋지 않소. 조심해서 가시오. (하

며 내려온다)

은실 저…… 저 좀……

학상 예? 또 무슨 일이 있습니까?

은실 아니…… 저…… 감사하다는 말마디도 못 올려서요.

학상 핫하…… 별 말씀을…… 세상은 피차 마찬가진 걸요. 내가 이런 봉변을 당했을 때 처자는 그대로 지나가실 수 있겠소?

은실 그야 그렇지만……

학상 그렇지만 또 뭐요?

은실 이렇게 큰 은혜를 입었는데…… 저…… 성함이라도……

학상 목마른 나그네에게 물 한 그릇 대접한 격밖에 안 되는데요. 후일에 연 있으면 만나는 날이 있겠죠.

학상은 잠시 은실의 얼굴을 바라보더니 집으로 내려온다. 은실은 안타깝게 그 뒷모양을 내려다보고 있다. 멀리서 강강술래의 처량한 여운이 길게 꼬리를 끈다.

은실 어쩌면…… 아……

–조용히 막

제2막

제1장

무대

1막부터 10여 일 후. 최승동의 집을 눈 아래 내려다볼 수 있는 언덕. 무대 중앙에 해묵은 소나무가 나비 날개처럼 뻗혀 그늘을 이룬다. 배경으로 바다가 내려다보인다. 들국화는 늦가을의 마지막 향기를 다하는 듯 여기저기 흩어져 피어 있다.

막이 오르면 은실이는 하수에서 이따금 승동의 집 있는 쪽을 내다보고 있다. 어딘지 모르게 초조한 표정. 순효와 말례가 상수 산 쪽에서 내려온다. 손에는 땔감으로 나뭇가지며 마른 풀을 긁어모아 들었다. 두 사람은 은실이의 거동을 엿보며 웃고 있다. 서당 쪽에서는 학동들의 책 읽는 소리가 낮게 높게 들려온다. 은실은 들국화를 꺾어 들고 깊은 생각에 잠기더니 이따금 긴 한숨을 내쉰다. 소나무 뒤에 숨어 있던 순효와 말례가 소리를 질러 은실을 깜짝 놀라게 한다.

은실 아이 깜짝이야…… 애들도 사람 간 떨어지겠다.

순효 무얼 그렇게 생각하고 있니?

말례 (농을 걸듯) 세상에 수심 없는 사람이 어디 있다던?

순효 하긴 그래. (말례와 눈짓을 하며 한마디씩을 차례로 놀려댄다) 언덕 밑에 임실이는 큰물 질까 수심이요.

말례 동네방네 부자들이 도둑 들까 수심이요.

순효 삼대독자 외아들은 병이 들까 수심이요.

말례 남자 딸린 처자들은 마음 변할까 수심이라오. (하고 깔깔거리며

웃는다. 은실은 두 사람을 꾹 찌르며 생긋 웃는다)

은실   망할 것들! 조밥을 먹었니? 그리 잔소리가 많게?

말례   흥! 조밥이라도 실컷 먹어봤으면 한이 없겠다.

순효   은실아! 오늘 저녁 땔나무는 얼마나 했니? (양태를 보더니) 어머나
      하라는 나무는 않고 뭘 했단 말이냐?

은실   하긴 뭘 해? 나무했지!

순효   너 어머니께 또 야단맞겠구나!

말례   중이 염불에는 마음이 없고 멧밥에만 눈 판다더니 너는 아까부터
      학동들의 공부 소리에만 정신이 쏠렸구나.

은실   아니 내가 언제.

순효   이러다간 너도 저 글방 훈장님 같이 문장이 되겠구나……

말례   속 모르는 소리…… 문장이 되었으면 오죽 좋겠느냐만 송장될까
      봐 무섭다!

순효   뭐 송장?

말례   너 그것도 모르니? 생각을 너무 하면 죽는 병이 있잖아.

은실   아이 망할 것! 못할 소리가 없구나!

일동 웃는다.

순효   (눈치를 채고) 얘 은실아!

은실   몰라 얘! (하며 나무를 한다)

순효   글방 도련님이 그렇게 보고 싶걸랑 슷제 너도 저 글방에 들어가
      렴…… 호……

은실   아니 얘들이…… (하며 나뭇가지를 휘두르며 때리려 하자 두 사람
      도망쳐 나간다)

말례   우리 먼저 간다.

순효	너도 빨리 가거라! 어머니께 야단맞지 말고.
은실	그래. 곧 갈게!

두 사람 마을 쪽으로 퇴장. 은실이는 부지런히 나무를 한다. 이때 글방에서 책 읽는 소리 뚝 그치더니 아이들이 고함을 치며 올라온다.

학동들	(노래)
	우리 아버지 노리개는 담뱃대가 노리개요
	우리 엄마 노리개는 막내딸이 노리개요
	우리 선생 노리개는 회초리가 노리개라
	(하며 학동 A, B, C 산으로 올라간다)
은실	여보 총각!
학동 A	나를 불렀소?
학동 B	아니 나지요?
학동 C	나야 나? 왜 그래요?
은실	저 글방에 작은 훈장님 계셔요?
학동 C	뭐 작은 훈장님?
학동 A	오, 학상 도련님?
은실	그래요. 학상 도련님!
학동 A	예. 지금 공부를 끝냈지요. 왜 그래요?
은실	아니 아무것도 아니에요.
학동 B	이제 가도 괜찮아요?
은실	예……

세 사람은 미심쩍게 돌아보며 내려간다. 잠시 후 학상이 시조를 읊으며 하수에서 올라온다. 은실은 당황하며 망설이다가 소나무 뒤에 숨는다.

학상   삭풍은 나무 끝에 불고 명월은 눈 속에 찬데

만리 변성에 일장검 짚고 서서

긴 바람 곤한 소리에 거칠 것이 없에라.

시조를 읊으며 상수 산 쪽으로 사라지려 할 때 은실 바삐 나온다.

은실   저…… 도련님!

학상   (제자리에 걸음을 멈춘다)

은실   저……

학상   (등돌아 선 대로) 아니 오지 말라고 그토록 말했는데 또……

은실   (울먹거리며) 도련님. 너무하세요.

학상   내가 너무하다고? (하며 돌아선다)

은실   도련님! 산간에 피어난 꽃이라 천하게 여기십니까?

학상   당치 않은 말! 이목이 두려우니 두 번 다시 오지 마시오.

은실   (눈물이 핑 돌며) 긴긴 밤을 눈물로 새워 지낸 지 열흘인데 내 말씀 듣지도 않고 오지 말라니 너무하지 않습니까?

학상   (마음의 동요를 억제하며) 나는 아무것도 모르는 몸이라니까. 이렇게 날마다 내 앞길을 막아서는 걸 아버님께서 아시면 큰 벌이 내리십니다. 그러니……

은실   도련님. 저는 아무것도 원치 않아요. 다만 도련님께서 저에게 글을 배워주실 수 없는가 하고……

학상   글을?

은실   예. 하루에 한 자라도 좋으니 저에게 글을 가르쳐주세요. 소원이에요. (하며 학상의 발 밑에 무릎을 꿇고 애원한다)

학상   아니 처자가 글을 배워서 무엇 하겠다는 거요?

은실   저도 남과 같이 세상을 알고 싶어요. 그러나 이렇게 촌구석에 틀

어박혀서 사는 천민에게 누가 도와줄 사람이 있어요. 그러나 도련님은……

학상 나와 같은 미천한 사내를 이처럼 아껴주시다니 나는……

은실 미천하다니요? 도련님께서는 아무리 감추시지만 저는 다 알고 있습니다. 돌과 옥을 가릴 줄 모를 만큼 미련한 여자는 아니옵니다. 도련님…… 그러니 제발……

학상 (감동이 되어) 정말로 글을 배우고 싶소?

은실 예. 저도 이 캄캄한 눈을 뜨고서 살고 싶어요.

학상 (정답게 은실을 안아 일으킨다) 좋소. 그럼 하루에 한 시간씩 가르쳐 드리지.

은실 (기뻐 날뛰며) 감사합니다. 도련님……

이때 인기척이 들린다.

학상 (깜짝 놀라 소스라치며) 앗! 저기 사람이…… 그럼 밤에 대흥사 종이 울리면 저 산으로 오시오!

은실 예…… 그럼……

은실은 마을 쪽으로 학상은 산 쪽으로 각각 급히 퇴장. 잠시 후 양수와 은기 하수에서 등장. 두 사람 약간 술에 취했다.

양수 어 취한다. 은기야! 이렇게 취하니까 은실이 생각이 더 나는구나. 핫하……

은기 헛허…… 도련님도……

양수 이 자식 웃기는…… 네 누이 은실이를 내게 준다고 장담한 녀석이 웃긴! 울어도 시원찮은데……

은기 원 도련님도…… 기회를 만들어 드려도 도련님이 그걸 놓치곤
하시면서…… 지난번 강강술래 판에서도 도련님이 서툴러서 그
리 되었지 저야……

양수 음…… 정말 그때 그 글방 생쥐 새끼만 없었던들 일은 다 되는
건데……

은기 도련님이 잘못하셨죠. 그런 놈은 단번에 아랫배를 차넘기면 끽
소리 못할 텐데……

양수 글쎄. (허세를 부리며) 내가 참았지. 아무튼 그 분함은 꼭 풀고야
말겠다!

은기 염려마시라니까. 이 은기가 그녀석 꼬리만 잡는 날엔 여부 있습니
까?

양수 그래. 아버님께 말씀드려 단단히 족쳐야겠다. 망할 자식!

은기 대감께 사뢰고 포도청에다 가두어 버리지요.

양수 그런데 은실이가 그놈을 좋아하는 눈치가 아니냐?

은기 천만에요. 이 오라비와 어머니가 그대로 보고만 있을 상 싶습니
까?

양수 그래 그 얘긴 의논해 봤느냐?

은기 예. 헷헷…… 도련님도 아시다시피 요즘 세상은 어른이나 아이
나 할 것 없이 밑거름을 쳐야 말을 듣거든요……

양수 밑거름이라니?

은기 헷헤…… 이것 말야요. (하며 손가락으로 동그랗게 돈을 그려 보인다)

양수 음.

은기 아시다시피 금년 농사도 흉년인데다 보릿고개 때 꿔다 먹은 땟거
리를 갚고 나니 집안에 먹을 게 있어야죠…… 이런 때 목돈을
갖다 쥐어주면 아무리 고집통인 제 에미도 순순히 말을 들을 것
같고 또 저 역시 말을 꺼내기가……

양수 음— 알겠다. 그래 얼마나 있으면 되겠니?

은기 원 서방님도…… 그걸 어떻게 제가 말씀을 드릴 수 있습니까? 적당히 주시지요. 헷헤……

양수 (돈을 꺼내 주며) 우선 쉰 냥 주지. 필요하면 얼마든지 말해라. 그 대신 일이 실패되는 경우엔 네 놈을 잡아 가둘 테니 단단히 덤벼야 한다!

은기 염려마시라니까요. 저도 사람의 탈을 썼는데 서방님의 은혜를 잊겠습니까? 이 때문은 목을 걸고서라도 내 누이를 서방님께 시집 보낼 테니까요!

양수 은실이가 말을 듣겠느냐?

은기 제 년이 내 말을 안 듣다가 숨통이 성하겠소? 어떻든 사람 살고 볼 일인데요. 그렇게만 되면 도련님 좋고 제 년 좋고 나도 좋고 세상만사가 다 좋죠. 헛허……

양수 암 그렇지. 핫하…… 그럼 부탁한다. 자 가자.

―막

제2장

무대

은실이의 집. 상수에 부엌을 사이에 두고 방 두 칸의 초라한 초가. 썩어서 고랑이 진 낮은 지붕이며 무너진 벽.
집 마당에서 하수를 향해 경사진 길이 내려 뻗쳤다. 집 뒤에는 열매가 주렁 걸린 감나무가 하늘 높이 뻗혀 있다. 하수에 우물터가 있다. 전막부터 다섯 시간 후 밤.

황씨 부엌에서 냉수를 떠온다. 멀리서 종소리가 은은히 들려온다. 은기는 활개를 펴고 누워서 뭐라고 중얼대고 있다.

황씨 지금 떠가지 않나…… 어유…… 남부끄러워서도 못 살겠다. (은기는 물그릇을 받아 들고 한숨에 들이키고는 푹 숨을 내쉰다)

은기 아— 시원하다! 이제 정신이 좀 나는군!

황씨 (혀를 차며) 빌어먹을 녀석. 팔자도 좋다!

은기 어머니두…… 괜시리 야단이셔……

황씨 (신경질을 내며) 뭐 괜시리 야단이라고? 어유 이 웬수야! 속 좀 차려! 응? 이렇게 밤낮 술만 취해 다니면 장땡이니?

은기 그럼 장땡이죠!

황씨 글쎄 집안에선 굶어죽어도 네 놈만 배부르게 마시고 처먹고 놀고만 다니면 장땡이란 말이야? 뒈져, 뒈져!

은기 내가 죽어도 어머니 입에 잇밥*은 안 들걸요. 헷헤……

황씨 배는 곯아도 속이나 편하지.

은기 속 편하면 뭘 해요? 돈이 있어야지. 쌀가마니가 있어야지요!

황씨 그러니 제발 그 술 좀 끊고 돈 좀 벌어라! (울음 섞인 소리로) 젊어서 과부되어 너희 남매 길러낼 땐 그래도 네가 자라서 잘 되기를 바래서였는데…… 늙은 에미 울려서 무슨 복이 들겠냐?

은기 어머닌 내가 속없이 놀러만 다닌 줄 아실 테지만 난 돈 벌기 위해서 다니는 거예요.

황씨 뭣이? 참 네가 취해도 이만저만 취했구나. 어서 들어가 자거라!

은기 못 믿으실 테지. (돈을 꺼낸다) 자 이래도 안 믿으시겠소?

황씨 아니 이게……

---

*이밥

은기   돈이에요! 돈! 돈! 핫핫……

황씨   아니 너 이걸 어디서 났니? 응? 설마 도둑질을 한 것은 아닐 테지?

은기   어머니. 제가 술 마시고 다니니까 정신조차 마시고 다닐 줄 아슈? 쉰냥이에요.

황씨   애야, 이게 어떻게 된 속인지 말이나 좀 해라! (호기심과 기쁨으로 변한다)

은기   어머니 돈 벌고 싶으시죠?

황씨   돈 보고 침 뱉는 사람이 어디 있던?

은기   그럼 왜 안 버세요? 어머니 마음 하나로 얼마든지 벌 수 있는데……

황씨   뭣이? 아니 무슨 얘기니?

은기   어머니 은실이는 어디 나갔나요?

황씨   응. 마실에 나갔나보다. 왜?

은기   그 애도 시집을 보내야잖아요?

황씨   빌어먹을 것! 네 장가 갈 생각이나 하지! 어떤 놈이 우리 같은 가난뱅이 집안에서 자란 은실이에게 장가 들겠다냐?

은기   모르시는 말씀! 아 처녀 보고 장가들지 집 기둥 보고 장가든답데까?

황씨   그래 돈벌이와 그 얘기와 무슨 상관이 있단 말이냐?

은기   있다 뿐이겠어요? 어머니나 나나 이제 팔자를 고치게 될 판인데……

황씨   뭐라고?

은기   어머니 제 얘기를 들어보세요. 예단이며 혼숫감은 필요 없으니 은실이만 주면 은실이의 호사는 말할 것도 없거니와 우리들도 평생을 편히 먹여주겠다는 자리가 나섰으니 어떻게 하시겠어요?

황씨   아니 그게 정말이냐? 응? 뉘 집 머슴이 그렇게 알부자가 있었단 말이냐?

은기   뭐, 뭐 머슴이라고요? 제길! 어머니 똑똑히 들으세요. 그게 머슴이 아니라 이 대감 댁 둘째 아들 양수 서방님이에요!

황씨   뭐라고? 애 은기야, 너 주정하는 게 아니지?

은기   주정은 누가 주정이란 말예요?

황씨   이 녀석아! 이 대감 댁 둘째 서방님이 어떤 분인지 알지?

은기   어떤 분은 어떤 분이에요?

황씨   젊은 나이에 색시 갈아 잡기를 냉수 마시듯 하는 건달에게 어떻게 은실이를 내맡긴단 말이냐?

은기   아니에요. 사모관대 쓰고 예청에서 의젓하게 예를 올리겠다는 거예요. 은실이만은 결코 그러지 않겠대요.

황씨   난 믿을 수 없다. 도시 그 양반들의 수작은 갈피를 잡을 수 없으니까……

은기   그럼 제 말도 못 믿겠다는 거요?

황씨 말없이 돌아앉는다.

은기   어머니. 아무리 잘났고 뛰어난 재주를 가졌대도 지금 세상은 돈 없으면 자루 빠진 도끼예요! 나도 남들 같이 활발하게 지내고 싶어요.

황씨   (토라진 소리) 누가 움츠리고 살으라던?

은기   이 일만 된다면 양수 도령이 이 대감께 말씀드려서 내게 일자리를 주시도록 서둘러 주겠대요! 어머니 그러니까 딴 생각 마시고 그렇게 작정을 해 버립시다.

황씨   (한숨을 쉬며) 허지만 은실이가 너무 불쌍하지 않니?

은기   이렇게 먹지도 입지도 못하다가 어느 머슴 놈에게 시집가면 더 불쌍하잖아요?

황씨 (울음이 터지며) 어유 내 팔자야! 10년을 하루 같이 너희 남매를 기를 땐 이 손톱이 자랄 사이도 없이 일만 해왔는데 그래 이제 은실을 남의 집 재취로 보내야 한단 말이냐? 응? 은기야? (하며 운다)

은기 어머니. 우시지 마세요. 이 세상이 싫었으면 진즉 죽어야 되겠지만 이왕에 살려거든 남과 같이 살고 봐야죠! (돈을 집어 어머니께 쥐어준다)

황씨 그렇지만 딸자식을 그렇게 시집보낸다면 얼마나들 비웃겠니?

은기 흥! 제놈들은 얼마나 깨끗하게 살고 있기에 비웃어요? 우리가 은실이 덕택에 살림이 늘고 내가 관가에서 일을 보게 되면 어느 놈 하나 쥐둥아리를 놀리지 못할 걸…… 핫하…… 어머니. 그 돈으로 양식도 팔고 해서 우리도 남과 같이 살아봅시다. 자 어서 방으로 들어가세요.

황씨 말없이 돈을 받아 잠시 내려다본다. 두 사람 각각 방으로 들어간다. 벌레 우는 소리가 요란하다.
이때 하수에서 학상이와 은실 등장. 두 사람 길 위에서 말없이 서 있다. 은실의 손엔 책이 들렸다.

은실 도련님 이제 돌아가세요.

학상 아니 은실이 어머니께 가서 늦은 사유를 내가 변명을 해야지. 그렇잖으면……

은실 아냐요. 그러면 되려 어머님이 꾸지람하세요. 어서 돌아가세요.

학상 응…… 은실이 먼저 들어가야지.

은실 도련님 먼저 돌아서세요.

강강수월래

학상	은실이가 들어가는 걸 봐야지 난 가겠소.
은실	아니 도련님도…… 그럼 하나 둘 셋 해서 도련님은 그 길로 저는 이 길로 가기로 해요.
학상	그렇게 하지.
은실	하나! 둘! 셋!
학상	(갑자기) 은실이! (그의 표정은 평온하면서도 걷잡을 수 없는 열정이 흐르고 있다)
은실	예?
학상	(은실의 양손을 잡으며 얼굴을 뚫어지게 내려다본다) 아니 아무것도 아니야. 그저 불러봤어.
은실	참 도련님, 그럼 내일도 그 바위 아래로 가겠어요.
학상	그래 그 대신 오늘 배운 것을 잘 읽어야 돼!
은실	염려마세요. 도련님께 너무 억지를 써서 도리어 죄송스러워요.
학상	천만에…… 난 은실이가 그렇게까지 배움에 대해서 관심을 가지고 있는 줄 몰랐어.
은실	(꿈꾸는 사람처럼) 이제야 저는 이 세상에 태어난 보람이 있는 것 같아요. 배우고 또 배워야겠어요.
학상	진정으로?
은실	예…… 모두가 도련님의 덕택이죠.
학상	아니야. 은실이의 그 불같은 마음이지.
은실	나도 피가 나게 배워보겠어요. 도련님 저를…… 저를…… 잊지 마세요.

두 사람 손목을 쥔다. 벌레가 운다.

—막

제3막

무 대

최승동의 집. 석양이 눈부시게 비쳐드는 마루. 전막부터 6개월 후 4월. 막이 오르면 승동과 학상이가 마루에 마주 앉아 있고 할아범은 부엌 문 뒤에 숨어서 심상치 않은 공기를 엿보고 있다. 은기 싸리문에 몸을 가려 엿듣고 있다. 승동의 여윈 얼굴엔 얼음 같이 찬 노기가 흐르고 학상은 고개를 푹 숙이고 있다.

승동 왜 대답을 못하느냐? 이 애비의 말이 당치 않단 말이냐?

학상 네…… 아버님 아니올시다.

승동 그럼 왜 밤이면 집을 나가느냐 말이다. 응? 냉큼 대답을 못할까?

학상 저…… 친구들하구 좀 놀이가 과해서…… 저……

승동 무슨 놀이가 밤마다 꼭같은 시간에만 있단 말이냐? 응?

학상 황송하옵니다.

승동 (숨을 길게 돌리며) 학상아!

학상 예? 아버님.

승동 (나즈막한 어조로) 너 몇 살이지?

학상 열아홉 살이 되옵니다.

승동 열아홉 살…… 난 열아홉 살에 등과하여 상감마마 앞에서 치사 말씀을 들었더니라. 그 후 마흔다섯 해를 겨레와 상감을 위해 일하느라고 차분히 놀아볼 겨를조차 없었다. 그러나 3년 전 이 두멧 골로 은거한 것은 겨레와 나라를 영영 버리기 위해서가 아니다.

학상 네, 아버님. 잘 알고 있습니다. 아버님께서 예조판서의 벼슬자리를 버리시고 정계를 멀리하심은 혼탁한 세정과 추악한 민심에서 일시 멀리 떨어졌다가 때를 기다리심을 어찌 소자가 망각하겠습니까?

승동　그래 너는 이 아비의 생각이 부당하다고 생각하느냐?

학상　아버님. 소자는 자랑스럽게 여기고 있습니다.

승동　그렇다면 어찌해서 남아다운 큰 뜻을 저버리고 밤마다 놀이에만 골몰하며 귀중한 시간을 허비한단 말이냐?

학상　그렇지 않습니다. 소자 역시 아버님의 피를 이어받은 몸. 잠시라도 나라와 겨레의 슬픔을 잊은 적은 없사옵니다.

승동　그래 어떻게 생각했단 말인가?

학상　(결심이나 한 듯) 네, 아버님. 소자는 때를 가려 의병으로 나갈까 하옵니다.

승동　뭐 의병으로?

학상　예. 이순신 장군이 통어하시는 돈영에 가서 가르침을 받아 노작과 전투에 투신하고자 하옵니다.

승동　음…… 네가 벌써 그렇게까지……

학상　예. 실은 날마다 집을 비우고 다닌 까닭은 친구들과 용바위에 올라가서 무술의 연마를 하기 위해……

승동　(기쁨과 탄복의 웃음을 지으며) 과연 내 아들이로구나! 그랬으면 그랬지…… 나도 설마 그럴 리가 없다고 생각은 했으나 들리는 소문이 하도나 수상쩍기에……

학상　(긴장하며) 소문이라니요?

승동　글쎄 네가 밤마다 동리 처자와 은연히 만나고 다닌다는 뜬소문이지만 부당한 소리가 아니냐? 응?

학상　예? 예…… (동요되는 마음을 감추려고 애를 쓴다)

승동　(엄숙한 어조로) 학상아…… 진즉 너에게도 말하려고 했지만 이 애비는 건강에 대해서 단념을 하고 있다……

학상 아버님. 그게 무슨 말씀이십니까?

승동 아니다. 내 몸은 내가 누구보다도 잘 알고 있느니라. 앞으로 살 날도 며칠 남지 않았음을 지각하고 있다.

학상 아버님……

승동 그래 너에게 일러둘 일이 있으니 명심하여 아버지의 뜻이 헛되지 않도록 명심하여라.

학상 네…… 아버님…… 아버님의 뜻을 어길 리가 있겠습니까?

승동 그럼 말하겠다. (사이) 학상아!

학상 (긴장하며) 예?

승동 오늘 안으로 이 고장을 떠나거라!

학상 이곳을 떠나라고요? 어찌하여!

승동 실은 어제 한양에 있는 네 삼촌에게서 화급한 기별이 와 있다. (품에서 편지를 꺼내며) 읽어보아라……

학상 예…… (미심쩍은 표정으로 편지를 읽는다. 그의 표정은 금세 굳어지며 차츰 분노로 변한다) 아니…… 이순신 장군께서 투옥되셨다고요?

승동 (개탄하며) 기가 막힐 일이다. 전부터 그런 기색이 전무한 것도 아니었다만 고금에 없는 충신 이순신 장군이 원균 일파의 모함으로 영어의 몸이 되셨다니 천도가 무심한 일이 아니겠느냐?

학상 아버님, 이 일을 어찌하면 좋겠사옵니까?

승동 (비통한 어조로) 충신은 샅샅이 골라 감옥에 가두고 간신은 아첨과 권모로써 상감의 눈을 홀리게 하니 이제 이 나라가 무너지지 않겠느냐? 더욱이 장군이 투옥되었다는 소식이 전해지자 왜병이 재차 침공의 기세를 보이고 있다고 하지 않았겠느냐?

학상 네, 아버님. 그렇사옵니다. 그런데 어찌하여 소자더러 이 고장을 떠나가라고 하십니까?

승동 지금 조정에서는 자기네 일파의 세력을 넓히고 백성의 고혈을

강강수월래

짜냄으로 개인의 부귀영달만을 꿈꾸고 있으니 제 비위에 상하는 인사는 모조리 잡아 가두자는 심보가 아니겠느냐?

학상 소자도 그렇게 생각되옵니다.

승동 내가 일찍이 이순신 장군과 친교가 있을 뿐더러 생사를 같이 하여온 막역지우임을 안 이상 그 재화가 불원 내게까지 미칠 것은 불빛처럼 훤한 사실이 아니겠느냐 말이다.

학상 그렇지만 아버님께서는 이미 정계를 떠나 초야에 파묻히신 지가 3년이 넘었고 장군과의 친교가 끊어진 지도 오랜 일이온데……

승동 학상아…… 그건 세상을 판별 못하는 어린 생각이다. 자고로 악이 선을 짓밟는데는 항시 무지무모하였느니라. 그자들의 손에 푸른 하늘이 푸르게 보일 리가 있겠느냐?

학상 소자도 항시 생각하기를 난세는 하늘의 뜻의 변함이 아니라 사람의 뜻이 바르지 못함에서 일어나는 결과라고 느껴보기는 하였으나 어찌하여 이토록 어둠과 한숨만이 늘어가는 것입니까?

승동 하여튼 지금은 비분만 할 때가 아니라 후사를 위하여 우선 안전을 꾀할 때이니 너는 애비 말대로 이곳을 떠나거라.

학상 그러하오면 아버님도 같이 떠나셔야 하지 않겠습니까?

승동 아니다. 나는 생각한 바 있어 그대로 머물러 있겠으니 너만 어서 채비를 하여라.

학상 싫사옵니다.

승동 학상아! (하며 엄숙한 표정으로 쏘아본다)

학상 아버님의 위급을 눈앞에 보면서 저만이 무사함을 원하는 그런 미련한 소자는 아니올시다.

승동 그럼 나와 함께 간신의 해침을 받겠단 말이냐?

학상 해침을 받는 게 아니라 싸워 물리치겠습니다.

승동 (추상같이) 무슨 고집인고! (사이, 부드럽게) 학상아! 네 혼자 힘으로 어찌 야욕과 술책과 오만으로 얽혀진 간신들의 거미줄을 뚫을 수 있다고 자부하느냐? (말이 없다) 그렇잖으면 그들과 싸워 네 아까운 생명을 보람없이 버리겠단 말이냐? 너는 그런 졸장부였느냐?

학상 (분통하며) 아버님!

승동 나는 이미 병들어 머지않아 땅 속에 썩어질 몸. 너는 하늘처럼 넓고 맑은 장래를 가진 몸인데 어찌 눈앞에 쥐를 잡기에만 마음 쏠려 큰 범을 놓치겠느냐. (역정을 참으며) 소아를 버리고 대아를 살림이 장부의 뜻이어늘 이상 더 애비를 괴롭히지 말라. 나는 나대로의 생각이 있으니 염려 말고 너의 앞일을 위해 떠나도록 하여라. 알겠느냐?

학상 (힘없이) 예……

승동 (억지로 웃으며) 옳지! 과연 뼈 있는 집의 자식이다. 내 아들이야! 그리고 네 소망이 의병으로 나가겠다 하였으니 좋을 대로 하여라.

모든 사연을 듣고 난 은기가 쏜살같이 마을 쪽으로 퇴장.

학상 그러나 장군은 이미 아니 계신데 어떻게……

승동 장군이 옥에 갇히셨다고 만사가 끝이 난 것은 아니다. 장군께서는 기어코 다시 한 번 일어나실 때가 올 게다. 듣자니 권율 장군은 이순신 장군에 못지않게 문무와 지략이 뛰어난 장군이시니 우선 그분의 휘하에 들도록 하여라. 그러나 결코 너의 정체며 애비의 이름을 밝히지 말라.

학상 예, 아버님.

승동 (숨을 길게 쉬며) 이제 한시름 덜었다. 참 할아범 있나?

할아범 (부엌에서 나오며) 예…… 여기 있사옵니다.

승동 학상이가 오늘 밤에 내 심부름으로 한양엘 가겠다 하니 저녁 찬
     을 알뜰히 보도록 하게.

할아범 (격하여 눈물지으며) 예-.

승동 아니 할아범은 왜 갑자기 눈물을 짓는 거요?

할아범 예…… 아, 아무것도 아니옵니다. (하며 부엌으로 들어가더니 다시
       나와 마을 쪽으로 퇴장)

학상은 창연히 마루 끝에 앉아서 깊은 생각에 잠겨있고 승동은 방안으
로 들어간다. 어느덧 무대는 황혼이 짙어간다. 이때 은실이 상수에서
내려와 울타리 너머로 기웃거린다. 학상을 보고 반가운 표정을 지으나
학상은 눈치를 차리지 못한다.

은실 (안타깝게 낮은 소리로) 도련님! 도련님!

학상 (꿈에서 깨어난 듯) 아! 은실아!

다음 순간 방 쪽의 동정을 살피며 문 밖으로 나선다. 두 사람 상수
비탈길로 간다.

학상 아니, 여길 뭣하러 왔어?

은실 (말없이 학상의 품에 안겨 느껴 울기만 한다)

학상 무슨 일이라도 있었어? 응? 말을 해야 알지.

은실 도련님. 이 일을 어떻게 하면 좋아요?

학상 무슨 일이 있기에?

은실 도련님. 제발 저를 살려주세요. 예?

학상 응…… 은실이가 오늘은 어찌 되었나? 글쎄 얘기를 해야 알지
     덮어놓고 살려만 달라면 낸들 어떻게 한단 말이오? 그렇잖아?

은실	도련님도 아시다시피 양수가 진즉부터 저에게 마음을 두고 여러 모로 꼬인 것을 저는 물리치고 다만 도련님만을…… (운다)
학상	알고말고…… 우리의 굳은 언약이 어찌 변할 수가 있겠소?
은실	그런데 오늘 낮에 뜻밖에 양수가 사람을 시켜 어머니와 오빠를 포도청에 고발하여 경을 치겠다고 위협을 하지 않겠어요?
학상	그건 또 왜?
은실	염치없는 오빠는 돈과 벼슬을 얻는데 눈이 뒤집혀 양수에게 저를 시집보내겠다고 약속을 하고 어머니를 설득시키기 위해 여러 차례에 걸쳐 돈과 양식을 얻어먹었는데 제가 응하지 않으니까 마침내 고발을 하겠다니 이 일을 어쩌면 좋아요?
학상	그래 잡아갔어?
은실	제가 혼인을 승낙하면 용서하고 그렇잖으면 잡아 가둔대요.
학상	그래 은실이는 어떻게 할 작정이오?
은실	저는 죽었으면 죽었지 양수에게 시집가기는 싫어요. 저의 몸과 마음을 허락한 분은 이 세상에 단 한 사람…… (하며 학상이 품에 안기자 학상은 괴로움을 이기려고 애를 쓴다)
학상	(일부러 조용히) 그래 나더러 어떻게 하란 말이지?
은실	(애원하듯) 도련님한테 시집가겠어요. 오늘 밤이라도 좋아요! 정안수 한 그릇 떠놓고 예만 올리면 되겠지요. 예? 도련님. 세상에 권리가 제 아무리 당당하기로 유부녀인 저를 탐내겠어요?
학상	(말없이 은실을 내려다본다)
은실	그러니 아무 데나 저를 데리고 도망가줘요! 세상 사람이 무어라 욕하건 저는 도련님 곁에 있을 수만 있다면 그것을 만족해요! 예? 도련님! 왜 대답이 없으세요? (그를 뚫어지게 쳐다본다)
학상	(난처하여) 실은…… 저……
은실	알겠어요. 도련님의 마음 다 알았어요. 세상 눈치가 두렵지요?

양반 체면이 아깝지요? (혼잣소리처럼) 강 위에 맑은 것이 달님인 줄 알았더니 바람에 부서지는 그림자인 줄 몰랐구려! (하며 심히 느껴 운다)

학상 (엄숙한 어조로) 은실이. 그게 무슨 어리석은 소리요. 바람 아니라 천지가 깨어져도 내 달님이 깨어질 수 있겠어? 실은 내게도 사정이 있어……

은실 사정이라구요? 어서 말씀해 보세요. 도련님의 허울 좋은 사정이나 들어봅시다. 흥! 다 알았어!

이 말이 끝나기가 바쁘게 학상은 은실의 뺨을 친다. 은실은 넋 빠진 사람처럼 서 있다. 다음 순간 학상은 울컥 치미는 격동에 못 이겨 은실을 꼭 껴안는다.

학상 은실이 내 말 좀 들어. 은실을 때린 것은 이 손이지 내 마음은 아니었어. 달밤에 맺은 사랑 보름달 같이 둥글기는 천지신명에 빌었는데 어찌 그 사랑이 깨지겠소. 천년만년 변치 말고 별 같이 의좋게 살자는 그대가 왜 이렇게 경솔하오. 진정을 하고 내 말 들어보오.

은실 도련님. (하고 새로운 눈물을 흘린다)

학상 은실이 울지 말고 내 말을 들어. 실은 오늘 밤에 먼 길을 떠나게 되었어.

은실 예? (얼빠진 사람마냥) 먼 길을 떠나다니……

학상 그래 먼 길이야. 아버지의 엄명인데 거역할 수가 있어?

은실 아니 왜요? 저희들의 일을 아시고 계시나요?

학상 전혀 모르신 것도 아니야. 그러나 그것이 이유는 아니야. 은실이도 잘 알테지만 이순신 장군이 이번에 간신들 모함에 빠져 옥에

60 차범석 전집 3

갇히시게 되었어……

은실   뭣이요?

학상   간신들은 자기네 세력을 펼치기 위해 이순신 장군과 친분이 있는 사람을 모조리 해치려고 덤비고 있어. 그래 언제 우리 부자를 붙잡으러 올지 모르는 지경에 있다는 거야.

은실   그런데 왜 도련님이 떠나셔야 하십니까?

학상   아버님 말씀이 나더러 후사를 기하기 위하여 잠시 몸을 피하라는 명이셔. 아버님의 안위도 위태로운데 자식된 도리로서 어떡해 혼자만의 평안을 바라고 떠날 수 있겠어. 게다가 은실이를 두고……

은실   도련님. (운다. 사이) 그래 뭐라 대답하셨어요? 예? 가시겠어요?

학상   (괴로운 듯) 안 가는 게 좋겠어?

은실   도련님!

학상   이 일을 어떡하면 좋겠소? 막아서는 사랑을 갈 수도 넘을 수도 없는 것이니! 그럼 어떻게 했으면 좋겠어?

은실   모두가 운명이에요. 저는 양수에게 시집을 가겠어요.

학상   뭣이? 아니야! 그래서는 안 돼!

은실   안 되다니요? 그럼 도련님이……

학상   (괴로워하며) 아…… (하며 잠시 이리저리 거닐다가) 아 은실이 좋은 생각이 있어! 좋은 생각이……

은실   예?

학상   오늘이 며칠이지?

은실   사월 열아흐레 날이지요……

학상   (잠시 생각에 잠긴다) 그럼 이렇게 하십시다. 은실이는 어떻든 나의 아내가 되어야 할 사람이야. 그러나 어머니와 오빠를 구해내는 일이 급하니 우선 양수의 청혼을 하락해주어. 그 대신 혼례는 준비 관계도 있을테니 추수도 끝난 9월 보름날로 정하고 될수록 시일을 끌어.

은실 9월 보름날……

학상 9월 보름날에는 나는 무슨 일이 있더라도 은실이를 데리러 올테니 그날에 기다려요.

은실 도련님, 정말?

학상 정말이고 말고…… 작년 한가위 날 밤 달님이 맺어준 우리의 인연이니 9월 보름달도 결코 우리를 저버리지 않을 것이야.

은실 잘 알겠어요. 도련님! 그러면 이 은실이는 기다리겠어요. 도련님 그럼 꼭 기다리겠습니다.

학상 그래 나도 꼭 돌아올테니 변치 말고 기다려요.

은실 그럼 도련님 부디…… (하며 열정적으로 껴안는다. 이때 마을 쪽에서 재민이와 갑돌이 급히 등장)

재민 아니 이 친구가 갑자기 마음이 변했나? 가긴 어딜 간다구……

갑돌 그게 정말이여?

재민 그럼 거짓말이란 말이야? 아무리 급하기로 친구인 우리에게 말도 없이 가는 법이 어디 있담! (하며 문밖에서 안을 기웃거린다. 그동안 은실은 바위 틈에 숨었고 학상은 태연히 나온다)

학상 아니 왜들 들어가지도 않고 도둑처럼 남의 집을 기웃거리나?

갑돌 이크 깜짝이야!

재민 자네 참 잘 만났네! 그래 그게 정말인가?

학상 아니 그게라니? 뭐가?

재민 시침을 떼지 말고 바른대로 얘기하게! 정말 가는 건가?

학상 어디서 들었나?

재민 저 장터에서 할아범을 만났는데 뭐 의병으로 간다면서?

학상 쉿! 소리를 지르지 마!

갑돌 그래 정말 가겠나?

학상 정말일세!

재민 그럼 우리는 어떻게 된단 말인가? 응? 날마다 용바위에 올라가 무술 수련은 뭣 때문에 했길래 자네만 매미 허물 벗듯 슬쩍 가겠단 말인가?

학상 실은 사정이 있어서……

재민 싱겁긴 냉수에 두부 맛이지! 사정이고 모정이고 아무튼 나도 같이 가겠네!

학상 정말인가?

재민 나야 부모가 있나 친척이 있나 어디 가나 붙잡을 사람 하나 없는 목숨 이왕 죽을 바엔 왜놈들 몰아내고 죽겠네!

학상 고맙네. 그럼 지금은 시간이 바쁘니 자세한 얘기는 있다 하기로 하고 대흥사 종이 울리면 선창가로 나오게.

재민 알았어! 갑돌아! 넌 어떡하지?

갑돌 무얼?

재민 이런 병신 같으니…… 가겠느냐고 말이야.

갑돌 아니 그럼 나만 빼놓고 너희들 둘이만 가겠단 의견이었냐? 제길 사람을 어떻게 보는 거야? 나도 왜놈들과 싸울 힘이 있어!

학상 고마워이! 자네들이 동행한다면 나로서는 백 사람의 군사를 얻는 셈일세! 그럼 있다가 만나세!

재민, 갑돌 퇴장. 학상은 잠시 허공을 쳐다보더니 방으로 들어간다. 이때 할아범 뒤를 돌아보며 황급히 등장. 무대는 이때 어두워진다.

할아범 저런 이 일을…… 저 도련님! 도련님! (하며 뜰 안에 들어선다)

학상 웬일이요 할아범?

할아범 저 큰일 났습니다! 저…… 저……

승동	(나오며) 아니 진정해서 말을 하지 않고 이 무슨 방정인고?
할아범	예…… 그게 아무래도 수상해요. 제가 선창가 저자에서 생선을 사고 있노라니까 이 대감 댁 도령이 포리들을 앞세우고 오면서 함부로 지껄이지 않겠어요?
학상	그래 뭐라고?
할아범	영감마님의 성함을 대면서 도련님을 함부로 욕지거리하면서요 ……
학상	나를?
할아범	그래 아까 영감마님이 도련님께 하신 말씀이 문득 생각나서 혹시나 하고 이렇게 단숨에 뛰어왔죠.
승동	뭣이? 그럼 아까 학상이와 한 얘기를 들었단 말인가?
할아범	죄송하옵니다. 그렇지만 이 세상에 어느 놈이 우리 영감마님에게 손을 댈 수 있단 말이오!

승동은 눈을 감고 학상은 아버지를 쳐다만 보고 있다.

할아범	아니 왜들 이러고 계십니까? 어서 피하셔야지요.
승동	학상아!
학상	예?
승동	아무 얘기도 필요치 않다. 아까 얘기대로 지체말고 떠날 채비를 하여라!
학상	(목메어) 아버지!
승동	(매섭게) 어서! 아비의 명이다! 할아범 돈 있지?

학상 방으로 퇴장.

할아범 예!

승동 있는 대로 내오게.

할아범 예! (하며 제 방에 들어가 전대를 가지고 나온다. 승동 그것을 받는다)

승동 학상아! 빨리 하여라. 우선 갈아입을 옷만 싸면 되지! 나주가 3백 리도 못될 게다!

학상 괴나리 보따리를 들고 나온다.

승동 이거 넣어둬라! 돈이다. 어디 가던 필요한 물건이 돈이니라.

학상 아버지! (운다)

승동 대장부의 장도에 무슨 눈물인고. 평상시 가르쳐왔기에 새삼스레 할말도 없지만 네 애비의 뜻과 얼굴을 더럽히지 말고 왜놈을 무찔러라. 그리하여 하루 속히 병든 이 나라를 바로잡도록 힘써야 한다.

학상 예 아버님.

승동 내 일은 걱정말아라. 저놈들이 나를 잡아간대도 그 더러운 발길에 무릎을 꿇을 나는 아니다. 사람이란 어느 때고 한번은 죽는 법! 나에게도 생각이 있다. (흩어지는 마음을 억제하며) 자 알겠지? 그럼 어서 가거라!

학상 아버님! 부디!

할아범 도련님! 몸 조심하시와요!

학상 할아범! 아버님을 부탁하오!

할아범 예! 염려마시고 큰 공 세워 돌아오시오! 꼭이요!

학상 (잠시 아버지를 쳐다보더니) 아버님! (하고 그 무릎에 매어달린다)

승동 (추상같이) 무슨 추태인고! 어서 떠나가거라!

강강수월래

학상 눈물을 머금고 뛰어나간다. 문밖에서 서 있던 은실이 다가선다.

은실 도련님!

학상 은실이. 잊지 말고 기다려!

은실 예. 도련님도 그날을 잊지 마시고 돌아오셔요!

이때 고개 위에 양수, 은기와 포리들이 막아선다.

학상 앗!

두 사람 물러선다.

양수 핫하…… 네 놈의 거동이 아무래도 수상쩍더니 기어코 꼬리를 잡혔지. 홋후…… 이 반역도야…… 닥쳐. (포리들에게) 뭣들 하고 있어!

학상 흥! 덤비기만 해봐라! (하며 버티고 선다)

은실 (양수에게 매달리며) 도련님! 이 분에겐 아무런 죄도 없어요! 제발 이 분을 막지 말아요.

양수 홋흐…… 은실이는 이 놈의 마음 속을 어떻게 알고 하는 소리야!

은실 알고 있어요. 오빠! 오빠가 들어서 말 좀 해요! 그렇잖으면 나도 같이 혀를 깨물고 죽어 버릴테야! 그렇게 되면 시집이고 뭐고 ……

양수 뭣이? 그럼 은실이는 내 말대로 하겠단 말인가?

은실 예. 결심을 했어요. 저는 도련님께 시집가기로 작정한 몸인데 어찌 이분에게 마음을 두겠어요! 그러니 제 말을 한 번만 꼭 믿으시고……

학상 은실이!

은실 어서요! 제 단 하나의 청이에요! 네 도련님!

양수와 은기 뭐라고 귀띔을 한다.

양수 이놈아! 네놈은 마땅히 음모죄로 고발해 마땅할 놈이나 은실이의
간청이 가련하니 용서한다. 두 번 다시 이 마을에 나타나질 마라!

학상 뭣이? (하고 덤비려 한다)

은실 도련님! 참으시고 떠나세요! 모든 괴로움을 참고…… 보름달만
이 아시는……

학상 쏟아지는 눈물을 뿌리치며 급히 퇴장. 은실은 도련님을 부르짖으
며 땅에 쓰러져 운다. 은기, 은실을 일으켜 부축하며 퇴장한다. 포리도
뒤를 따른다. 양수의 득의양양한 웃음소리. 아까부터 두근거리는 마
음으로 이 광경을 보고 있던 할아범 기쁨을 참지 못하여 집안으로 뛰
어든다.

할아범 영감마님! 영감마님! 도련님은 무사히 떠나셨어요! 무사히……

할아범 급히 방으로 뛰어들자 비명을 지르더니 통곡소리. 잠시 후 공
포에 떨며 다시 나온다. 그의 손에는 한 장의 유서가 들렸다. 할아범
서서히 슬프게 그가 남긴 시조를 읊는다.

세상을 비쳐줌은 해만이 아니기에
어둔 밤 달 있으니 기 더욱 반갑고야
아이야 남아 평생을 어둡다 슬퍼마라.

할아범 영감마님! 도련님은 무사히 빠져나가셨는데 어찌하여 영감마님
은 손수 숨을 거두셨습니까! 영감마님! (하고 마루 끝에 주저앉아
통곡을 한다. 무대는 어느덧 어두워진다)

−막

제4막

제1장

무대

전막부터 4개월 후 가을.

은실의 집. 동리 부녀자들이 부엌과 뜰에서 음식을 장만하고 있다. 처녀들은 우물가에서 일을 하며 황씨는 이리저리 분주히 돌아다닌다. 그의 얼굴엔 행복한 웃음이 떠돈다.

처녀 A 애들아! 은실이는 얼마나 좋겠니?

처녀 B 그러게 말야! 이 대감댁 도련님이 비단 포목으로 홀랑 싸가는 판이니 그런 개복이 어디 있겠니?

순효 그러기에 여자는 그저 예쁘게만 태어나면 제 복 제가 번다는 거지!

말례 흥! 그럼 난 얼굴이 못났으면 평생 처녀귀신이 되겠구나!

순효 너는 시집 못갈까봐 걱정이니? 염려마! 헌 신에도 짝이 있는데 네 짝 없을까봐! 호호……

말례 망할 것 같으니! (일동 깔깔대고 웃는다)

황씨 (길 쪽을 바라보며 혼잣소리로) 이 애가 어디 갔어? 원 내일 시집갈 년이 마실을 나가다니……

순효 (속삭이듯) 애들아. 듣자니까 은실이는 아직도 시집가기를 싫어한다더구나……

처녀 D 정말? 왜?

순효 (소리를 죽이며) 글방 도령을 아직도 못 잊는 모양이야. 아무튼 그이가 떠나는 날부터 밤낮 뒷동산에 올라가 먼 바다만 내려다보고 있으니 말이야. 얼빠진 사람이 되었지 뭐니……

처녀 B 그럴 수도 있지……

처녀 C 뭐가?

처녀 B 아무리 돈이 좋고 문벌이 좋기로 이 대감댁 도련님의 버릇이 어디 그러니?

처녀 A 정말이야! 양수의 색시가 하나둘이었어?

말례 너는 어쩌면 양수 색시 수까지 속속들이 아니?

일동 호호……

처녀 A 얘 저것 좀 봐! (하며 하수를 가리킨다. 일동 그쪽을 바라다본다. 이때 양수가 비단이며 쌀가마니를 지게에 진 종을 앞세우고 등장. 일하던 아낙들 일제히 길을 비켜선다)

황씨 (간사스럽게 웃으며) 어유 도련님 건너오십니까? 어서 일루……

양수 아니 또 그 도련님이야? 내일이면 장모 사위 하고 부를텐데 도령은 무슨 개딱지 같은 도령!

종 예— (하며 지게를 세운다)

황씨 원 또 뭣을 이렇게…… 어유…… 참……

양수 받아두오. 그래 뭐 부족한 건 없소?

황씨 부족하다뇨. 넘쳐 처질 지경인데……

종 그럼 도련님, 가보겠습니다.

양수 오냐. 어서 가봐라……

황씨 막걸리나 한 잔 하고 갈 것을……

종 괜찮아유. 안녕히 계슈. (하며 하수로 퇴장)

양수 (마루에 앉아서 숨을 내쉬며) 그래 준비는 다 됐소?

황씨 예. 이제 예청에다 차릴 것만 손보면 다 된 걸요. 저렇게들 와서 거들어주니 만사가 쉽군요.

양수	홋흐…… 은실이는 어디 갔소?
황씨	(낯이 흐려지며) 예 잠깐 다녀오겠다고 나갔는데…… 이제 곧 돌아올 거예요. 자 방으로 들어가시죠.
양수	아니 괜찮소. 핫하…… 그래 은실이는 좀 좋아졌소?
황씨	예…… 도무지 식성이 좋질 않아서요. 글쎄 뭘 먹어야 살이 오르지요.
양수	그럴 테지. 여자란 시집을 간다는 걸 무슨 지옥으로 끌려가는 듯이 걱정을 하는 버릇이 있으니까…… 그러나 그것도 한때지요. 핫하……
황씨	아이 부끄러워 그렇죠! 도련님도. 호호……
양수	(길게 숨을 내쉬며) 너무 기다려서 그런지 이젠 은실이 얼굴을 잊어버릴 것만 같소. 하하……
황씨	참 내 정신 좀 봐! 술상을 차려올테니 좀 앉아계셔요.
양수	술은 그만 두고 은실이나 불러와요!
황씨	어유 성질도 급하시긴…… 홋호…… (하며 부엌으로 퇴장. 이때 윤덕 어멈이 흩어진 차림새로 살기를 띠우며 마을 쪽에서 등장. 우물가의 처녀들이 일제히 일어서며 쑥덕거린다)
노파	흥! 나를 속이고 일이 제대로 될 것 같아. 어림도 없어!

뜰 안에 들어서자 일하는 부녀들을 훑어본다. 처녀들 웅성거린다.

노파	흥! 남의 경사에 뭣이 좋아서 지랄들이야! 일 없으면 낮잠이나 자지! 천덕스럽게 떡 부스러기나 얻어먹겠다고 이 궁상인가? (하며 돌아서자 양수와 눈이 마주친다)
양수	아니…… 윤덕 어멈. (하며 일어선다)
노파	(일부러 놀란 표정으로) 서방님께서 여기까지 나오시다니 웬일이

세요?

양수 뭣하러 왔어?

노파 아니 왜 제가 와서는 안 될 집인가요?

양수 잔소리 말어!

노파 서방님 갑자기 왜 이러세요? 아니 제가 그렇게 보기 싫으세요?

양수 잔소리 말고 어서 나가!

노파 (능청맞게) 어머나 저는 서방님을 만나뵈려고 온 마을을 뒤졌는데요. 아이 다리야. (하며 마루에 걸터앉는다. 양수는 한층 당황하며 어쩔 바를 모른다. 이때 황씨 술상을 들고 나온다)

황씨 오래 기다리셨지요, 도련님! (윤덕 어멈을 보자 표정이 굳어진다)

노파 (황씨를 뚫어지게 바라보며) 당신이 은실이 어머니요?

황씨 왜 묻는 말이요?

노파 (매섭게) 묻는 말에 대답이나 해요!

황씨 아니 이이가……

노파 (조소를 퍼부으며) 흥! 시치미를 딱 떼고……

황씨 뭐가 어째요?

양수 아니 여기가 뉘 집인데 함부로 이래?

노파 여기가 어디냐고요? 도련님의 처가고 이 늙은이는 도련님의……

양수 아니 이 늙은이가 미쳤나?

노파 제가 미쳤다고? 그래요. 미쳤을지도 모르지! 아니 미칠 것 같아요! 미칠 것 같아!

양수 (당황히 끌어내려 하며) 좌우간 할 얘기가 있거든 나하고 함께 나가요! 자 나가!

노파 (손을 뿌리치며) 웬 참견이에요. 난 이 늙은이와 따질 얘기가 있어요. 그리고 나서 서방님하고도!

양수 (애걸하듯) 여봐 윤덕 엄마. 그러지 말고 내 얼굴을 봐서라도 가?

응?

노파 　앗따 도련님 얼굴을 두 번만 봤다간 이 늙은이 신세는 쉬어빠진 술항아리 되겠소! 도련님! 그래 뭐 나는 눈도 귀도 없는 절구통인 줄 아셨수?

양수 　내, 내가 어쨌단 말이야 글쎄?

노파 　(매섭게 쏘아보며) 도련님! 이 늙은이와 그리고 우리 윤덕이는 어떻게 하시려고 은실이에게 장가를 든다는 거요?

양수 　어떻긴 뭐가……

노파 　우리 모녀가 지고 있는 빚 삼백냥을 치워주고 조강지처로 맞아주겠다던 얘기는 헛소리였소?

양수 　(황씨의 눈치를 꺼리며) 글쎄 그런 얘기를 여기서 할 필요는 없잖아? 자 가요. (하며 윤덕 엄마의 손을 쥔다)

노파 　싫어요. 여기서 사생결단을 내고 말겠어요. 여보시오! 도련님! 우리 윤덕이를 어쩔 셈이요? 응?

황씨 　(놀라며) 뭐, 뭐라구요?

양수 　(태도가 일변하며) 닥치지 못해?

노파 　아니 내가 없는 얘길 꾸미기라도 했단 말이요? 흥! 그렇게 노려본다고 무서워할 줄 아십니까? 내 딸을 망쳐놓고 또 은실이를……

황씨 　(냉정하게) 도련님!

양수 　뭐요? 장모……

황씨 　지금 얘기는 사실이요?

양수 　(당황하며) 그 그건 아니야! 윤덕이하고 가깝게 지낸 일은 있지만 그건 이미……

노파 　뭐라구요? 이미 어쨌단 말이요? 응, 이미 어쨌어? (하며 양수의 품에 덤벼들어 멱살을 휘어잡는다)

양수 　아니, 이 손을 놓지 못해?

노파는 필사적으로 매어달리고 황씨는 넋나간 사람처럼 멍하니 바라보고만 있다. 동리 사람들은 구석구석에서 쑥덕거리고 있을 뿐이다. 이때 하수에서 은실이 등장. 차림은 허수룩하며 얼굴은 병자처럼 해맑다. 그는 이 소동을 보고 울타리 뒤에 숨어 엿듣고 있다.

노파 나를 속이고 무슨 일이 잘 될 줄 알아요? 안 되지! 안 돼! (갑자기 울음이 터지며) 여봐요. 양반이면 양반이지 남의 신세 망쳐도 좋다는 법이 어디 있어요. 우리도 남과 같이 초가삼간이라도 좋으니 내 집에서 알뜰한 살림의 맛을 즐기기가 원이어서 도련님 하자는 대로 다 했는데…… 이제 와선 윤덕이를…… 아! 너무해요. 너무해……

양수 아니 그래 내가 윤덕이를 죽인다고 했어, 버린다고 했어? 좌우간 그 얘기는 우리 둘이서 할 얘기지 여기까지 와서 퍼뜨릴 필요가 어디 있단 말이야! 응? 그렇잖아?

노파 (애원하듯) 도련님! 윤덕이를 저버리지 말아요. 그 애는 불쌍한 년이에요. 도련님이 그 애를 저버린다면 저는 복수를 하고 나도 죽을테야요. 모든 것을 죄다 불살라버리겠어요.

양수 글쎄 알겠다니까! 자 나와 같이 가요! (하며 다정스럽게 일으킨다. 노파는 순순히 일어나 양수에게 의지하면서 나간다. 양수는 난처한 표정으로 황씨를 돌아보면서 나간다. 두 사람 마을 쪽으로 퇴장)

황씨 (힘없이 주저앉으며 넋두리를 한다) 아이고 내 신세야! 설마하고 믿었더니 역시 생각대로였군! 불쌍한 은실아! 가난이 죄였지. 이 어미가 어리석었어! 이럴 줄 알았으면 굶고라도 살 것을. 이 일을 어쩔거나! (하며 마루를 치며 운다. 은실 울타리 밑에서 서서히 나온다)

은실 어머니. 우시지 마세요. 흘러내린 강물은 되돌아갈 순 없어요. 오신다는 그도 안 오시는 야박한 세상인데…… 물결 따라 바람

	따라 끝 가는 대로 가는 거지요. (하며 마루 끝에 쓰러진다)
황씨	은실아! (은실이 등을 어루만지며 운다. 군중들 제각기 동정의 눈물을 흘리며 퇴장. 이때 은기 포도청 사령복을 차리고 껑충껑충 춤을 추며 등장)
은기	얼씨구나 좋을시구

은기   얼씨구나 좋을시구

리리리 리리리 좋을시구

땅 파먹던 내 팔자에

관 벼슬이 웬 떡이냐

오복 중에 처복이 좋고

이새 저새에 먹새가 좋다지만

관 벼슬이 제일일세. 핫하……

어머니. (울고 있는 두 사람을 보고) 아니 우리 집에 길운이 터졌는데 왜 울고들 있어. 어머니 난 오늘부터 포도청의 사령이 되었소. 이거 봐요! (하며 활개를 쩍 벌린다)

모두가 이 대감댁 양수 도령 덕이요. 또 우리 은실이 덕택이지. 그렇지. 은실이 덕택으로 이젠 나도 떳떳이 살 수가 있게 되었지. 고맙다 은실아. (은실은 더 슬피 운다) 아니 왜 울고만 있어? 음…… 내일 시집을 가게 되니 슬퍼지기도 하겠지. 그렇지만 사람이란 ……

황씨   듣기 싫다!

은기   음? 왜 이래요?

은실   어머니…… (하며 어머니를 말린다) 오빠―

은기   뭐야?

은실   (울음을 참으며) 정말 그 옷이 잘 어울리는군요. 오빠도 이젠 높건 낮건 벼슬을 했으니간 이젠 지금까지처럼 술만 마시고 다니지 말고 착실하게 살도록 하세요.

은기 암. 여부 있겠니? 나도 이젠 정신을 바짝 차려서 더 높은 벼슬도 하고 돈도 모아서 땅땅 울리고 살아야겠다. 남들이 다 하고 사는데 나만 하지 말라는 법이 없겠지.

은실 허지만 양수 도령처럼 남 못살게까지 하면서 잘 살 필요는 없어요. 제 힘에 어울리게······ (복받쳐 오르는 울음을 이기지 못해 운다)

은기 아니······ 아까부터 울고만 있는데 무슨 일이 있었나요? 어머니······

황씨 이 녀석아······ 모두가 네 불찰이야! 양수 도령은······

은실 (가로막으며) 어머니······ 그만두세요······ (은기에게) 오빠······

은기 은실아. 너는 딴 걱정을 말고 마음 툭 놓고 시집만 가면 된다. 그야 양수 도령의 행실이 착하다고 우겨댈 수는 없지만 너에게나 또 우리에겐 다시 없이 친절하니 그쯤 알고 살자꾸나 응?

황씨 아······ 내가 공연히 네 말에 넘어갔구나. 밥이 없으면 죽, 죽이 없으면 칡뿌리라도 캐먹고 살 것을! 내가 공연히······

은기 흥! 어머니는 끼니 굶고 살던 일이 무섭지도 않아요? 나는 싫어요. 죽었으면 죽었지 굶고는 못 살겠소. 남이 욕하면 어떻고 비웃으면 어때요? 내 배 부르고 나 잘 살면 되는 거지!

황씨 일이 이 지경이 되었는데 잘 살게 뭐냐?

은기 그럼 모처럼 굴러든 이 복덩어리를 다시 쫓아버리겠단 말입니까? 파혼을 해야 시원하겠어요?

황씨 모르겠다! 나는 모르겠다! (하며 부엌으로 퇴장. 은기 못마땅한 표정으로 바라보고 은실은 마루 위에 쓰러져 운다)

은실 오빠 염려말아요. 난 시집을 가겠어요. 양수 도령에게 시집을 가겠어요.

은기 암 그래야지. 그렇고말고. 핫하······

―막

제2장

무대

전막부터 다섯 시간 후. 1막과 같은 무대.

9월 보름달이 중천에 걸려 있다. 이따금 불어오는 바람에 나뭇가지가 물결친다. 막이 오르면 은실이 집에서 돌아오는 손님들이 얼근히 취하며 지나간다.

노인A   참 세상도 말세야! 사람 살기가 어렵기도 하겠지만 성성한 딸을 그런 건달에게 주다니……

노인B   함부로 입을 놀리지 말게. 그래도 양반에게 시집을 갔으니 우리 팔자보다는 상팔자인걸!

노인A   헹…… 나는 그 은기 녀석 놀아나는 꼴이 더 뵈기 싫던데! 놈이 언제 얻어 쓴 감투라고 사람을 사람 같이 보지도 않거든……

노인B   그러기에 개구리가 올챙이 시절을 잊고 산다는 말이 있잖아!

노인A   그래도 오늘 잔치는 훌륭하던데! 뭐니뭐니해도 돈이 있어야지 수염이 대자라도 먹어야 양반이야!

노인B   딸 가진 부모는 그래 저래 걱정일세. 사람보고 주자니 굶어 죽겠고 집안 보고 주자니 사람답지 못하고!

노인A   그러기에 무자식이 상팔자 아냐?

노인B   어떻든 은실이는 가엾은 애야. 뭐 눈맞은 총각이 있었는데 그게 뺑소니 쳤다면서? 우리 딸년 말을 듣자니까 이순신 장군을 따라 남해로 갔다가 죽었다는 소식이라던데?

노인A   저런! 그래도 이번에 이순신 장군이 다시 통제사로 나서셔서 노량 바다 싸움에서 왜놈들을 깡그리 몰살시켰다니 얼마나 속시원한 일이겠나……

노인 B   아랫마을에서도 그 싸움터에서 돌아온 장정들이 많다는구먼……

노인 A   이제 난리는 끝났지만 어떻게 먹고 살아갈 것인가 걱정이오. 제기랄…… (하며 두 사람 하수로 퇴장. 무대 잠시 비었다. 멀리서 오늘의 경사를 축하하는 동리 처녀들의 강강술래가 은은히 들려온다. 이때 윤덕 어멈이 미친 사람처럼 등장. 잠시 허공을 바라보더니 저주에 찬 눈초리로 쏘아본다)

노파   흥, 잘들 놀아난다. 남 오장 썩는 줄 모르고…… 어디 두고 보자! 오늘밤을 곱게 넘길 줄 아니? 흥 어림도 없지! 나를 속이고 내 딸을 못살게 하구서 내가 그대로 둘 줄 아나? 내 눈에 흙이 덮이기 전엔 안 돼! (하며 마을 쪽으로 내려간다. 이때 학상, 재민이 하수에서 등장. 먼 길을 걸어오느라고 피로와 굶주림으로 몹시 야위어 보인다. 두 사람 언덕 위에 올라서자 감개무량하게 마을 쪽을 내려다본다)

학상   재민이…… 저기 마을이 보이네……

재민   오! 이게 몇 달 만에 보는 고향인가! 모진 전선 속에서도 그리웠던 내 고향아. 세월은 흘렀어도 산천은 변함없네 그려……

학상   여보게. 그렇게 혼자서만 취하지 말고 어서 가서 소식 좀 알아오라니까!

재민   그래, 그래. 자네 말대로 은실이가 시집을 갔나 안 갔나 알아만 보면 되는 거지?

학상   그리고 만날 수 있게 불러내야지. 내가 가도 좋지만 그 불한당들의 눈에 띄면 아무래도 일이 서둘지 않니?

재민   허…… 이거 오자마자 님의 분부가 태산 같군. 자네야 좋고 못살 일이지만 나는 그래 보고만 죽으란 말인가?

학상   그럴 수가 있나? 내가 좋은 일은 자네도 좋은 일, 자네가 좋은 일은 나도 좋지! 일만 되면 나도 한턱 톡톡히 씀세.

재민   그래 염려말게. 내 이 길로 가서 은실이를 불러낼게. (하며 급히 뛰어간다. 학상은 잠시 만족된 표정으로 그 뒤를 바라보다 문득 생각이 난 듯 집을 향해 뛰어 내려온다. 집안에는 인기척도 없이 흡사 무덤 속 같이 고요하다. 문은 굳게 닫혀 있다)

학상 (서서히 다가오며) 아버님! 아버님! 아니 어딜 나가셨나…… 그렇 잖으면 혹시…… (전보다 더 격하여) 할아범! 할아범 없어?

할아범 (소리만) 거 누구요?

학상 나예요! 학상이가 돌아왔소! 문 좀 열어줘요!

할아범 (소리만) 아니 뭐 도련님이…… (잠시 후 상복을 입은 할아범 허둥지 둥 방에서 나온다. 몰라보게 늙었다) 아니 도련님! (그는 문을 열자말 자 학상을 껴안을 듯이 쓰러진다) 도련님!

학상 할아범! 역시 무사하였군! (잠시 두 사람 말없이 흐느껴 운다)

할아범 얼마나 고생이 많으셨소? 도련님이 이렇게 돌아오시다니……

학상 나야 괜찮았지만 할아범은 병약하신 아버님 병시중 드느라고 고 생이 많았겠소.

할아범 (새로운 슬픔에 휩쓸려) 도련님!

학상 (잠시 기다리다) 그래 아버님께서는 좀 차도가 계시오? (하며 방으로 들어가려 한다)

할아범 도련님!

학상 아니 왜 그러오?

할아범 저…… 영감마님은……

학상 (불길한 예감에) 아버지께선 어디 나가셨소?

할아범 (여전히 울며) 예. 영감마님은 안 계십니다.

학상 어디 가셨기에……

할아범 도련님…… 영감께서는 먼 길을 떠나셨습니다. 두 번 다시 돌아올 수 없는 머나먼 길을요……

학상 뭣이? 그럼……

할아범 도련님…… 도련님이 떠나시던 바로 그때 영감마님께서는 손수 비수로 자결하셨답니다.

학상 뭣이?

할아범 모두가 이 늙은 놈의 불찰이었으니 이놈을 죽여주시오. 영감마님께서는 포리들의 더럽힘을 당하느니보다 차라리 죽음을 택하심을 떳떳하다 여기시고…… 제가 그 소식을 전하지 않았던들 이런 슬픔은 안 일어날 것을. 돌아오니 이미 식은 영감마님 앞에 이 유서가 남아있었죠. (하며 종이를 꺼낸다)

학상 (글을 보고는) 아버님! 아버님! (종이에 얼굴을 대고 운다)

할아범 저는 그때 즉시로 영감마님의 뒤를 좇아 죽으려 했으나 피난가신 도련님이 돌아오실 때를 기다려 자초지종 사정을 말씀드리고 죽는 것이 종된 저로서의 책무인가 생각되어 도련님이 돌아오시기만을 손꼽아 기다렸습니다. 도련님! 그러니 이 늙은 것을 불쌍히 여기신다면 어서 이 목을 베어주십시오.

학상 (마루 끝에 쓰러지며 흐느껴 운다) 아버지 불효자 학상이를 용서하옵소서. 자식의 도리가 부모님을 섬기고 운명하시는 마당에 가시는 길을 바라봄이어늘 죄많은 이 자식은 하루 한밤도 호의호식 살펴올리지 못하옵고 저의 불찰로 인해 유명길로 가시게 하였으니 이보다 더 큰 죄가 또 어디 있사오리까? 아버지-.

할아범 아니올시다. 모든 잘못은 저 때문에 일어났지요.

학상 이럴 줄 알았으면 꿈에라도 뵈오련만 밤이슬 찬 서리에 꿈도 없이 자고 나면 간악한 왜적들을 무찌르기가 넉 달이니 소자는 큰 공 세워 아버님 곁에 돌아갈 날만 기다렸거늘 아버님의 그림자도 숨소리도 없으셨으니……

할아범 도련님. 자 그만 울음을 그치시고 어서 저를 죽여주시오. 도련님이 그토록 슬퍼 우시니 이 늙은 놈의 가슴은 에리고 또 에려서 견딜 수가 없사와요. 이제는 저로서 해야 할 일을 다 한 셈이니 어서 저를……

학상 (할아범을 돌아보며 정답게) 내가 할아범을 죽일 수 있다면 할아범도 나를 죽일 수 있다는 이치와 마찬가지가 아니오?

할아범 예? 그런 법이……

학상 있을 수 없고말고. 그동안 할아범이 우리 집안을 위해 살과 뼈를 깎다시피 한 고생은 하늘이 아시고 계시는 일인데 무슨 잘못이 있어 내가 할아범을 죽여야 된단 말이오?

할아범 허지만 괴로워서 이 이상 살 수가 없사와요.

학상 괴로워 못 사는 건 할아범만 당하는 일이겠소? 우리 백성 전체가 지금 괴로움의 불도가니 속에 있다오.

할아범 그렇지만 저는……

학상 (할아범의 손을 쥐며) 할아범! 알겠소. 할아범의 그 괴로운 심정 세상이 몰라도 나는 알 수 있어요.

할아범 도련님! (흐느껴 운다)

학상 자기 마음의 괴로움을 알아주는 사람이 한 사람이라도 있다면 그 사람은 산 보람이 있는 법이오!

할아범 도련님 감사합니다.

학상 그래 아버님은 어디다 모셨지요?

할아범 저 용바위 아래 양지바른 땅을 골라 편히 모셨습니다. 내일 아침이나 일어나 성묘나 갑시다.

학상 아니 난 지금이라도 가고 싶소.

이때 언덕 위에 신방에서 빠져나온 은실이가 장옷으로 얼굴을 가리고 사방을 살피며 등장.

강강수월래

학상   은실이!

은실   도련님……

두 사람 불처럼 뜨거운 포옹을 한다. 멀리서 강강술래의 급한 노래가
정열적으로 흘러온다. 할아범은 슬그머니 부엌으로 들어선다.

은실   뵙고 싶었습니다. 도련님……

학상   은실이. 피비린내 진동하는 전쟁터에서 장부가 여인을 생각함이
        떳떳한 일은 아니지만 달 뜨면 임 보듯 달 지면 임 보내듯 봄
        여름 다 보내고 가을을 맞았다오!

은실   야속해요, 도련님. 9월 보름에 오신다던 도련님을 기다리다 축이
        난 얼굴이야 보일 수도 있지만 밤마다 멍든 가슴을 어떻게 보여
        드릴 수 있겠어요. 봄 여름 다 보내고 가을이 닥쳐올제 안타깝고
        답답하고 울적한 내 심정을 어느 그릇에 채울 수 있겠어요?

학상   아, 은실이 미안하오. 그래 양수와의 혼인은 어떻게 되었소?

은실   (토라진 소리로) 늦었어요! 만사가 다 틀렸어요!

학상   뭣이라구? 그럼……

은실   (장옷을 벗어버리자 화려한 신부의 차림이 달빛 아래 황홀하다) 하루라
        도 일찍 오실 것이지…… 오늘이 바로 그날이에요.

학상   예? 그렇지만 약속한 9월 보름이 오늘이 아니오?

은실   오늘이면 뭘 하고 내일이면 뭘 해요? 이 핑계 저 핑계로 날짜를
        늦춰왔는데 도련님이 싸움터에서 전사하셨다는 소문이 쫙 퍼지
        자 양수는 태도가 일변하여 9월 보름날 예를 올리지 않으면……

학상   뭣이라고…… 내가 전사를 했다고요? 아니 누가 그런 소릴……

은실   저는 믿을 수 없었지만 어머니나 오빠는 이왕에 돌아올 수 없는
        사람이요 작정한 일이라면 하루 빨리 하자고 하시기에……

학상 그래 은실이도 그렇게 작정을 했단 말이오?

은실 견딜 수가 없었어요. 기다릴 수가 없었어요…… (하며 느껴 운다)

학상 (깊은 생각에 잠기며) 알았소! 그런 걸 나는 혼자서 벙어리 냉가슴 앓듯이……

은실 아니, 그게 무슨 말씀이십니까?

학상 은실이! 세상의 계집의 마음은 약하고 변하기 쉽다고 하지만 내가 아는 은실이만은 결코 그렇지 않으리라고 하늘 같이 믿었는데 이제 보니 역시 은실이도…… 아…… (하며 괴로워한다)

은실 도련님. 은실이의 마음이 약한지 도련님이 무심한지 그 뉘라서 판정짓겠습니까? 약속한 날 못 오시면 편지라도 보내시고 편지가 어려우시거든 안부라도 전하시지 한 번 가신 그 길이 그 얼마나 멀었기에 그토록 무소식이었소?

학상 소식이 끊겼다고 맹세조차 끊겠소? 남아장부 일이란 삼복더위 소낙비처럼 변전무상하는 것을. 하물며 전쟁터에서 어찌 사사에만 유심하겠소? (한숨) 그러나 모두가 허사였구려. 이제 와서 뉘 탓한들 시들은 꽃이 되살아나겠소? 자— 섭섭타 말고 돌아가시오.

은실 저더러 돌아가라구요?

학상 오늘부터 우리는 작년 8월 보름 이전으로 돌아가는 것이오. 그리고 은실이는 양수 낭군의……

은실 (날카롭게) 도련님! 조롱하시지 마시오. 처녀의 마음이란 베틀에서 갓 짜낸 명주필과 같은 것. 처음 물든 빛깔이 가장 고운 것이에요. 도련님은 마음대로 갈아잡을지도 모르지만 나는 물든 이 마음은 갈 곳이 없어요. 도련님……

학상 (감격하며) 은실이……

은실 도련님! 지금이라도 늦지 않아요. 저를 데리고 아무 데나 가 주세요. 깊은 산 속이라도 먼 바닷가라도 도련님하고만 지낼 수 있다면……

학상 그렇지만 양수가 은실이 행방을 찾고 있을 터인데……

은실 초저녁부터 연거푸 술만 마시더니 지금 죽은 듯이 잠을 자고 있으니까 저를 찾지 않을 거예요! 네!

학상 그렇지만 혼례까지 올린 이상……

은실 그까짓 예만 올리면 뭐합니까?

학상 은실이…… (껴안으며) 그토록 나를 사랑하고 있는 것을 아까는 ……

은실 괜찮아요. 도리어 제가 너무 버릇없이……

이때 멀리서 강강술래는 헝클어지고 여자들의 비명과 아울러 "불이야" "불이 났네" 하는 고함소리가 점차로 높아진다.

학상 아니 저게 무슨 소리야?

은실 불이 났다잖아요?

두 사람 고갯길로 올라서자 불구경하는 동리 사람들 하수에서 마을 쪽으로 지나간다.

군중 A 뉘 집에서 불이 났어?

군중 B 하필 보름날 불이 나다니 재수도 좋구먼! 달 구경 불 구경이니 일거양득일세! 핫하……

이때 재민 급히 등장.

재민 여보게 큰일났어!

학상　아니 왜들 그래? 응?

재민　참 은실이 여기 있었군. 다행이야!

학상　뭐가 다행이야?

은실　어디 불이 났어요?

재민　바로 은실이네 집 신방에서 불이 났어!

은실　뭣이라구요?

무대 배경에 벌겋게 불꽃이 점차로 퍼지기 시작한다.

은실　어찌 된 일이에요? 어서 자세히 말 좀 해요.

재민　저 그 윤덕 어멈이 신방에다 불을 질렀대……

학상　신방에다가! (하며 은실을 쳐다본다)

은실　그럼 양수는 어떻게 되었나요?

재민　모르지. 어떻게 되었는지. 불길이 세어서……

은실　(서성대며) 술이 취해 잠이 들었으니 불에 타 죽었을런지도 몰라요. 이 일을 어쩌면 좋아요?

학상　(무슨 생각이 들었는지) 여보게, 나와 같이 가세!

재민　어딜?

학상　불을 꺼야지 않겠나? 죽어가는 사람을 보고 가만히 있을 수 없잖아! 자 가세!

세 사람 황급히 마을 쪽으로 퇴장. 불길은 점점 피어나고 불구경하는 사람이 언덕 위에 늘어간다.

군중 A　어유 저 아까운 비단이며 음식을 어쩌나?

군중 B　그러기 말이요. 우리 식구가 한 달 먹어도 남을 텐데……

군중 C 여보시오. 사람이 타 죽는 판에 그까짓 물건이 무슨 소용이오?

군중 D 아직도 누가 저 불 속으로 못 들어가나보죠?

군중 E 글쎄 기름통을 퍼 부었으니 누가 감히 들어가겠소? 신랑신부는 영락없이 타 죽겠구려…… (잠시 군중 웅성거린다)

군중 D 앗! 누가 저기 뛰어들지 않소?

군중 E 정말…… 위험한데…… 누굴까!

군중 A 글방 도련님이 아니요?

군중 B 뭐, 글방 도령? 학상 도령이? 참 오늘 돌아왔다지.

제각기 감탄과 찬사로 웅성거리는 군중들 마을 쪽으로 밀려간다. 불길은 차츰 숨이 죽어간다. 얼마 전부터 나와 섰던 할아범 걱정스럽게 내려다본다.

할아범 원 도련님이 어떡하시려구…… 앗 도련님이…… 도련님! (잠시 후 옷을 털며 학상 등장) 어디 다치신 데는 없으셨습니까?

학상 응. 나 물 좀 줘요.

할아범 예. 위험한 일은 하시지 마시와요.

부엌에서 물을 떠오자 학상 받아 마시고는 마루 끝에 앉아 생각에 잠긴다.

학상 할아범!

할아범 예.

학상 지금 곧 이 고장을 떠나갈 테니 그리 알고 긴요한 것만 골라 짐을 꾸리시오.

할아범 아니 갑자기 또 왜!

학상 이상 더 이 고장에 살 필요도 없으니까…… 깊은 산 속에 들어가 책이나 읽으며 소일하겠소. 어서……

할아범 예! (하며 미심쩍게 방으로 퇴장)

학상 (우울해지며) 허망한 꿈이었구나…… 꿈을 바라고 살아오다니 …… 소원도 생명도 벼슬도 모두가 꿈과 같이 허망한 것을…… (하며 괴로워한다)

이때 양수가 은기와 재민에게 부축되어 등장. 얼굴엔 상처를 입었다. 그 뒤에 은실이며 마을 사람들 뒤따른다.

양수 여보시오 여보시오!

학상 아니 어떻게 여길…… (하며 자리를 치워준다. 양수 마루 위에 앉는다)

양수 내…… 내가 어떻게 사죄해야 하며 이 은혜를 어떻게 보답해야 할지 모르겠소. 나는…… 나는 죽어 마땅한 놈이었소.

학상 원 그게 무슨 말씀이오. 남이 어려운 지경에 빠졌을 때 돕는 것은 인간의 본능이라고 선친께서 말씀하셨거늘 하물며 죽음을 앞에 두고……

양수 아니올시다. 나는, 이 양수는 그 죽음을 받아 마땅할 죄인이었는데 나를 살려주시다니 당신 앞에 나는 어떻게 용서를 빌어야 하겠습니까?

학상 내가 당신을 구한 것이 아니라 은실 아가씨가 나로 하여금 구하게 한 것이오. 보은할 의사가 있으시면 당신의 신부 은실 아가씨에게……

양수 나는 한마디만 묻겠소. 당신은 이 양수가 밉지 않소?

학상 (쓸쓸히 웃으며) 밉다니…… 사람이 사람을 미워하면 무슨 좋은 일이 있소?

양수 아! 이 몸이 미워 죽겠소. 차라리 불에 타 죽어나 버릴 것을. 이처럼 더러운 마음을 무엇으로 살라버릴 수 있단 말이오! 아.

학상 너무 괴로워 마시고…… 어서 가셔서 화상에 치료를 하시지요. 귀한 몸에 흉이 지면 은실 아가씨가 더 슬퍼하겠소.

이때 군중 속에서 울음이 터지는 소리에 모두들 비켜서자 은실이가 울고 있다.

양수 은실이!

학상 아니 첫날밤이 새기도 전에 신부가 함부로 나타나다니…… 아가씨 어서 돌아가시오.

은실 (우르르 양수 앞에 쓰러진다) 도련님! 저는 저는……

양수 은실이 알겠소. 은실이의 그 어여쁜 입이 열리지 않더라도 은실의 마음은 내가 환히 보이는 것 같소.

은실 아니에요. 도련님은 저의 마음을 모르시고 계십니다. 저는 지금까지……

양수 다 알고말고…… 실은 내가 여기까지 온 것은 오늘밤의 신랑은 내가 아니고 학상 도령이라는 것을 일러주기 위해서……

은실 도련님! (땅에 쓰러져 운다)

학상 안 돼요! 그런 법이 어디 있단 말이오! 설사 내가 은실 아가씨를 좋아한다손 치더라도 그것은 이미 지나간 옛 꿈! 지금은 버젓한 그대의 아내인데 어떻게!

양수 아직 나의 아내가 되지는 않았소. 그러니 다른 생각 말고 은실이를 아내로 맞아주시오. 나로서 보은할 수 있는 길은 오로지 이 길일 것만 같소.

학상 (손목을 맞잡으며) 아니 정말로 그렇게 해주시겠습니까?

양수 정말이고말고요. 이 양수가 철든 이후 처음으로 고백하는 진정이
     니 믿어주시오.

학상 그렇지만……

은실 도련님!

양수 그러지! 그리고 두 분의 혼인에 필요한 것은 염려마시고 길일을
     택하여 예를 올리시오! (웃으며) 여보게 은기! 가짜 매부는 좀 거
     들어주게! 집에 돌아가야겠네.

은기 그렇지만 도련님!

양수 염려말게. 자네 감투를 도로 물리라고 하지는 않을 테니. 핫하……

은기 헷헤…… 예 감사합니다.

     양수, 은기 서서히 나간다. 군중들 새로운 두 사람의 기쁨을 축복하며
     웃는다.

황씨 그랬으면 그랬지! 내 사위될 사람은 진즉 정해져 있는데 글쎄 세
     상에 억지로 되는 일이 어디 있던가? (군중들에게) 여보시오. 아까
     는 신부집 잔치지만 이젠 신랑댁 잔치이니 가만히 서 있지 말고
     강강술래나 놀아보시오.

일동 예, 그럽시다. (하며 강강술래 판으로 나간다)

학상 은실이!

은실 서방님!

     이때 방에서 보따리를 지고 할아범 나온다.

할아범 도련님 짐을 다 꾸렸으니 떠납시다.

학상 할아범. 그 짐은 다시 풀어둬요. 안 갈 테니까. 핫하……

할아범 예? 안 떠나셔요? (하며 어리둥절한다)

학상 이 고장에서 다시 아버님 뜻을 받들고 살겠소. 천년이고 만년이고 ......

이때 멀리서 강강술래의 흥겨운 노랫소리가 들려오고 학상과 은실이는 다정하게 바라본다.

−막

전과자 (1막)

- **등장인물**

  박경옥(27), 전과자

  경영(40), 경옥의 오빠. 중학교 교사

  순자(38), 경영의 아내

  인자(18), 그들의 딸. 미용원 조수

  인배(16), 그들의 아들 중학생

  진(8), 경옥의 딸

- **때**

  현대

- **곳**

  서울

무대

서울. 변두리에 있는 주택지. 박경영의 식구가 사는 낡은 왜식 건물. 무대의 3분의 2가 방이며 우편은 마루다. 마루 안쪽으로 2층으로 통하는 층계가 있다. 우편은 부엌 쪽으로 통하며 좌편 방 뒤를 돌아 현관으로 통한다.

방 안은 오랫동안 손을 보지 못한 채로 허수룩해진 꾸밈이다. 좌편 벽에 왜식 다락(오시이레)이 있고 정면에 현관 쪽으로 통하는 미닫이가 있다. 그 옆 벽에 낡은 의장이며 시계, 사진틀 그밖에 방만 세간이 배치되어 있고 우편 벽에 미닫이가 있다.

무대 전체의 분위기는 음침하고 습기가 차다. 햇볕이 잘 들지 않은 탓이기도 하겠지만 과히 유복하지 못한 생활의 그림자가 눈에 보이지 않은 가운데 집 안 구석까지 서려있기 때문이다.

때는 겨울 어느 날 아침.

막이 오르면 방 안에는 경영이가 자리에 누워 있다. 이따금 기침을 하는 게 환자임이 분명하다. 우편 부엌 쪽에서 인배가 등교할 차림으로 등장. 그 뒤를 좇아 어머니가 점심을 싸서 가지고 나온다.

아내　옛다 점심!

인배　(점심 그릇을 받으며) 아버진 아직 안 일어나셨어요?

아내　(낯이 흐려지며) 아마 못 일어나시나부다……

인배　그럼 학교는 쉬시나요?

아내　그렇잖아요. 학교가기 전에 너더러 아버지 뵙고 가라시더구나! …… (조심스럽게 우편 미닫이를 연다. 경영이는 여전히 누워있다. 조심성 있게) 여보…… 여보…… 저 인배가 학교엘 간다는데……

경영　(돌아누우며) 인배야……

인배　(들어서며) 예?

경영	교감 선생님께 몸이 불편해서 학교 쉬겠다는 얘기를 말씀 드려라
인배	(약간 망설이며) 웬만하심 나가세요.
경영	(일어나 앉으며) 뭐?
인배	그런 얘기 하면 저번처럼 또……
경영	(안면 근육이 부르르 떨리며) 뭐라고?
인배	이렇게 자꾸 결근만 하면 어떡허느냐구요…… 애들 교육이 중한 줄 알면 웬만한 병쯤은 참아야지 하면서 나더러 들으란 듯이 말 하시던 걸요 뭐!
아내	원 딱하기도 하지…… 누가 참아서 견딜 수 있으면 안 나간다던 ……
경영	(무슨 생각이라도 한 듯) 알았으니 그만 가거라……
인배	교감 선생에겐 말 안 해도 되죠?
경영	그래……
인배	(안도의 숨을 내쉬며) 다녀오겠습니다. (하며 현관 쪽으로 나간다)
아내	(걱정스러운 표정으로) 너무 무리하시지 마세요.
경영	(허공을 쳐다보며) 그렇지만 아무래도 내가 나가봐야 할려나 봐……
아내	원…… 사람이 우선 살고볼 일이지 이렇게 몸을 함부로 쓰시다 가 무슨 일이 나고야 말겠어요!
경영	그래도 결근이 잦다고 감원 대상에 오르게 되는 것보다는 안 두 렵지…… (잠시 사이) 게다가 한 식구가 더 불었는 걸…… 부지런 히 벌어야지…… (하며 길게 한숨을 쉰다)
아내	(다음 순간 얼굴에 그림자가 지며) 정말 설상가상으로 왜 하필이면 이런 때 찾아온담!
경영	(쓴 웃음을 지으며) 딴데라곤 찾아갈래야 갈 곳이 없는 걸!
아내	왜 없어요! 시가도 있고 시동생들도 있잖아요?

전과자

경영 원 당신도 별 소리 다 하오. 글쎄 경옥이가 눈치도 없기에 이제 시집 식구를 찾아가겠소?

아내 그렇지만 출가외인인걸요. 달건 쓰건 시가에 늘어붙는 게 여자의 도리지요! (하며 날카롭게 쏘아붙인다)

경영 누가 도리를 몰라서 그러겠소?

아내 흥! 도리를 아는 여자가 그래 사람을 죽였나요?

경영 (신경질을 내며) 또 그 소릴!

아내 (더욱 앙칼지게) 당신은 처자식이나 집안보다 전과자인 누이동생이 더 중한 것 같구려!

경영 (아까까지의 자신의 흥분을 뉘우치듯이) 그럴 리가 있겠소? 하지만 경옥이도 불쌍한 처지가 아니오? 불쌍한 누이를 오래비가 돌보지 않으면 누가……

아내 아니 그런 인심이 있으시걸랑 나나 인자에게도 쏟아보시구려!

경영 (일부러 웃어보이며) 아니 내가 언제 당신이나 인자 보고 싫은 소리 한마디나 했길래 이러오?

아내 일이 이렇게 된 이상은 나나 인자는 경옥을 위해 사는 거나 다름 없지 뭡니까? 7년 동안 진이를 맡아서 길러준 것만도 우리 집 형편으로서는 고작인데 이제 진이 어마이까지 붙어살다니 우린 뼈가 으스러지게 벌어서 경옥이와 진이를 멕여 살리란 팔자인가요?

경영 글쎄 경옥이도 내심으로는 얼마나 미안히 여기고 있을지 짐작이 들지 않소? 감옥에서 나온 지 한 달도 못 되었는데 그 애가 가면 어딜 가겠소?

아내 (그 말은 흘려버리며) 게다가 창피해서 못 살겠어요!

경영 뭐가?

아내 어떻게들 알아냈는지 이웃사람들이 숙덕거리는 걸요……

경영 흥 남의 얘기하기를 좋아하는 사람이란 어디가나 있는 법이요.

아내 그것도 경옥이만 욕하면 또 모르지만 같은 피를 나눈 당신이나 우리들까지도 한 물 안의 고기떼처럼 취급하니 창피하지 않아요?

경영 (다시 신경질을 내며) 언제는 남의 소문을 듣고 살았소?

아내 그럼 굴속에 들어 백혀서 살으란 말에요? (더욱 흥분을 하며) 아무리 동생이라도 나쁜 것은 나쁘고 어둔 것은 어둡다고 가려야지 밤낮 당신처럼……

경영 아니 내가 언제 어두운 것을 환하다고나 했길래 이 악담이오!

아내 모르겠어요! (돌아앉아서 눈물을 씻는다) 내가 밤잠을 자지도 못하며 뜨개질을 하고 인자가 미용원에서 온종일 다리가 참나무 토막이 되도록 일을 한 것은 우리들이 먹고 살기 위해서지 진이네 모자를 살리기 위해서는 아니에요! 사람이 얌치*가 있어야지 글쎄……

경영 (멍하니 허공을 쳐다보며) 모두가 내 불찰이요! 나와 같은 사람을 안 만났던들 당신에게 이런 고생이 없었을 것을…… (하며 자리에서 일어난다. 아내는 말 없이 눈물을 씻으며 자신의 걱정이 너무 심했다는 듯 후회하는 시선을 던진다. 이때 2층에서 인자가 퉁퉁거리며 내려온다)

인자 (소리만) 어머니…… 어머니!

잠시 후 인자 파자마 바람으로 등장한다.

아내 아이 웬 수선이냐 아침부터…

인자 속상해 죽겠어! (하며 응석을 부리는 듯 어머니에게 다가온다)

아내 무슨 일이라도 있었니?

인자 글쎄 고모는 왜 집에 있게 하는 거예요? 뵈기 싫어 죽겠어!

---

* 마음이 깨끗하여 부끄러움을 아는 태도.

전과자

아내 왜?

인자 또 내 비누갑을 가져갔잖아?

경영 (두둔하듯) 비누갑 좀 빌려 쓰지도 못하겠니? 그래도 네 고모요 한집안 식구가 아니냐?

인자 한집안 식구면 식구지 남의 물건을 마음대로 써도 좋다는 법이 있나요? 기분 나빠 죽겠어!

경영 기분 나쁘다니? 아니 네 고모가 뭐 전염병 환자라던?

인자 환자라면 차라리 격리시킬 수도 있어서 마음 편하죠! 하지만 빈둥빈둥 놀면서 남의 화장품 서랍을 다 뒤지니 기분이 안 나쁘겠어요?

경영 인자야……

인자 몰라요! 아버진 밤낮 고모 편이지! 흥!

경영 그러는 게 아니래도……

인자 말은 바른 말이지 감옥에서 나온 지가 엊그제인데 화장은 무슨 화장이야! 오늘 아침만 하더라도 목욕 가는데 비누갑 좀 빌리자고 말 한마디라도 있었다면 또 몰라요! 고모면 고모지 조카의 소지품을 마음대로 쓰라는 법도 있나요? 그러니까 감옥살이 했지!

경영 (무섭게 쏘아보며) 인자야!

아버지의 노기가 예상 외로 격했음을 알았는지 인자는 말없이 휙 돌아서 나가려 한다.

경영 너희들은 그렇게도 경옥이가 밉단 말이냐? (하며 아내와 인자를 번갈아가며 노려본다)

아내 (누그러진 어조로) 누가 밉다는 거요? 인자 얘기대로 너무 뻔뻔하게 행동하니까 그걸 삼가했으면 쓰겠다는 게죠.

인자	그래요 고모는 뻔뻔하기도 하지만 좀 부족한 것 같아요.
경영	뭣이?
인자	그 진이를 우리에게 맡겨둔 채로 7년 감옥살이를 하고 나온 사람이 글쎄 고맙단 얘기 한 마디 없잖아요? 겨우 젖 떨어진 진이를 열 살이 되도록 키워낼 때 어머니나 저의 고생은 이만 저만 안했는데…… 밤낮 제 자식만 안고서 놀러만 다니니…… 목욕도 이 주일에 한 번이면 족한 걸 가지고 저렇게…… 마치 진이 몸에 때가 늘어붙기라도 했다는 심보에서죠!
경영	인자야! 그건 네가 모르는 소리지 네 고모의 성격의 탓이란다!
인자	성격이라뇨?
경영	그래 타고난 성질이 그런 걸 이제 갑작스리 어떻게 고칠 수도 없지 뭐냐?
아내	그래도 언제까지나 편한 세상 보낼 것도 아니고 고쳐야죠.
경영	(옛날 추억을 더듬어가듯) 경옥이는 제 마음 속을 남에게 펴보일 줄도 모르지만 또 그러기를 싫어하는 성격이었지…… 마음속으론 당신이나 인자에게 대해서 고마움을 어떻게 다 말했으면 좋을지 모르고 있을 거야.
아내	(못마땅하게) 어쩌면 그렇게 사람의 마음속까지 속속들이 알아내시우?
경영	친형제 간인데 그것조차 모르겠소? 세상 사람이 다 몰라도 나만은 경옥의 마음속을 알 수가 있지!
인자	그렇게 고모 마음을 아신다면 저의 마음도 알아주셔야죠.
경영	물론 네 마음도 알고 있지!
인자	그렇다면 제가 지금 뭣을 생각하고 있는가도 아시겠군요?
경영	뭐라구?
인자	(정색을 지으며) 고모가 다른 곳으로 안 나가겠다면 제가 나가겠어요!

97   전과자

아내   인자야!

경영은 감전된 사람처럼 멍하니 서 있다.

인자   하루 이틀 아니고 어떻게 한 지붕 아래서 살아갈 수가 있단 말이
       에요? 남들의 숙덕거리는 소리를 듣기 전부터 저는 사람을 죽인
       사람하고 어떻게 같이 살 수 있을 것인가 하고 혼자서 얼마나
       생각을 짰는지 몰라요!

경영   (날카롭게 쏘아보며) 인자야! 네 고모의 과거에 대해서는 말 않기
       로 했잖으냐?

인자   그런 말을 듣기 싫으면 자신이 자중을 해야죠!

       이때 현관 쪽에서 경옥이와 진이가 등장한다. 목욕탕에서 돌아오는
       길인지 손에는 조그마한 세수대야와 수건 비누가 들렸다. 머리를 감아
       서인지 상기된 양볼이 복숭아꽃처럼 붉다. 진이는 사과를 비어먹고
       있다. 들어오다 말고 방에서 들려오는 말소리에 귀를 기울이고 있다.

경영   그래 어떻게 하는 게 자중하는 거란 말이냐? 네 비누갑을 말도
       없이 쓴 게 자중이 아니란 말이냐?

인자   그래요!

경영   그건 네가 모르는 소리지! 사전에 말을 건네기가 도리어 미안하
       니까 그렇게 되는 수도 있지!

인자   그런 사람이 어떻게 사람을 죽였을까요?

아내   (흥분하는 남편을 가로막으며) 여보 내버려두고 어서 세수나 하세요.

       이 사이에 경옥은 진이를 데리고 2층으로 올라간다. 잠시 후 인자가

나와 부엌 쪽으로 퇴장한다.

경영　(쓰러지듯이 이불 위에 앉으며) 모두가 내 잘못이야! 모두가……

아내　아니 뭐가 당신 잘못이란 말예요. 진이 엄마가 저지른 과오와 당신과 무슨 상관이 있다고 이렇게 자신을 괴롭히시는 거예요?

경영　(혼자소리처럼) 있지! 상관이 있고 말고…… 나는 알지! 나만은 알아!

아내　(어이가 없다는 듯) 참! 당신같이 고지식한 분도 없어요! 누이가 잘못을 저질렀다고 오빠된 당신이 그토록 괴로워할 필요가 어디 있어요? (전보다 정답게) 여보……

경영은 말없이 아내를 돌아다본다. 그의 눈망울에는 어떤 고민과 연민이 교차되어 피어오르고 있는 듯한 표정이다.

아내　어떻게 도리가 없을까요?

경영　무슨 도리?

아내　아무리 생각해봐도 진이네 두 식구는 다른 곳으로 옮겨가는 것이 좋을 듯 한데요!

경영　꼭 그래야 한다는 법도 없잖소?

아내　여러 가지로 생각해서 말씀드리는 거예요. 첫째로 당신이 교육자라는 직업도 생각하셔야죠. 애들의 교육을 맡아보고 계시는 선생의 누이가 전과자라는 평이 나서 좋을 리가 없잖아요? 게다가 인자가 저렇게 꺼려하는데 인자를 내보내고 그 두 식구를 여기 둘수도 없구요! 뿐만 아니라 우선 생활하는데 영향이 있어요.

경영　두 사람이 먹으면 얼마나 먹는다고 그러우?

아내　얼마나 먹다뇨? 사람 입 하나가 어떻게 무섭다구요……

경영   그래 딴데로 옮기다니 어디로 가게 한단 말이오?

아내   별 수 없잖아요. 진이네 할아버지에게 맡기는 수밖에……

경영   그 그건 안 돼요!

아내   왜 안 돼!

경영   그게 될 일이라면 경옥이가 감옥에 있을 동안에 진이를 그렇게 못 본 척 했겠소?

아내   그건 당신이 맡기기 싫다고 하셨으니까 저편에서 그렇게……

경영   그렇지! 그런 철면피들에게 진이를 맡길 수는 없었지! 굶건 않건 내가 기르고 싶었어!

아내   그건 당신 생각이고 저편에서도 할 얘기가 있겠죠.

경영   얘기? 무슨 얘기가 있어? 경옥이가 누구 때문에 그런 무서운 짓을 저질렀기에! 응?

아내   그러니까 이제라도 찾아간다면 푸대접할 리가 없잖겠어요? 아무리 몰인정한 사람이라도 제 아내요 며느리인데……

경영   그렇지만 제 놈들이 꽃가마로 경옥이를 모시러 온데도 내가 허락 안 하겠어! 아니 허락할 수가 없지! (그는 몹시 흥분을 한다)

아내   (반항적으로) 그럼 도대체 어떻게 하겠단 말씀이세요?

경영   어떻게? 이렇게 우리들끼리 서로 돕고 나누어 먹고 살면 되지!

아내   (멸시하듯) 속 편한 소리 좀 작작하시구려! 아까 인자 얘기는 못 들으셨어요? 온 집안 식구가 다 싫다는데 당신 혼자서 우겨대시다니 그럼 우리가 죄다 나가고 남매끼리 사시구려! (이 말이 떨어지기도 전에 경영의 손이 아내의 뺨에 철썩 붙는다. 그 순간 넋 나간 사람처럼 멍하니 앉아있던 아내의 눈에는 눈물이 삽시간에 고이더니 마침내 방바닥에 엎드려 흐느껴 운다. 아내의 슬픈 울음소리에 새삼스레 정신을 차린 경영은 옷을 주섬주섬 입고 가방을 들고 나가려 한다. 이때 경옥이와 진이가 내려와 들어선다)

경옥	오빠……
경영	(일부러 태연하게) 목욕탕에 갔었다면서 언제 돌아왔니. (하며 진이를 안아준다. 진이는 방바닥에 쓰러져 있는 아주마*를 내려다본다)
진이	아주마는 왜 울어? 또 싸웠어?
경영	(당황하며) 싸우긴…… 진아……
진	응……
경영	너 착하지?
진	응……
경영	그럼 2층에 가 있어? 내가 부를 때까지…… 참 학교엘 가야지?
진	오늘은 오후반인 걸 뭐!
경영	그래? 어서……
경옥	진아 어서 외삼촌 말씀 들어야지?
진	응…… (하며 2층으로 퇴장. 이 사이에 울음을 그친 아내도 나가려 한다)
경옥	형님…… 저……

아내는 말없이 서 있다.

경옥	저 형님께 여쭐 말씀이 있는데…… (경영을 돌아보며) 그리고 오빠도 같이 들어주셔야 할 얘기에요.
경영	내게?
경옥	예……

경영과 아내는 말없이 앉는다. 경옥은 어떻게 말문을 터놓을 것인가를

---

*'아주머니'의 경상도 방언.

전과자

망설이고 있다.

경영 어서 얘기나 해라……

경옥 저…… 실은 다른 곳으로 옮기겠어요……

경영 네가? (그는 반사적으로 아내를 쳐다본다. 아내도 번쩍 귀가 띈 듯이 고개를 쳐든다) 아니 네가 가긴 어디로 가겠단 말이냐? 어디 갈만한 곳이라도 정하였느냐?

경옥 예…… 실은 취직을 했어요……

경영 취직을? 언제? (하며 다가앉는다)

경옥 (일부러 명랑하게) 저는 취직 못한다는 법이 있나요?

아내 그렇지만……

경옥 (빙글 웃으며) 전과자가 취직을 했다니까 두 분 다 못 미더워 하시는군요! 사실이에요……

경영 그렇지만 아직 네 몸도 회복이 안 되었을텐데……

경옥 오빠도…… 제가 뭐 병자였던가요? 이래봬도 형무소 안에서는 가장 부지런하고 일을 잘한다고 표창을 받은 모범죄수였답니다.

경영 너더러 그런 얘기 하라는 건 아니야! 다만 오랫동안 부자유스런 생활을 해온 네가 어떻게 갑작스리 고된 일을 할 수 있겠는가가 걱정이 되는 게지……

경옥 ……도리어 이렇게 놀고만 있는 게 더 부자유스러워요. 벌써 한 달이 지났는 걸요. 게다가 저로서는 언제고 이 집에서 떨어져나가야 할 몸이니까 한시바삐 서둘러서 자리를 잡아야 하잖겠어요?

경영 그건 그렇지만 여기 있으면서도 취직은 할 수 있잖아? 이제 당장에 나가더라도 집도 없을테고……

경옥 실은 들어갈 집도 다 작정이 되었어요.

아내 아니 언제 누가 그렇게까지 돌봐줬단 말이오?

차범석 전집 3

경옥 (미소를 띄우며) 세상엔 죽으란 법은 없나보죠? 형무소에 있을 때 같은 감방에서 지내던 부인이 있었는데 며칠 전에 우연히 만났잖 겠어요?

경영 (아직도 미심쩍게) 그래……

경옥 지난번 크리스마스 날 특사령을 입어 저와 같이 석방된 분이에요.

아내 (경계를 하며) 그럼 그 전과자하고……

경옥 (유순하나 위엄 있게) 왜 전과자는 사람이 아닌가요? 죄 자체는 미 웁지만 알몸의 인간은 다 착하고 아름다운 거예요. 이 세상 죄를 안 지은 사람이 어디 있어요? 허지만 자기의 죄를 뉘우치고 씻어 버림으로써 재생하려는 욕심이 있기에 사람은 값지고 살 보람이 있는 거예요. 형님께서는 전과자에 대해서 아주 경계를 하시는 모양인데 그런 편견은 버려주세요.

아내 나는 다만 진이 엄마가……

경영 (두 사람 사이의 서먹서먹한 공기를 수습하려는 듯) 좌우간 네가 취직 하겠단 얘기나 끝까지 듣자!

경옥 그래요. 그 여인의 친척이 고아원을 경영하고 있는데 나더러 의 사가 있으면 오라고 하더군요. 그래 침식을 제공하고 월급도 있 다니까 어떻게 진이 하나쯤은 교육시킬 수 있을 것 같고……

경영 그래 그렇게 하기로 작정을 했단 말이냐?

경옥 현재 저로서는 그렇게 사는 것이 제일 마음에 맞는 일이라고 생 각해요. 내 자신 어두운 과거를 가졌으니까 불행한 어린이들을 위해 일을 해주는 것이 가장 속죄도 되고 마음 편할 것 같아서 요……

경영은 말없이 한숨만 길게 내쉰다. 아내는 자신의 심정을 어떻게 표 현했으면 좋을지 망설이는 표정이다.

전과자

경옥 형님! 그동안에 진이와 그리고 제가 입은 은혜는 죽는 날까지 안 잊겠어요. 꼭 보은할테니까요…… 감옥에서 나왔을 때 진이가 나를 못 알아보고 눈치만 봤을 땐 차라리 죽어버릴까 했어요! 허 지만 차차 낯이 익어가자 진이가 살았다는 게 얼마나 마음 든든 하고 고마운 일이냐고 혼자서 울었는지 몰라요…… 형님! 저는 결코 남의 호의를 흘려버리거나 배반하는 사람은 아니니까요. 다 만 말로만 고맙다고 하는 그 자체가 괴롭고 송구스러워서 말을 못 한 것 뿐이었어요.

아내는 차츰 고개를 수그리며 말없이 눈물을 흘린다.

경영 (심적 고통을 억제하며) 그런 얘기를 이제 새삼스레 할 필요가 어디 있어? 우리 집에서 누구 한 사람 너에게 대해서 말한 것도 아니니 까…… 걱정 말고 같이 지내자! 그래야만 이 오래비로서 너에 대한 면목이 서고…… 또……

경옥 (날카롭게 말을 가로채며) 오빠!
그 이상 말씀할 필요도 없어요! 우린 과거에 사는 게 아니라 밝은 미래를 위해 사는 것이니까요! 난 전과자라는 것을 조금치도 두 렵게 생각하지는 않겠어요! 나로서 응당할 일을 했고 거기에 대 해 응당받아야 할 벌을 받았으니까 이 몸은 새로 태어난 사람이 라고 그렇게 생각하고 싶어요. 제가 출감하던 날 형무소장도 그 런 얘기를 하던데 정말 뜻깊은 얘기라고 여기고 있어요.

경영 (감격하며) 경옥아! 이 오래비를…… (하며 소리 죽여 울기 시작한다. 아내는 남편의 태도에 대해서 일말의 불안과 의아를 느끼면서도 경옥의 태도에는 감탄하는 눈치다)

경옥 그리고 이건 얼마 안 되지만…… (하며 품에서 조그마한 지갑을 꺼낸다) 형님께서 써 주세요.

아내 아니 뭔데?

경옥 7년 동안 형무소 안에서 모은 돈이에요……

아내 돈?

경옥 (웃으며) 그렇다고 큰 돈은 아니에요. 형무소 안에서 큰 돈이야 벌 수 있나요? 다만 진이가 살아 있다면 옷이라도 한 벌 사줄 수 있는 돈을 모으자고 푼푼이 모았죠. 그렇지만 진이를 저렇게 길러내 주셨으니 이 돈은 형님께서……

아내 (복받치는 울음을 터놓는다) 훗……

경옥 오빠, 얘기는 다 끝났어요. 다만 오빠도 건강에 조심하세요. 형님이 부업 삼아서 밤늦도록 뜨개질을 하는 걸 보면 오빠의 건강이 더 절실하게 느껴져요. 집안에 어른이 건강하셔야죠…… 참 인자에게도 너무 폐를 끼쳤어요. 화장품까지 빌려쓰고요……

이때 얼마 전부터 인자가 방안의 얘기를 엿듣고 섰다.

경옥 아침 차로 내려가야겠어요…… (하며 마루로 나오려다가 인자와 마주친다. 인자는 획 외면을 한다. 그러나 인자의 표정은 어떤 감동으로 잔물결이 일고 있다) 인자야 잘 있어! 내년 봄엔 선물을 사가지고 올게…… (하며 2층으로 올라간다. 세 사람의 표정은 매우 감동적이면서도 복잡하다)

경영 (떨리는 목소리로) 여보! 인자야!

인자는 방으로 들어온다.

경영 내가 할 얘기가 있는데……

전과자

아내와 인자는 고개를 든다.

경영   경옥이가 7년 전에 왜 감옥에 갔는지 아니?

인자   고모부가 다른 여자와 좋아하니까 그 여자를 죽였다면서요?

경영   하마터면 죽을 뻔 했지! 죽지는 않았어!

아내   아니 그런 얘기는 왜 또……

경영   오늘은 그 얘기를 깨끗이 할 필요가 있어! 여보 내 말을 들어요…… (생각에 잠기며) 실은 그 여자를 죽인 것은 경옥이가 아니라 바로 나야!

인자   예?

아내   아니 당신이? ……

경영   그래. 경옥이와 나는 어려서부터 부모 없이 자란 불쌍한 고아였어. 그러기에 우리 남매의 정의는 더 깊고 질겼어.

아내   그건 다 아는 얘기 아니에요? 어서 당신의 그 얘기나 하세요……

경영   둘도 없는 누이를 시집보낼 때 나로서는 누이의 행복이 내 행복이라고까지 여겼지. 그런데 진이 아버지가 다른 여자에 미쳐서 집안을 돌아보지 않고 심지어는 경옥에게 매질을 하면서까지 집안 살림을 가져다가 그 여자에게 바친다는 얘기를 들었을 땐 정말 미칠 것만 같았어! 그래 내가 진이 아버지에게 수십 차례 걸쳐 그 여인과 관계를 끊고 경옥에게로 돌아오라고 종용했지만 아무런 반성도 없기에 그 여자에게 가서 헤어지기를 사정하다시피 했지만 역시 헛수고야…… 난 그때 나는 생각하기를 경옥이의 행복을 찾아주기 위해서는 그 여자를 없애버리는 수밖에 없다고…… 사실 지금 생각하면 미친 짓이었지! 그래 경옥이를 시켜 과자를 사서 그 속에다 약을 섞어서 주며 갖다 주라고 했지. 물론 경옥이는 모르는 일이었지! 그런 그 여자의 질긴 목숨은 죽지 않고 간신히 살아나게 되었으니……

인자 앗 무서워! 아버지는…… 아버지는……

경영 그래 내가 죄인이야! 내가!

아내 왜 그럼 지금까지 그런 얘기를 안 하셨어요?

경영 일은 저질러 놓고도 나는 무서워졌어! 나의 체면도 있고 당신이
며 인자나 인배의 장래를 생각하면 도저히 내 약한 마음은 바른
대로 말을 대지 못했소! (그는 자신을 저주하듯 머리를 쥐어뜯으며
운다. 이때 외출복으로 갈아입은 경옥이가 진이를 데리고 발소리를 죽
이고 현관 쪽으로 퇴장한다)

인자 그럼 고모는 아버지 대신으로…… 아버진 비겁해요!

경영 세상에서 제일 비겁한 인간이지. 자신의 죄를 알면서도 그걸 고
백하지 못하면서 썩어야 하는 나야말로 비겁한 인간이야! 하지만
너희들을 생각하면 경옥에게 대해선 미안했지만 이렇게 모든 과
거를 파묻어버린 채로 사는 수밖에 도리가 없었다! 그러니 경옥
이를 미워하지 말고 차라리 이 아버지를 쫓아내다오!

인자 앗! (일어서 나가며) 고모! 고모! (하며 2층으로 뛰어올라간다)

아내 여보! 왜 진즉 저에게 말해주지 않았어요? 왜?

경영 경옥이와 약속이었지. 그대신 나는 경옥이가 형을 마치고 돌아올
날까지 진이를 키워주겠다고……

이때 인자가 한 장의 편지를 들고 황급히 등장.

인자 아버지 고모가 집을 나갔어요!

경영 뭐이?

인자 여기 편지를 써놓고……

경영 (편지를 받아 보더니) 아 이를 어쩌니? 어서 나가 찾아와야지! 경옥

전과자

이를 내보내서는 안돼!

아내   인자야! 어서 나가보자. 아직 멀리는 안 갔겠지! 어서!

어머니와 인자 급히 현관 쪽으로 퇴장.

경영   (혼자소리처럼) 경옥아! 돌아오너라 경옥아!

멀리서 인자가 고모를 부르는 소리 들려온다.

―막

풍운아 나운규 (6막 6장)

• **등장인물**

나운규(21~36)

조정옥, 운규의 아내

어머니

시규, 운규의 둘째 형

오규, 운규의 누이동생

안철민, 운규의 친구

이기섭, 운규의 친구

안애리사, 운규의 첫사랑

강대욱, 일본 헌병보, 고등계 형사, 애리사의 남편

야사다 기누꼬, 우미관 주인의 딸. 운규를 좋아하는 동경 유학생.

오향선, 기생, 운규와 동거생활함

박상권, 신무대 단장

박혜란, 상권의 딸, 운규의 애인

허일수, 영화감독

서산댁, 운규의 안집 주인

고천형사

촬영기사

조감독

조명계

김순경

서막

무대

운규와 혜란이가 들어있는 여관방.

햇볕이 들지 않은 좁은 방에 세간이라고는 거의 볼 수 없는 음침한 분위기. 다만 서쪽으로 뚫린 손바닥만 한 북창 너머로 새빨갛게 노을 진 팔월의 하늘이 보일 뿐이다. 벽에 몇 가지 옷이 걸려있고 트렁크와 타구가 있다.

아랫목에 얇다란 이불을 반쯤 걷어차 버린 채 운규가 벽에 기대 앉아 눈을 감고 있다. 땀과 때에 전 옥양목 적삼과 바지 차림. 제멋대로 자란 구레나룻이며 핏기 잃은 해사한 얼굴빛이며 움푹 꺼진 눈두덩이 첫눈으로도 중환자임을 알 수가 있다. 그는 눈은 감고 있으나 사실은 그 무엇을 골똘히 생각하고 있는 것이다. 그 증거로 두 손이 허공에서 어떤 환상이라도 쫓는 양 이따금 허우적거린다. 그러나 심한 기침을 하다가 머리맡에 놓인 수건을 급히 입에 틀어막듯이 댄다. 자지러질 듯한 기침이 멎자 운규는 서서히 수건을 떼고 들여다본다. 새빨간 선지피가 묻어나오자 운규는 이상야릇한 웃음을 입가에 지어본다.

이때 혜란이가 덜커덕거리는 미닫이를 간신히 열고 들어선다.

눈매가 천사처럼 아름다운 처녀이다. 그녀의 옷차림은 허술하나 어딘지 총명과 애정이 향수처럼 풍기는 청초한 용모이다. 그의 손에 조그마한 과일봉지가 들렸다. 처음엔 약간 미간이 흐리더니 부러 태연한 척 말없이 다가가서 수건을 빼앗는다. 그러나 그녀의 눈매는 불쾌감보다 어린애를 달래는 듯한 미소가 감돈다.

운규　(눈을 크게 뜨며) 혜란이……

혜란	(목도리를 풀면서 담담하게) 또 각혈을 하셨군요.
운규	(어린아이처럼 고집을 부리며) 그 수건 이리 달란 말이야……
혜란	꼭 어린애 같으셔…… 자꾸만 그걸 들여다보면 무얼 해요. 자 …… 그만 자리에 누우세요. 그리고 이 과일 잡수세요.
운규	(긴 한숨을 뱉고 맥이 풀리듯 벽에 고개를 기대며) 끝이 나는 거야…… 해가 지고 있는 거야……
혜란	(사과껍질을 벗기다 말고) 네? 무슨 말씀이세요?
운규	(눈을 가느다랗게 뜨고 봉창을 쳐다보며) 혜란이…… 하늘이 곱지? 저 렇게 노을진 하늘을 바라보면서 눈 벌판을 실컷 뛰어보았으면 좋겠어…… 맨발로 말이야……
혜란	(쓸쓸한 미소로 응수하며) 그러니까 의사 말씀 잘 듣고 치료를 부지런 히 해야죠. 이제 가을이 오면……
운규	(겉으로는 담담하게 들리나 단정적으로) 그따위 의사가 무얼 알아. 내 병에 대해서는 내가 의사란 말이야…… (숨을 돌리고) 혜란이 ……
혜란	(사과 한 조각을 운규의 입에 대며) 얘길 오래 하는 건 해로워요. 자 이걸 자시면서 누워 계세요. 네? 당신이 좋아하는 대구 사과예요.
운규	(빤히 혜란의 눈을 들여다본다) 이상한데.
혜란	뭐가요? 제 얼굴에 숯검정이라도 묻었나요?
운규	오늘은 유달리 혜란이가 예뻐 보여…… 그 손 좀 이리 줘.
혜란	(말없이 손을 내맡긴다)
운규	(혜란의 손등을 슬슬 어루만지면서) 미안해.
혜란	뭐가요? (하며 손을 잡아 빼려 하자 운규는 꼭 쥐고 놓지를 않는다)
운규	나 때문에 그 고생만 하고서…… 그렇게 아름답던 손등이 나무 등처럼 거칠구먼……
혜란	그런 소리하시면 싫다니까요. (정색을 지으며 눈을 곱게 흘긴다)

운규 (사이) 혜란이…… (다시 눈을 감으며) 그만 아버지한테로 돌아가.

혜란 (말없이 눈으로 대항한다)

운규 박 선생께서 나를 배신자라고 퍽 괘씸하게 여기실 거야. 아니 이렇게 되고 보면 나는 은혜를 원수로 갚는 격이지…… (한숨) 내가 나쁜 놈이야……

혜란 (날카롭게) 여보……

운규 누가 무어라고 하든 난 혜란의 아버지께 죄를 지은 것만은 부인할 수 없어. 귀한 남의 딸을……

혜란 (끓어오르는 심적 고통을 이겨내려고) 저는 제가 옳다고 생각하는 일을 했을 뿐이에요.

운규 그렇지만…… 혜란이는 아버지 곁에 있어야 해……

혜란 저는 저대로의 생각이 있어요.

운규 그렇다면 돌아가줘. 혜란이가 이렇게 내 곁에서 사서 고생하는 걸 이상 더 내버려 둘 수 없어.

혜란 (터져 나오는 울음을 이기지 못해 그만 울어버린다) 흑흑……

운규 (혜란의 등에 손을 얹고) 나는 이제 혼자 있어도 아무렇지도 않아. 아니 원래가 혼자서 살아야만 제격이었어…… (차츰 흥분이 촛불처럼 타오르며) 나는 하늘과 땅 사이에 어쩌다가 조물주가 잘못 떨어뜨리고 간 한 톨의 씨앗일지도 몰라…… 이렇게 혼자서 물을 머금고 싹이 트고 꽃을 피웠다가 시들어지고……

혜란 (광적으로) 그만! 제발 그만 말씀하세요. (하고 운규의 얼굴을 쳐다보다가 다시 운규의 품에 몸을 내맡기며 운다) 싫어요…… 저는 당신 품에서 살고 싶어요…… 저를 내쫓지 마세요…… 누가 무어라든 당신은 제 남편이에요. 폐병 환자 아니라 그보다 더한 병신일지라도…… 흑…… 그러니 저더러 돌아가라는 말은 하지 말아줘요.

운규   (아픔을 이기려고 애쓰며) 그렇지만 내가 박 선생의 외동딸인 혜란이
        를 이런 꼴로 만들어놓고…… 아버지 곁에 있으면 백만장자의
        딸 부럽지 않게 호강으로 자랄 혜란이가 나같은 낙오자 때문에
        이렇게……

혜란   당신은 낙오자가 아니에요.

운규   낙오자야…… 그 누구하고도 타협을 못하는 밤송이 같은 인간? (울
        음도 웃음도 아닌 이상야릇한 웃음을 터뜨린다) 헛허허……

혜란   설령 당신이 밤송이 아니라 폭발물이라 해도 좋아요. 나는 당신이
        가지는 화약과 함께 터지고 싶어요.

운규   나는 이 세상에 태어날 때 남을 괴롭히기 위해서 태어난 못생긴
        생명인가 봐. (사이, 먼 옛날을 회상하듯) 내 아내도, 내 아들, 딸도
        그리고…… (다음 순간 다시 심한 기침을 한다. 못 견딜만큼 작아진
        기침을 하면서 한 손을 내민다. 수건을 달라는 신호임을 알자 혜란이가
        재빨리 손수건을 꺼내주자 입으로 가져간다. 운규는 각혈을 하고 나서
        허탈한 상태로 쓰러진다)

혜란   그것 보세요. 내가 무어라고 그랬어요. (피가 묻은 수건을 방 한구석
        으로 치우며) 얘기를 하면 해롭대요. 의사 선생 말씀이 조용하고
        공기 맑은 곳에서 정양을 하면 나을 수 있댔어요. 이제는 아무
        생각 마시고 쉬세요.

운규   내게도 미래는 있을까?

혜란   없으란 법이 어디 있겠어요.

운규   아니야…… (손을 허공에 허우적거리며) 내게는 과거밖에 없어
        …… 그것도 벌거숭이로 가시밭길을 헤쳐 가던 고난의 길.

혜란   그런 생각일랑 마세요. (문득 밝은 표정으로) 참 여보, 저도 돈벌이
        를 하게 되었어요.

운규   돈벌이?

113   풍운아 나운규

혜란 (약간 명랑한 웃음을 지어보이며) 일자리를 구했어요.

운규 (눈가에 험악한 빛이 돈다) 일자리라니?

혜란 지금까지 당신에겐 비밀로 붙여왔지만…… 실은 금성좌에 입단했어요.

운규 뭐라구? 금성좌에?

혜란 네…… 벌써 전부터 출연을 해달라는 교섭이 왔었는데…… 오늘 계약을 했어요. 괜찮지요?

운규 혜란이…… 박 선생님께서 아시면 어떻게 하려고.

혜란 무슨 상관이에요. 저는 아버지의 단체하고는 이제 아무런 관계가 없는 몸인데.

운규 그렇지만 하필이면 신무대와 경쟁 극단인 금성좌에 출연을 하다니……

혜란 이제 와서 그런 걸 걱정하고 있을 여유가 있어요? (체념하듯) 금성좌가 아버지 극단인 신무대와 경쟁에 이기기 위해서는 제가 필요하다는 거예요. 그 대신 계약 조건은 퍽 유리하니까 이제부턴 이런 여관방에서 고생을 안 해도 돼요.

운규 혜란이……

혜란 네?

운규 (담담하게) 금성좌하고의 계약을 취소해.

혜란 싫어요.

운규 취소해……

혜란 싫다니까요. 싫어……

운규 나를 진심으로 사랑한다면 금성좌의 무대에 나서지 말아줘……

혜란 우리는 지금 돈이 필요해요.

운규 그렇지만 박 선생님께서 이 사실을 아신다면 어떻게 된다는 걸 모르겠어?

혜란　그게 무슨 상관이에요.

운규　(약간 화를 내며) 시키는 대로 해…… (사이, 다시 누그러지며) 나는
　　　이제 얼마 못 가서 죽게 될 몸이야. 내가 잘 알지. 그러니 이상
　　　더 남에게 해를 끼치고 싶지 않아……

혜란　그렇지만 우리는 그 누구의 도움도 받을 수 없는 몸이에요. 아버
　　　지 극단에서 추방을 당한 우리가 무어가 안타까워서 아버지에
　　　대한 의리며 연분을 생각한단 말이에요.

운규　혜란이는 아직 어려서 세상이 무엇인지 몰라서 그렇지…… (한
　　　숨) 내가 없으면…… 아니 혜란이가 내게서 떠나가면 박 선생님
　　　은 혜란이를 언제든지 다시 받아들일 거야. 딸로서 그리고 유능
　　　한 배우로서……

혜란　그렇지만 저는 이제 와서 아버지 극단으로 되돌아갈 수는 없어
　　　요. 당신이 없는 신무대 극단은 저에게 있어선 아무런 의의도 보
　　　람도 없어요. (하며 다시 느껴 운다)

운규　혜란이. 이렇게 고집을 부리지 말아…… 나는 삼십 평생에 그 고
　　　집 때문에 망한 사람이야……

혜란　허지만 고집이 있었기에 그 훌륭한 영화를 만들었다는 걸 아셔요.

운규　(허공의 한 점을 응시하며) 훌륭한 영화? 흥, 그게 뭐가 훌륭해.
　　　아…… 내가 앞으로 조금만 더 살 수 있다면 정말 좋을 것을,
　　　정말 쓸 만한 영화를 만들 수 있을 텐데. (맥이 풀리며) 이젠 다
　　　틀렸어 …… 다 틀렸어……

혜란　염려 없어요. 이제 제가 무대에 나서면 돈벌이는 걱정 없대두……
　　　그렇게 되면 당신을 서광사나 해인사 같은 조용한 절간에서 요양
　　　하시게 할테요. 당신은 살아야 해요. 살아서 더 좋은 작품을 만들
　　　어야 해요.

운규　(힘없이 자리에 누워본다) 아……

115　　　　　　　　　　　　　　　　　　　　　풍운아 나운규

혜란	(놀라며) 아니…… 왜 그러세요? 네?
운규	(죽음을 앞둔 마지막 의지를 다하여) 나…… 조용히 잠 좀 자겠어 ……
혜란	여보! 정신 차려요.
운규	혜란이…… 혜란이…… 왜 이렇게 자꾸만 졸려? 응?
혜란	(불길한 예감에 사로잡히며) 여보? 내 가서 의사 선생을 불러올 테니까 기다려요. 네?
운규	그만둬. 의사가 무슨 소용 있어.
혜란	여보? 기다려요. (하며 목도리를 집어든 채 허둥지둥 미닫이를 열고 나간다. 혼자 남게 된 운규는 감았던 눈을 뜨고 어떤 황홀경에서 방황하는 사람마냥 빙그레 웃는다. 그리고는 자리에서 일어나 비틀거리더니 방 한가운데 서서 무대에 선 사람처럼 포즈를 취한다. 옆 집 라디오에서 애상적인 음악이 흘러나오자 그것에 맞추어 시를 읊듯이 말을 한다. 그의 행동은 어딘지 광적이다)
운규	인생은 짧고 예술은 길다. 새벽녘 풀잎에 맺힌 이슬이 눈부신 햇살에 사라지기 전에, 영롱한 벌레소리 멎기 전에…… 이십 년 동안 내가 한 짓이 무엇일까? 아…… 앞으로 이십 년만 더 살 수 있다면…… (그는 마지막 힘을 다하여 벽에 몸을 기대며 몸부림친다) 이대로 죽을 순 없는데…… (하며 쓰러진다) 나를 옛날로 돌아가게 해줘. (얼마 전부터 조명이 서서히 운규의 얼굴로 좁혀지며 마침내 무대는 어두워진다)

암전

제1막

제1장

무대

1921년 봄. 관철동 뒷골목에 있는 서산댁의 행랑방.

운규와 안철민, 이기섭 세 사람이 세를 들고 있는 칸 반 넓이의 방과 임시로 판자로 만든 부엌. 방 앞에 마루가 있고 좌편에 몸채로 통하는 중간문이 있다. 원래는 부잣집이나 지금은 손질이 잘 되어 있지 않아서 군데군데 허술해졌다.

막이 오르면 철민은 팬티 바람으로 부엌에서 솥을 들고 나와 풍로 앞에 쭈그리고 앉아서 부채질을 하고 있다. 아침밥을 짓고 있다. 그리고 저만치 떨어져서 기섭이가 양말이며 속셔츠 나부랭이를 빨고 있다. 4월의 화창한 아침햇살이 들이비쳐서 두 사람의 서투른 일솜씨가 한층 유머러스하게 돋보인다.

기섭 (빨래를 하면서) 철민이? 아침 쌀은 몇 공기 했지?

철민 (매운내에 눈물을 짜면서) 세 공기 반?

기섭 세 공기 반? 운규도 없는데 세 공기만 하지 왜 그렇게 많이 했어.
      (하며 빨래를 헹구어 짠다)

철민 돌아오면 밥을 찾을 텐데 어떻든 밥은 지어 놓아야지.

기섭 (유쾌하게) 아니 운규는 뭐고 우리는 뭐기에 이렇게 밥 짓고 빨래를 해야 하고 저는 해논 밥을 먹기나 하나? 꼭 같은 고학생이야 똑같이 노력을 해야 하고 똑같이 부담을 져야 한단 말일세.

철민 핫핫핫…… 법과 전공인 자네는 운규 같은 예술파의 심정을 몰라서 그래. 결코 악의는 아니니까. 나는 어려서부터 그 사람하고 같이 자랐기 때문에 이해할 수가 있네만……

기섭 그럼 자네와 나는 공부하러 온 게 아니고 운규네 식모살이 하러 온 셈이군. 그것도 내 돈을 밀어넣으면서 말일세. 오늘은 운규가 들어오면 따져야겠어.

철민 운규는 내가 책임질 테니 자네는 아무 소리 말게. 응?

기섭 (한동안 멀쩡히 철민의 얼굴을 들여다보더니) 철민이, 자네는 정말 이상하네. 아 그래 운규의 어디가 좋아서 그렇게 두둔하고 변명하고 옹호하나.

철민 이 사람, 핫핫…… 그럼 친구지간에 서로 옹호하고 살아야지……

기섭 물론 한 고향 친구이고 같이 고학하는 친구니까 서로 돕는 거는 좋지만 그것도 정도 문제란 말일세. 정도 문제.

철민 알았어, 알았어. 내가 운규 대신 사과하겠네. 이렇게. (하며 손을 싹싹 부빈다) 핫핫……

기섭 농담이 아닐세. (약간 심각해지며) 우리가 회령 두메산골에서 여기까지 와서 공부하자 할 때 공부에 전력을 해야 하지 않은가? 적어도 전문학생이면 말이야.

철민 물론이지.

기섭 그런데 그 사람은 어디로 무엇을 하고 다니는지 나가서 들어오지도 않고 게다가 남이 지어논 밥이나 먹고 남의 양복 속셔츠, 심지어는 양말짝까지 제멋대로 막 입고 신고 하니 아무리 친구지간이라도 정도가 지나치단 말일세. 안 그래? 내 얘기가 그르면 글렀다고 얘기해봐.

철민 아니야. 자네 이야기는 시계바늘보다 더 정확하지. 다만 그 뭐라고 할까…… 그 성격적인 차이라고나 할까?

기섭 그렇다고 그것을 인정한다는 것과 우리 세 사람의 공동사회에 있어서 질서를 짓밟는 것과는 엄연히 구별해야 하지 않겠나?

철민 글쎄 알았어. 이론가인 자네 앞에서는 그저 입이 있어도 말 못하겠네…… 핫핫……

기섭 (빨래를 줄에 펴 널고) 이런 불공평한 게 어디 있나. 낮에는 학교, 밤에는 가정교사 노릇을 하는 가난뱅이가 있는가 하면 낮이나 밤이나 놀고먹는 태평주의자와 한 지붕 밑에서 살아야 하니…… (하며 마루 위에 와 앉는다. 그리고 담배를 피운다)

철민 핫핫…… 우리 자신의 실력이 없으니 별 수 있어? 요는 돈이 해결할 문제니까.

기섭 주인 아주머이가 방세 달라데.

철민 그렇게도 됐지. 지난 달 것도 못 냈으니까.

기섭 난 이 달 월급을 미리 갖다 써버렸어. 책을 사느라고……

철민 나는 신문사에다 사정은 해두었지만 어떻게 될런지 모르겠는데 큰일났군.

기섭 그러니 이런 때 운규가 무슨 일을 해서 좀 보태주면 서로 편할 것이 아니야? 에이 참. (하고 자리에서 벌떡 일어나려다 말고) 철민이, 자네 소문 들었나?

철민 소문이라니……

기섭 운규가 일본 계집애하고 연애한다네.

철민 (약간 얼버무리며) 그 그럴 리가 있나.

기섭 나도 그렇지 아니하기를 바라지만 전혀 근거가 없는 것도 아닌 것 같아.

철민 글쎄……

기섭 둘이서 붙어다니는 걸 보았다는 사람이 한둘이 아닐세.

철민 운규가 일본 여자하고……

기섭 응. 우미관집 딸이래. 활동사진관…… 동경서 여학교를 다니는 하이칼라 여학생이라지?

철민　아니 고향에는 조강지처가 두 아이를 데리고, 그보다도 일녀와는 사귀지 말라는 박 선생님 말씀도 잊었나.

기섭　왜 하필이면 일본 계집애와 연애를 한단 말인가? 그리고 그 여자도 눈이 삐었지. 운규의 무엇을 보고 좋다고……

철민　운규에게는 멋이 있거든.

기섭　멋?

철민　응 있지. 자네 같은 상식인으로서는 느낄 수 없는 멋이 있단 말이야. 여자란 그런 점을 좋아하나봐.

기섭　무슨 잠꼬대 같은 소리야? 아니 그래 운규의 어디가 멋이 있고 무엇이 매력이란 말인가? 밤낮 학교는 노가리고 극장에나 틀어박혀 있는데다가…… (철민의 아랫도리를 가리키며) 아니 그 사람 됨이 고작해야 친구의 바지를 뺏어 입고 다니는 가난뱅이에게 반하는 여자도 눈앞에 북어껍질을 씌웠지 원……

철민　(당황하며) 그 그거야…… (자신의 대답이 막히자 은폐하려고) 아…… 벌써 솥이 끓는군. (하며 솥뚜껑을 반쯤 열고 끓어오르는 거품을 훅훅 분다)

기섭　똑똑히 일러두겠네만 자네가 운규의 진실한 벗이라면 운규에게 충고할 의무가 있단 말이야.

철민　(난처한 표정으로 한숨을 푹 쉰다)

기섭　솔직히 말해서 나는 운규가 그런 타락한 정신을 가진 사람인 줄 알았다면 이렇게 같이 자취 생활은 안 했을 거야. (하며 방 안으로 들어간다) 실망이야……

철민　(어떤 충격을 받은 듯이 심각한 표정으로 변한다) 기섭이, 내가 충고할 테니 자네는 모르는 척 해. 응? 운규 그 사람은 자기대로의 꿈이 있는 사람이야.

기섭 (방에서 나온다. 사각모자에 윗저고리를 들고 나오며) 꿈? 그럴 테지. 자면서 꾸는 꿈인들 누구는 없나.

철민 아니 어디 나가려나? 밥이 다 되었는데.

기섭 오늘은 일요일이니까 오전 중에 교습을 마쳐달라니까 가보아야지.

철민 그래도 아침을 먹고 가야지.

기섭 (비꼬며) 내가 한 끼 안 먹으면 그만큼 식량이 절약되겠지.

철민 핫핫…… 숫제 신도 신지 말고 이고 다니게나…… (이때 좌편 중문에서 집주인 서산댁이 나온다. 오십 고개에선 보기에도 깔끔하고 인색해 보인다. 그녀는 다변가로 한 번 말하려 들면 그칠 줄 모르는 형이다)

서산댁 오…… 마침들 있었구면. (하고 다가오다가 팬티 바람으로 서 있는 철민을 보자 질겁을 하고) 아이고 망측해라…… (하며 거의 반사적으로 외면한다)

철민 (무슨 뜻인지 모르고) 네? 아니 왜 그러십니까? 아주머니……

기섭 (급히 아랫도리를 가리키며) 빨리 옷을 입어요, 옷을……

철민 아차차…… 내 바지…… (하며 황망히 방으로 뛰어 들어간다. 서산댁은 웃음을 간신히 참고 돌아서며 부러 위신을 세우려고 허세를 부린다)

서산댁 에그…… 요즘 젊은이들은 그저 저래서 탈이야. 쯧쯧…… 아무리 집 안에 있다고 글쎄 그렇게 훌렁 벗고 있으면 어떡허우? 논두렁에다 물꼬를 대고 왔나 우렁을 잡아왔나…… 에그…… 나는 이날 이때까지 한여름에도 버선을 벗어본 적이라곤 없는데…… 돌아가신 우리 영감도 말씀이에요……

기섭 아주머니 좀 앉으세요. (하며 마루를 가리킨다)

서산댁 괜찮아요. (비로소 기섭을 보고) 홋홋…… 학생 이름이 뉘시드라……

기섭 이기섭이에요.

서선댁 옳지, 기섭이 학생. 호호…… 내 정신 좀 봐. 글쎄 요즘은 나이

탓인지 금방 들은 얘기도 재채기 한 번 하면 금방 까먹듯이 잊어버리고 만다우. 홋홋…… 늙으면 어서 가야 하는데……

기섭 아주머니께서 늙으시긴요. 지금도 젊으신데요. 늙으셨다면 아주 곱게 늙으셨지요. 흰머리 하나 안 보이는데요.

서산댁 (곱게 빗어 넘긴 머리를 쓰다듬으며) 에그 말도 말아요. (한숨) 나이는 못 이겨내요. 돌아가신 우리 영감이 쉰아홉에 풍으로 돌아가셨는데 글쎄 그때만 해도 나는 서른다섯 살이었수. 에그 그게 엊그제 같은 것이…… 그래 그때만 해도 내가 젊은데 뭘 못하겠는가 하는 생각이었는데 이제는 이렇게 그 어른이 물려준 이 집이나 세놓고 사는 신세니. (이때 방 안에서 철민이가 남방사람의 사롱*처럼 이불 보자기로 아랫도리를 감고 나온다)

서산댁 (돌아보며) 아니 그건 또 무슨 옷이 그렇소?

철민 네…… 저…… 이건 남양식의 옷이랍니다. (하며 기섭과 눈짓을 한다)

서산댁 남양식?

철민 네…… 저…… 제 바지는 세탁소에 보내서…… 저……

서산댁 뭐 세탁소에 보냈어? (갑작스레 표정이 굳어지며) 아니 방세는 두 달씩이나 밀려놓는 주제에 세탁을 주다니……

기섭 아니랍니다. 그게 아니라요. 실은……

서산댁 듣기 싫어요. 내 어제 와서 대강 얘기를 해놨으니까 알겠지만 방세를 못 내겠으면 딴 곳으로 옮겨 나가요.

기섭 죄송합니다. 그렇잖아도 지금 방세 때문에 의논을 하던 참인데 그래서 전 아침도 안 먹고 돈 때문에 나가는 중입니다.

서산댁 의논이고 묵은 논이고 세상에 자기가 사는 방세를 안 내다니 그게 말이 돼요?

---

* 말레이시아, 인도, 스리랑카, 인도네시아 등지에서 이슬람교도들이 남녀 구분 없이 허리에 둘러 입는 옷.

차범석 전집 3

철민　누가 안 낸다고 했습니까? 그저 좀 시일이 지나서……

서산댁　나는 처음부터 점잖은 학생들이니까 이치에 어긋나는 것은 안 할 테지 하고 믿었는데 알고 보니 싹수가 없단 말이에요……

기섭　아주머니 그건 너무하십니다.

철민　기섭이 잠자코 있어.

서산댁　뭐가 너무해? 응? 내가 해선 안 될 말이라도 했단 말이유?

기섭　기한 내에 방세를 못 낸 건 저희들 불찰이지만 그렇다고 저희들이 고의로 밀리거나 떼어 먹으려고 한 짓은 아니지 않습니까?

서산댁　그러면 과부 하나쯤은 손아귀에 주물럭거릴 수 있다고 얕잡아 보는 건가?

철민　원 그럴 리야 있겠습니까?

서산댁　얘기는 한 번 하나 백 번 하나 마찬가지니까 오늘 안으로 해줘요. 그렇지 않으면 방을 비워주던지. (하며 횡 나가 버린다. 철민과 기섭은 생벼락을 맞은 듯 서로 시선을 마주치자 푹 한숨을 내쉰다)

기섭　거짓말을 하려거든 그럴싸하게 할 일이지 왜 난데없는 세탁소는 들춰서…… (나가 버린다)

철민　엉겁결에 나온 말이 그만…… 에잇 빌어먹을…… (하며 허리에 감았던 이불 보자기를 홀홀 내던져 버린다. 이때 나운규가 들어온다. 세이트 학생 정복에 사각모를 썼고 손에는 꽃이 들렸다. 명랑하게 휘파람을 불고 들어오다가 철민을 보자 씩 웃는다. 그리고는 서양 영화에 나오는 기사가 숙녀 앞에서 인사하듯 멋진 포즈를 취해 절을 한다)

운규　(연극조로) 부인…… 안녕히 주무셨습니까? 삼가 문안드리나이다. (하고 무릎을 꿇고 절을 한 다음 고개를 들자 철민이가 외면을 한다. 이번에는 꽃다발을 두 손 모아 쥐고서 애인에게 호소하는 듯) 오…… 내 사랑 마트그릿트, 그대 눈에 서린 안개비를 그대의 황홀한 미소로 활짝 개이게 하소서. 굳게 닫힌 그대 입술이 은방

울인 양 내 귓전에 울려 퍼지면 나는 어머니의 품에 안긴 아기인 양 복된 꿈나라로 떠나갈 수 있을 것을…… 오…… 마트그릿트…… 이 꽃다발을 받으소서. (하며 꽃다발을 내밀자 철민은 그 꽃다발을 땅바닥에 내던지고는 벌떡 일어선다. 어이가 없다는 듯) 아니 왜 그래? 철민이……

철민 자네는 뭐가 그렇게 좋아서 희희낙락하나?

운규 핫핫…… 지금 보고 온 활동사진 〈춘희〉의 한 장면일세. 그렇게 우거지상을 하지 말게. 인생은 유유히 살자, 인생은 짧고 예술은 길다. 핫핫…… 담배 피우겠어? (하며 고급 담배를 꺼낸다. 철민은 힐끗 담뱃갑과 운규의 얼굴을 번갈아 본다)

안 피우겠나? 고급 담배라네…… 피워봐. (하며 먼저 피운다)

철민 이거 우미관 주인 딸이 주던가?

운규 뭐라구? 아니 자네가 어떻게 그걸 아나? 핫핫…… 자네도 알고 있었군. 언제고 얘길 하려고 했지만……

철민 그런 시답잖은 얘기를 듣고 있을 만큼 여유가 있는 우리는 아니 야. (하며 일어난다)

운규 (팬티 바람으로 있는 꼴을 보고) 옳아 알았어. 핫핫…… 자네 양복 바지를 내가 빌려 입고 나가서 화가 났군. 미안해. 곧 벗어주지. (하며 방으로 들어간다. 철민은 어이가 없다는 듯 긴 한숨을 내쉰다. 그리고 풍로에서 솥을 내려놓는다. 안에서 바지를 내미는 운규가 웃음을 섞어 말한다) 자네에게 기누꼬를 소개할 때가 있을 거야. 자 받아. 바지 잘 입었네. (하며 방에서 나온다. 허술한 무명 바지이다)

철민 (냉철하게) 운규…… (하며 밥상을 차린다)

운규 응?

철민 이런 얘기하면 자네가 어떻게 생각할지는 모르지만……

운규 무슨 얘긴데? 어서 말해 봐.

철민   정확하게 얘기해서 자네가 일본 여자를 사랑할 처지의 사람인가? 우리가 일녀와 시시덕거릴 시간의 여유가 있느냔 말일세. (하며 무섭게 쏘아본다)

운규   아니 난데없이 그게 무슨 소린가.

철민   (흥분해오는 감정을 억제하려고 애쓰며) 솔직히 말해서 나는 자네에게 대해서 실망했네. 요즘 자네의 생활 태도에 대해서 말일세……

운규   (허공을 향해 담배 연기를 뿜으며) 말하자면 타락했단 말이지?

철민   (날카롭게) 타락했잖고…… 운규 정신 차려.

운규   걱정 말아.

철민   뭐라구?

운규   흥. 내 정신을 팔아먹고 있지는 않으니까. 아무리 가난뱅이일망정 내 마음까지 전당포에 잡히고 오진 않았단 말이야. (어느덧 그의 어조에도 열기를 띠었다)

철민   (울분을 터뜨리며) 운규 우리가 고향을 떠나올 때 일을 생각해보게. 우리가 안도현으로 신흥무관학교를 찾아갔을 때 거기서 형님들이 내지로 돌아가 오로지 조국 광복을 위해 지식을 더 배우라는 충고를 받고 자네는 장차 연극과 활동사진을 해서 은사 박 선생님의 교훈대로 조국을 구해보겠다고 맹세하지 않았나? 그렇지만 현재의 네 생활은 어떤가? 학교도 제대로 안 나가고 게다가 일본 계집애와 붙어 다니기까지 하니……

운규   학교만이 배우는 도장은 아닐세. 책은 얼마든지 있고 그 책은 어디서든지 읽어 내 것을 만들면 그만이니까. 나는 다 생각이 있어서 하는 짓이니 간섭 말아……

철민   뭐라구? (하며 운규의 멱살을 휘어잡고) 그래도 아직도 잠에서 깨어나지 못하니?

운규   (약간 당황하는 빛이 보이며) 뭣이?

철민 운규, 너는 벌써 잊었어? 우리가 북간도에서 독립군에 입단하려
고 홍범도 장군 앞에서 무명지를 깨물어 혈서를 쓰던 때를……
그리고 나남에 있는 일군 나남사단과 회령부대와의 지원 연락을
끊기 위해 회청선 돈내루를 폭파하라는 지령을 받았던 그때를
생각해보란 말이야. 그러면 지금 우리가…… (그의 눈에 눈물이
핑 돈다)

운규 (눈빛이 빛나며) 잊을 리가 있나? 두만강을 넘나들며 인쇄물 나르
기며 독립군의 군자금 모금, 밀정 잡기……

철민 (운규의 손목을 잡고) 그렇다면 왜 너는 지금과 같은 생활에서 벗어
나지 못하는가 말이야?

운규 나는 나대로의 생각이 있어서 하는 짓이야. 말하자면 그것을 복
수라고 해두지. 일본 놈들이 나를 괴롭히고 우리 조선 사람을 괴
롭힌 그 원한을 나는 기누꼬에게 화풀이하는 셈일세.

철민 그런 법이 어디 있어?

운규 핫핫…… 못 믿겠단 말이군. 나는 어디까지나 그 여자를 이용하
고 있을 뿐이야. 비겁한 수단일지 모르지만 나는 기누꼬 덕택으
로 매일 극장에 들어앉아서 활동사진 구경을 실컷 하고 있네. 물
론 무료로 말이야. 나는 어제도 〈부활〉이라는 활동사진을 세 번
이나 보고 나왔어. 오늘도 불란서 소설 〈춘희〉를 보고 화면 안에
담겨진 함을 보고 있노라면 내 자신이 배우가 된 것 같은 착각을
일으키는 걸. 아…… 그런 작품을 만들고 싶네. 일본 놈들이 쓰
다 버린 장난감 같은 활동사진이 아니라 우리 조선 사람들의 슬
픔과 숨소리와 노래가 담겨진 사진을 만들고 싶단 말이네.

철민 (차츰 감동되어) 운규……

운규 자네나 기섭이는 내가 날마다 타락한 생활을 하고 있다고 생각할
지 모르겠네만 난 그게 아니야. 가난한 나로서는 활동사진관에

매일 드나들 돈이 없지 않나? 그런데 그 활동사진관이 내게는 진정한 배움의 고장이며 교실이니 어찌하겠나. 불꺼진 극장 안에서만이 나의 무한한 꿈과 낭만이 훨훨 날개를 펴고 날아다니는 걸. 나는 그때가 가장 행복해. 핫핫……

철민 나는 자네가 장차 그 방면으로 기어코 대성하리라고는 믿지만 우선은 기누꼬와 교제를 끊어주게. (이때 전보 배달부가 들어온다)

배달부 전보요. 여기 나운규라고 있어요?

철민 예, 나요.

배달부 회령서 전보 왔소.

운규 고맙소.

철민 회령에서?

운규 (펴보며) 시규 둘째 형이 오늘밤에 상경한다는 통지군.

철민 (좀 걱정스럽게) 무슨 급한 일이 생겼나? 집의 아버지가 병환이 나셨나?

운규 글쎄 모르겠어.

철민 마침 잘 됐어. 네 형님이 오면 다 얘기해서 너를 정신차리게 해야겠다.

운규 음…… (하며 약간 당황한 빛을 보인다)

철민 아까 방세가 밀렸다고 주인 아주머니가 공갈협박을 하고 갔네.

운규 알겠어…… 나보고 돈벌이를 안 하는 게 못마땅하단 말이군.

철민 쉽게 말해서 기섭이는 가정교사로, 나는 신문배달로 벌지만 자네는 무일푼이니 말이 되겠나?

운규 걱정말게. 나도 내일부터 돈을 벌 테니까.

철민 자네가?

운규 나라고 돈을 못 번다는 법은 없지 무언가. 두고 보게. 그까짓 방세는 내일이라도 벌어 올 테니까. 내게도 다 생각이 있으니까.

핫핫······

철민 핫핫······ 네가 그렇게 마음을 바꿔 갖는다니 오늘 저녁엔 막걸리를 받아다가 축배를 올려야 되겠는데. 핫핫······

운규 좋아. 하지. 핫핫······

－막

제2장

무대

다음날 밤. 공원의 한구석에 있는 돌층계에 운규와 야사다 기누꼬가 나란히 앉아 있다. 달빛이 아름답게 온누리를 비추고 있다. 기누꼬는 화려한 양장으로 맵시를 냈다. 운규는 담뱃불을 붙인 다음 길게 연기를 내뱉는다.

기누꼬 무슨 얘기신지 어서 말씀하세요. (하며 애교 있는 미소를 던진다)

운규 말을 꺼내기가 거북해서······

기누꼬 아이 우습네. 오늘밤엔 웬일이세요? 나 상에게서도 그런 수줍음이 있을 줄이야. 호호······

운규 기누꼬 상을 막상 만나고 보니까 말문이 막혀서요. 핫핫······

기누꼬 호호······ 나 상답지 않게 소심하시군요. 핫핫······

운규 이거 소심해서가 아니라 조심성이 많은 탓이겠죠.

기누꼬 조심성? 아니 그럼 제가 그만큼 위험성이 많은 여자란 뜻이겠군요? 그렇죠?

운규 그······ 그건 아닙니다.

기누꼬 흥, 그렇지 뭐예요. 나 상은 속으로는 저를 몹시 경계하고 있을
거예요.

운규 아니 왜 내가 기누꼬 상을 경계하나요?

기누꼬 다 알고 있어요.

운규 정말입니까?

기누꼬 우리는 일본 사람과 조선 사람이란 나라가 다른 사람이니까 경계
를 요한다는 뜻이죠 뭐. 안 그래요?

운규 핫핫…… 그게 아니라요. 저……

기누꼬 그러면요?

운규 그 얘기는 집어치우고 저 청이 하나 있는데 들어주시겠습니까?

기누꼬 무슨 청…… 제가 할 수 있는 일이라면 도와드리겠어요.

운규 말씀만 들어도 감사합니다. 기누꼬 상이 돕겠다고 맘만 먹는다면
어렵지는 않아요.

기누꼬 그러니 아까부터 어서 얘기를 하라고 하지 않았어요? 네? (기누꼬
는 애교 있게 운규를 바라다본다)

운규 왜 그렇게 빤히 들여다보시죠?

기누꼬 악마.

운규 악마?

기누꼬 당신은 무서운 악마야. 이 크고 까만 눈에서 발산하는 눈빛에 그
악마가 들어 있나봐. 흠. (하며 손바닥으로 뺨과 턱을 어루만진다)

운규 기껏해서 나를 악마에게 비유하긴가요?

기누꼬 그 대신 내가 말하는 악마는 무서운 악마가 아니라 귀여운 악마예
요. 흠……

운규 귀여운 악마라……

기누꼬 아니 사랑스러운 악마. (찰싹 다가서며) 나를 안아줘요.

운규 어린애 같군.

기누꼬 나 상 앞에서는 별 수 없나 봐요. 아무리 자제심을 가지려 해도 이렇게 어려지는 걸요. (운규가 기누꼬를 안아주자 황홀감에 취한 듯 운규의 품에 얼굴을 파묻는다)

운규 이제 됐어?

기누꼬 아…… 이대로 영원히 잠들어 버렸으면 좋겠어요.

운규 (머리카락을 쓰다듬어주며) 후회하게 될 걸요?

기누꼬 아니에요. 저는 나 상 곁에만 있을 수 있다면 후회란 있을 수 없어요.

운규 내가 일본 남자가 아닌데도 말입니까?

기누꼬 그게 무슨 소용이에요. 사랑하는 사람에게 국적이 무슨 상관있어요? (차츰 열정이 끓어오르는 눈매로 바라보며) 네? 나 상.

운규 네?

기누꼬 우리 같이 동경으로 가요. 그래서 거기서 대학을 다니세요.

운규 동경으로?

기누꼬 돈 걱정은 마세요. 제가 아버지한테서 받아낼게요.

운규 (긴 한숨) 호의는 고맙지만……

기누꼬 거절하겠단 말이군요.

운규 그게 아니라 기누꼬 상이 나를 위해서라면 그보다 더 급한 사정이 있습니다.

기누꼬 급한 사정이라구요?

운규 취직 좀 부탁합니다.

기누꼬 (말없이 운규를 쳐다본다)

운규 왜 안 되겠어요?

기누꼬 그게 바로 오늘밤 저에게 대한 용건이었군요?

운규 네. 우미관에서 일해보고 싶습니다. 수입도 수입이지만 나는 장차 배우가 되고 싶은 게 단 하나의 소망이니까요.

기누꼬 마아…… 그게 정말이세요?

운규　네. 지금까지 이런 얘길 하지 않았지만 내 꿈은 활동사진으로 나의 젊음도 사랑도 그리고 생명까지도 불사르고 싶습니다. 기누꼬 상 무슨 방법이 없을까요?

기누꼬　응, 그야 어렵지 않아요.

운규　(바싹 구미가 당겨서) 힘이 되어주겠어요?

기누꼬　그 대신 조건부라면……

운규　무슨 조건 말입니까?

기누꼬　저하고 결혼해주세요.

운규　네? 결혼?

기누꼬　그래요. (거의 명령조로) 그것을 전제조건으로 한다면 제가 내일이라도 서둘러 보겠어요.

운규　(자리에서 일어서 저만치 내려간다)

기누꼬　(따라 일어서며) 나 상.

운규　기누꼬 상. (냉정하게) 이런 문제는 좀 더 냉정하게 생각해야 할 성질의 것이 아닐까요?

기누꼬　아니 그럼 제가 경솔하단 말씀인가요?

운규　기누꼬 상과 나와는 모든 사정이 너무나 다릅니다. 물과 불의 차이라고나 할까요?

기누꼬　제가 일본 여자라서 말씀인가요?

운규　그것도 한 가지 조건이지만…… 무엇보다도 기누꼬 상의 아버지께서 반대하실 테니까요.

기누꼬　아버지가 무슨 상관이에요.

운규　상관있고말고.

기누꼬　없어요, 없어.

운규　네? (하며 예상 외로 강하게 대꾸하는 기누꼬를 멍하니 돌아본다)

기누꼬　(눈물을 깨물며) 알았어요. 요는 제가 싫다는 말이군요?

운규　싫고 좋고의 문제가 아니지요.

기누꼬　그럼 왜?

운규　우리는 서로 맺어질 수 없는 숙명이니까요.

기누꼬　숙명이라니…… 어째서요?

운규　기누꼬 상.

기누꼬　참 나 상 같은 인텔리가 숙명을 다 믿으세요?

운규　그러나 나는 일본 사람을 사랑할 자격이 없습니다. 더구나 결혼이라고는 생각조차 할 수 없는 몸입니다.

기누꼬　나 상한테 처자가 있다는 사실 때문인가요?

운규　그보다 더 앞선 사실이 있지요.

기누꼬　말씀해주세요.

운규　(달을 향해 잠시 명상을 하듯 말이 없다가) 나는 일본 사람 때문에 피해를 입은 사람입니다.

기누꼬　그게 무슨 뜻이죠?

운규　나는 지금까지 기누꼬 상으로부터 호의 이상의 호의를 받아왔지만 그럴 때마다 양심의 가책 같은 것을 느꼈죠. 그것이 사랑이건 단순한 우정이건 나는 그걸 부채로 생각해서는 안 된다고 스스로 마음을 졸라맸습니다.

기누꼬　나 상, 오늘밤은 좀 이상해요.

운규　지금까지 나는 이런 얘기를 한 적이 없지만 오늘밤에는 깨끗하게 청산할 필요가 있다고 보아요.

기누꼬　나 상은 지금 저에게 취직을 부탁하고 있는 거예요? 그렇지 않으면 명령을 하고 있는 거예요?

운규　물론 부탁이지요. 그러나 지난날 우리 조선 민족이 일본 제국주의로부터 착취당한 정신적 육체적인 고통을 생각한다면 그다지 값진 배상도 아닐 것 같군요.

132

기누꼬 (서글퍼지며) 아니 무슨 말을 그렇게…… 아…… 당신은 정말 악마였군요.

운규 적어도 나는 그 구별을 분명히 금을 긋고 싶습니다. 그러니까 내가 기누꼬 상에게 일자리를 부탁하는 것이 어떤 것이고간에 조건부라면 안 된다는 거죠. (하며 몇 발자욱 걸어가려 하자 기누꼬가 막아선다)

기누꼬 나 상. (그녀의 눈에는 금세 눈물이 고인다) 너무해요…… 너무……

운규 기누꼬 상은 부잣집 외동딸로 귀엽게 자라났기 때문에 우리 조선 사람의 마음 깊숙이 남은 상처를 이해 못하죠.

기누꼬 (히스테리컬하게) 그러니 도대체 어떻게 하라는 거예요. 어떻게 ……

운규 조건부가 아닌 호의를 부탁하는 겁니다.

기누꼬 (결심이라도 한 듯) 만약에 그걸 제가 거절한다면……

운규 (담담하게) 그것으로 끝이 나는 거죠.

기누꼬 (울부짖으며) 악마. 나 상은 정말 악마야. (하며 급히 뛰어나간다)

운규 (기누꼬의 뒷모습을 잠시 바라다보고 나서) 흥. 이렇게 간단히 끝나는 것을…… 기누꼬, 배반의 생리가 무엇인가를 되새겨봐. 이 아픔을 너희들도 같이 느껴보란 말이야. (하며 걸어나간다)

암전

풍운아 나운규

제2막

무대

전막과 같음. 시간 고천(古川, 후루까와) 형사가 마루에 걸터앉아서 수첩에다 메모를 하고 있다. 그 앞에 서산댁이 불안과 공포에 부들부들 떨고 있고 저만치 시규와 기섭이가 서 있다. 눈매가 사나운 고천의 시선이 서산댁을 쏘아본다.

고천　나운규라는 학생이 당신 집에 온 게 언제요?

서산댁　네?

고천　이 집으로 이사 온 게 언제냐 말이오? 나운규가?

서산댁　네…… 네…… (손가락을 꼽아보며) 그러니까 동지섣달…… 정월…… (사이) 네 꼭 반 년 되나 봐요.

고천　반 년?

서산댁　네. 처음부터 세 놈이 같이 들어왔소.

기섭　(약간 반항적으로) 아니죠. 나는 한 달 후에 들어왔어요!

고천　한 달 후에? 어째서? 어떻게 알고 들어왔어?

기섭　처음에는 철민이를 만나가지고 숙소 얘기가 나오자 같이 자취생활을 하자기에……

고천　(협박조로) 너희들은 처음부터 조직을 가지고 있는 것이 아니고?

기섭　네? 조, 조직이라구요?

고천　그래! (자리에서 일어서 가까이 오며) 이 후루까와는 속이지 못해.

기섭　저는 아무것도 속이는 게 없습니다.

고천　없어? 이제 경찰서로 가면 제대로 다 불게 될 걸…… 그런데 나운규의 형 시규는 왜 서울 왔나?

시규 오랫동안 동생을 못 봐서 궁금하기도 하고 또 이번에 동경으로 가서 와세다에 입학하려고 전에 다니던 연희전문에 가서 전학증 명서를 받으려고 왔습니다.

고천 거짓말마라. 내가 일전에 회령에서 너희 집에 가서 나운규 주소 를 물었을 때 네가 눈치채고 나운규를 도망시키러 왔지?

시규 아닙니다.

고천 너희 아버지도 너의 형도 모두 후래이 센징이란 말이야. 그러니 까 나운규도 그런 나쁜 짓을 했지. 그리고 아주머니 당신도 앞으 로 방을 세놓으려면 똑똑히 한 양반상만 골라서 들이시오.

서산댁 (무슨 얘긴지 몰라서 더듬다) 네, 네. 그저 과부 혼자서 살아가자 니 빈 방을 그대로 놀릴 수는 없고 해서 세를 냈더니만…… 에그, 그것도 쉬운 일이 아니군요…… 방세도 밀리는 판이니 원……

고천 그래 이놈들은 어디를 갔소?

서산댁 아마 돌아올 때가 되었는데요. (기섭에게) 학생은 모르겠소? 어디 간 곳을 알면 가서 데려오구랴……

고천 그럴 필요는 없어. 이제…… (회중시계를 꺼내 보고) 열신데…… 곧 돌아오겠지.

서산댁 (조심스럽게) 그런데 저…… 나으리!

고천 뭐요?

서산댁 그 운규라는 학생이 무슨 잘못된 짓이라도 저질렀나요?

고천 잘못된 정도가 아니라니깐!

서산댁 네? (하고 시규와 기섭을 쳐다본다. 두 사람의 얼굴도 착잡하다)

고천 이 사건을 조사하기 위해서 꼭 2년을 소비했으니까……

기섭 사건이라구요?

고천 그래! 네 놈들이 아무리 날뛰고 까불어도 소용없다! 핫하…… 조 선놈들이 제아무리 기를 쓰로 덤벼봐야 무슨 소용이 있나? (말끝을 채 맺지 않고) 아주머니!

서산댁 네?

고천 대문은 걸어놨지요?

서산댁 그, 그럼요. 나으리께서 대문을 걸으라고 하시기에 아까 걸었죠.

고천 만약에 그놈들에게 눈짓을 해서 도망치게 하면 아주머니 콩밥이
오. 알았어?

서산댁 에그, 농담도 쉬엄쉬엄 하세요. 제가 왜 콩밥입니까? 이밥도 소화가
잘 안 돼서 밤낮 소금을 먹는 판국인뎁쇼. 원…… 홋호……

기섭 선생님!

고천 (쌀쌀하게) 뭐냐?

기섭 운규가 도대체 무슨 사고를 냈습니까?

고천 어, 몰라서 나보고 물어보나?

기섭 나는 아는 일이라곤 아무 일도 없습니다. 나는 다만 철민이의 소
개로 운규를 알게 되었고…… 또 나는 법과를 다니고 철민이는
상과인데 운규는 문과 전공이니까 취미도 다르고요. 내가 알기로
는 운규는 활동사진밖에 취미라곤 없습니다.

고천 활동사진?

기섭 네.

이때 멀리서 대문을 흔드는 소리와 함께 운규와 철민의 약간 술이 취
한 듯한 웃음소리가 들려온다.

운규 아주머니 문 열어주세요!

고천 온다, 저 놈이 나운규 틀림없죠?

서산댁 네.

철민 기섭이! 문 열어!

운규	빨리 좀 열어요!
고천	아주머니! 어서 가서 대문을 열어줘요.
기섭	제가 가죠.
고천	(매섭게) 안 돼! 너는 그 자리서 꼼짝마라! 그리고 시규 너는 이리 와! (서산댁에게) 어서 가서 열어줘!
서산댁	네, 네.
고천	그 대신 놈들에게 내가 와 있다는 눈치 차리게 하면 알지? 만약 그놈들을 놓치게 되는 날엔 아주머니를 끌고 갈 테니까!
운규	(대문 흔드는 소리와 함께) 빨리 좀 열어요!
서산댁	네네, 염려마세요! (하며 나간다)
고천	(기섭에게) 조금 평소 때와 다른 표정만 해봐라. 나는 여기 서 있을 테니까. (하며 벽 뒤에 가서 몸을 가린다. 이때 운규와 철민이가 어깨동무를 하고 노래를 부르면서 들어온다. 술을 마셨는지 얼굴이 약간 불그레하다. 고천은 서산댁에게 가라고 눈짓을 한다)
운규	오! 기섭이도 벌써 와 있었군!
기섭	(말없이 마루 끝에 걸터앉는다)
철민	기섭이! 왜 이렇게 불경기인가? 응? 용기를 내게! 용기를. 핫하······
운규	그렇지. (제스추어를 써가며) 인생은 물레방아, 사랑은 철새······ 한 번 가는 사랑이 다시 오지 않는다고 슬퍼 말아라······ 구름 속에 숨은 달도 구름이 비껴가면 제 얼굴을 내밀고 얼어붙은 땅에서도 싹은 트나니······ 핫하······
철민	기누꼬의 연애편지 구절인가? 핫하······
기섭	(신경질적으로) 조용히 좀 해.
운규	아니, 왜 신경질인 거야? 응?
철민	기섭이. 걱정말어! 오늘밤은 경사스러운 날이어서 오다가 운규하

고 술 한 잔 했어.

기섭　(기가 차서) 경사스러운 날?

철민　그렇지! (기섭의 어깨를 치며) 운규가 오늘부로 그 기누꼬와 결별을 했다네. 핫하……

기섭　결별을 하다니.

운규　기섭이 미안해! 오다가 철민한테서 얘기들었지만 자네는 나를 아주 오해를 하고 있었어. 나 오늘 아주 깨끗하게 청산했어! 흥! 내가 왜 그따위 쪽발이 계집한테 마음을 허락하겠나?

기섭　(고천의 앞이니 말조심하라고 눈짓을 하며) 운규!

운규　(그러나 눈치를 못 차리고) 핫하…… 세상에 계집이 없어서 그런 왜년을 사랑하겠나? 내게는, 나의 가슴 속에는 영원이 사라질 수 없는 애인이 있단 말이야. 애인이…… 아! 눈을 뜨면 허공에 있고 눈을 감으면 마음속에 살아나는 비너스가 있지. 마리아보다 더 아름답고 우아한 애리사!

철민　핫하…… 자식! 밤낮 애리사야?

이때 고천(후루까와)이 서서히 나타난다. 그 뒤에 아까부터 정세를 판단하기 위해 서성거리던 서산댁도 나타난다. 시규도 뒤에서 나온다.

철민　아니, 당신은 누구시오?

고천　(거만하게) 실례합니다.

운규　누굴 찾아오셨지요?

고천　학생이 나운규지?

운규　네? 네.

고천　음. (운규를 위아래로 훑어본다)

운규　왜 사람을 이렇게 훑어보시오?

고천　보면 안 되나?

서산댁　학생!

운규　(서산댁의 얘기에는 참견 않고) 이유 없이 남을 훑어보란 법이 어디 있습니까?

고천　이유야 있지. 나는 회령 경찰서에서 나온 고천이야.

철민　(반사적으로) 회령 경찰서?

고천　왜 알만한가? 이름인가?

운규　그래서요?

고천　(약간 비위가 상해서) 그래서라니······

운규　저를 데리러 왔단 말이군요?

고천　체포하러 왔다.

운규　무슨 혐의입니까?

고천　혐의? 헛허······ 대단하군! 아까 뭐라고 말했지? 쪽발이 왜년이라 고······

철민　아, 그건 농담으로 한 말이지······

고천　잔소리마라. 너도 같이 가는 거야!

철민　네?

고천　(수갑을 꺼내며) 자, 순순히 따라와야지 그렇지 않으면 해롭다. 자.

운규　(수갑을 내려다보더니) 그걸 내 손목에 채우겠단 말입니까?

고천　(소리를 버럭 지르며) 웬 말이 많아? 임마. (하며 날쌔게 수갑을 운규 손에 건다)

서산댁　학생······

고천　너는 안철민이지? (하며 역시 수갑을 채운다)

서산댁　아니 이게 도대체 어떻게 된 일이에요? 네? 말씀이나 좀 해주세요.

고천　이놈들은 청진과 회령 사이 철로선 폭파사건의 공범이요.

기섭　네? (두 사람을 향해) 아니 그게 정말인가? (운규는 말없이 눈을 감고

있다)

고천　더 정확히 말해서 회령과 청진 사이에 있는 제7터널을 폭파하려
　　　던 회청선 사건의 공범이란 말이야. (두 사람에게) 어때?

운규　정확하시군! 바로 찾아내셨군요.

고천　잔소리말아! (하며 운규의 빰을 후려갈긴다)

서산댁　저런!

고천　너희 놈들하고 같이 일하던 사람이 우리에게 다 이야기해줘서
　　　알았다. 아직 너희들은 독립군의 지하조직으로 활약하고 있지?

기섭　(운규에게로 오며) 운규…… 이게 어떻게 된 일인가?

운규　(쓴웃음을 뱉으며) 당연한 일이지 뭔가! 우리가 일본의 부당한 침
　　　략주의에 항거하는 게 당연하고 따라서 일본 경찰이 나를 잡아
　　　가두는 것도 당연하고……

서산댁　에그…… 끔찍도 해라. 아니 그럼 학생들은 공부하는 학생들이
　　　아니라 독립군!

고천　다마레! 독립군이란 말 함부로 하지 마라.

서산댁　네, 네. 나으리. 정말이지 나는 전혀 모르고…… 그저 방을 세놓
　　　았을 뿐이지 이 학생들이 독립군인지 남사당패인지 내가 알 게
　　　뭡니까? 안 그래요?

고천　어떻든 경찰서에 가면 모든 죄상이 밝혀질 일이지만…… 어떻든
　　　그동안에 이런 놈을 집에 뒀다는 건 전혀 책임이 없는 것도 아니
　　　야. (하며 쏘아본다)

서산댁　나으리. 정말 저는 모르는 일이에요. 내가 낳은 자식 속도 모르는
　　　세상인데 제가 그런 과실이 있었는지 없었는지 어떻게 압니까?
　　　제발 저는 데려가지 마세요.

고천　앞으로 수사상 증인으로 출두하라고 통지서가 올 땐 곧 내려와야
　　　해!

서산댁 아니, 어디루요?

고천 회령으로! 이놈들은 오늘 밤차로 회령으로 연행해야 하니까.

운규 회령으로요? 아…… 그곳까지 갈 필요가 어디 있겠습니까? 사실대로 자백할 테니 경성서 처벌해주시오. 나는 못 가요!

고천 건방진 소리 마라! 매맞을 놈이 여기 때려라 저기 때려라 하고 명령이야? 가자!

운규 싫소!

철민 운규.

운규 회령까지 안 가도 사건은 처리할 수 있지 않습니까? 제발 나를 고향으로만 데리고 가지만 말아요.

고천 그게 네 마음대로 되는 줄 아느냐?

운규 나는 못 가, 못 가! (하며 펄썩 땅바닥에 주저앉아 버린다)

고천 아니! 이 자식이 누구 앞에서 이렇게…… (목덜미를 휘어잡고) 어서 일어서지 못하겠니?

운규 고향에는 못가요. 이 서울 바닥에서 나를 총살에 처하건 교수형에 처하건 상관없으니 제발 고향에는 데려가지 말아주오.

고천 제 고향엘 가기 싫어하는 놈이고 보니 여죄가 수두룩한 모양이구나! 헛허…… 알았으니 어서 일어나거라. 어서…… (하며 발길로 등을 찬다)

서산댁 어이구……

시규 운규야.

철민 (체념한 듯) 운규, 가자.

운규 (말없이 형을 쳐다본다)

철민 언젠가는 가야 하는 고향인데……

운규 철민이. 내가 애리사를 그 독사 같은 헌병 보조원 허진종에게 빼앗기고, 학교 은사님마저 그놈한테 호된 고생을 하시게 했을 때…… 나는 고향을 쫓겨나오지 않았나? 그때 나는 멀어져가는 고향마을을 돌아보면서 내가 내 뜻을 이루기 전에는 결코 고향 땅을 밟지 않겠다고 맹서를 했었는데 지금 이런 꼴을 해가지고 고향엘 돌아가면 아버지께선들…… 차라리 여기서 혀를 깨물고 죽었으면 죽었지……

기섭   운규……

운규   기섭이……

기섭   (귓속말로) 우리 학교 교수님께 말씀해서 훌륭한 변호인을 부탁할 테니 안심하고 가.

철민   (용기를 얻어) 기섭이 말이 그럴듯 해. 일단 우리는 구류를 당하게 되겠지만 기섭이가 밖에서 돌봐주면 일이 예상 외로 수월할지도 모르지. 운규! 가자!

기섭   걱정말게. 내가 속죄해야 하고 사과해야 할 일이니까!

운규   속죄라니?

기섭   (운규의 손목을 잡고) 미안해! 나는 솔직히 말해서 자네가 영화관 에서나 시간을 보내고 여자 꽁무니만 따라다니는 폐인인 줄만 알았더니…… 자네는 항일투쟁의 역사를 지닌 용사였군. 운규!

운규   기섭이! (두 사람이 눈에 금세 눈물이 핑 돈다)

고천   (신경질을 내며) 빨리 일어나지 못하겠니? 차시간이 없단 말이야!

운규는 잠시 생각에 잠기더니 불쑥 자리에서 일어난다.

운규   (담담하게) 가지요.

서산댁 학생…… (하며 울먹인다)

운규   아주머니 여러 가지로 죄송합니다. 방세 밀린 건 제가 살아나오 면 틀림없이 갚아드릴게요.

서산댁 그런 걱정일랑 말아요.

운규 쥐구멍에도 땡볕 드는 날이 있다니까 그 말을 한 번 믿어봅시다! 우리는 죽지 않아……

고천 그렇게 할 얘기가 많거든 법정에 가서 지껄이고 빨리 가자! (하며 등을 밀친다)

운규 우리는 죽지 않아. (기섭에게) 참 한 가지 부탁이 있네.

기섭 뭔데…… 빨리 말해봐.

운규 야스다 기누꼬를 알지?

기섭 얘긴 들었네. 전할 얘기가 있나?

운규 응…… 미안하다는 얘기만 전하게.

기섭 미안하다구?

운규 그것뿐이네…… 허허허…… 그럼 잘 있게……

서산댁 (따라가며) 몸조심해요. 꼭 돌아와요.

철민 염려마세요.

기섭 (제자리에서 모두 나갈 때까지 멍하니 기다리듯 생각에 잠기다가) 내가 이러고 있을 때가 아니다! 어서 박 교수님을 찾아가야지! (하며 급히 밖으로 뛰어나간다. 막이 급히 내린다)

제3막

제1장

무대

전막부터 1년 반 후. 회령에 있는 운규의 집. 그다지 넓지는 못하나 손질이 잘 가 있는 초가집. 방이 둘 있고 부엌과 아랫방이 기역자 형으로 붙어 있다.

싸리문 밖으로 멀리 산줄기와 이웃 마을이 보인다.

막이 오르면 마루에 상청이 꾸며져 있고 그 앞에서 어머니가 향을 피우고 있다.

그 앞 햇볕이 쪼이는 곳에 시규가 앉아 있다. 시규는 중병을 앓고 있는 것이 역력히 얼굴에 나타나 있다.

어머니 아이고 감옥살이가 뭐야. 그 녀석은 어려서부터 성질이 무뚝뚝하기는 했지만 마음은 착한 아이인데 그 애가 감옥살이를 하고 나오다니. 한자리에 오래 늘어붙지 못한 게 흉이긴 허지만서도……

시규 운규는 보통 사람하고는 달라요, 어머니.

어머니 다르건 말건 이제 그만 집에서 집안일이나 돌보며 살아주었으면 좋겠다. 너의 아버지도 돌아가시고 너 혼자서 집안일을 도맡아보니 네 몸이 견디어 나니?

시규 그 아인 그 아이대로 제 갈 길을 가게 내버려 둬야죠. 집안일은 나 혼자서 치러나갈 수 있으니까요.

어머니 에이고 구한국군부고 나형권의 아들이 감옥살이하고 돌아왔다니…… 동네가 부끄러워서.

시규 강도나 절도질을 한 게 아니니까 동네에 부끄러울 건 없어요. 오히려 어떤 면으로는 자랑스러운 일이기도 해요.

어머니 뭐라고? 자랑스럽다구? (이때 오규가 밖에서 뛰어 들어온다. 열대여섯 살 난 오규 댕기를 물려 머리를 땋아 내렸다)

오규 어머니, 운규 오빠 편이 이겼어. 이겼어.

어머니 아니 이 가사나이 좀 얌전 좀 해라. 다 큰 게 왜 이리 뛰어다니니?

오규 (시규 보고) 오빠 회령 청년들이 함흥극단 팀을 이겼어.

시규 그래?

어머니 뭘 하는데 이겼다는 거냐? 또 씨름이냐?

시규 아니에요. 함흥에서 발족한 극단 예림회 단원들하고 우리 회령 청년들 사이에 친선 축구시합을 했어요.

어머니 오…… 어제 저녁에 연극단이 들어왔다더니 그 사람들이냐?

시규 예.

어머니 그런데 운규는 부끄럽지도 않나? 그 사람 많이 모인 곳에 나가서……

오규 운규 오빠가 단장이야. 공을 차다가도 오빠가 호각을 불면 모두 꼼짝을 못하겠지. 호호……

시규 (웃으며) 단장이 아니라 심판이란다.

어머니 아이고 언제나 철이 날런지. 제 댁 보기도 부끄럽지 않은가.

오규 뭐, 그건 우리 새언니가 바보지. 나 같으면 오빠를 꼼짝 못하게 하겠어. 집에서 한 발도 밖에 못 나가게도 할 수 있는 건데.

어머니 모두 네 오래비 잘못이지 네 올케한테는 아무 죄도 없단다. 에이고 망할 것 같으니.

오규 어머니……

어머니 왜? (옷고름으로 눈시울을 누른다)

오규 작은오빠는 형님하고 뜻이 안 맞나 봐.

145 풍운아 나운규

어머니	뭐라구?
오규	그렇지 않고서야 지금까지 집에서 같이 사는 적이라고는 없었지 뭐야……
어머니	(긴 한숨) 그러기 말이다.
오규	새언니는 마음씨두 곱고 착한데 오빠 눈에는 안 드나봐. 오빠는 신식 여자가 좋은가 보지?
어머니	신식 여자가 뭐가 좋으냐? 여자란 살림 잘 살고 아들딸 많이 낳으면 되는 거야.
오규	그래도 남편이 사랑 안 해주면 무슨 낙으로 살아?
어머니	그거야 네 오래비가 아직도 철이 안 들어서 그렇지.
시규	이번에 와서 집 형편을 보았으니 이제는 저도 생각이 좀 달라졌겠죠.
어머니	저도 이번엔 정신 차려야지. 처자식 돌볼 생각은 안 하고 객지에서 공부만 하다니, 그것도 활동사진인지 남사당패인지 알 수도 없는 것으로 말이다.
오규	어머니 오늘 저녁에 연극 구경 가. 응?
어머니	아니, 너 정신 나간 소리 작작 해라. 아버지 상청을 한 번 보고 그런 말을 해.
오규	운규 오빠는 거기서 살다시피 하는데 뭘.
어머니	그러니까 철이 덜 들었다고 하지 않느냐?
오규	그래도 보고 싶은 걸 어떻게 해. 그리고 난 아직 어린앤데.
어머니	다 큰 가시나이가 밤에 바깥 출입을 한단 말이냐?
오규	그래도 난 갈테야. (시규에게) 오빠 나 좀 데려가줘요.
어머니	오빠는 몸이 불편해서 밤에 출입하면 해로워.
오규	(밖을 내다보며) 아이 호랑이도 제 말을 하면 온다더니 작은오빠 들어오네요. 오빠.

어머니 운규 들어오거든 너도 좀 따끔하게 말 좀 해서 이제는 집을 안 나가도록 타일러라. (운규가 들어온다. 흰 두루마기에 방한모를 썼다)

시규 예림회 사람들하고 축구 시합을 했다면서?

운규 예. 암만 해도 예술가들이라 뛰는 것은 회령 청년들을 못 좇아오더군요.

어머니 그래, 너는 무엇이 그렇게 기뻐서 사람 많이 모인 데 나가 뛰고 논단 말이냐? 상주면 좀 근신하는 빛이 보여야지. 오늘은 내 너한테 할 말을 해야겠다.

운규 (조용히) 어머니…… 말씀하세요. 듣고 싶습니다.

어머니 아버지께서 세상을 떠나게 된 것은 너 때문만도 아니다만 어떻든 네가 감옥살이하게 되면서부터 병세가 더 나빠지신 것만은 사실이다. 게다가 그뿐인 줄 아니? (시규를 가리키면서) 네 형의 얼굴을 좀 봐라. (시규가 계면쩍게 외면하자 운규는 푹 한숨을 내리쉬고 고개를 수그린다) 아버지가 돌아가신 후 네 형은 동경서 공부를 중단하고 돌아와서 집안일을 돌보느라고 앉은 자리가 더워질 사이가 없었단다. 아버지가 남긴 빚 청산에다가 가산 정리…… 면으로 군으로…… 심지어 너를 감옥에서 내오느라고 사방팔방으로……

시규 어머니 그런 얘기 같으면 말씀 안 하시더라도 다 알고 있어요.

어머니 늙어지면 느는 건 잔소리하고 주름살이라더니…… 잔소리도 때로는 약이 되는 법이니까. 안 그러냐? 운규야.

운규 (고개를 다시 수그린다) 잘 알고 있습니다.

어머니 나도 이제 와서 너의 과거지사를 들추어 너를 나무라려는 건 아니다. 다만 앞으로 어떻게 살아가겠느냐 그걸 물어보려는 거야.

운규 형님 대신 저더러 집안일을 돌보고 취직이라도 해서 돈벌이하라는 말씀이신가요?

어머니 잘 알고 있었구나……

147 풍운아 나운규

시규   (웃으며) 원 어머니두…… 그럼 운규가 지금 몇 살인데 그걸 몰라
      요?

어머니 사람은 나이로 철이 나는 건 아니다.

시규   네?

어머니 운규야. 네 얘기를 들어보자. 앞으로 그렇게 하겠느냐?

운규   글쎄요……

어머니 (금세 얼굴빛이 어두워지며) 뭣이?

운규   저도 감방에서 여러 가지 생각을 했습니다. 집안일이며 제 자신
      에 관한 일두요.

어머니 그래 어떻게 생각했느냐?

운규   세상이 내 마음 먹은 대로 되어간다면야 누가 고생이겠어요.

시규   운규야. 얘기가 나왔으니 말이다만 이상과 현실은 거리가 멀다.

운규   이상과 현실?

시규   그렇지. 어머니 말씀은 좀 더 네가 현실적으로 살아줬으면 하는
      게 소망이시다. 그러나 너는 적어도 이번 사건이 있기 전까지는
      허공을 헤엄쳐 다니는 로맨티스트였지. 배우가 되는 것도 활동사
      진을 만드는 것도 좋지만 그건 우리나라와 같은 불모지대에서는
      어려운 일이다.

운규   그럴까요?

시규   나는 동경서 공부하면서 늘 그걸 생각해왔어. 일본 사람들이 명
      치유신 이후 갑작스레 서구 문명을 받아들이고 그걸 소화시키
      고…… (얘기하다 말고 어머니에게) 어머닌 잘 못 알아들으시겠지
      만 이건 운규와 나와의 얘기니까요.

어머니 걱정 말고 어서 얘기해라. 난 듣고 있을 테니까.

운규   어머니 방에 들어가서 누우세요. 피곤해 보여요.

어머니 내 걱정일랑 마라. 나는 부엌에 가서 찬이나 손보겠다. (하며 어머

니는 치마를 치켜 올리면서 부엌으로 퇴장한다. 잠시 두 사람 사이에 말이 없다. 멀리서 유랑극단의 악대 소리가 들린다)

운규 형님.

시규 응?

운규 형님이 말씀하시려는 뜻 잘 알고 있어요. 요컨대 우리 같은 약소식민지 민족으로는 예술이니 배우니 하는 게 시기상조라는 뜻이겠죠?

시규 한마디로 말하자면 그렇지. 가까운 일본하고 비교하더라도 너무나 조건이 부족하니까……

운규 그럼 모든 조건이 구비될 때까지는 기다리란 말씀인가요?

시규 그게 영리한 방법이지. 공을 덜 들이고 빨리 성공하는 길이지. 나는 아버지하고는 의견이 다르다. 나는 네가 그 방면에 천부의 재능이 풍부하다는 점을 인정하고 있으니까. 다만……

운규 다만 시기가 적합지 않단 말씀이죠?

시규 그렇지.

운규 형님. 저는 그 점이 바로 중요하다고 봅니다.

시규 그 점이라니?

운규 남이 모든 조건을 구비시켜 줄 때는 이미 내가 필요 없는 시기니까요.

시규 뭐라구?

운규 나는 남이 아직 생각지 못한 일을 남이 아직 생각지도 않을 때에 길을 터놓고 싶습니다. 남이 닦아놓은 신작로 길을 자동차를 몰고 지나가는 쾌감에 앞서 돌멩이를 파내고 땅을 돋우고 가로수를 심는 그 일을 더 보람되게 느끼고 싶습니다.

시규 개척자가 되겠단 말이냐?

운규 네. 미국 서부 활극의 개척민의 생활이 그립습니다.

시규   (단호하게) 너는 아직도 꿈을 꾸고 있구나.

운규   아직도가 아니라 줄곧 그 꿈을 꾸어왔으니까요.

시규   글쎄 현실이 네 그 꿈을 용납할까?

운규   제가 지난 일 년 반 동안 감옥살이하는 동안 나의 꿈은 더 또렷하게 윤곽을 나타냈지요. 손에 안 잡히던 물건이 바로 손아귀에 들어오던 시절이었으니까요.

시규   그렇다면 나는 공연한 헛수고를 했구나.

운규   네?

시규   너의 그 행복한 꿈을 빨리 깨뜨리기 위해서 이 변호사 저 변호사를 찾아다니느라고 없는 돈을 쓰고 다녔으니……

운규   형님. 저는 결코 그런 뜻에서가 아닙니다. 우리 민족이 나아갈 길, 우리가 해야 할 일, 이것을 깨달았단 말입니다.

시규   (자리에서 일어나며) 이제는 네 일은 네가 책임져야 한다. 네가 꿈을 꾸건 그 꿈을 실현시키려 하건 네 마음대로 해라. 나는 다만 네게 매달린 식솔은 네가 책임져야 하지 않겠느냐?

이때 얼마 전부터 어머니와 정옥이가 부엌에서 반쯤 고개를 내밀고 엿듣고 있다.

운규   책임을 지라고요?

시규   그렇지. 자기 혼자만의 왕국을 짓기 위해서 처자식을 돌보지 않는다면 그건 하나의 위선이지 뭐냐? 그러니 너는 그 점만 해결할 수 있다면 배우가 되건 감독이 되건 상관할 바가 아니다.

운규   형님 그렇지만……

시규   나도 이제는 피곤하다…… (한숨) 아버지가 안 계시는 동안 집안을 돌보기보다도 너를 위해서 소모된 시간이 더 괴로웠다.

운규	죄송합니다. 이제부터는 제가 형님을 편히 모시겠어요.
시규	나는 적어도 너의 편이고 너를 보살피는 간호원이었다. 허지만 이번에는 내가 간호를 받아야 할 것 같구나…… (차츰 의식이 흐려지며) 피곤해…… 쉬고 싶다…… (하며 모래성이 허물어지듯 쓰러진다)
운규	형님…… (크게) 어머니, 어머니 어서……
어머니	(뛰어나가며) 아닌 웬일이냐, 응?
운규	형님이……
시규	(가냘프게) 운규야…… 나 좀 쉬어야겠다……
어머니	시규야…… (하며 피를 닦는다)
시규	걱정마세요. 어머니 각혈은 이번이 처음이 아니니까요. 좀 과로했어요.
운규	형님. 죄송합니다.
어머니	시규야…… 너까지 이러면 이 어미는 누구를 믿고 살란 말이냐.

멀리서 유랑극단이 손님을 부르는 악대의 음악이 구슬프게 들린다.

암전

제2장

무대

전막부터 일주일 후 밤. 건넌방에 호롱불이 켜있고 아랫목에 향이가 곤히 잠들고 있다. 멀리서 개 짖는 소리가 들리자 정옥은 행여나 남편의 발자국 소린가 하고 주의력을 모은다. 그러나 허탕임을 알고는 길게 한숨을 짓는다. 이때 안방에서 어머니가 외출할 양으로 나온다. 불이 켜진 건넌방을 보자 뜰 아래로 내려서며 말을 건다.

어머니 아직 안 자니?

정옥 네…… 어머니 웬일이세요? (하며 바느질감을 밀쳐놓고 마루로 나온다)

어머니 나 잠깐만 나갔다 올 테니 집 좀 보아라.

정옥 밤이 늦었는데 어딜 가세요?

어머니 아무래도 물어봐야겠다.

정옥 네?

어머니 네 시숙의 병이 심상치가 않으니 말이다. 의원한테 가서 약도 지어올 겸 물어봐야겠다.

정옥 그럼 밝은 날에 가시지 왜……

어머니 잠도 오질 않으니 마실을 겸해서 다녀오마……

정옥 네……

어머니 아범은 아직 안 돌아왔지?

정옥 읍내에 누굴 만나러 간다고 낮에 나가서 아직……

어머니 (사이) 어멈에게 무슨 얘기 안 하더냐?

정옥 (한숨) 아범이 언제 저에게 의논하는 일이 있던가요?

어머니 그래?

정옥 무슨 말씀이라도 들으셨어요?

어머니 (망설이다가) 서울로 가겠다더라……

정옥 서울로요?

어머니 네 시숙에게 그렇게 말하더라……

정옥 학교를 계속 하게요?

어머니 누가 아니? 학교를 다니는지 서당을 다니는지……

정옥   (한숨)

어머니   너도 얘기를 좀 해라.

정옥   무슨 얘기를 제가 해요? 어머니두……

어머니   (약간 짜증을 부리듯) 글쎄 너희들은 도대체가 내외간이냐? 남남끼리냐? 글쎄 서로 얘기도 하고 웃기도 하고 때로는 싸움도 할 일이지…… 원…… 난 도시 너희들이 마주 앉아 도란도란 얘기하는 꼴 좀 보았으면 원이 없겠다.

정옥   그렇게 습관이 들어버린 걸 어떻게 해요?

어머니   뭐라고? 그러면 너는 고양이 앞에 쥐란 말이냐? 어찌되었건 네가 세 살 위니까 철이 들어도 더 들었을 테니…… 내외간에 얘기하다가 벼락을 맞았다더냐?

정옥   어머니도…… 제가 어떻게 아범의 말상대가 되나요?

어머니   안 될 게 또 뭐냐? 신학문을 못 배웠지만 언문은 깨우친 너인데 뭐가 부끄러워서 말을 못하니? 어멈아…… 오늘 밤이라도 들어오거든 네가 꼭 붙들고 따져라…… 네 남편 네가 섬겨야 할 텐데 이제 놓치면 영 그만인 줄 알아라. (하며 밖으로 나간다. 혼자 남은 정옥은 허공을 향해 눈을 감는다. 다음 순간 고독과 비애가 엄습해오자 느릅나무를 붙들고 흐느껴 운다)

정옥   나보고 어떻게 하라고…… 난 돌처럼 살아요. 허수아비인데……

이때 사립문 밖에 운규가 나타난다. 몹시 서둘고 있어 느릅나무 밑에 정옥이가 서 있는 줄을 모르고 안방의 기색을 살핀 다음 급히 방으로 들어간다.

운규   향아…… 향아…… (자고 있는 딸을 보자) 음…… 자는군…… 그런데 어딜 갔어? 남은 바빠 죽겠는데. (하며 농에서 트렁크를 꺼내서

되는대로 옷을 챙긴다. 이때 정옥이가 조심스럽게 들어온다. 그녀는 아직도 남의 남편 대하듯 서툴고 수줍다)

어디 갔다 왔어?

정옥   네…… 저어……

운규   빨리 이 옷 좀 챙겨줘.

정옥   어디 가시게요?

운규   서울. (하며 옷을 갈아입는다)

정옥   네? 서울요?

운규   뭘 그렇게 멍하니 벙어리처럼 쳐다만 봐? 시간이 바쁜데.

정옥   (말없이 트렁크에 옷을 담는다) 저녁은 잡수셨어요?

운규   응. 여관에서 먹었어.

정옥   여관에서요?

운규   손님을 만나느라고…… 참, 어머니 어디 나가셨나?

정옥   약방에 시숙 약 지으러 가셨어요.

운규   그래? 마침 잘 됐구나.

정옥   잘 됐어요? 서울 올라가실 거라더니……

운규   누가 그래?

정옥   어머님이 아까 나가시면서……

운규   어머니께서? 아니 어디서 들으셨을까?

정옥   모르겠어요.

운규   그리고 딴 얘긴 안 하시고?

정옥   아니요. 별로…… 나보고 고양이 앞에 쥐라고 말씀하시더군요.

운규   (사이) 뭐? 고양이 앞에 쥐? (생각하다가) 핫핫…… 고양이 앞에 …… (생각에 잠긴다) 고양이 앞에 쥐는 왜놈 앞에 우리 조선 사람이지.

정옥   (눈은 내리 깔았으나 귀는 쫑그리고 있다는 표정이다)

운규 　내가 서울 가는 게 탐탁지 않아?

정옥 　……

운규 　응?

정옥 　그건 왜 물으세요?

운규 　미안해서…… 내 부탁이 하나 있어.

정옥 　부탁? 설마 저보고 같이 가자는 얘기는 아니겠지요?

운규 　음…… (긴 한숨)

정옥 　(쓸쓸한 미소를 지으며) 걱정 마세요. 저는 당신을 따라다니진 않아요. 당신이 저를 잊지만 않으신다면 그걸로 충분해요.

운규 　(감동과 당황의 빛으로) 여보…… 그게 아니라 당신에게 부탁하는 건 다른 게 아니고 저어, 친정에…… 가 있어줘요.

정옥 　네에?

운규 　내 형편이 당신을 데리고 갈 수만 있다면 언제고 데려가겠는데 내가 하는 일은 그런 여유가 없단 말이야.

정옥 　그렇다고 왜 친정으로 가라는 거예요? 저는 나 씨 문중에 시집온 이상은 이 집안 식구요 핏줄이나 다름없는데 왜 저보고 친정으로 가라 해요?

운규 　뭣이?

정옥 　(차츰 울음이 복받치며) 설혹 당신이 나를 미워하고 싫어하더라도 저는 이 집에서 살다가 죽겠어요.

운규 　(노기를 띠우며) 여보……

정옥 　(슬픔이 뚝 무너지듯) 보기 싫으면 차라리 나를 죽여주시지 친정으로 돌아가라니 그게 무슨 말씀이세요? 너무 하세요. 너무…… 흑흑……

운규 　나는 배우가 되고 싶어. 내 가슴 속에 퇴비처럼 썩어서 쌓인 이 분노를 무대에서 화면에서 이겨내고 싶다는 생각뿐이야. 혹시 남들은 나를 비웃을지 모르지만 나는 자신이 있단 말이야. 어느 때고 나는 나의 꿈을 실현하고 말겠어. 그러기까지는 나는 가족도 돌볼 수 없을 것 같아서 미리 양해를 구하는 것뿐인데……

정옥 알겠어요. 당신이 무슨 뜻으로 말씀하신지 알 수 있을 것 같아요.

운규 그렇다면 친정에 가 있어.

정옥 그래도 친정엔 안 가겠어요.

운규 못 간단 말이요?

정옥 네…… 설령 당신이 저를 버린다 해도 나는 아이들을 위해서 이 집을 지켜나가겠어요.

운규 으음……

정옥 그러니 제발 제 걱정일랑 마시고 떠나가세요.

운규 후회하지 않겠소?

정옥 네…… 당신이 부르실 때까지 기다리겠어요.

운규 미안해. 그럼 그 말을 믿고 가겠어. (하며 자리에서 일어선다)

정옥 그렇게 급하게요?

운규 극단이 오늘 밤차로 만포선 일대로 순회공연을 떠난다니 같이 가야 해. 그리고 서울로 돌아간다니까.

정옥 어머니가 서울 가는 것을 퍽 싫어하시던데.

운규 설령 내가 학교나 면에 취직을 하려 해도 내겐 이제 전과자라는 딱지가 붙어있으니 그 누가 나를 받아주겠어? 그야말로 언제까지 우리는 고양이 앞에 쥐처럼 꼼짝 못하고 살아야 하나? 대등하게 돼야 한단 말이야. 그렇지. 고양이한테는 개처럼 덤벼들어야 해. 그러려면 난 서울로 가서……

정옥 알겠어요. 좋으실 대로 하세요.

운규 어머니께서 돌아오시면 이걸 보여드리면 되니까. (하며 편지봉투를 꺼낸다)

정옥	네?
윤규	(트렁크를 들고 일어나며) 그럼…… 여보 잘 있어. (한동안 아내의 옆 얼굴을 내려다본다. 그리고 나가려다 말고 아랫목에 자고 있는 향이에게로 간다. 향이의 뺨에 입을 맞추고) 향아…… 아빠가 돌아올 때까지 잘 있어.
정옥	(터져나오는 울음을 입으로 틀어막고 운다)
윤규	아빠가 요다음에 너를 꼭 서울로 데려갈 테니까. 알았지? 흠 …… 그럼 잘 있어. (하고는 아내를 돌아보지도 않고 총총히 나가 버린다. 멀리서 개 짖는 소리가 난다. 정옥은 문지방까지 따라 나가다가 쓰러져 운다)

막이 서서히 내린다.

제4막

제1장

무대

전막부터 2년 후. 1926년 계림영화사 사무실. 목조건물의 2층. 과히 넓지 못한 허수룩한 방 안은 몇 개의 책상이 있고 벽에는 포스터 등이 붙어있다. 그리고 한편에는 촬영 스케줄이 명시된 일정표가 붙어있다. 몇 사람의 스태프가 한가로이 장기를 두고 있다. 한 구석엔 신인 여배우가 화장을 고치고 있다. 어딘지 불경기가 안개처럼 서려 있는 답답한 분위기이다.

촬영기사 에이…… 따분해. 자네들은 뭐가 마음이 편해서 장기만 두고 있나? (하며 장기를 두고 있는 조명계와 조감독을 흘겨본다)

조명 (본체만체) 할 수 있어? 따분하니까 장기라도 두는 거지. 안 그래? 조감독님.

조감독 (역시 말을 물며) 말을 해서 뭘 하나. 제기 본정 요도야 모자점 주인이 만든 조선 키네마 프로덕션에서는 벌써 각본두 다 됐다던데. 우린 〈장한몽〉 한 작품으로 이렇게 돼야 하나.

조명 (변사 조로) 밤이 가면 해가 뜨고 해가 뜨면 이별이라 간다고 아주 가리……

촬영기사 조감독은 뭘 하라는 조감독이지? 응? 도대체 앞으로 할 일쯤은 알고 있어야 할 게 아니야?

조감독 그걸 내가 어떻게 알아?

촬영기사 왜 몰라.

158

조감독　이 선생님이 돌아오셔야 알지 내가 어떻게 알아. 요새 같아서는 좀처럼 다시 시작할 것 같지 않데.

여우　그런데 요새 나운규 씨가 도무지 보이지 않으니 웬일이죠?

촬영기사　글쎄 그 사람 활동사진을 집어치우고 고향엘 내려갔나?

여우　아니 그분이 왜 활동사진을 집어치워요? 〈심청전〉에서 심봉사를 얼마나 잘했는데 벌써 그만둬요?

조감독　그러나 지난번 〈장한몽〉에는 이 감독이 아무것도 안 시키지 않았어? 그래 울화가 치밀어서 집어치웠을지도 모르지.

여우　그렇다고 설마 치우기야 하겠어요? 그이가 어떻게 야심이 많은 사람이라고.

조감독　나도 일찌감치 조선 키네마로 가던지 해야지 여기 있다가는 허송세월로 늙어버리겠어. (이때 나운규가 큰 보따리를 들고 들어온다)

여우　아니 지금 막 나 선생님 말을 하고 있었어요.

촬영기사　웬일이요. 그동안 볼 수 없었으니.

운규　고향에 좀 갔다 왔어.

조감독　고향에요?

여우　그것 봐요. 내 말이 어떤가.

운규　무슨 말을 했길래 그러지?

여우　나 선생님이 이제 활동사진을 그만 집어치우고 고향에 내려갔을 거라구요. 그런데 난 안 그렇다고 지금 막 말했는데 들어오시지 않았어요?

운규　내가 활동사진을 그만 둔다고? 핫하…… 난 그동안 고향엘 가서 각본을 하나 써가지고 왔어.

조감독　제목이 뭐유?

운규　〈아리랑〉.

세사람　〈아리랑〉?

운규 그렇소. 우리 민요에 〈아리랑〉이라 있지 않소? 그 〈아리랑〉이요.

여우 얘기가 재미있어요? 슬픈 거겠지요?

운규 아니. 그런 게 아니요. 기생들 손수건이나 적시게 하는 그런 걸 왜 내가 만들어. 나는 화면을 통해서 하고 싶은 말을 할 작정이야.

여우 그 하고 싶은 말이 뭐예요?

운규 고양이와 개 사이의 이야기지.

촬영기사 뭐? 고양이와 개?

조감독 그럼 동물사진이요?

운규 천만에. 우리 농촌에서 얼마든지 있는 사건을 다룬 거요. (세 사람 눈이 둥그레져서 수군거린다)
고양이 앞에 쥐는 꼼짝을 못허지만 개는 그렇지 않지. 막 으르렁대지. 이야옹 흐흠 멍멍 (효과로 고양이와 개의 싸움소리) 흐흐하하핫 핫…… (크게 웃는다)

다른 사람들은 눈이 더욱 둥그레진다. 이때 도어가 열리면서 안철민이 들어온다.

철민 야…… 너 운규 왔구나. 그렇지 않아도 이 감독이 너 안 온다고 걱정을 했던 참인데 마침 잘 왔다.

운규 전보 받았니?

철민 그래. 일이 급하니 이대로 나하고 좀 가자.

운규 어딜 가?

여우 그럼 말씀을 하세요. 우린 좀 나가겠어요.

철민 우리도 곧 갈 텐데.

운규 다녀오시구려. (세 사람 나간다)

철민 집의 형편은 어떻든? 시규 형님이 돌아가셔서 더욱 말이 아니겠지? 어머님이 못 가게 하셨겠지?

운규 응. 시규 형님 정말 불쌍해. 그렇게 동경유학을 꿈꾸던 분이 그만…… 그것도 내가 나와 있기 때문에 죽었어.

철민 넌 참 좋은 형을 잃었어.

운규 그러니까 나는 더욱 예술을 해야 해. 좋은 예술을 해서 형에게 보답해야겠어. 그러지 못하면 형님의 죽음은 헛된 것이 되고 말아.

철민 그 애긴 그만 하고 어서 이 감독을 만나러 가자. 이 감독이 이번에 조선 키네마에서 〈농중조〉를 촬영하는데 너를 출연시키려고 하더라.

운규 그 일본 사람이 만들었다는 조선 키네마 프로덕션 말인가?

철민 응. 왜 일본 사람이 만들어서 싫단 말인가?

운규 아니야. 잠깐 가만히 있게. (무슨 생각을 해내려고 얼굴 표정이 복잡해진다) 아하…… 그렇구나. 그렇게 하면 되겠구나.

철민 무슨 소리야?

운규 여보게. 나 이번에 회령 가서 각본을 하나 써왔어.

철민 각본을 썼다고?

운규 응. 우리가 그때 함흥 감옥에서 나와서 집에 가 있지 않았나? 그때 어머니가 어린애 모 보고 우리 사이를 고양이 앞에 쥐라고 그랬대. 나는 고양이고 어린애 모는 쥐라는 뜻이지. 꼼짝을 못한 대서 말일세. 난 거기서 얼핏 이런 생각을 해보았지. 왜놈이 고양이, 우리가 쥐, 아니 개가 돼야 되겠다고. 꼼짝 못하는 쥐가 아니고 으르렁대며 덤벼드는 사나운 개가 돼야겠다고 말일세.

철민 고양이와 개라.

운규 그렇지. 영진이와 오가가 서로 쫓기고 쫓는 화면…… 다시 말하면 우리 조선 사람과 왜놈, 영진이는 조선 사람, 오가는 왜놈. 압제자와 피압박인에게서 필연적으로 일어나는 갈등이 주제란 말

161   풍운아 나운규

이야. 제목은 〈아리랑〉일세.

철민 〈아리랑〉?

운규 우리의 얼이 묻어있는 민요, 〈아리랑〉 말이야.

철민 자세히는 모르지만 네가 지금 말하는 그 정도만으로도 충분히 짐작이 가는데 그런 내용이면 총독부에서 검열을 해주겠나?

운규 음 문제없어. 첫째는 영진이를 미친 놈으로 만든단 말이야. 영진이가 미쳤기 때문에 그가 하는 짓은 모두 감쪽같이 속여 넘길 수가 있거든. 오가를 죽인다 해도 미친 정신으로 한 짓이니까 구실은 넉넉하단 말이야. 그리고 한 장면에서 이 미친 영진이가 일본순사 뺨을 치지. 그것도 미친 놈이니까 괜찮단 말이야.

철민 글쎄…… 그렇다 해도 그게 검열이 나올까?

운규 그래서 지금 네 말을 듣고 내겐 좋은 생각이 하나 떠올라서 좋아했는데. 이 각본은 일본 사람이 쓴 것으로 한단 말일세.

철민 아니 어떻게?

운규 이 감독이 나를 찾는다면서? 일본 사람이 만든 조선 키네마 프로덕션에 출연시키려고.

철민 그래.

운규 난 그 영화에 출연을 하지. 그리고 그동안 나는 조선 키네마 주인 녀석을 구워 삶아서 내 〈아리랑〉 각본을 조선 키네마에서 만들게 하고 또 원작자도 거기 일본인이 쓴 것처럼 해서 할 거란 말이야. 그러면 총독부에서 말썽이 나도 저희들 돈을 들였으니 저희들이 가서 타협할 게 아닌가? 핫핫…… 됐어. 그러면 되겠어. (《아리랑》 노래를 부른다)

여보게. 내가 지금 부른 노래가 〈아리랑〉의 주제가야. 참 이 감독이 나를 찾는다고 했지? 가세. (보따리를 가리키며) 이것이 〈아리랑〉 각본 원고야. 자 가세. 아리랑 아리랑 아라리요. 아리랑 고개로 넘어간다.

음악 더불어 암전

제2장

무대

전막부터 2년 후. 전 장과 같은 영화사 사무실이나 내부의 분위기로 나운규 프로덕션임을 알 수 있다. 벽에는 활기를 띤 사업의 진행 흔적도 없고 포스터가 떨어져 나갔고 책상도 하나 없이 의자만 두어 개 뒹굴고 있다. 며칠씩 청소도 안 해서 바닥에는 담배꽁초며 휴지가 흩어져 있다.

막이 오르면 운규가 창가에 앉아서 담배를 피우고 있다. 영락한 모습이다. 마치 이사 간 집 같은 음산한 분위기 같으나 창 너머로 아름다운 석양이 눈 시리게 보인다.

운규는 명상에 잠긴 사람처럼 눈을 지그시 감고 비스듬히 앉아 있는 데서 조명이 바뀌며 회상의 장면으로 연극이 시작된다.

조감독 조금만 기다려요. 나 감독께서 아마 돈 때문에 동분서주하고 계실 텐데.

조명 (담배를 피우며) 제길! 제작할 돈도 없으면서 웬 개인 프로덕션은 만들어 가지고 이 고생이야!

조감독 그렇지만 나 감독의 입장도 우리가 이해할 수 있잖아.

조명 입장이 어떻단 말이야?

조감독 지금까지는 일본 사람이 제작 자금을 대니까 아무래도 자기 하고 싶은 것을 다 못했으니 이제는 자기 마음대로 해보고 싶으니까 고생을 각오하고 독립한 것이 아닌가.

조명 그렇지만 지난번 〈풍운아 잘 있거라〉에서는 재미를 봤지 않어?

조감독 그렇다고 그 이문이 나 감독에게 떨어지는 건 아니잖아. 그러니까 독립 프로덕션을 만들어서 그 돈으로 마음놓고 하고 싶은 작품을 제작하자는데 그 이유가 있거든.

조명 (창을 향해서) 야단났어. 일은 중단되었는데 감독 나으리는 기생집 아랫목에 늘어져서 단꿈만 꾸고 우리는 이렇게 냉수만 마시고 헛소리만 하게 되었으니.

조감독 참 조명! 자네 봤나?

조명 뭘 봐?

조감독 (손가락으로) 이거 말이야.

조명 나 감독의?

조감독 응, 굉장하던데……

조명 미인이라면서?

조감독 그뿐이겠어? 사교성이 좋고 수완이 매끈한 게 남자 뺨 친다니까.

조명 그래?

조감독 말이 기생이지 여걸이야. 듣자니까 이번 〈두만강을 건너서〉의 자금도 그 향선이라는 기생의 작품이라던데.

조명 이 사람! 사모님의 성함을 함부로 부르지 말어. 헛허.

조감독 핫하. 어떻든 우리 나 감독은 여자 복이 있거든. 지난번 식도원에서 한 잔 할 때 보게. 그 많은 기생들이 나 감독 곁에 서로 앉으려고만 하니까 늙은이 손님들이 화가 나서…… 헛허……

조명 사실이야. 여복만 있으면 뭘 해. 돈 복이 있어야지. 하나님이 어디 두 가지 복을 한꺼번에 내리시던가?

조감독 사실이야. (팔목시계를 보며) 그건 그렇고 감독님이 돌아오실 때가 되었는데……

조명 조감독. 이렇게 앉아서 홍시 떨어지기만 기다리지 말고 찾아가
봐요.

조감독 어딜 가 있는지 알아야 찾지.

조명 향선이라는 기생 집에 있겠지 어디 있어?

조감독 글쎄 나 감독의 성질을 잘 알면서 그래? 심지어는 촬영을 하다
가도 인스프레이션이 안 떠오른다고 그대로 돌아가 버리는 일이
어디 한두 번이었어?

조명 성질을 이해하는 건 좋지만 한 사람 때문에 여러 사람이 일방적
으로 피해를 입을 순 없잖아?

조감독 처음에 같이 손잡고 일하기로 했던 동지들이 하나둘 떨어져 나갔
다니 자금난이 닥쳐올 수밖에……

조명 그러니 어느 세월에 돈이 마련되며 어느 세월에 촬영이 끝나며
어느 세월에……

이때 밖에서 노크 소리가 난다. 순간 모두들 시선을 마주친다.

조감독 네…… 들어오세요.

조명 누굴까?

도어가 열리며 향선이가 들어온다.

조감독 아, 웬일이십니까?

향선 (방 안을 둘러보며) 어디 가셨어요?

모두들 향선을 멋쩍게 쳐다본다.

조감독   나 감독님 말씀이신가요?

향선   네.

조감독   저희들은 댁에 계시는 것으로 알고 그렇잖아도 지금 찾아가 뵈올까 하던 참인데……

향선   그럴 리가 있나요? 집에 안 들린 지가 사흘째 되는데요.

조감독   네? 사흘째나요? (하며 서로들 수군거린다) 그럼 나 감독님께서는 어디 계실까요?

향선   며칠 전에 제작비가 없어서 부득이 촬영을 중단할 수밖에 없다고 하시기에 내가 한번 돈을 마련해보겠다고 말씀드렸거든요. 그래서 이렇게 돈을…… (하며 핸드백에서 신문지에 싼 돈뭉치를 꺼내 보인다. 돈을 본 좌중은 갑자기 활기를 보인다)

조감독   그렇습니까? 그런데 나 감독님께서는 아마 제작비를 마련하기 위해서 못 나오신 줄로만 알고 있는데요.

향선   이상하다. 그럼 어딜 가셨을까?

조명   혹시 하숙집에 안 계실까?

향선   제가 사람을 보냈더니 며칠째 거기도 안 들리셨다던데요.

이윽고 나운규가 초췌한 모습으로 들어선다. 어딘지 고민이 있는 표정이다.

향선   아이구 여기 들어오시네요.

조감독   선생님 어딜 다녀오세요?

운규   (의자에 앉으며) 담배 있나? (하고 손을 내미나 모두들 담배가 떨어진 터라 머뭇거린다)

향선   (핸드백을 열고 담배를 꺼내 준다) 아니! 며칠 동안 담배도 못 피운 사람 같군요. 훗호……

운규	(조용히) 맞았어. 못 피웠어.
향선	네? 그게 무슨 뜻이죠?
조감독	무슨 일이라도 있었습니까?
운규	없었던 것도 아니지.

모두들 의아한 표정을 짓는다.

향선	여보, 어딜 갔다 오셨어요? 어디 가시면 간다고 연락을 해주셨던들 덜 궁금하죠.
운규	미안해. 그럴 겨를이 없었어.
향선	무슨 일이 있었어요?
운규	나 유치장에 있다 왔어.
조감독	네에?
향선	네? 유치장?
조감독	아니 경찰서 유치장 말입니까?
운규	(고개를 끄덕거린다. 그리고 다시 담배 연기를 길게 내뱉는다)
향선	유치장엔 왜요? 당신이 무슨 도둑질이라도 했단 말인가요?
운규	말세야 말세……
일동	네?
향선	여보 그렇게 담배만 피우지 말고 자세히 얘기를 들려주세요.
조감독	사모님께서 자금까지 마련하셨답니다.
운규	자금? (하며 비로소 향선을 본다)
향선	네…… (하며 비로소 돈을 핸드백에서 꺼낸다) 백삼십 원이에요. 우선 이것만 있으면 다시 시작하실 수 있지요?
운규	고마워요. 그래도 내 편을 드는 사람은 당신뿐이구려. 흠……
향선	새삼스럽게 무슨…… 그래 유치장엔 왜 끌려가셨어요? 술 마시

다가 싸우기라도……

운규 아니……

향선 그럼 왜요?

운규 세상이란 정말 이상해. 넓고도 좁은 게 세상이라더니 하필이
면…… 훗흐……

이때부터 조명이 차츰 어두워지고 운규의 얼굴만 비춘다.

운규 그저께 어느 술집에서 술을 마시고 있는데 어떤 친구가 가까이
오더니 인사를 청하지 않겠어? 그래 명함을 받아 보니 바로 고등
계 형사야. 이름이 강대욱. 처음엔 그 이름이 누구인지 기억이
잘 나지 않았는데 알고 보니 그게 바로 애리사의 남편, 전에 회령
에서 헌병대 보조를 했고 애리사를 빼앗아간 바로 그 자식. 그런
데 그놈이 서울에 올라와 고등계 형사로 있었고 또 나를 무척
찾았다는 거야. 말하자면 지금까지 만든 내 작품이 불온했거니와
현재 만들고 있는 〈두만강을 건너서〉도 검열을 해줄 수 없으니
어떻든 서로 나와달라는 거야.

이야기가 계속되는 동안 무대 한구석에 강대욱이 나와 책상 앞에 앉아
있다. 경찰서 취조실의 일부이다. 2층 영화사가 어두워짐과 동시에 전
화를 받고 있는 강대욱의 모습이 밝아진다.

대욱 (수화기를 들고) 네 알겠습니다. 그렇잖아도 그자를 출두하라고 얘
길 했습니다만…… 네…… 네…… 신원조사는 이미 다 해놨으
니까요. 네…… 각본도 지금 검토 중에 있습니다. 네…… 네
…… 취조가 끝나는 대로 보고올리겠습니다. 네…… 네…… (하

며 수화기를 놓는다. 이때 노크 소리 들린다)

대욱   네…… 들어와요. (하며 담배를 피운다. 이 사이에 나운규가 들어온
다. 허식적인 친절을 보이며) 어서오십시오. 기다리고 있었습니다.

운규   약속시간보다 늦어서 죄송합니다.

대욱   하하…… (비꼬며) 원래 예술가들은 시간관념 따위는 염두에 두
지 않는다면서요. 헛허…… 자 앉으시지.

운규   네. (하며 의자에 앉는다)

대욱   피차에 바쁨 몸이니까 본론부터 말하지. (하며 담배를 부벼 끄고는
서랍에서 각본을 꺼낸다)

이게 바로 당신의 작품이오?

운규   (약간 어리둥절해서) 네? 네 그렇습니다.

대욱   (입가에 이지러진 미소를 띠우며) 잘 읽었습니다. 재미나더군요.
〈두만강을 건너서〉라…… 좋은 제목이군요.

운규   부끄럽습니다.

대욱   사실은 상부에서 (책장을 파르르 날려 보내며) 이 각본에 대해서
수사를 하라고 명령을 받았지요.

운규   아니 수사라뇨?

대욱   (친절을 가장한 친절의 공갈로) 도대체 두만강을 건너서 어쩌자는
거요?

운규   네?

대욱   못 알아듣겠단 말이오?

운규   〈두만강을 건너서〉라는 제목이 잘못되었습니까?

대욱   (강압적으로) 그럼 잘된 제목이라고 생각하시오?

운규   그, 그야 영화가 완성된 다음에 개봉되면 관객들이 판단해줄 문
제지 지금은 뭐라고 말씀드리기가……

대욱   그러니까 아까부터 내가 묻는 게 아니오? 두만강을 건너서 어떻

게 하겠다는 거냐 말이오.

운규 어떻게 하긴요. 그건 제목이지 뭐 어떻게 하긴요.

대욱 (책상을 탕 치며) 듣기 싫어!

운규 네?

대욱 그래 이제 와서 내게 예술을 강의하자는 거야? 내가 형사로 있으
       니까 아주 무식쟁이 취급을 하는군.

운규 그게 아닙니다. 다만 저는……

대욱 (자리에서 일어서 거만하게 자리를 옮기며) 나도 예술의 개념쯤은 알
       아요. 적어도 각본의 제목이란 그 작품세계를 한마디로 나타내는
       문패라고도 할 수 있겠고 작가가 말하고자 하는 목적의식의 발로
       라고도 볼 수 있겠는데…… 안 그래?

운규 그렇습니다.

대욱 그렇다면 이 〈두만강을 건너서〉란 말이 가지는 뜻이나 상징하는
       그 무엇이 있지 않겠느냐 말이야. (육박 태도로 오며) 그래도 못
       알아듣겠어?

운규 그야 있지요.

대욱 그걸 알고 싶어서 묻는 거니까 대답만 하면 돼요. (하며 자리에
       앉아서 청취서를 꺼낸다) 말해봐.

운규 간단히 말해서 이 작품은……

대욱 두만강을 건너서 북간도나 시베리아로 가고 싶단 말이지?

운규 말하자면 영원한 방랑을 뜻하죠. 인간이 갈망하는 것이 무엇인가
       를 찾기 위해서……

대욱 그런데 왜 하필이면 두만강을 건너가지? 응? 현해탄도 있고 한강
       도 있을 텐데 왜 하필이면 두만강을 건너가야 하느냐 말이
       야……

운규 꼭 두만강이라야만 된다는 필연적인 의미는 없지요. 다만…… 제

가 자라난 고장이 회령이고 해서……

대욱 무의식적인 표현이라고는 못할 걸. 작가가 제목을 짓는데 무의식이라는 말은 있을 수 없으니까. 안 그래?

운규 그럼 선생님께선 이 작품의 제목을 고치란 말씀인가요?

대욱 고쳐서 되는 일 같으면 이렇게 부르지는 않지.

운규 네? 아니 그럼……

대욱 냉정하게 이 작품을 제작 중지해요.

운규 뭐라고요?

대욱 검열을 낼 수 없으니까 즉각 중지하란 말이요.

운규 (끓어오르는 분노를 꾹 참으며) 좋습니다. (사이) 그 대신 그 이유가 납득이 가도록 설명해 주시오.

대욱 설명해야만 알 수 있단 말이지?

운규 네…… 나는 이 작품 가운데 구한국말 한국군의 늙은 나팔수의 일생을 그렸을 뿐이지……

대욱 (발작적으로) 핫핫…… 헛헛……

운규 (감전된 사람처럼 멍하니 바라본다)

대욱 나를 무식쟁이 취급하는군. 그럼 여기 이렇게 (책을 펴보이며) 빨간 연필로 체크한 대목을 죄다 설명할 자신이 있소? 아니 그뿐만 아니라 (서랍에서 몇 권의 각본을 꺼내며) 이건 다 당신의 위대한 작품들이지. 〈아리랑〉, 〈풍운아〉, 〈들쥐〉, 〈잘있거라〉…… 이 작품들에 대해서 내가 질문하면 다 대답하겠느냐 말이야.

운규 잘못된 점이 있단 말입니까?

대욱 경찰이 모두 무식하거나 눈뜬 장님들만 모였다고 생각하면 곤란해. 지금까지 발표된 작품도 그렇거니와 이 〈두만강을 건너서〉도 불온하단 말이야. (하며 탕 하고 책상을 친다)

운규 네?

대욱	암암리에 일본 정부를 비방하고 반항하고 민족의식을 고취시키기 위하여 부채질하는 항일사상이 농후한 작품이니 이건 검열을 낼 수 없어. 알겠지?
운규	(뚫어지게 바라본다)
대욱	뭘 보는 거야?
운규	담담하게 일본 사람들의 지식수준을 보고 있습니다.
대욱	뭣이 어째?
운규	일본 경찰관 가운데도 선생 같은 예리한 비판안을 가진 분이 계셨던가 하고 새삼 놀라울 뿐입니다.
대욱	아니 이 자식이 누굴 놀리는 거야?
운규	강 선생!
대욱	뭐? 강 선생? 나마 이끼나 꼬도 유우나! (건방진 소리 말아!)
운규	일본 사람이니 망정이지 선생이 조선 사람이었다면 나도 할 얘기가 더 많았을 겁니다.
대욱	닥쳐! (하며 빰을 마구 친다. 그러나 운규는 끄덕도 않는다) 누가 네 놈보고 그따위 소리 하랬어? 나는 오래전부터 네 놈의 작품 경향이며 과거가 뭣인가를 알고 있단 말이야! 이것 보란 말이야! (신원조사서를 들춰 보이며) 여기엔 네 놈의 과거가 샅샅이 기록되어 있단 말이야.
운규	피차일반이죠.
대욱	뭐라고?
운규	내 가슴 속에도 선생의 내력은 역력히 적혀 있습니다. 나는 이렇게 눈에 보이는 조서가 없지만 그 무엇으로도 지워낼 수 없는 기록이 새겨있지요. 아니 부젓가락으로 후벼낸 내 가슴팍에다…… (말을 잇지 못하고 주먹으로 가슴을 친다)
대욱	아니 이 자식이 미쳤나!

172

운규	미쳤으면 차라리 편하겠죠. 당신은 내게서 한 가지만 빼앗아가는 게 모자라서 이번엔 내 생명까지 빼앗아가려는 겁니까?
대욱	내가 언제 네 놈한테서 뭣을 빼앗아갔단 말이냐!
운규	(간신히 흥분을 가라앉히고) 그만둡시다. 어느 세상이 되어도 패자는 비참하게 마련이니까요.
대욱	하하…… 예술가의 말씀이라 그럴듯하군. 어떻든 이 작품을 중단하는 거지?
운규	그렇게는 못하겠소.
대욱	뭐라구?
운규	나는 지금 그 작품을 위해서 온갖 것을 희생하며까지 버둥거리고 있는데…… 만약에 여기서 중단한다면 내 자신의 멸망은 고사하고라도 우리 전 스태프의……
대욱	이제 와서 그게 무슨 소용이 있어? 이 새끼 콩밥을 먹고 싶은 모양이군?
운규	제가 못 만들어도 그 누군가는 만들고야 말 거예요. 조선 사람이면 누구나 한 번은…… 강 선생…… 제발 당신만 양해를 해주시면 만사가……
대욱	안 돼!
운규	(애걸하듯) 이건 내 생명이나 다름없습니다. 아니 내 생명보다 더한 것을 위해서……
대욱	고집을 부리기야? 좋아! 아직은 열이 올라서 그렇겠지만 감방 안에서 수업을 하게 되면 사정이 달라지겠지! (크게) 김 순사! 김 순사!
김순사	(소리만) 네!
대욱	빨리 와!
김순사	(도어를 열고 들어서며) 부르셨습니까?

173 풍운아 나운규

대욱   이자를 구치시켜!

운규   뭐요?

대욱   냉정히 생각해봐. 어떤 길이 자신을 위한 길인가……

무대는 다시 사무실로 옮겨진다. 나운규의 얘기에 모든 사람들이 도취된 듯 듣고 있다.

운규   그 강대욱이 민족적인 양심을 가지고 있다고는 보고 싶지 않지만 어떻든 이번 일에 대해서는 고맙게 대해준 것만은 사실이지. 제목을 고치고 그대로 촬영해도 좋다니까.

향선   그래 제목은 뭐라 하시기로 했어요?

운규   유치장 안에서 생각해봤지만 〈사랑을 찾아서〉라고 했어. 〈사랑을 찾아서〉…… 어때?

조감독 〈사랑을 찾아서〉? 괜찮은데요. 도리어 그게 손님이 많이 들겠습니다.

운규   하하…… 이것이 바로 전화위복이라는 건가? 하하……

향선   여보! 그럼 이 돈은 어떻게 하겠어요?

운규   어떻게 하긴? 이제부터 촬영을 강행해야지. (일어서며) 자, 어서들 서둘러!

조감독 네. (하며 어수선하게 나간다. 운규가 마지막으로 나가려다 말고 쓸쓸해 보이는 향선을 본다)

운규   여보, 왜 그러고 있어?

향선   이상한 느낌이에요.

운규   왜? 내게 돈을 대는 게 도박판에서 도박 밑천 대는 것 같아서?

향선   글쎄요.

운규   (서서히 향선의 곁으로 가서) 이번 작품만 끝나면 어디 조용한 곳으로 가서 살고 싶군!

향선　그럼 밥은 어떻게 먹고.

운규　향선이가 먹여줄테니 무슨 걱정이겠어? 하하……

향선　호호…… 이 깍쟁이! 죽여버릴 테야.

운규　(껴안고) 향선이!

향선　오늘은 일찍 돌아오세요.

운규　응.

향선　꼭 오시죠?

운규　걱정말어. (하며 가벼운 키스)

두 사람에게 비치던 조명은 처음 이 장면이 시작되던 때로 O·L되며
나운규가 눈을 감고 비스듬히 앉아 있는 데서 전체 다시 밝아진다.

도어가 열리며 허일주가 들어온다.

일주　낙원동에 있나 하고 들렸더니 없더군. 그래서 일루 왔지.

운규　무슨 반가운 소식이라도 있나?

일주　내가 소식을 들으러 왔지! 담배 있나?

운규　이게 마지막이야. (한 모금 피우고 나서) 자! (하며 내민다)

일주　(한 모금 피우고 나서) 인생무상이구나.

운규　무슨 소리야!

일주　천하의 나운규가 이제는 담뱃값도 없어서 이 모양이 되었으니
말이야.

운규　(쓴웃음) 가난과 게으름은 내 천성이지.

일주　그리고 여자하구. 하하……

운규　글쎄…… (한숨)

일주	향선이하고도 손 끊었다면서?

일주 향선이하고도 손 끊었다면서?

운규 내가 채였지.

일주 들리는 말은 그렇지도 않데. 자네가 또 다른 여자를 좋아하는 것 같으니까 스스로 물러났다는데……

운규 그러나 향선이만은 변치 않을 줄 알았는데……

일주 세상 여자치고 변치 않는 게 어디 있어? 그 용모가 달라지듯 여자는 변하게 마련이래두. 더구나 화류계 여자란 꿀 보고 덤비는 벌떼나 다름없어. 빨아먹을 꿀이 떨어지면 날아가는 거지 별 수 있어? 한동안 나운규의 이름이 천지를 뒤흔들고 돈이 쏟아지니까 금이야 옥이야 다치면 깨질새라 불면 날을새라 했겠지만 지금 사무실 집세도 밀린 빈 사무실에 혼자 남은 자네를 그 누가 돌보겠나?

운규 그만 지껄여. 자네 그러고 보니까 한 잔 했군?

일주 응. 했지.

운규 담배도 못 사 피우는 주제에 술이야?

일주 이게 소위 교제술이지.

운규 지금 세상에 자네같이 안 팔리는 배우에게 술을 사는 병신도 있다던가?

일주 이게 다 알고 보면 자네 덕일세.

운규 내 덕?

일주 실은 급히 자네에게 의논할 일이 있어서 왔지.

운규 누가 영화 제작에 돈을 대겠다고나 하던가?

일주 뭐? 돈?

운규 (차츰 눈빛이 달라지며) 지금도 돈만 있으면 멋진 활동사진을 하나 만들 수 있어. 각본도 다 되었는데 자본처가 나타나야지. 이번만은 돈도 벌 수 있고 수준도 높은……

일주 하하…… (간신히 웃음을 멈추고) 자네는 아직도 정신을 못 차렸
군.

운규 뭐라구?

일주 활동사진을 만들다가 그만큼 데었으면 진절머리라도 났을 텐데
아직도 미련인가?

운규 (자리에서 벌떡 일어나며) 미련 이상이 있지. 나는 기어코 세상을
깜짝 놀라게 하는 작품을 만들고 말테니 두고 보게.

일주 그렇지만 지금 형편으로서야 누가 투자를 하겠느냐 말이야.

운규 조선의 자본가란 무식해서 이런 사정을 모르거든! 돈! 돈만 있으
면 되겠는데.

일주 운규!

운규 뭔가?

일주 매사에는 때가 있는 법일세.

운규 그래서?

일주 솔직히 말해서 자네는 지금 지쳐있어. 예술에도 생활에도……

운규 사실이야…… 나는 피곤해. 요즘에 와선 자다가 깨보면 요가 후
출허니 땀으로 젖어 있어.

일주 그러니 일단 활동사진에서 손을 떼는 거야.

운규 손을 떼라니? 아니 나더러 물러가란 말인가?

일주 임시로……

운규 그건 못해! 나는 활동사진을 떠나서는 살 수 없는 사람이야. 물을
떠나서 물고기가 살 수 없는 경우나 다를 바가 없어.

일주 자네가 아무리 목이 타게 외쳐봐! 어느 놈 하나 호응을 안 하는데
어떻게 하겠단 말이야? 혼자서 되는 일은 아니지 않어? 첫째 사
람! 둘째 돈! 셋째 시간! 넷째……

운규 (신경질을 내며) 그러니 도대체 나더러 어떻게 하란 말인가?

일주   (바싹 다가앉으며) 무대로 뛰어오르게.

운규   무대? 아니 그럼……

일주   연극을 하잔 말이야.

운규   말하자면 연극배우가 되란 말인가?

일주   그렇지! 자네가 무대에 나서면 지금까지 스크린을 통해서만 봐온 자네 얼굴을 실연으로 보고 싶어하는 게 관객의 심리니까 연극을 하잔 말이야.

운규   음, 그것도 일리는 있지만……

일주   일리 정도가 아니. 요즘 극단 운영은 비교적 나은 편이지. 우선 활동사진처럼 제작비가 많이 들지 않고 지방공연을 할 수 있으니까 말이야.

운규   연극이라……

일주   생각만 있다면 자네를 받아들이겠다는 극단은 있으니까.

운규   아니 누군데?

일주   박상권 씨가 주제하는 극단 신무대 말일세.

운규   신무대?

일주   응. 실은 오늘도 그 단장 박상권 씨를 만나고 오는 길일세.

운규   음, 신무대는 현재 극단 가운데서는 그래도 확고한 단체니까.

일주   그리고 그 극단에는 박 단장의 딸인 박혜란이의 인기가 괜찮거든. 나이 열아홉인데 미모에다 연기가 좋아서 지방에서는 대인기란 말이야.

운규   음……

일주   어때, 해 보겠나? 현재의 자네로서는 이 난국을 돌파해 나갈 활로가 필요해. 이렇게 날마다 할 일 없이 탄식만 쉬다간 병신되기 꼭 알맞지. 그러니 대담하게 방향을 바꾸는 거야.

운규   나도 싫지는 않아. 다만……

일주 다만 뭔가?

운규 남의 눈에 패배자라는 인상을 주고 싶지 않단 말이야.

일주 아니 그게 왜 패배란 말인가? 활동사진 배우가 연극배우가 된 데서 뭐가……

운규 그게 아니야. 어찌 되었건 내가 애당초의 뜻을 이루지 못하고 생활을 위해서 극단에 가입했다면 오히려 나는 가슴에서 끓어오르는 불길을 터뜨리고 싶은 발화구가 없어서 발버둥을 치고 있는데.

일주 그걸 무대에서 하면 안 될 게 뭔가? 자네가 와주기만 하면 순회공연을 하면서 연쇄극 중의 영화도 만들고 따로 자네 작품을 촬영도 하겠다네.

운규 그래서 말하자면 박상권 씨로부터 교섭을 받고 대신 나를 찾아왔단 말인가?

일주 잘 아는군! 허허……

운규 (사이) 좋아!

일주 하겠나?

운규 응.

일주 고맙네.

운규 아니 자네가 고마워 할 게 뭔가?

일주 실은 내게도 이해관계가 있지.

운규 이해관계?

일주 응! 자네를 설득시킨다면 나도 함께 채용해준다는 약속이지.

운규 하하하…… 그럼 나는 자네를 위해서도 신무대에 입단하겠네.

일주 고맙네. 자 어서 가세.

운규 어디로?

일주 박 단장이 기다리고 있어. 자네가 입단한다면 오늘밤에 크게 한

풍운아 나운규

턱 쓰겠다고 했으니까. 하하······

운규   그렇게 하지.

운규가 도어로 나가려는데 정옥이가 애기를 업고 들어온다. 초라한 모습에 손에는 조그마한 가방을 들었다.

운규   아니······

정옥   ······

운규   어떻게 된 일이오? 미리 기별도 없이.

정옥   네. 편지를 냈는데 딱지가 붙어서 되돌아왔어요.

운규   (난처해지며) 왜 왔소?

정옥   네······ 저······

운규   (불쾌하게) 할 얘기가 있으면 편지로도 충분할 텐데 왜 여기까지 찾아왔느냐 말이요.

정옥   직접 만나 뵙고 말씀드려야만 될 것 같아서요.

운규   무슨 일인데. 어서 말해. 난 지금 바쁘단 말이야.

일주   (낮게) 부인이시군.

운규   응.

일주   그럼 나 먼저 갈 테니까 애기 끝나는 대로 오게.

운규   어디에 있겠나?

일주   낙원동 그 카페에 가 있을 테니까.

운규   알았어.

일주   곧 오게. (하며 밖으로 퇴장. 두 사람만이 남자 새삼스럽게 슬픔이 복받쳐온 정옥이는 다소곳이 돌아서서 눈물을 씻는다)

운규   (양심의 가책을 느끼면서도 그걸 감추며) 그래 무슨 얘기요?

정옥   흑······ 흑흑······

운규　아니 울기만 하면 어떻게 해?

정옥　당신은 그렇게 얼음장처럼 저를 차게 대하는 것도 좋지만…… 애기들 잘 자라느냐는 말 한마디도 없으셔요? 흑흑……

운규　그걸 따지러 온 거야?

정옥　(간신히 울음을 멈추고) 어제 새벽에 내려서 당신이 계실 만한 곳은 다 찾아 헤맸어요. 그러나……

운규　그래 무슨 얘기요? 난 바빠요.

정옥　(사이) 집으로 돌아가주세요.

운규　뭐라고?

정옥　고향으로 같이 내려가요.

운규　미친 소리 말어. 내가 지금 고향이고 집이고 생각하게 되었어?

정옥　여보 그럼 나 혼자 어떻게 하란 말이에요? 당신은 활동사진이다 예술이다 하고 집안일은 도무지 무관심하게 지내시지만 나 혼자서 어머님하고 애들을 어떻게 하라고…… 어머니께서 요즘은 기력이 아주 쇠약해져서 그날그날이 겁이 나요?

운규　아이들?

정옥　(다시 슬퍼지며) 지금까지는 그런 일이 없었는데 아이들이 아버지를 찾아요. 이제는 학교에 다니는 나이가 되고 보면……

운규　(양심의 가책을 받은 듯 눈을 사르르 감는다)

정옥　그리고 소문 들었어요. 당신이 하시는 일이 잘 안 되고 무진 고생을 하시고 계시다는 말…… 그러니 아무 말씀 말고 고향으로 돌아갑시다. 서울보다는 그래도 고향은 당신을 따뜻하게 감싸줄 거예요. 네? 세상 사람들이 다 당신을 싫어한다 해도 고향땅은 당신을……

운규　(조용히) 여보 미안해. 나를 용서해줘. 내가 지금까지 당신을 고생시킨 일을 생각하면 난 큰 죄인이란 생각밖에 안 들어.

정옥   (감격해서) 흑흑. (소리내어 운다)

운규   그렇지만 난 내가 가야 할 길에서 되돌아갈 순 없어. 내가 고향으로 돌아가는 날은 내 발길에 장미꽃으로 길을 메꾸고 하늘에 나를 위한 비둘기가 구름을 이루는 날이요. 알았소?

정옥   아이들은 아버지를 기다리는 거지 당신의 꿈이나 예술을 기다리는 건 아니에요.

운규   (신경질을 버럭 내며) 듣기 싫어. (이 소리에 등에 업힌 아기가 운다) (곧 냉정해지면서) 여보 미안해. 그러나 나는 돌아갈 순 없어. 비록 지금은 실패했고 패배했지만 나는 기어코 일어서고 말 테야. 내가 일어서고 내 예술이 자리를 잡을 때 나는 고향으로 돌아가겠소. 그러니 그때까지 가정을 당신이 지켜주오. (하며 뛰어 나간다)

정옥   (미칠 듯이) 여보, 가지 말아요. (하고 소리치다가 자기 소리에 자기가 놀란 듯 멍하니 앉아 있다. 그리고는 차츰 슬픔을 느낀 듯) 가버렸군. 지난날 나를 두고 서울로 떠나듯 오늘은 나를 서울 한복판에 두고 또 가버렸어. 난 어떻게 하란 말이에요? (하며 흐느껴 운다. 어느덧 노을빛은 무거운 잿빛으로 변하고 방 안은 산골짜기처럼 어둡기만 하다. 우는 애기를 달래며) 아가야…… 가자…… 가서 또 기다려 보자.

라이트 서서히 꺼지며 막이 서서히 내린다.

종막

무대

서막과 같은 장소. 운규가 자리에 누워 있고 의사가 주사를 놓고 있다. 그 옆에 혜란, 철민, 박상권이 침울한 표정으로 지켜보고 있다.

혜란 의사 선생님 가망 있을까요?

의사 (주사기를 빼고 반창고를 붙이며) 더 두고 봐야 알겠지만서도 너무 오래 되었어요.

철민 입원시키면 어떨까요?

의사 의사로서 할 일은 여기서나 병원이나 매한가지니까요. 입원시켜 봐야 경비만 들었지……

혜란 그러니까 말하자면 하늘에 맡기는 수밖에 없단 말인가요?

의사 네. 너무 지쳤어요. 그리고 병세가 이미 기울어졌어요. (다시 무거운 침묵이 흐른다) 그럼 난 이만…… (하고 자리에서 일어날 때 운규가 의식을 되찾은 양 뭐라고 알아들을 수 없는 말을 중얼거린다)

철민 운규. 정신차리게. 나야.

운규 (손을 허우적거리며) 내 병은 내가 압니다. 일을 하면 나아집니다.

철민 그래. (하며 손목을 쥔다) 이 사람아. 용기를 내게. 자네답지 않게 이게 뭔가? (하며 위로할 양으로 웃어보인다)

운규 (쓸쓸히 웃어보이며) 내가 못났지?

상권 운규 군.

운규 박 선생님.

상권 걱정 말게. 내가 벌써 알았던들 그렇게 내버려두지는 않았을 텐데 왜 알리지 않았나?

운규	죄송합니다. 박 선생님 뵈올 낯이 없어서. 혜란이만 고생시키고 ……
상권	걱정 말게. 혜란이가 내 딸이면 자네는 내 사위가 아닌가.
운규	아닙니다. 난 죄인이에요…… 죄인……
철민	쓸 데 없는 소리 말게. 지금은 자네의 존재를 몰라줘도 언젠가는 자네 이름이 별처럼 빛날 때가 올 걸세.
상권	그렇지. 그러니 딴 생각 말고 하루 빨리 나을 생각을 하게.
운규	박 선생님의 귀한 딸을…… 저 때문에 고생했어요.
상권	걱정 말래도. 처음엔 나도 자네를 원망하고 미워했지만 지금은 도리어…… (이때 밖에서 들어오는 혜란이가 선 채로 울고 있다)
운규	선생님. 혜란이는 꾸짖지 마세요. 모두 제가 잘못했으니까요…… 혜란이를…… 나쁜 길로 끌어들인 건…… 바로…… 저니까요 …… 그러니 나는 지금 이렇게 벌을 받고서……
혜란	흑…… 흑…… (하며 쓰러져 운다)
철민	운규. 쓸 데 없는 생각 말게. 어서 병이 나으면 이번엔 멋진 작품을 만들어야지.
운규	아…… 만들어야지…… 내게 좋은 각본이 있지. 〈아리랑〉, 그것 따위는 문제가 아니야. 이번만은 자신이 있어. (점점 어떤 광기가 나타난다)
철민	그렇지. 그러니 용기를 내게.
운규	나 좀 일으켜줘.
철민	안 돼. 그대로 누워 있어.
운규	아니야. 오랜만에 자네를 보니 얘길 하고 싶어…… 어서……
혜란	여보…… 움직이면 안 된대요. 의사 선생님이……
운규	나는 내 병을 잘 알아. 괜찮아. (하며 혼자서 우겨서 일어나려고 안간힘을 쓰자 혜란이가 부축을 한다)

상권　윤규…… 자네는 지금……

윤규　박 선생님. 제가 지금 빚은 다 갚겠어요. 이번 작품만 되면……

혜란　여보, 제발 얘길 하지 말아요.

윤규　괜찮아…… 철민이, 내가 그동안 구상한 작품…… (기침을 한다)

철민　윤규…… (하며 등을 밀어준다)

윤규　(간신히 기침을 참고) 들어볼 텐가? 제목은 아직…… 정하지 못했지만…… 라스트 신을 이렇게 가져갈까 해…… (마치 어떤 환영을 좇는 몽유병 환자처럼) 폭풍이 휘몰아치는 벌판이야…… 그래 눈보라가…… 한치 앞도 분간 못할 만큼 사정없이 휘몰아치는 벌판이야…… 사랑하는 남자가 여자를 이끌고 터벅거리는…… 여자는 이대로 죽게 버려달라지만 남자는 한사코…… 한사코…… 끌고 가는데…… 지평선 저쪽에 희멀건 불이 보이는 거야…… 말하자면 민가가 있어…… (대사를 외우듯) 여보, 혜란 씨. 집이야, 집. 이제 우리는 살았어…… 저 집에 가면 더운 물과 김이 무럭무럭 오르는 방이 있을 거야…… 그렇게 되면…… 아…… (갑자기 굳어지며) 혜란이, 혜란이 정신 차려. 여기서 쓰러지면 안 돼. 이제 우리가 삶을 찾게 되었는데, 혜란이 정신 차려. (시체를 만지다 놀라는 사람마냥) 죽었다, 죽어. 혜란이가…… (발작적으로) 아…… 사람 살려, 사람 살려…… (하며 자리에서 벌떡 일어나려 하자 모두들 말린다)

혜란　여보 왜 이러세요?

철민　윤규 정신 차려.

윤규　혜란이를 여기서 죽일 수는 없어. 사람 살려요.

상권　(말 한마디 없이 윤규의 모습을 내려다보고만 있다. 어느덧 그의 뺨에 눈물이 흘러내린다)

윤규　(기진맥진하여 혜란의 품에 안기며) 아…… 안 돼…… 혜란이……

정신을 차려. 우리가 저 불빛을 찾아 헤매이느라고 얼마나 고생했는데…… (울부짖으며) 죽지 말어. 나도 같이 죽어. 혜란이…… (하며 차츰 의식이 멀어진다)

혜란 여보, 여보. (하고 흔든다)

철민 운규, 운규 정신 차려.

운규 (마지막 힘을 다하여 간신히 눈을 뜨며) 아…… 피곤해…… 먼 길을 몇 날 며칠을…… 먹지도 마시지도 못하고…… 걸었더니…… 아…… 졸려…… 여보 나…… 잠 좀 자야겠어…… 오랜만에 …… 꿈도 안 꾸고 잠을……

혜란 (그것이 운명의 직전임을 알아차리고 눈물을 깨물며) 네…… 편히 쉬세요…… 이제는 빛 걱정도 작품 걱정도 안 하셔도 돼요.

운규 (의사를 발견하고) 아 선생님도 계셨군요. 그동안 나 때문에 고생이 많으셨어요. 주사도 안 맞으려 하고 약도 안 먹구요. 내 병은 내가 아니까 그렇지요. 난 일만 하면 병이 나아요. 자 우리 장기 한 번 둘까요? 요전엔 내가 졌지만 오늘은 내가 이겨요. 참 모두 나가서 좀 쉬세요. 나 선생님하고 장기를 둘 테니. (모두 움직이지 않는다. 운규는 버럭 소리를 지른다) 나 선생님하고 장기를 두겠어요. 다 나가 있으래두. (철민이 박상권에게 눈짓을 한다. 상권과 철민이 혜란을 데리고 나가려 한다. 혜란은 문 옆에 숨어 선다) 장기 이리 좀 가지고 와줘.

혜란 네. (장기를 갖다 준다)

운규 그리고 혜란이도 나가 있어.

혜란 왜 나가라고 하세요? (의사가 눈짓으로 혜란을 나가라 한다. 혜란 나가는 척하고 문 옆에 숨는다)

운규 자 두십시다. 오늘은 내가 이길 테니 두고 보십시오. (두 사람 장기를 주섬주섬 놓는다. 혜란이 문 옆에서 뚫어지게 운규를 감시하고 있다.

이때 이웃집 라디오에서 트로이 메라이 바이올린이 들려온다)

자 먼저 듭니다.

의사　〈오몽녀〉를 감독한 것이 무리였어.

운규　아닙니다.

의사　그런데 왜 지금 다 내보내셨소?

운규　아, 네 조금만 있어 보십시오. 아실 테니. 아…… 음악 아름답기
도 하다.

나운규는 눈을 지그시 감고 들려오는 트로이 메라이에 맞추어 콘닥터
를 하며 운규의 머릿속에서는 지나간 일들이 주마등같이 지나간다.
이것이 환상과 같이 조명과 음악과 더불어 운규의 동작으로 표현되다
가 드디어 조용히 눈을 감고 옆으로 쓰러진다.

—막

열대어 (4막)

- **등장인물**

  양병섭(61), 양 내과 원장

  이마리아(53), 양병섭의 아내. 독실한 크리스천, 사교적이고 활동적
  이나 이기주의자이다

  진우(31), 그들의 맏아들. 미국에서 박사학위를 따가지고 돌아온 소
  장 少壯 의학박사

  진희(28), 진우의 누이

  진규(23), 진우의 동생. 철학을 전공하는 대학생

  그로리아(27), 진우의 아내, 흑인 혼혈녀. 미국에서 사귀어 부부가
  됨. 동양적인 성격과 관습을 지녔음

  진주(19), 진우의 누이. 여고 2년생

  박덕성(31), 진희의 남편. 무역회사의 과장. 진우와 고등학교 동기생

  은순네(45), 식모, 10여 년을 양씨 집에서 식모로 지내와서 지금은
  한 가족 같은 존재

  최덕호(29), 병원 조수

  이정경(22), 간호원

  목사

  교우들 A, B, C

- **때**

  현대 봄부터 가을

- **곳**

  서울 주택가

제1막

무대

한적한 주택가에 있는 양 내과 의원의 일부.

마루를 사이에 두고 두 칸 반 넓이의 온돌방과 그보다는 훨씬 넓어 보이는 양실이 무대의 대부분을 차지하고 있다.

양실은 원래가 썬 룸으로 쓰였던 걸 방으로 개조하였으며 삼면이 유리창으로 칸을 막아서인지 밝고 환한 햇볕이 방 안에 가득 찼다.

유리창엔 화사한 커튼이 드리워져 있으며 연극이 진행되는 동안 필요에 따라 칸막이 구실을 하게끔 되어 있다.

유리문을 열고 무대 좌편으로 나서면 테라스가 있고 두어 개의 플라스틱 의자가 놓여 있다.

테라스 위엔 포도넝쿨이 보기 좋게 그늘을 이루어 안식처를 만들어주며 그 아래 화분이 놓여 있다.

마루 정면 안쪽에 병원으로 통하는 도어가 있고 우편은 현관 밑 주방으로 통하며 왼편에는 2층으로 통하는 층계가 있다.

온돌방은 조도품이며 꾸밈새가 재래식인데 반하여 양실은 현대적인 감각과 멋이 흐르는 꾸밈이어서 좋은 대조를 이루고 있다.

때는 3월 하순, 낮 한때.

들가에 개나리가 노랗게 피었다.

막이 오르면 온돌방에 이마리아 여사를 중심으로 몇몇 교인들이 예배를 보고 있다.

목사가 눈을 감고 경건한 표정으로 기도를 하다가 숨을 돌릴 때마다 다른 교우들은 약속이나 한 듯 긴 한숨과 함께 '아멘'을 외운다.

양실 정면엔 커튼이 드리워져 있어 방 안을 들여다볼 수가 없다.
테라스엔 진규가 비스듬히 앉아서 책을 읽고 있다. 이따금 허공을 쳐
다보곤 한다.

목사　(기도를 하며) 이 집 식구들 항시 보살펴주시고 이끌어주시고 빛
　　　을 내려주시는 하나님 아버지! 오늘 이억만리 미국 땅으로부터
　　　하나님의 아들 양진우 군으로 하여금 한 몸에 건강과 영광을 지
　　　니게 하여 돌아오게 해주신 은혜에 깊이 감사하고 감사하옵나
　　　이다.

일동　아멘……

목사　그리고 하나님의 따님 이마리아의 믿음이 하루 빨리 그 가족과
　　　이웃에도 번지고 감화되어 이 댁 안에 온통 하나님 아버지의 은
　　　총이 충만되기를 간절히 간절히 바라옵나이다.

일동　아멘……

목사　끝으로 오늘 이 시간 고국 땅을 밟게 되는 이 댁의 아들이자 주님
　　　의 아들이신 양진우 군이 또한 하루 속히 주님의 품에 안기기를
　　　간절히 바라옵고 예수 그리스도의 이름으로 기도드리나이다. 아
　　　멘……

일동　아멘……

잠시 동안 저마다 입안의 소리로 중얼거리더니 이윽고 조심스럽게
자세를 고쳐 앉는다.
눈을 뜨고 저마다 무릎 위에 펼쳐 있는 성경책을 덮는다.
그리고 사무적으로 이 집 주인인 이마리아에게 미소를 던진다.

목사　(벽시계를 쳐다보며 이 여사에게) 이 집사님. 비행기가 몇 시 도착

이랬죠?

이마리아 열두시 반이라니까…… 지금쯤 도착했을지도 모르겠어요, 목사
님.

목사 그런데 왜 이 집사님은 비행장에 안 나가셨죠? 아드님이 5년 만
에 돌아온다는데……

교우A (덩달아서) 글쎄 저도 한사코 비행장에 나가시라니까 목사님을
모시고 이렇게 가정예배나 보시겠다면서……

교우B 너무 반가우셔서 겁이 나시는 모양이죠? 홋호.

이마리아 (한숨을 돌리고) 사실 겁이 나요!

교우C 네? 아니 왜요?

교우A 아드님이 몰라보게 장성했을까봐요?

교우B 아니죠! 의학박사 아드님이 돌아온다니까 대견해서 그러시겠죠?
홋호…… 안 그래요?

이마리아 (금시 눈시울이 뜨거워지듯) 사실이에요! 우리 진우가 의학박사가
되어서 돌아오다니…… 그저 꿈만 같군요!

목사 그러고 보면 진우 군이 미국 유학 떠난 지가 엊그제 같은데……
벌써 5년이라…… 우린 늙었지요! (쓸쓸하게 웃는다)

이마리아 아이들이 자라나는 모습을 보면 그게 손에 잡힐 듯이 느껴지는
군요! (하며 손등을 문지른다)

교우A 에그 이 집사님두. 말이야 바른 말이지 이 집사님은 지금도 쉰둘
이라기엔 너무 젊고 고우셔요!

이마리아 어머나…… 늙은이를 마구 놀리네! 홋호……

교우B 정말이에요! 우리 교회에서 다복하신 교우를 내세운다면 이마리
아님 빼놓고는 누가 있겠어요? 안 그래요? (하며 다른 교우들의
동의를 구하듯 본다)

교우C (맞장구를 치며) 그럼요! 슬하에 2남 2녀를 두신데다 양 선생님은

의사이시겠다! 장남은 또 의학박사 학위를 따가지고 돌아오겠다…… 대통령 부럽지 않은 복이죠!

목사 (약간 미간을 흐리며) 그러나 한 가지 흠이 있다면 이 집사 이외의 식구들이 믿음을 안 가지고 있다는 점이라고나 할까요?

이마리아 그렇지만 우리 진우는 미국에서 교회에 나간다고 편지에 씌어 있어요!

교우 A 그러실테죠! 어머니의 정성으로 보나 돈독한 믿음으로 보나 자식은 어머니를 따르기 마련이죠! 홋호……

목사 (자리에서 일어서며) 이제 양 선생님을 비롯해서 모든 식구들이 교회에 나오시게만 된다면 만복을 누리시게 될 텐데…… (교우들에게) 참, 이러고 있을 게 아니라 우린 이제 그만 가보실까요?

교우 C 그렇게 합시다! 이 집사님도 반찬 준비에 바쁘실 텐데…… (하며 따라 일어선다)

이마리아 에그 걱정들 마세요! 우리 진희가 식모를 데리고선 반찬일랑 척척 다 차려내구서는 제 동생을 몰고 비행장에 갔는걸요. 그래 난 아침부터 우리 진우가 돌아오면 거처할 방 소제만 하구서……

교우 A 참 얘기 다 들었어요! 저 방을 헐구서 양식으로 그렇게 알뜰살뜰히 꾸며 놓으셨다지요?

하며 미닫이를 반쯤 열고 마루 건너 양실 쪽을 내다본다.

이마리아 (행복과 긍지를 이기지 못하는 양) 꾸며놓은댔자 미국 본고장의 꾸밈을 따르겠어요? 다만 그동안 진우가 서양식 생활에 젖었을 테니 그게 편리할 것 같아서 손질을 했죠! (은근히 자랑하듯) 구경을 하시겠어요?

하며 상대방의 의사표시를 듣지도 않고 마루로 나와 양실 도어를 열고 들어선다.

남은 사람들도 떼 지어 따라 나선다.

이마리아 여사는 무대정원으로 향한 커튼부터 제쳐놓는다.

방안의 호화로운 장식이 한눈에 든다.

교우 A　어쩜 이렇게 잘도 꾸며났어요!

교우 B　에그…… 일류 호텔 부럽지 않겠어요!

하며 그들은 저마다 감탄과 선망의 표정으로 둘러본다.

방 한 귀퉁이에 자리잡은 큼직한 어항 속에는 형형색색의 열대어가 한가로이 춤을 추듯 휘어다니고 있다.

교우 C　(어항을 들여다보며) 어머나! 웬 금붕어가 이리도 고와요!

교우 A　에그! 그게 어디 금붕언가요? 열대어지!

교우 C　열대어?

이마리아　네! 주인이 몇 해를 두고 소중히 길러온 거예요! 글쎄 집안사람들에겐 얼씬도 못하게 하고 당신 혼자서 방 안에서 기르시던 걸 한사코 이 방에다 갖다 놓자고 우기시지 뭐예요, 글쎄…… 홋호……

목사　그게 부모의 사랑이지 뭡니까? 하나님의 사랑처럼 부모의 사랑이란 아낌없이 그저 무조건으로 주는 거죠.

이마리아　정말이지 우린 이제 진우만 돌아오면 병원도 그애에게 맡기고 늙은이들은 가까운 시골에나 가서 편히 여생을 보내고 싶은 생각뿐인 걸요!

교우 A　그게 바로 복이지 뭐예요! 자녀를 교육시켜 줬겠다, 병원을 그대

193　　　　　　　　　　　　　　　　　　　　　　　　　열대어

로 물려 줬겠다, 이제 며느님이나 보시면 그 이상 뭘 바라겠어요.

교우 C 이 집사님 같은 복인은 없으실 거예요.

목사 그게 모두가 주님을 믿고 의지했다는 증거죠. (방안을 거닐며 설교하듯) 요즘 사람들은 건듯하면 하나님이 있다니 없다니 하지만 그 의심 자체가 믿음이 부족한 증거거든요! 신앙이란 보는 것이 아니라 믿는 거예요! 무조건 믿는 데서부터 시작해야 됩니다! 그러기에 이사야 44절에 (설교조로) "나 여호와는 처음이요 나는 마지막이니 나 외에 다른 신이 없느니라" 이렇게……

이 말이 채 끝나기도 전에 지금까지 책을 들여다보고 있던 진규가 책을 탁 덮고 그대로 허공을 향해 고함을 치듯 글귀를 외운다. 이 바람에 방 안 사람이 어리둥절하다.

진규 우리가 신을 죽인 것이다! 여러분과 내가 말이다! 우리는 모두 신의 살해범이다! 신은 죽었다! 세계가 여태까지 소유하고 있던 가장 신성한 것! 가장 강한 것! 우리의 단검에 피를 흘린 것이다!

하고는 길게 숨을 내뱉는다. 이마리아 여사가 황급히 마루로 나와 날카롭게, 그러나 방에 있는 손님들을 경계하는 눈치로 아들을 나무란다.

이마리아 진규야!

진규 (그대로의 자세로) 네?

이마리아 너 지금 그게 무슨 소리냐?

진규 (담담하게) 「니체」예요!

이마리아 니체?

진규 (독일어 발음을 강조해서) Fröhliche wissens chabt!

이마리아 아니 얘가 한낮부터 무슨 잠꼬대냐?

진규 (빙그레 웃으며) 철학자 니체가 쓴 「즐거운 지식」이라는 글의 한 구절인데 말이죠!

이마리아 진규야! 누가 너더러 그런 걸 가르쳐 달랬니? 손님이 와 계시다는 걸 몰라? 목사님이랑 오셨단 말이야!

진규 알고 있어요! 아까 찬송가를 부르던데 음도 잘 안 맞던데요! (하며 씩 웃는다)

이마리아 아니 저 애가?…… (하다 말고 방에서 나오는 손님들의 기척에 돌아선다) 아니 왜들 가시게요?

목사 가봐야죠!

이마리아 뭐하시면 좀 더 쉬었다가 우리 진우하고 같이 식사나 하시고 가세요. 목사님! (하며 매달리듯 한다)

목사 원 별 말씀을…… 5년 만에 돌아오는 아드님하고, 가족끼리 얘기도 많으실 텐데…… 이럴 때일수록 제삼자는 사양하는 게 예의지요! 헛허……

교우 A 그럼요! 자! 어서들 갑시다! (하며 몰아내듯이 현관 쪽으로 나가면서 인사를 나눈다)

이마리아 (따라가며) 에그! 미안해서 어떻게 해요? 내 며칠 후에 초대하겠어요! 그럼 멀리 안 나갑니다! (멀리 대고) 아줌마, 목사님 나가세요!

잠시 무대는 진규만 남는다.
그는 자리에서 일어나 마루 끝에 앉는다.
이마리아가 다시 등장한다.

이마리아 왜 비행장에 안 나갔니?

진규   안 나간 게 아니라 못 갔죠!

이마리아 못 가다니?

진규   택시엔 네 사람밖에 못 탄다는데 어떻게 해요. 그래서 제가 양보
      했죠!

이마리아 아니 그럼 누구 누구 갔니?

진규   누나하고 매형하고 진주, 그리고 그 올드미스 그렇게 넷이요!

이마리아 올드미스?

진규   여학교 영어 선생이라는 오영란이 말이에요!

이마리아 철학공부 한다는 대학생이 고작해서 그 말버릇이냐? 응?

진규   제가 잘못 소개했나요? 그럼……

이마리아 오영란이는 장차 네 형수될 규수란 말이다! 그런데도 넌……

진규   (경멸하듯) 형수? 웃기지 마세요!

이마리아 넌 그래도 그런 말버릇을 못 버려? 깡패같이 그게 뭐냐?

진규   그 올드미스가 형하고 결혼할지 안 할지는 두고 봐야지! 김칫국
      부터 마시니까 우습잖아요?

이마리아 그렇게 다 되어 있다!

진규   약혼했어요? (하며 시침을 뚝 떼고 쳐다본다)

이마리아 이제 네 형이 돌아오면 하는 거지! 어려울 게 뭐냐?

진규   매력 없어!

      하며 불쑥 일어선다. 그리고는 바지 포켓에서 담배를 꺼내려다가 어
      머니의 눈치를 보고는 돌아선다.

이마리아 뭐가 매력 없단 말이냐?

진규   그 올드미스 말이에요!

이마리아 또 올드미스라지!

진규 스물여덟이면 충분한 자격 소유자죠.

이마리아 네 형을 기다리느라고 그렇게 되었지! 딴 이유가 있어서가 아니다!

진규 열녀문을 세우겠군요?

이마리아 얌전한 규수야! 그리고 무엇보다도 독실한 교인이거든! 교회에서도 오영란이라면 모르는 사람이 없을 만큼 희생적으로 일을 보살펴주니까, 합창대다 주일학교다, 하는 일이 많단다!

진규 그렇지만 아무리 생각해도 형하고는 안 어울릴 것 같아요.

이마리아 네가 뭘 안다고 그러니?

진규 (재빨리 반격하듯) 철학을 공부하는 대학생이 그걸 몰라서야 되겠어요? 헛허……

이마리아 뭐?

진규 어머닌 걸핏하면 그걸 내세우시니까 하는 말이죠! 도대체가 그 여자는 여성다운 맛이 없거든! 고양이 털 같다고나 할까?

이마리아 고양이 털?

진규 윤기가 흐르고 차분히 가라앉아 있으면서도 손에 닿으면 섬찟해지는 게 있단 말이에요!

이마리아 그럼 넌 요즘 애들처럼 엉덩이나 내흔들고 뛰어다니는 말같은 여자가 좋겠니?

진규 아니죠! 고양이도 말도 아닌 인간미가 있는 여자라야죠!

이마리아 말로는 쉽지만 그렇게 흔한 게 아니야!

진규 흔하지 않으면 그만 두는 거죠!

이마리아 결혼을 그만 둬?

진규 그렇죠! 형도 나와 같은 생각일 걸요! 더구나 미국에서 5년이나 있었으니 사고방식이 달라졌을지도 모르죠!

이마리아 네 형은 누구보다도 내가 잘 안다! 네 형은 어려서부터 내 얘기라면 하나부터 열까지 고분고분히 들어줬어! 성탄절날 밤 교회에서 밤새기를 할 때면 내가 자지 말고 기다리라면 꼬박 문간에서 기다렸단다! 그것뿐이겠니? 초등학교부터 대학 나올 때까지 우등으로 졸업한 것도 그랬지! 학년말 성적표를 보고서 "다음 학기엔 수학점수를 올려야겠다, 알겠니?" 하면 그 다음 학년에 가선 틀림없이 수학점수가 올라가는 식이었으니까…… 홋호…… 어때?

진규   엘리베이터군요, 누르기만 하면 올라가다니…… 헛허……

이마리아 그게 어디 부모를 위해서냐? 그렇게 부모 말을 순종했고 또 노력을 했기에 나이 서른하나에 의학박사가 되었지!

진규   (비꼬듯) "이 어머니를 보라!"군요……

이마리아 난 5년 동안 네 형을 보내놓고 하루도 주님께 기도를 안 드리는 날이라곤 없었으니까!

진규   소원성취하셨으니까 이제 마음 놓으시겠네요.

이마리아 그래! 이제 네 형, 장가보내고 이 병원을 물려주면 아버지하고 엄마는 시흥이나 소사쯤에다 땅을 사서 과목이나 심으면서 살겠다. 그땐 모든 것이 뜻대로 되는 거니까……

진규   흥! 어머닌 형님 걱정만 하시지 나나 진주는 소수점 이하로 사사오입이군요?

이마리아 그거야 네 형이 대신 부모 구실 해줄 테지?

진규   그럼 나도 오늘부터 엘리베이터식 공부를 해봐야겠다! 헛허……

이마리아 물론 정신차려야 한다! 네 형만큼은 못 되더라도 그래도 뭔가 한가지 기술은 있어야 할 텐데…… 어떡한다지?

진규   기술이요?

이마리아 글쎄 지금이 어떤 세상이라고…… 하필이면 철학과를 택하느냐 말이야?

진규　철학과가 어때서요?

이마리아　배고프니까 하는 소리지!

진규　흥! 염려마세요. 기술도 철학이 없으면 밑천이 짧은 법이니까요! 헛허……

이마리아　참, 내 정신 좀 봐! 진규야! 일루 좀 올라와!

진규　왜요?

이마리아　네 형 방에 농 좀 옮기자! 아무래도 그 자리는 안 어울려!

진규　관두세요! 그만하면 깡통 문화국으로서는 상클래스예요!

이마리아　뭐! 뭐라구?

진규　모르면 몰라도 어머니나 아버진 계산착오일 거예요!

이마리아　아니 무슨 계산이 착오냔 말이냐?

진규　형님이 미국생활을 하셨대서 저렇게 방을 양식으로 꾸민다 변소를 수세식으로 고친다 법석대시는데 형은 그런 걸 원치 않을지도 모르니까요.

이마리아　원치 않다니?

진규　객지에 나가야 비로소 제 집이 좋아지듯 외국에 나가봐야 제 나라 제 풍습에 애착이 간다니까 하는 말이죠!

이마리아　그럴 땐 제법 어른다운 말씀씨구나. 허지만 네 형은 이제 박사란 말이야 의학박사! 어서 올라오래두!

이때 정면 벽에 있는 병원으로 통하는 도어가 열리며 양병섭이가 등장한다. 환자를 보다가 나왔는지 흰 가운을 입었고 한 손에 청진기가 그대로 들려있다. 나이보다는 혈색이 좋으나 머리가 나이를 증명이라도 해주듯 시었다.

양병섭　여보! 준비는 다 되었소?

이마리아 (돌아서며) 네.

양병섭 (양실로 들어서며) 올 시간이 지났는데 웬일일까? (하며 어항 쪽으로 가서 유심히 들여다본다)

이마리아 (돌아서며) 혹시 오다가 어딜 들리는지도 모르죠.

양병섭 어딜 들려요, 들리긴······

이마리아 오랜만에 고국산천을 보면 감개무량해서 어린애처럼 여기저기 들려보고 싶은 충동을 느낄 수가 있잖아요.

진규 (문지방에 서서) 어머닌 너무 아시는 게 많아서 병이셔! 꿈보다는 해몽이 좋은 편이지.

양병섭 (어항을 들여다 본 채로) 넌 왜 비행장에 안 나갔지?

진규 (흥미 없다는 듯) 왜 질문이 이렇게 꼭 같을까? 또 설명을 되풀이 해야 하나?

양병섭 뭐라구? (돌아본다)

진규 아버진 왜 안 나가셨어요, 그럼······

양병섭 나야 환자가 있으니까 그랬지.

진규 저도 일이 없는 건 아니죠.

이마리아 차 한 대엔 탈 자리가 없어서 안 갔다지 뭐예요. 글쎄······

양병섭 그럼 다른 차를 잡아야지 안 가다니 그게 말이 되니?

이마리아 누가 아니래요.

진규 남이 화장할 때 화장을 안하는 것도 하나의 화장술이죠!

양병섭 그건 또 무슨 소리냐?

진규 누나네 식구랑 진주랑 그렇게 떼 지어 가는 속에 휩쓸렸다간 생 색이 안 나니까 집에서 제2의 환대를 하기 위해서 제2선에 물러 앉았다고나 할까요, 헛허······

양병섭 핫하······

이마리아 에그 저 녀석은 누굴 닮아서 저렇게 말이 청산유수인지 원······

진규 물론 엄마를 닮았지요.

이마리아 뭐라구?

진규 엄마가 기도하실 때 하시는 말씀을 들으면 그야말로 거미 꼬리
에서 실 뽑히듯 하던데요 뭘……

양병섭 핫하……

이마리아 진규야! 넌 그런 소릴 하면 벌 받는다. 벌 받어!

진규 그런 정도에까지 벌을 내리시다간 하나님도 과로하실 걸요, 헛
허……

이마리아 (어쩔 수 없는 일이라는 듯) 너희들이 하루 속히 주님을 찾게 되는
날을 기다리면서 살겠다.

양병섭 여보! 음식 준비는 다 됐소?

이마리아 그러문요. 비행기가 닿는 대로 전화를 걸랬어요. 그럼 여기 오는
동안 상을 차리기로 했으니까요.

양병섭 세관에서 짐 조사가 까다로워서 늦나? 진규야 네가 공항에다가
전화 좀 걸어라. 비행기가 닿았는지……

진규 네.

진규는 마루 한구석에 있는 전화대로 가서 전화를 건다. 그동안 양병
섭 부부는 열대어에 먹이를 던져주며 얘기를 주고받는다.

진규 공항이죠…… (사이) 말씀 좀 묻겠는데요…… 열두시 반 도착예
정인 노스웨스트가…… (말하다 말고) 네? (사이) 정시 도착했다고
요…… 네…… 네…… 감사합니다. 수고하세요. (전화를 끊고 들
어서며) 벌써 도착했대요.

이마리아 그런데 웬일이냐? 여보 몇 시예요?

양병섭 (손목시계를 보며) 두 시가 다 되었는데…… (하며 의자에 깊숙이

파묻히듯 앉는다)

이마리아 진규야! 네가 좀 행길까지 나가 보렴!

진규 (못마땅해서) 원 어머니두. 그렇다고 형이 빨리 나타나나요? 이제 곧 오겠죠! 난 2층에 가서 책이나 읽겠어요. (하며 2층으로 급히 뛰어 올라간다)

이마리아 에그 정말이지 저 녀석은 누굴 닮아서 저렇게 변명도 많고 구실도 많은지…… 글쎄 이편에서 한마디 하면 꼭 세 마디 네 마디로 응수를 하니 원……

양병섭 헛헛…… 관둬요. 그리 봬도 진규는 진우와는 또 다른 점이 있어서 쓸모가 있을 테니.

이마리아 자신만만하시구려.

양병섭 열 손가락도 길고 짧다는데 뭘 그래……

이마리아 이제 진우가 돌아오면 단단히 붙들고 교육 좀 시키도록 해야지 안 되겠어요.

양병섭 젊은 애들은 억지로 옭아매어서는 안 돼요!

하며 피곤한 듯 눈을 사르르 감고 긴 숨을 내뱉는다. 이때 밖에서 자동차 와서 멎는 소리, 이윽고 진주의 목소리가 들린다.

진주 (소리만) 엄마! 엄마!

이마리아 (긴장하며) 오나 봐요. 여보 일어나세요.

양병섭 응. (의자에서 일어서 나간다. 이 사이에 차 떠나가는 소리)

이마리아 (황급히 현관 쪽으로 가며) 진주냐?

이때 여학생 차림의 진주가 시무룩해지며 들어선다.

이마리아 큰 오빠는……

진주 몰라요. 언니한테 물어보시구려.

양병섭 모르다니? 지금 전화로 물어보니까 비행기는……

이때 진희와 그의 남편 박덕성이 들어선다.

박덕성 다녀왔습니다.

이마리아 어서 오게나…… 박 서방 수고했어……

양병섭 진우는 같이 안 왔나?

박덕성 네…… 저 오기는 왔는데……

진희 우리보다 앞서 차를 탔는데요……

이마리아 왜 같이 오잖구 그애만 혼자서…… 어떻든 방으로 들어가세……

하며 온돌방으로 들어간다.

뭔가 석연치 않은 분위기를 눈치 차리면서도 양병섭은 태연한 척 아랫
목에 앉는다. 네 사람은 자리잡고 진주는 문지방에 서 있다.

이마리아 먼저 차에 탔으면 먼저 와야 할 게 아니냐? (진희에게) 말 좀 해라.
무슨 일이 있었니?

진희 …… (화사한 봄 두루마기의 앞섶만 만지작거린다)

박덕성 (난처해서 낮게) 여보 말씀드려.

진희 당신이 말하구려! 난 입밖에 내고 싶지도 않아요.

양병섭 진희야! 무슨 일이냐? 응?

이마리아 말을 해야 할 게 아니야? 그렇게 갑작스레 돌부처처럼 입을 꼭
다물고만 있으면……

진희 (혼잣소리처럼) 정말 기가 막혀서 원……

열대어

이마리아 왜들 그러니? 응? 비행장에서 다투었니? 네 오라비하고……

진희 어머니두…… 다투긴 왜 다투어요. 말 한마디도 못 걸었는데……

양병섭 그럼 왜 진우 혼자서 차를 태워 보냈느냐 말이다.

박덕성 (눈치를 보듯) 혼자가 아니죠. 장인어른!

양병섭 그럼 손님이 있었나?

박덕성 그, 그게……

진희 속시원히 말씀드리세요.

박덕성 왜 나보고 말하라지? 당신은 입 두었다가 흉년에 밥 빌어먹겠어?
제장……

이마리아 (신경질을 내며) 박 서방! 도대체 무슨 일이 있었기에 이렇게 서로
밀치락 덮치락 얘기를 끌기만 하는가?

진주 형부! 속시원히 얘기하세요! 한번 그렇게 된 걸 어떻게 해요……
누가 시킨 것도 아닌데 뭐…… 안 그렇수? 언니…… (하며 창구멍만
쑤시고 서 있다)

이마리아 진주야! 그렇게 전봇대처럼 서 있지 말고 얘기 좀 해!

양병섭 그래 진주야. 네가 말하렴. 어떻게 된 거냐?

진주 저…… 오빠가 미국서 손님을 데리고 왔어요.

양병섭 손님?

이마리아 (동시에) 미국서?

진주 네.

이마리아 누군데?

진주 그로리아라던가? 그렇지 형부!

이마리아 아니, 그 그로리아가 뭐냐?

진주 손님 이름이지 뭐야 엄마두!

양병섭 제가 데리고 온 손님이면 집으로 모시고 올 일이지……

이마리아 다른 호텔로 데리고 간다던가?

박덕성   아, 아니에요. 그게 저…… 그런 게 아니라요…… 저……

이마리아   그런 게 아니라고만 할 게 아니라 속시원히 말하래두…… 복통
이 터질 지경이라니까…… 그래 남자 손님이던가?

진희   여자 손님이에요.

이마리아   여자?

진주   그것도 니그로 여자예요.

양병섭   니그로? 아니 그럼 깜둥이 여자란 말이냐?

진주   네!

이마리아   그 여자가 뭘 하는 여잔데 진우가 데리고 와? 오긴……

진희   (체념한 듯) 아버지 그 여자는 손님이 아니라…… 오빠의 아내래
요.

이마리아   (입을 떡 벌리며) 아내?

양병섭   니그로가?

박덕성   네, 일이 그렇게 된 것 같습니다.

이마리아   (바싹 다가앉으며) 아니 그럼 네 오래비가 깜둥이 여자하고 결혼
했단 말이냐?

진주   그렇대요! 그렇지만 니그로는 니그론데 아주 새까맣지는 않아
요. 뭐랄까 음…… 잿빛에다 약간 갈색을 탄 것 같은 그런 빛깔
인데요. 머리는 약간 곱슬머리지만…… 그렇지 형부?

박덕성   음…… 처제 말이 옳아요.

진주   아버지는 중국 사람이고 어머니가 니그로였대요. 그것도 엄격히
따져서 포르투칼 사람과 니그로 사이에 낳은 어머니라니까……
가만 있자 그러니까. (하며 무슨 수수께끼라도 푸는 눈치다)

이마리아   (신경질을 터뜨리며) 듣기 싫다! 듣기 싫어!

양병섭   (괴로움을 참으며) 여보!

이마리아   (모래성이 파도에 허물어지듯) 이게 웬 벼락이냐…… 그래 그 녀석

이 미국서 박사학위를 따온다더니만 이제 알고 보니까 집안 망신시키려고 섶을 지고 아궁이로 들어서는구나…… (울음이 터지며) 아이고…… 이 일을 어떡하면 좋아…… 흑…… 그래 우리 집안에 깜둥이를 며느리로 맞아들이기 위해서 5년 동안을 기다려야 했담? 흑…… 아이구 (하며 방바닥을 친다. 그러나 양병섭은 팔짱을 끼고 지그시 눈을 감고 있을 뿐 말이 없다)

진희 (넘치는 눈물을 재빨리 손수건으로 짓누르며) 오빠도 너무 해요…… 그래 미국 천지에 여자가 없어서 하필이면 그런 깜둥이하고…… 차라리 백인 여자였던들 이렇게 분하고 불결한 생각은 안 들 것 같아요. 눈이 뒤통수에 박혔다손 치더라도 냄새는 맡을 수 있었을 게 아니냔 말이에요.

진주 냄새 안 나던데. 고급 향수 냄새밖에는……

이마리아 넌 저리 가 있어!

진주 엄마는 괜시리 나한테 화풀이시다! 나야 보고 들은 대로 솔직하게 보고하는 것뿐인데…… 흥! (하며 마루로 나와 2층으로 올라간다)

양병섭 (간신히 눈을 뜨고 무겁게) 그래 네 오래비는 어디로 간다던?

진희 모르겠어요! 아무래도 차 한 대론 못 타게 되니까 오빠하고 그 깜둥인지 개똥인지 둘이서 타고 우린 다른 차를 타고……

이마리아 그럼 영란이도 그 여자를 봤겠구나?

진희 보다마다요! 같은 차로 가자고 해도 한사코 뿌리치고 도망치듯 가버렸어요! 영란인들 가슴이 오죽이나 아팠겠어요. 그래 내버려두고 우리 셋이서만……

이마리아 그놈이 진정 눈이 뒤집혔거나 아니면 미쳤지. 그렇지 않구서야 어떻게 그런 엉뚱한 짓을 저질렀겠어. 아이구…… 이 일을 어쩌면 좋아……

양병섭 그래 중간에서 헤어졌냐?

박덕성 네! 아마 우린 제2한강교로 왔는데 처남은 노량진 쪽으로 그대로 달린 모양이죠? 이제 곧 올 겁니다.

이마리아 오긴 어딜 와! 내 집에 그것들을 들여놓겠단 말이냐? 안 돼! 안 돼! 안 돼! (하며 미친 듯이 손을 내 휘두른다. 그리고는 남편을 붙들고 강요도 공갈도 아닌 말투로 대든다) 여보! 당신도 그것들을 집에 안 들여보내죠? 그렇죠? 네! 여보! 뭐라고 한마디 하세요 네! 왜 그렇게 입을 다물고만 있어요? 여보! (그러나 양병섭은 끓어오르는 울분을 지그시 깨물듯 일어서서 마루로 나와 뜰로 내려선다. 그는 어떤 환상을 찾기라도 하는 듯 허공을 쳐다보고만 서 있다. 이때 2층에서 진규가 내려와서 엿듣는다)

이마리아 (밖을 향해 크게) 여보! 왜 말씀을 안하세요? 그 깜둥이를 당신 며느리로 받아들이시겠어요? 네? 우리 양씨 문중에 며느리감이 깜둥이밖에 없단 말이에요? 흑······

박덕성 어머니! 진정하세요! 이렇게 아버님보고 역정을 내실 게 아니라 있다가 처남이 들어오거든 차근차근히 물어보신 다음에······

이마리아 듣기 싫네, 물어볼 필요도 없어! 그놈이 5년 동안 객지에 있으면서 결혼 얘기는 한마디도 안 비치더니만 이제 부모 얼굴에 똥칠을 해도 유분수지! 아이구! 남부끄러워서 난 못살겠네! 그런 인종을 내 집에 들여보낼 순 없지! (크게) 아줌마 은순네 없어?

은순네 (멀리서) 야! 여기 있어라우!

이마리아 대답만 말고 냉큼 나와!

진희 왜 그러세요, 어머니!

이마리아 이러고만 있을 게 아니라 대책을 세워야지.

이때 은순네가 부엌 쪽에서 엉금엉금 나온다. 양병섭은 테라스 의자에 걸터앉아 생각에 잠긴다.

은순네 부르셨어요? 사모님!

이마리아 대문을 걸어요!

은순네 대문을? 윗다 대낮에 무슨 놈의 대문을 걸라고 하시요? 그러면 이 집에 들어올 복도 안 들어와라우 헷헤……

이마리아 복이 들어오는 게 아니라 마귀가 들어온다니까, 어서 나가서 빗장을 꽂고 문고리도 걸어요.

은순네 그게 뭔 소리요? 마귀가 들어오다니……

이마리아 시키는 대로 해요. (하며 날카롭게 쏘아본다)

은순네 (겁을 먹고) 야! 그렇게 합시다. 내사 죽으라면 죽고 깨라면 깨어날 사람이니께…… (하며 되돌아 나간다)

이마리아 그리고 어떤 사람이 와서 문을 열으라 해도 열어줘서는 안 돼! 알았지?

은순네 (나가다 말고 진규에게 낮게) 어째서 저래싼다우? 무슨 변이 났는가 벼요 잉? 참! (하며 현관 쪽으로 나간다. 다음 순간 은순네의 놀랍도록 수선스런 소리) 아이고 큰 학생 오시네. 허허…… 어서 올라오시요. 사모님! (방 안 사람이 모두들 불안해하며 마루로 나온다. 급히 되돌아오며) 웬 시꺼먼 사람이 왔어라우! 아이고 연탄 아궁이에 들어갔다 나온 사람이……

이때 진우가 들어선다.

진우 어머니!

이마리아 (무슨 애길 하려다 말고 긴 한숨)

양병섭 진우야.

진우	아버지! 다녀왔습니다······ (하며 인사를 한다. 그러나 양병섭의 표정은 복잡하다)
양병섭	손님을 데리고 왔다면서······
진우	(당황한 빛을 보이며) 네······ 저······ 현관에······
양병섭	그럼 들어오라고 해야지······
이마리아	여보! 그걸 말이라고 해요! 그런 여자를 우리 집안에다가······
양병섭	(꾸짖듯) 여보! 우선 찾아온 손님이니까 흔연스럽게 맞아들입시다. 얘기는 나중에 듣기로 하고.
이마리아	안 돼요! 안 돼!
진우	어머니!
이마리아	나가거라! 안 나가면 내가 가서 쫓아내겠다.
진우	어머니, 그런 여자가 아닙니다. 그로리아는······
이마리아	듣기 싫어!
양병섭	여보! 이게 무슨 경솔한 짓이오. 한 나라 안도 아닌 미국서 여기까지 찾아온 손님인데 우선 맞아들이고 나서 일은 서서히 해결하재두······
이마리아	흑······ 몰라요······ 난 안 만나요! (하며 온돌방으로 들어온다. 그리고는 미닫이를 거칠게 닫는다)
양병섭	어서 이 방으로 안내해······ 내 집을 찾아온 손님을 밖에 오래 세워두는 예법은 없다.
진우	(감동되어) 네······ 그럼······ (현관 쪽으로 나가면서) 그로리아! 그로리아! 어서 들어와요!
양병섭	(입안의 소리로) 그로리아! 그로리아! (하고 들어선다)

이마리아는 방바닥에 엎드려 흐느낀다. 이때 진우가 그로리아의 손목을 잡고 들어선다. 그로리아는 흰 이빨을 내보이며 어색하나 감동어

린 미소를 여러 사람에게 보인다. 모든 사람은 동물원의 짐승을 보듯
그로리아를 보고만 섰다.

−막

제2막

무대

전막과 같음.

전막부터 약 일주일 후, 일요일 오전. 무대가 밝아지면 테라스에 놓인 화려한 제라늄이나 시크라멘의 화분이 눈에 띄어 온화한 봄날의 아침 나절 분위기를 자아내게 한다. 멀리서 교회 종소리가 아련히 들려온다. 양실 창가에서 그로리아가 혼자 기도를 하고 있다. 열성적으로 그 무엇을 희구하는 수도승을 방불케 한다. 분홍빛 실내 가운을 입었다. 잠시 후 부엌 쪽에서 진주가 쟁반에 찻잔과 포트와 설탕 그릇을 들고 조심스럽게 나온다. 그 뒤에 은순네가 조르르 따라오면서 말린다.

은순네　(부산을 떨며) 안 된단 말여, 안 돼. (하며 앞을 가린다)

진주　저리 비켜요. 내가 알아서 하는 일인데 아줌마가 웬 참견이우.

은순네　그렇지만 사모님께서 저 방엔 들어가지도 말라고 했다니께 그려.

진주　걱정도 팔자지, 그럼 안 알리면 되잖우?

은순네　아이고, 왜 말이 안 날까. 밤말은 쥐가 듣고 낮말은 새가 듣는다는 소리도 모른가? 어서 부엌으로 도루 가지고 가란 말여.

진주　(신경질을 내며) 아니 누가 아줌마 보고 커피를 끓여 달랬어! 내가 하고 싶은 일 내가 하는데 웬 간섭일까? 비켜요!

은순네　제발 나 좀 살려요. 사모님이 돌아오시면 큰 벼락이 내릴 텐데.

진주　벼락이야 죄 많은 사람에게 내리지 아줌마처럼 착하고 충실한 사람에게는 안 내릴 테니 걱정 말라구 호호…… (하며 급히 빠져나간다)

211　　　　　　　　　　　　　　　　　　　　　　　　열대어

은순네 (머리를 득득 긁으며) 못 살아…… 못 살아…… 어느 장단에 춤을 춰야 한단 말이여? 나도 모르니께 알아서들 혀! (하며 급히 부엌 쪽으로 퇴장)

진주는 그로리아 방문 앞에서 약간 멈칫하더니 장난꾸러기처럼 어깨를 움칫하고는 조심스럽게 노크를 한다. 그리고는 방안의 반응을 기다린다. 다음 순간 그로리아의 눈이 동물적으로 광채를 띄운다. 어떤 외적의 침입을 예감하는 듯이. 진주가 다시 노크한다.

그로리아 (성경책을 놓고 일어서며) 컴인……

진주는 안도의 숨을 내리쉬고는 도어를 열고 들어선다.

진주 (미소를 담뿍 뿜으며) 안녕히 주무셨어요?
그로리아 (금시 순진한 웃음을 머금고) 안녕히 주무셨습니까?

그녀의 한국말은 템포가 느리고 말끝의 억양이 약간 다를 뿐 비교적 정확하고 귀여운 말씨이다.

진주 커피를 끓여왔어요. (하며 쟁반을 탁자 위에다 놓고 찻잔에 커피를 따른다. 김이 무럭무럭 피어오름과 동시에 향긋한 향기를 의식했는지 그로리아의 눈이 빛난다)
그로리아 오…… 커피 냄새…… 참 좋아요.
진주 제가 끓였는데 맛이 어떨런지 모르겠어요.
그로리아 감사히 먹겠습니다. (하며 잔을 든다)
진주 설탕은 안 치세요?

그로리아 아닙니다. 난 이대로……

진주 　흠, 역시 블랙커피를 즐기시나 보죠?

그로리아 (웃으며) 습관이 되어서요. (하며 커피를 한모금 마시고는 감탄조로)
오……

진주 　어때요? 커피 맛이……

그로리아 훌륭해요. 커피 끓이는 솜씨가…… (고개를 끄덕거리며) 감사합
니다.

진주 　(스푼으로 커피를 젓다 말고 킥킥거리고 웃는다) 흠……

그로리아 왜 웃으십니까?

진주 　아이 싫어요, 훗호……

그로리아 (납득이 안 간다는 듯이 눈을 깜빡거리며) 왜 그러시죠? 제가 혹시
무슨 실수라도……

진주 　아, 아니에요. (간신히 웃음을 참으며) 그게 아니라…… 언니는 다
좋은데 그 말투가 이상해요.

그로리아 (반사적으로 입술을 만지며) 실언을 했습니까?

진주 　그게 아니라요, 저 같은 손아래 사람에게까지 깍듯이 존댓말을
쓰시니까 말예요. 흠……

그로리아 존댓말?

진주 　말끝마다, (흉내 내서) 감사합니다. 훌륭합니다. 우습잖아요?

그로리아 그, 그렇지만 난 그이한테서 한국말을 그렇게 배웠는걸요? 잘못
되었습니까?

진주 　오빠도 알고 보니 쌩콩이셔!

그로리아 쌩콩?

진주 　센스가 없다니까요! 언니…… 한국말은 좀 복잡하거든요. 이를
테면 같은 낱말인데도 손위 사람에게 쓰는 경우와 손아래 사람
한테 쓰는 경우가 각각 다르거든요.

그로리아 복잡하군요.

진주 요즘의 월남 정세만큼 복잡하죠. 예를 들어서 영어로 '유'하면 누구에게나 통용하는데 한국말은 당신, 그대, 귀하, 귀관, 너, 이 놈, 새끼, 이것아, 저것아…… (하다 말고 눈이 순진하게 휘둥그래진 그로리아의 시선과 마주치자 깔깔대고 웃는다)

그로리아 (덩달아 웃으며) 홋호……

진주 우습죠?

그로리아 재미있습니다.

진주 아이! 또 깍듯이 존댓말! 언니! 앞으로는 나처럼 나이가 어린 사 람에게는 '습니다' 그러지 말고요, '그랬니?' '저랬니?' 하고 말씀을 낮추세요, 남들이 들으면 웃어요.

그로리아 (납득이 안 가서) 나 무슨 뜻인지 잘 모르겠……

진주 (재빠르게) '어' 하세요.

그로리아 모르겠어.

진주 아버지나 어머니에겐 '모르겠습니다' 하셔도 되지만 저한테는 안 돼요.

그로리아 (멋쩍게) 나 미국 있을 때 그이한테서 열심히 한국말 공부했지만 그런 얘긴 한 번도 못 들었……

진주 (재빠르게) 어! 하세요.

그로리아 못 들었어?

진주 됐어요.

그로리아 홋호.

진주 언니 불편하시죠?

그로리아 불편?

진주 (커피잔을 만지작거리며) 난 아무리 생각해도 이해가 안 가요.

그로리아 뭘 말입니까?

진주	왜 미국에서 살지 않고 한국에 나오셨죠? 미국보다 한국이 더 살기 좋은 점이라곤 없을 텐데 말이에요.
그로리아	글쎄요, 어떻게 설명해야 좋을지……
진주	한국 사람들은 미국 유학을 가면 그곳에서 영주권을 얻으려고 무진 애를 쓴다는데 언니는 왜 한국을 찾아오셨죠? 모든 게 색안경 쓰고 밤길 걷는 식으로 부자유스러우실 텐데 말이에요.
그로리아	난 한국이 마음에 들어요.
진주	왜요?
그로리아	사랑하는 남편의 나라니까요. 그리고……
진주	그리고 또 뭐예요?
그로리아	언제고 한 번은 오고 싶었어요. 어려서부터 막연하나마 그걸 바라고 그리워했어요. 그 무엇을 동경하듯…… (서서히 거닐며) 우리 아버지의 나라가 중국이었으니까. 동양 사람의 피가 내 몸에 흐르고 있어서 그 피가 나로 하여금 동양이라는 이름을 동경케 했는지도 모르죠. 아니 사람은 환경이 바뀐다 해도 살아가노라면 그 환경에 적응하게 되기 마련이니까……
진주	정들면 고향이란 말이죠?
그로리아	(열대어가 휘어다니는 어항 쪽을 가리키며) 이 물고기들도 원산지는 열대지방이지만 이렇게 추운 지방에서 평화롭게 살고 있잖아요? (혼잣말처럼) 나도 이렇게 살겠어. 나도 이렇게 한국 땅에서 평화와 사랑과 그리고 꿈을 그리며 살고 싶어! 누가 뭐라든……
진주	(자신도 모르게 감동되어) 언니!
그로리아	내 고향은 사우스캐롤라이나예요. 사반나 강 유역에서 농장을 경영하고 있었어요. 아열대성 기후라서 쌀, 목화, 담배, 그리고 온갖 과일들이 풍성한 고장이지요. 대서양에서 불어오는 바람이 온갖 곡식을 풍성하게 익혀주는 고장이었어요.

열대어

진주　어머나! 쌀이 나와요?

그로리아　그럼! 그래서 난 쌀로 만든 요릴 곧잘 하거든요.

진주　그래 오빠를 어떻게 만나셨어요?

그로리아　미스터 양을 알게 된 얘기?

진주　네, 알고 싶어요, 네? 언니……

진주가 그로리아의 무릎을 잡고 흔든다. 그로리아의 눈빛이 이상스럽게 윤기를 띠며 빛난다. 이때부터 조명은 차츰 어두워지고 그로리아의 얼굴만을 신비스럽게 비춰준다. 그로리아는 다음 순간 쓰라린 상처를 되새기는 듯 미간이 흐려진다.

그로리아　그날은 바로 부활제 전전날이었을 거예요. 전에도 흔히 일어난 일이지만 백인 고등학생들이 교회당에 가려는 흑인 처녀를 희롱한 데서 발단이 되어 흑인학생과 백인학생 사이에 대판 싸움이 벌어진지 얼마 안 된 때였어요.

여기서부터 무대는 완전히 어두워짐과 동시에 멀리서 폭동을 상징하는 군중들의 고함소리와 패트롤카의 사이렌 소리가 한동안 길게 꼬리를 물고 사라지자 무대 좌편 한구석이 밝아지며 진우가 공원의 벤치에 걸터앉아 책을 읽고 있는 모습이 나타난다. 하늘이 피보다 붉다. 무대 뒤에서 몇몇 젊은이들이 한 여인을 에워싸고 승강이를 하는 소음이 들린다.

그로리아　(소리만) 놔요…… 놔!

남학생　(소리만) 네 고향으로 보내줄 테니 참고 기다려.

진우　(혼잣소리로) 무슨 소리야……

그로리아 (소리만) 사람 살려요…… 사람…… 아!

진우 아니, 저 자식들이…… (크게 소리를 지르며) 이놈들아! 무슨 짓들이
냐! (하며 몇 걸음 가려 하자 그로리아가 헝클어진 머리를 휘날리며
뛰어온다)

그로리아 나 좀 살려줘요. (하며 진우의 등 뒤에 숨는다. 학생들이 휘파람과
야유의 웃음을 던지며 멀어진다)

진우 개새끼들…… (그로리아에게) 다치신 데는 없소?

그로리아 네. 저 공원 앞 가게를 지나올 때부터 세 놈이 졸졸 내 뒤를 따라
오더니만 글쎄…… 아이 기가 막혀서, 아직 머리에 피도 안 마른
소년들이지 뭐예요.

진우 조심하셔야죠. 그렇잖아도 사흘 전에 흑인학생과 백인학생들의
충돌사건 때문에 (이렇게 얘기하다 말고 서로의 시선이 마주치자 어
색하게 웃는다) 여기 앉으시지……

그로리아 네. (하며 헝클어진 머리를 쓰다듬어 넘기며 벤치에 앉는다) 정말 고
마워요, 하마터면 그 양키 놈들에게 큰 변을 당할 뻔 했어요.

진우 여자는 될수록 밖에 안 나다니는 게 상책입니다.

그로리아 학교 도서관에 책을 빌리러 나오던 참이어서.

진우 어느 학교죠?

그로리아 주립대학 법학과.

진우 그러세요? 난 의과인데……

그로리아 어머! 그럼 같은 주립대학이었군요? 반갑습니다. 참, 인사가 늦
었군요. 저 그로리아예요.

진우 나 양입니다.

그로리아 미스터 양?

진우 도서관 옆 아파트에 살고 있지요.

그로리아 고향이 중국이신가 봐요. 그렇죠?

진우   그렇게 보입니까? (담배를 꺼내며) 피우십니까?

그로리아 안 피우지만 미스터 양이 권하는 담배니까 피워보겠어요. (하며
        씩 웃고 담배를 뽑자 진우가 라이터를 켜 댄다. 그리고 자기도 담배를
        피워 문다. 길게 허공으로 연기를 뿜는다) 중국이 아니면 일본?

진우   한국.

그로리아 한국?

진우   예, 실망했습니까?

그로리아 그, 그게 아니라, (유심히 쳐다보며) 한국이라구요?

진우   왜 보십니까?

그로리아 꼭 닮았군요.

진우   누굴 말이에요?

그로리아 중국과 한국은 가까운 나란가 봐요. 피부 빛깔이 꼭 같아요.

진우   중국 사람 말인가요?

그로리아 네…… 돌아가신 우리 빠빠하구……

진우   (약간 놀라서) 그럼 미스 그로리아의 아버지는 중국 사람이었나
        요?

그로리아 네……

진우   어쩐지 피부가 다르구나 했더니만…… 헛허.

그로리아 홋호, (웃다 말고 쓸쓸히) 이상하죠?

진우   뭐가요?

그로리아 왜 우리는 서로 처음 만났을 때 코나 눈이나 입이 닮았다고 하지
        않고 피부가 닮은 것부터 알아냈을까요?

진우   (난처해서) 성미가 까다로우신 모양이군요, 그런 의문부터 품다
        니……

그로리아 제가 까다로운 여자로 보이나요?

진우   글쎄요.

그로리아　(쓰게 웃으며) 전 까다로운 여자가 아니에요. 아니…… 우리들을 까다롭게 만든 분은 따로 있어요.

진우　네? 그게 누군데요?

그로리아　조물주 말예요, 하나님.

진우　(그 순간 가슴에 맺히는 그 무엇을 느끼며) 조물주라…… (하며 담배 연기를 길게 내뿜는다)

그로리아　저는 어려서부터 조물주를 존경했어요. (하며 자리에서 일어선다)

진우　위대하니까.

그로리아　그게 아니라, (붉게 노을진 하늘을 가리키며) 저렇게 하늘을 아름답게 할 수도 있고 무서운 폭풍을 일으키게 하는가 하면 별과 달을 놓아 검푸른 밤하늘에 무수히 꽃수를 놓는 그 자유자재로운 힘을 존경했어요.

진우　시를 좋아하시나 보군요.

그로리아　그래요. 저는 고등학교 시절에도 곧잘 시를 써서 학교신문에 내기도 했어요.

진우　그렇다면 영문과나 구라파문학과를 택하시지 왜 법과를 선택했죠?

그로리아　약한 자는 자신을 방어하는 힘이 필요하니까요.

진우　약한 자라구요?

그로리아　흑인들이 사람 대우를 받고 있다고 생각하세요? 특히 이 남부지방에서 말예요?

진우　인종차별 말씀이군요?

그로리아　흥! 어떤 백인은 그걸 합리화시키기 위해서 이렇게 말하더군요. "우리는 인종을 차별하는 게 아니고 문화수준을 차별하는 것뿐이다"라고 말예요. 얼핏 듣기엔 그럴 듯한 이론이지만 따지고 보면 백인의 조상이나 흑인의 조상은 매한가지가 아니겠어요?

진우 인종문제에 대해서 상당한 관심을 가지고 계시군요. 미스 그로
      리아는……

그로리아 어떻게 하면 돈을 벌어서 가족이 굶지 않고 살겠는가를 걱정하
      는 거나 다름없지 않을까요?

진우 네…… 그러나 요는 실력이 문제라고 봐요.

그로리아 사상이 온건하시군요, 미스터 양은……

진우 정열이 부족한 탓이겠지요.

그로리아 동양 사람은 모두가 공통된 습성이 있나 보군요. 자기 일만 가려
      서 살면 된다는……

진우 그럴까요?

그로리아 우리 아버지도 그런 식이었대요. 덕택으로 유산으로 현재의 농
      장을 남겨서 우리가 생활하기에는 넉넉한 바탕을 마련해 주셨지
      만 이 피부의 빛깔은 어쩔 수 없었어요. 우리는 이 피부 때문에
      죽음을 당하고 살아야 하니…… (한숨) 생각하자면 한이 없고 생
      각 안하자니 어처구니가 없고…… 그래서 법률을 공부해서 법
      관이나 행정관이 되는 게 우리 흑인들로서는 가장 현명한 처세
      관이 되어 있어요.

진우 우리 한국 사람에게도 그런 경험이 있지요.

그로리아 네? 한국서도 인종차별을 하나요?

진우 아닙니다. 이건 과거의 일이지만 일본 사람들이 우리들에게 가
      혹한 식민지 정책을 강행했을 때 우리 조상들의 꿈은 내 아들이
      판검사나 아니면 군수 따위가 되는 걸 가장 안전하고도 영광스
      런 출세라고 생각했으니까요.

그로리아 그런데 왜 미스터 양은 의과를 택했죠?

진우 아버지가 의사니까요.

그로리아 (선망의 빛을 보이며) 어머나! 그러세요? 닥터시군요…… 참 좋으

시겠어요.

진우　우리 아버지는 내게 전래의 가업을 계승케 하는 것을 유일한 낙
　　　으로 삼고 있답니다. (문득 자신의 설명이 너무 사적인 내용으로 번
　　　져갔다는 것을 후회라도 한 듯) 헛허…… 공연한 자가 광고를 했군
　　　요. (자리에서 일어나며) 그럼 가 보실까요?

그로리아　(아쉬움의 빛을 보이며) 바쁘신가요?

진우　네? 아니… 뭐…

그로리아　미스터 양하고…… 아니 외국사람하고 이렇게 많은 대화를 나
　　　눠보긴 처음이에요.

진우　저도 미국에 와서 이제 일년 반 밖에 안 되어서……

그로리아　미스터 양. (하며 일어선다)

진우　네?

그로리아　앞으로 종종 만나주시겠어요? 그리고 기회를 봐서 우리 농장 구
　　　경도 하시고……

진우　감사합니다.

그로리아　황혼녘의 사탕수수밭은 시적이에요. 대서양에서 불어오는 바람
　　　에 키다리 수수잎이 일제히 물결치는 광경은 흡사 기폭을 나부
　　　끼면서 진격하는 고대군사의 대열 같구요.

진우　미스 그로리아의 해설과 묘사가 마음에 드니 언제고 한 번은 가
　　　고 싶군요. ……헛허……

그로리아　고맙습니다. 그럼. (하며 서슴지 않고 손을 내민다. 진우는 그녀의
　　　손과 얼굴을 번갈아 보더니 손을 쥔다. 서로의 입가에 정다운 미소가
　　　떠돈다. 조명은 차츰 두 사람의 검고 노란 두 개의 손을 포착하더니
　　　이내 사라진다)

잠시 후 무대가 밝아지면 전과 마찬가지 자세로 그로리아와 진주가

마주 앉아있다.

진주　굉장한 로맨티스트였군요, 언니는……

그로리아　(약간의 수줍음을 띠우며) 글쎄요…… 로맨티스트라기보다는 리얼리스트였겠지요.

진주　리얼리스트?

그로리아　현실적으로 오빠하고 나는 서로가 접근할 수 있었던 공통성을 지니고 있었으니까요. 그래서 나는 오빠하고 가까워지려고 말과 글을 배우고 또……

진주　언니, 나 한 가지 사과드릴 일이 있어요. 받아주시겠수?

그로리아　나한테?

진주　예, 열흘 전에 언니가 비행장에 내리던 날…… 솔직히 말해서 경멸했어요. 아니 언니보다 오빠를.

그로리아　내 얼굴빛이 검으니까 말이죠? 흠, 알고 있었어요. 지금도 식구들이 나를 외면하거나 경계하는 눈치를 못 차리는 건 아니니까. 허지만…… 나는 성실하게 살고파요.

진주　언니 걱정 말아요. 현재 우리 식구 중에서 누구보담두 언니에게 적대심을 품고 있는 분이 엄마지만 나도 언니를 위해서 힘이 되어 드릴게요.

그로리아　(손목을 쥐며) 고마워요.

진주　언니…… 그러니 용기를 내서 살아야 해요. 이렇게 방에만 틀어박혀 있지 말구.

그로리아　아직은 모든 게 낯설구 해서…… 차차 모든 것을 알려고 애쓰겠어.

진주　그런 뜻에서 맨 먼저 제 방을 구경시켜 드릴게요.

그로리아　어딘데?

진주　2층 맨 구석 방이에요. 올라가 보시겠어요?

그로리아 오빠가 점심 잡수러 들어오실 텐데……

진주 그건 식모한테 맡겨두고 올라가요. 자. (하며 손목을 잡아끈다)

그로리아 좋아요. (하며 진주가 끌어당기는 대로 2층으로 올라간다)

이때 현관 쪽에서 이마리아 여사의 심술부리는 듯한 소리가 들린다.

이마리아 (소리만) 전에는 그런 일이 없었는데 웬 놈의 개가 하필이면 그 대문 앞에다…… 아줌마, 곧 치워요.

은순네 (소리만) 네.

이윽고 이마리아 여사와 은순네가 등장. 이 여사는 교회에 다녀오는 길이라 성경책과 불룩한 가방을 들었다.

은순네 지가 몇 번 치웠는디 그놈의 강아지가 꼭 거기다가 퍼깔긴단 말이요. 정말 못살겠어라우.

이마리아 (그로리아의 방을 힐끗 쏘아보며) 집안 되어가는 꼴이 꼴답지 않으니까 개까지 멸시하는 거겠지. (하며 온돌방으로 들어온다. 그리고는 약간 소리를 낮추어 턱으로 그로리아의 방을 가리키며) 어디 나갔어?

은순네 글쎄라우…… 아까 작은 학생이 커피를 끓여가지고 가던디……

이마리아 작은 학생이라니? 진규 말이오?

은순네 아니라우, 진주 아가씨 말이제.

이마리아 아니 그 기집애는 왜 또 그 방엘 들락거리지? 그래 어디 갔어?

은순네 뒤뜰에 나가서 꽃밭 구경 하는게비요.

이마리아 (긴 한숨) 이게 무슨 꼴이람……

은순네 (눈치를 보며) 사모님…… 난 우스운 꼴 봤어라우.

이마리아 무슨 일이 있었어?

열대어

은순네 아까 사모님이 예배당에 나가신 다음에 이 방을 치고 있으니께 어디서 창가소리가 들리지 않겠어라우. 그래 가만히 귀를 기울이니까 글메 저 방 새댁이 찬송가를 부르드란 말이요.

이마리아 뭐, 새댁? 아니 어째서 그게 새댁이야?

은순네 엇다…… 그라믄 새댁이지 헌댁이요?

이마리아 뭣이?

은순네 입인 비뚤어졌어도 피리는 바로 불렀다고 서방님의 각시니께 새댁이지 뭐요 그럼……

이마리아 부모 허락도 없이 저희들끼리 제멋대로 해버린 결혼을 누가 인정하느냔 말이야.

은순네 그렇지만……

이마리아 (신경질을 내며) 듣기 싫어…… 누가 아줌마보고 그런 걱정하랬어? 빨랑 나가서 대문 앞의 개똥이나 치우래두……

은순네 (볼메인 소리로) 알았어라우. (하며 못마땅하게 나가버린다)

병원에서 나오던 양병섭이 이 광경을 보고 약간 눈살을 찌푸리더니 방으로 들어와 앉는다. 그러나 이 여사는 토라진 채 앉아있다.

양병섭 (고단한 듯 기지개를 켜고 신문을 펴며) 교회에 갔다 왔소?

이마리아 …… (대꾸도 않고 한숨만 내쉰다)

양병섭 무슨 일이 있었소?

이마리아 몰라서 물으시우?

양병섭 왜 또 그래? 임자는……

이마리아 이젠 창피해서 교회에도 못 나가게 되었으니 꼼짝없이 징역살이 해야겠어요.

양병섭 무슨 소리요?

이마리아 만나는 사람마다 시시콜콜 캐묻고 따지고 하는 바람에 사람이
미치겠단 말이에요.

양병섭 진우 얘기군. (하며 신문을 뒤진다. 남편의 그런 미지근한 태도가 못
마땅했는지 이 여사는 신문을 낚아챈다)

이마리아 신문만 보실 게 아니라 얘기 좀 합시다.

양병섭 얘긴 무슨 얘기……

이마리아 도대체 어떻게 하실 셈이에요. 네? 그대로 주저앉아 버리게 내버
려 둘 작정이세요?

양병섭 (무거운 한숨) 별도리가 없잖아?

이마리아 뭐라구요?

양병섭 그럼 어떻게 해. 그동안의 절차나 경위는 어찌 됐든 간에 내 집
식구가 되겠다구 들어온 사람을 어떻게 하겠느냐 말이요.

이마리아 누가 오랬어요, 내 집 식구가 되랬어요?

양병섭 그렇다고 돌려보낼 수도 없잖아. 한 고을에서도 어려운 일인데
하물며 바다 건너 멀리 미국에서 여기까지 온 사람을 어떻게 돌
려보낼 것이며 또……

이마리아 또 뭐예요?

양병섭 만약 그런 사태가 벌어지면 이건 우리 집안의 체면이요 위신이
깎이는 일이지.

이마리아 뭐라구요?

양병섭 생각을 해봐요. 같은 한국 사람끼리도 어려운 일인데 상대방이
외국 여성인데 어떻게 그런…… 그건 이 양병섭의 양심상 어려
운 일이요.

이마리아 아니 그럼 그 깜둥이를 우리 며느리로 눌러앉게 하는 건 당신이
나 우리 집안의 위신을 빛내는 일이랍데까? 네?

양병섭 글쎄 몇 번 얘기해봐야 해결이 안 나는 일은 그만 두자구요.

이마리아 그만 둬요? 아니, 내 아들 내 며느리 일인데 어째서 그만 둬요? 밖에서 만나는 사람마다 뭐라고들 하는지 아세요?

양병섭 말하기 좋아라 하는 사람들이야 제멋대로 지껄이게 내버려 둬요.

이마리아 그럼 한 가지만 묻겠어요. 영감은 그 깜둥이를 며느리라고 부르겠어요?

양병섭 (부드러우나 위엄 있게) 말조심해요. 사람 보고 깜둥이가 뭐요?

이마리아 (약이 올라서) 깜둥이니까 깜둥이라는데 뭐가 잘못이우. 그럼 영감 눈엔 백설같이 희게 보입데까, 연분홍같이 붉게 보입데까?

양병섭 (어이없다는 듯) 그러니 그걸 이제 와서 어떻게 하겠단 말이오? 한 번 그렇게 태어난 사람보고 희어지라고 한다고 희어질 것도 아닌데 사서 걱정이라니까. 내 원! (하며 드러누워 버린다)

이마리아 영감. 그럼 그 깜둥이가 우리 진우의 색시로서 합당하다고 보세요?

양병섭 그거야 진우가 결정짓고 책임질 문제지.

이마리아 흥! 무사태평이시구려 천하태평이셔. 내 혼자 잘 살자고 이 발버둥질 치는 줄 아세요? 네? (단정적으로) 누가 뭐래도 난 반대예요. 그 깜둥이는 내 며느리도 진우의 아내도 아니에요. 무슨 일이 있더라도 이 집에서 내보내고 말 테니까요. (자리에서 벌떡 일어나며) 설령 백인종이라도 될까 말까 하는 처지에 그래 뭐가 아쉬워서 그런 깜둥이 여자를…… 만약 그걸 못 하시겠다면 제가 따로 나가 살겠어요. (하며 마루로 급히 나가려다가 얼마 전부터 미닫이 밖에서 두 사람의 얘기를 엿듣고 있던 진우와 마주친다. 섬찟 놀라며) 아니!

진우 (담담하게) 어머니.

이마리아 (말없이 외면한다. 그리고 마루 정면으로 나온다)

진우 (서서히 다가오며) 어머니…… 제 얘기는 한 번도 들으시려고 안

하시는군요.

이마리아 내가 듣고 싶은 건 변명이 아니라 네 결심이다.

진우 열흘이 넘도록 나는 어머니와 단 둘이서 얘기할 시간을 못 얻었지요. 아니 정확히 말해서 어머니는 저를 회피하셨으니까요.

이마리아 내가 회피해? 내가 죄인이냐? 내가 왜 회피하느냐 말이야?

진우 그렇다면 제 얘기를 들어주세요.

이마리아 (차갑게) 들을 필요 없다.

진우 (비로소 언성을 높이며) 들으세요.

이마리아 (강하게) 싫어.

진우 (명령적으로) 싫어도 들으세요.

이마리아 네가 엄마에게 명령하는 거냐?

진우 (끓어오르는 격정을 억제하며) 어머니! 사형수도 마지막에는 얘기할 여유를 주는 법이에요.

이마리아 네가 저지른 일이 사형에 해당할 만큼 무거운 과실인 줄 느낀다면 즉시 반성하고 고치면 되는 거야. 그 이상의 설명도 변명도 우리에겐 필요 없어.

진우 냉정하시군요. 5년 동안 저도 변했겠지만 어머니도 변하셨어요.

이마리아 이런 일을 당하고도 안 변하는 비법이 있다면 천리불원하고 찾아다니겠다.

진우 (서글퍼지며) 어머닌 그로리아를 오해하고 계세요.

이마리아 오해?

진우 (다시 열이 오르며) 같이 얘기 한 번 나누어보지도 않고 어떻게 그 사람의 가치를 알 수 있겠어요. 그 마음속을 어떻게 들여다볼 수가 있느냐 말이에요, 어머니……

이마리아 알 수 있잖구. 그 끔찍한 살빛을 보면 알 수 있어.

진우 살갗 빛이라구요?

이마리아 깜둥이는 깜둥이끼리 이해하는 것으로 충분하단 말이다.

진우 (크게) 어머니!

이마리아 진우야. 어쩌자고 너는 에미의 가슴을 짓누르느냐? 응? 차라리
단숨에 이 목을 졸라매서 나를 까마귀 밥으로 받쳐 버려라. (울먹
거리며) 네가 미국으로 떠난 후 5년 동안을 나는 네가 무사히 돌
아오기를 하나님 앞에 기도드리는 것을 유일한 낙으로 살아왔
다. 그것이 내 생활의 전부이며 보람이었어. 그리고 돌아오면 영
란이와 결혼식을 올리면 그날부터 아버지와 나는 이 집과 병원
을 물려주고 조용히 여생을 정원 속에서 보내자고…… 그런데
…… 너는…… 부모 생각은 티끌만치도 안 해주고 네 마음대로
…… 너만 좋을 대로……, 그럼 나는 뭐가 되는 거며 아버지는
뭐가 되는 거냐?

진우 그렇다고 제가 언제 아버지나 어머니께 불효스럽게 대하겠다고
했나요? 그로리아는 착한 여자예요. 피부 빛깔은 검어도 우리와
한 마음 한 뜻으로 생활할 수 있는 여자예요. 내 아내가 되기
위해서 아니 어머니의 착한 며느리가 되기 위해서 그 얼마나 고
생하고 신경을 썼던가 얘기를 들으시면…… 어머니는 분명히
오해하고 계세요. 피부가 검으면 마음씨가 검을 거라고 속단하
고 계세요? 그게 아니에요, 어머니 그러니까……

이마리아 싫다, 싫어. 좋으면 너 혼자 좋았지 왜 나한테 강요하는 거냐?
네가 그 여자를 안 돌려보내려거든 내가 이 집을 나가겠다. 그러
면 되는 거야. (하며 휙 돌아서 현관 쪽으로 나간다)

이때 2층에서 내려오는 진규와 마주친다.

진규 어머니, 어디 나가세요?

이마리아 절이 미우면 중이 나간다지 않던……

진규 헛허……, 모순인데요.

이마리아 뭐가 모순이냐?

진규 집사님께서 하필이면 불교승을 예로 들어 빈정대시니까 말씀이죠, 헛허……

이마리아 아니, 얜.

진규 그걸 보면 참 이상하단 말이야. 인생은 불가사의 투성이야.

이마리아 너는 뭐가 그렇게 하나부터 열까지 이상하니?

진규 같은 종교인데 왜 서로 경멸하고 경원하는지 모르겠어요.

이마리아 내가 언제 경원했니?

진규 아니 뭐, 그렇다고 어머니에게만 국한시킬 문제는 아니구요. 대체적으로 그런 경향이 있잖아요? 속담에 자식은 내 자식이 좋고 전답은 남의 전답이 좋아보인다지만 종교인들은 자기가 믿는 종교만이 최상 최고의 진리라고만 고집하니까 이해가 안 가거든요.

이마리아 아니, 그래 네가 지금 나한테 설교하는 셈이냐?

진규 교회 목사만이 설교를 전담해야 한다는 법은 없지요. 진리란 어디서나 누구에게서나 발견할 수도 있고 또 찾아내야 하니까요. 그러니 어머니도 때로는 절에 가서 스님의 불경 강의도 들어보시고 해서 남을 이해하는 방향으로 체질개선을 하셔야죠, 안 됩니다. 안 돼요. 헛허……

이마리아 내가 어쨌기에 체질개선이냐?

진규 자기주의 주장만이 지상지고의 진리라고 고집하지 말란 말이에요. 다른 사람이면 또 모르지만 독실한 신앙생활을 하신다는 어머니가 그렇게 외고집을 부리시다니 이것 또한 불가사의한 사실 중의 한 가지죠. 헛허…… 그렇죠 형. (하며 진우를 돌아보나 진우는 무거운 한숨만 뱉는다)

이마리아   흥! 알았다. 너도 네 형에게 매수당한 것 같은데 한 번 안 된다면 안 돼!

진우   어머니, 매수라니 그게 무슨 말씀입니까? 진규 말대로 상호이해 가 필요해요.

진규   어머니, 억울한데요. 난 그 누구에게도 돈 한 푼 안 얻어먹었는데 매수라니 너무 합니다. 난 어머니가 지금이라도 상당한 금액을 주신다면 어머니 편이 될 수도 있지요. 그러니. (하며 손바닥을 내민다)

이마리아   없어. (하며 급히 나간다. 진규가 어머니를 부르며 따라 나간다)

진우   어머니! (하고 뒤따르는데 2층에서 내려오는 그로리아와 진주가 희희 낙락하며 내려오다가 마주친다)

그로리아   여보, 어디 나가세요?

진우   (다음 순간 이즈러진 미소가 입가를 지나간다) 응?

그로리아   2층에서 사진첩을 구경했어요. 진주가 보여줬어요. (사진 한 장을 내보이며) 이게 당신의 돌 사진이라면서요? 홋호……

진주   홋호…… 큰오빠! 글쎄 제가 그 사진을 뜯어서는 안 된다니까 한사코 가지시겠다고 뜯었다우.

그로리아   여보 당신에게도 이런 시절이 있었던가 싶게 귀여워요. 발가벗 고…… 홋호…… 한국 사람은 애기 사진을 이렇게 찍는다구요?

진주   큰오빠! 언니가 뭐라고 그런지 알아요? 첫 아들을 낳으면 이렇게 발가벗겨서 사진을 찍어가지고 미국으로 보내시겠대요.

진우   (괴로움을 이기지 못하겠다는 듯) 알았어! 나 잠깐 다녀오겠어. (하 며 휙 나가버린다)

진주   (무슨 영문인 줄 모르겠다는 듯) 오빠! 어디 가세요?

그로리아   왜 저러실까? 내가 이 사진을 떼어서 그러시나 봐. 이거 앨범에 다가 붙여 놔요. (하며 사진을 내준다)

진주   그대로 가지고 계세요.

그로리아 그렇지만 오빠의 눈빛엔 슬픔이 고여 있었어. 무슨 일이 있었나
        봐. 혹시 나 때문에……

진주   그럴 리가 있어요? 자! 어서 방으로 들어가요. (하며 그로리아를
        떠밀듯 양실로 들어간다)

        무대가 차츰 어두워지고 온돌방에 덩그라니 일어나 앉아있는 양병섭
의 침울한 표정만이 남는다.

        -막

제3막

무대

전막과 같음.

전막부터 약 2주일 후. 달밤. 정원에 달빛이 비처럼 쏟아지면서 자연적인 조명을 이루어준다. 온돌방은 불이 꺼졌고 현관 쪽 복도가 어렴풋이 훤하다. 양실은 커튼으로 가려져 있고 방 안의 불빛이 그 사이로 희미하게 흘러나온다. 이웃집에서 피아노 치는 소리가 한층 밤의 정서를 짙게 해준다.

테라스에서 진우와 박덕성이 마주 앉아 맥주를 마시고 있다. 빈 병이 서너 개 땅바닥에 뒹굴고 있는 것으로 보아 약간 술에 취한 것 같다. 저만치 진규가 바위에 걸터앉아서 두 사람의 얘기를 듣고 있다. 그는 언제나 방관자적인 언행을 잊지 않는다.

박덕성   냉정히 생각해 보게! 물론 자네로서는 심사숙고한 끝에 결심한 짓이겠지만서두 현실이 그렇지 않은 걸 어떻게 하겠느냐 말이야.

진우   (맥주를 반쯤 마시다 말고 허공을 쳐다보며) 현실이라……

박덕성   현실이지. 장모님께서 다시는 이 집에 안 돌아오시겠다고 우리 집에 오신 지가 벌써 열흘이 지났는데도 자네가 한 번도 안 들리다니 말이 돼?

진우   그래 내가 어머니한테 가서 잘못을 빌면 만사가 해결나는 건가?

박덕성   (약간 당황하며) 해결이 당장에 나는 건 아니지만…… 그게 하나의 과정은 되지 않을까?

진우   현재 나에게 필요한 건 과정이 아니라 해결책이란 말야. 결과가 중요해.

박덕성 그럼 자넨 자네의 행동이 결과적으로 옳다고 생각하나?

진우 뭐라구?

박덕성 나는 자네와 처남 매부 지간이라는 인연을 떠나서…… 말하자면 학교 동창생의 입장으로서 질문을 하고 싶네.

진우 그럼 내가 그로리아와 결혼을 한 게 잘못이란 말이지? 자네도 그걸 반대하는군.

박덕성 사전에 식구들과 의논을 했던들 이렇게까지 일이 복잡해지지는 않았을 걸세. 그래 아무러면 사전에 말 한마디 없이 외국 여자를 끌어들이니 그게 될 뻔이나 한 일인가?

진우 그럼, 내가 사전 양해를 구했었다면 우리 부모님들이 그로리아와의 결혼을 허락했을 상 싶은가?

박덕성 (약간 밀려나간 듯) 그, 그거야 단적으로 말할 수 없지만서두……

진우 (단정적으로) 결과는 뻔한 거야. 일언지하에 반대였지.

박덕성 또 모르지. 허락했을지도.

진우 이유는 간단해. 피부가 다르다는 거지. 피부가…… 흥……

진규 (불쑥 일어서며) 형 말이 옳아요. 어머닌 형의 의사도 안 물어보고 자기 마음대로 약혼할 여자를 정해버릴 성격인 걸……

진우 뭣이?

진규 형! (탁자 가까이 와서) 나도 한 잔 마실래. 괜찮지?

진우 좋아.

박덕성 어머니가 아시면 기절초풍을 할 걸.

진규 오늘 밤엔 들어오시지 않을 거라는 확증이 있으니까 마시는 거죠. 헛허…… (맥주를 따르며) 성경에도 술 마시지 말라는 구절은 없는데 왜 그렇게 술 담배는 질겁이지? (하며 마신다)

진우 옛다, 담배. (하며 포켓에서 담뱃갑을 내놓는다)

진규 나도 있어. 형! (하며 담뱃갑을 꺼내 보인다) 훗호……

박덕성 (어이가 없다는 듯 웃으며) 형제는 용감하군!

진규 매형은 이게 타락이라고 생각하세요?

박덕성 타락까지는 안 가지만 제멋대로 방향을 찾고 있는 것 같애서
      ......

진우 인간이란 원래 방향을 정할 수 없는 게 아닐까? 가다가 부딪치면
      되돌아서기 마련이야. 그렇다고 한 번 간 길은 두 번 다시 안
      갈 것 같지만 얼마 동안의 기간뿐이지 또 다시 그 길을 가는 거야.

진규 어항 속의 물고기들이죠.

박덕성 물고기?

진우 그래! 진규 말이 옳아. 어항 속의 물고기…… 제 딴엔 가장 잘
      생겼고 성장을 했고 의젓하게 가고 있다지만 결국은 부딪치는
      게 있으니까 또 돌아오거든.

박덕성 자넨 미국서 의학박사가 된 줄 알았더니만 철학박사가 되었군.

진우 내겐 학위가 문제가 아니지. 그로리아를 어떻게 살리느냐가 시
      급한 문제니까……

박덕성 부모보다 그로리아를 택하겠나?

진우 (무거운 한숨)

박덕성 장모님이 자네를 위해서 기울인 정성이나 애정을 생각한다면 자
      식으로서도 다른 방도를 생각해야지.

진규 다른 방도라니? 무슨 뜻이지?

박덕성 (의자에서 일어서 천천히 걸음을 옮기며) 그로리아를 본국으로 돌려
      보내는 일이지.

진우 뭣이? (하고 탁자를 쾅 치는 바람에 술잔이 땅에 떨어져 박살이 난다)

박덕성 (냉정하게) 왜, 못마땅한가?

진규 그게 친구로서의 충고라고 생각하나?

박덕성 생각 못할 것도 없지.

진우   뭣이?

진규   (심상치 않은 분위기를 무마시키려고) 앉아서 얘기하시지? 격투를
        하시려면 한강 백사장으로 나가셔도 좋구요!

진우   듣기 싫어.

진규   피차 일반이죠.

진우   뭣이?

진규   인간은 존재하는 권리 이상으로 발언하는 권리도 있으니까요.
        그것이 상대방에게 어떤 결과를 가져오든 자기 본위로 말하고
        자기 본위로 행동하는 것을 합리화시키려는 건 사실이니까요.

박덕성   (쓴 웃음) 전공과목이냐?

진규   형은 형 말대로, 어머니는 어머니대로, 그리고 매형은 매형대로
        …… 사실상은 자기 자신의 만족을 위해서지 그 누구를 위한다
        는 건 거짓말이에요. 안 그래요?

진우   그런데 왜 내게만 가혹한 요구를 하느냐 말이다.

진규   형님 생각으로는 가혹하다고 여기시겠지만 어머니는 너무도 당
        연하고도 상식적인 판단을 왜 못하는가고 버둥거리시는데 어떻
        게 합니까? 헛허…… 인간관계란 이를테면 영원한 평행선이죠.
        아니면 항로 없는 물고기들의 순회라고나 할까? 헛허…… 이것
        이 불초 양진규의 학위논문의 요지입니다. 이상! 핫하…… (하며
        좌편 정원 쪽으로 뛰어나간다)

박덕성   헛허……, 저 녀석은 정말 괴짜야. 엉뚱한 것 같으면서도 정확하
        고, 무관심한 것 같으면서도 자신이 있는 소리만 하니……

진규   (술을 따르다 말고) 더 하겠어?

박덕성   아냐! 난, 그만. 이제 또 들어가 봐야지. (시계를 보며) 벌써 이렇
        게 되었나?

진우   집으로 가겠나?

박덕성 응, 왜?

진우 어머니를 잘 부탁해. 진희가 있으니까 안심은 되지만……

박덕성 (어깨를 치며) 진우! 한번 들리게. 그리고 어머니께 사과드리고
……

진우 그것만으로 꼴이 안 나는 일이래도……

박덕성 그럼 언제까지나 이런 상태로 냉전을 계속할 셈인가? 어머니와
아들이 아무런 이유 없이 서로 떨어져 살아야 하는 까닭이 뭔가?

진우 다 이유가 없는 건 아니니까……

박덕성 뭔가?

진우 조그마한 우월감이지.

박덕성 우월감?

진우 어머니는 그로리아보다 더 유리한 위치에 있다는 우월감 때문에
이런 일이 벌어지고 있는 거야.

박덕성 아니, 그게 무슨 뜻인가?

진우 우리 황인종이 흑인종보다는 문명된 민족이라고 스스로 추켜올
리는 우월감이 사실은 우리 자신을 슬프게 하고 있는 거야. 그렇
지만 사실은 그게 아니거든…… (차츰 흥분되며) 우리가 우위에
설 수도 없거니와 못할 것도 없단 말일세. 그로리아는 훌륭한
여자야. 아니 가엾은 여자야. 백인들에게 흑인들이 차별대우를
받는 것만으로도 형벌은 이미 끝났어야 해. 그런데 뭣 때문에
그로리아는 이 한국에 와서까지 그 형벌을 받아야 하는가 말일
세. 황색인종이 흑인종보다 잘났으면 얼마만큼 잘났다는 건가?
응? 아니 황인종이 백인종에게 차별대우를 받는 앙갚음을 흑인
종에게 가하자는 걸까?

박덕성 이 사람아! 그걸 말이라고 하나? 자네가 미국에서 어떤 대우를
받았는지 모르지만 우린 여기서 그런 차별대우를 받지도 않았거

진우 그렇다면 뭔가? 그로리아가 페스트 환자란 말인가? 살인범이란 말인가? 왜 경원해? 응? 나는 적어도 한 사람의 인격과 인간성을 사랑했지 그 이상으로 어떤 인도주의를 강조하는 건 아닐세. 다만 그로리아의 인간성, 그로리아의 지혜, 그로리아의 머리와 눈과 손을 사랑했기 때문에 결혼했단 말이야. 그런데 그게 왜 안된다는 거야? 왜? 왜? (하며 스스로의 머리를 쥐어뜯는다)

박덕성 진정해, 이 사람아! 자 여기 앉게. (하며 억지로 의자에 앉힌다)

진우 나는 인종차별은 철폐하자는 거룩한 사상의 전도자는 아닐세. 다만 내 영혼과 지혜를 기울여 성심성의로 이룩한 사랑을 무시 당하는 게 싫단 말이야.

박덕성 그렇지만 자네가 한국 여성을 두고 하필이면……

진우 그게 무슨 상관인가? 그럼 내가 서울 역전이나 동대문 근처에서 우글거리는 창녀를 집안에 끌어들였다면 양해할 것 같은가? 상대가 한국 여자니까 말야?

박덕성 자네는 왜 그렇게 극단적으로만 생각하나?

진우 마찬가지지! 나는 철없는 이상주의는 아닐세. 적어도 하나의 인간을 사랑하는 경우만은 겸손하고 조심스럽게 시작해서 경건하고 줄기차게 끝내야겠다는 생각뿐이었어. 나와 그로리아는 그렇게 해서 맺어진 거야. (허공을 향해 지난날의 환상을 좇듯) 그로리아 내 말이 맞지? 그렇지? 우리가 서로 사랑을 맹세했을 땐 우리는 벌거숭이였지? 거짓이 없었지? 아무런 타산도 없었지? 우리가 서로 만난 건 우연이었지만 사랑을 느끼게 된 건 그 누구도 말릴 수 없었어! 끈덕진 힘이었어. 피부가 무슨 상관이야. 안 그래? 그로리아 아버지의 나라인 동양을 그리워하는 건 곧 나를 사랑하는 마음이었다.

이때부터 무대는 어두워지고 무대 우편 어느 공간에 엷은 조세트*의
가운을 입고 있는 그로리아만을 비춰준다.

그로리아 (두 손을 내밀며) 어서 내 곁으로 와요.

진우 (소리만) 조금만 기다려.

그로리아 무얼 꾸물거리고 있어요?

진우 (소리만) 옷을 갈아입는 중이래도—.

그로리아 우리에게 무슨 옷이 필요해요. 싫어요. 어서 와요. 이 성난 가슴
을 진정시켜 줘요. 성이 났어요.

진우 (소리만) 가슴이 성을 낸 건 생명이 강하다는 증거라는데……

그로리아 그래도 가슴은 가슴으로 꺼야 해요. 눈에는 눈으로 가슴은 가슴
으로! 어서요…… 여보! 양.

그때 상반신은 알몸인 진우가 서서히 걸어나온다. 몸에 바스타올을
그대로 걸쳤고 머리는 갓 감아서 물기가 축축하다. 두 사람은 지나치
게 연극적인 억압과 동작으로 한다.

진우 그로리아! 기다렸지?

그로리아 아, 그 그로리아는 이미 불에 타 죽었어요.

진우 오! 가엾은 그로리아! (하며 그녀의 손목을 모아쥐고는 키스를 한다)
아! 불에 타 죽은 손이라서 이토록 뜨거운가?

그로리아 하나님이 불쌍히 여기셔서 손만이라도 덥게 체온을 남겨주신 거
예요. 이 손마저 차디차게 식어버린다면 당신이 내 심장의 고동
을 믿지 않을 테니까요.

---

* 조젯(georgette), 얇은 견직 또는 면직물.

238   차범석 전집 3

진우　　그로리아.

그로리아　양!

진우　　핫하! 사랑스런 그로리아.

두 사람은 비로소 천진난만하게 웃으며 뜨거운 포옹을 한다. 그리고
는 긴 키스를 한다.

진우　　그로리아의 애기대로 알몸으로 나왔어. 괜찮지?

그로리아　(그의 가슴을 어루만지며) 가슴은 언제 봐도 다정하군요. (가슴에
　　　　　얼굴을 파묻고 꿈꾸듯) 가슴은 우리들의 고향! 우리들의 보금자리.
　　　　　어려서는 가슴에서 자라고 철이 들면 님의 가슴에서 어른이 되
　　　　　고⋯⋯

진우　　죽어서는 대지의 가슴에 파묻히고⋯⋯

그로리아　싫어요. 죽는 애긴.

진우　　그렇지만 어느 때고 한 번은 죽는 게 인간이야! 한 번은⋯⋯ 안
　　　　　그래?

그로리아　양! 저를 껴안아줘요. 우린 떨어지지 말아요.

진우　　(한숨) 아⋯⋯

그로리아　그게 대답인가요?

진우　　그로리아!

그로리아　네?

진우　　⋯⋯ (말없이 그로리아의 얼굴을 응시한다)

그로리아　알았어요. 제 얼굴빛을 더듬고 계시는군요.

진우　　그게 아니야.

그로리아　그럼 뭐예요?

진우　　우리가 서로 떨어지지 않는 방법이 무엇인가를 생각하고 있는

거야. 내년 봄이면 나는 한국으로 돌아가야 해. 학위를 따면 고국에 돌아가서 모교의 교단에 서야 하고 또 아버지의 병원을……

그로리아 (다시 매달리며) 양! 싫어요. 가지 말아요.

진우 안 가고 어떻게 하자는 거야?

그로리아 그럼 나는 어떻게 해요? 양! 나는 죽었으면 죽었지 양의 곁을 떠나지 않을 테야. 이렇게…… (하며 더욱 열정적으로 진우의 뺨에다 몇 번이고 키스를 한다)

진우 그로리아.

그로리아 네?

진우 그렇지만 나는 한국으로 돌아가야 해. 그건 내 의무이자 특권이야.

그로리아 (어리광을 부리듯) 그럼 나도 따라갈래.

진우 (놀라는 눈짓으로) 따라와?

그로리아 응! 가보고 싶어요. 신비스런 동양의 나라로 몸에 흐르는 핏줄을 찾아서 가보고 싶어요.

진우 그로리아의 어머니께서 용서 안 하실 거야.

그로리아 아니에요. 언젠가 어머니께 얘길 했어요.

진우 무슨 얘길?

그로리아 양하고의 관계를……

진우 뭣이?

그로리아 어머니는 미소를 지으시면서 이렇게 말씀하셨어요. "네 일은 네가 판단하고 실천해라. 너도 이젠 어른이니까…… 미스터 양은 선량하고 겸손한 신사 같더구나. 네 좋을 대로 해라." 이렇게요.

진우 (난처해하며) 그로리아.

그로리아 양! (속삭이듯) 우리 결혼해요.

진우 (자신의 귀를 의심하듯) 결혼?

그로리아 네, 그렇게 되면 나도 당신을 따라 한국에 가서 살겠어요. 여기처럼 백인 고등학생들에게 놀림을 안 받고도 살 수 있는 거 아니에요? 식당이나 기차간에서도 냉대를 안 받을 테니까요.

진우 (저만치 비켜서며) 그, 그렇지만, 그건 곤란해.

그로리아 왜요? 양! 말해봐요. 뭐가 곤란하단 말이에요? 돈 걱정은 마세요! 어머닌 나를 위해서라면 농장을 파실 분이에요.

진우 돈 문제가 아니라니까!

그로리아 그럼 뭐예요?

진우 한국은 생활이나 풍습이 이곳과는 사뭇 달라서 그로리아가 지내기에는 불편한 점이 한두 가지가 아닐 거야.

그로리아 배우면 되잖아요? 당신의 아내가 되기 위해서라면 무엇이든 참고 견디며 열심히 배우겠어요. 난 동양인의 미덕이 무엇인가쯤은 알고 있어요. 어렸을 때 돌아가신 아버지한테서 얘기 들었어요. 남편이 죽으면 그 아내는 남편의 무덤 앞에다 움막을 짓고 수절한다는 여인의 얘기도…… 얼마나 아름답고 감동적인 얘기예요. 그러니 나하고 결혼해요.

진우 그렇지만 그게 어디 간단한 문제야?

그로리아 (약간 풀이 죽으며) 알았어요. 당신의 부모형제가 반대할 거란 말이지요?

진우 그, 그것도 있지만……

그로리아 또 뭐가 있어요? 우리의 결혼을 방해하는 장애가 뭐냔 말이에요?

진우 그로리아! 제발 냉정히 생각해줘요.

그로리아 난 이 얘길 양에게 고백하기 위해서 얼마나 오랜 시간을 고민했는지 몰라요. 꿈에도 보지 못한 이국 땅에 가서 살아나갈 나날이 그 얼마나 외롭고 쓸쓸할 것인가도 생각했어요.

진우 그건 사실이야. 한국은 미국만치 편리하지도 못해. 언어와 풍습

열대어

도 현저하게 다르고…… 난 그런 환경 속에다가 그로리아를 몰아넣고서 고생시키고 싶지 않아.

그로리아 그게 왜 고생이에요. 나는 오직 당신의 품 안에 있음으로써 행복해질 수 있어요. 아니, 한국에 가도 나는 하나님의 힘과 사랑에 의지하고 기도하면서 살겠어요. 당신의 어머니께서도 독실한 크리스천이니까 이해해 주실 게 아니에요?

진우 (억지로) 그, 그거야 이해해 주시지. 우리 어머닌 신앙을 위해 이 세상에 태어나신 분이라 해도 과언이 아니니까.

그로리아 그럼 됐지 뭐가 또 어려워요? 이래 봬도 난 동양적인 부덕으로 이해하고 실천할 자신이 있어요. 시부모를 섬기고 남편 시중 잘 들고……, 그리고 아이들을 위해……

진우 (감격과 번민이 한꺼번에 쏟아지며 그로리아를 힘껏 안아준다) 그 이상 말하지 말어. 그로리아가 그토록 깊이 생각했을 줄은 몰랐어. 그로리아!

그로리아 아, 전 행복해요. 당신의 이 억센 팔이 내 어깨와 등을 조여주는 동안은 나는 낙원에서 살고 있는 거예요. 여보. 나를 버리지 말아요. 나를 미워하면 싫어요.

진우 그로리아! 알았어!

이때 두 사람을 비추던 조명이 어두워진다.
잠시 후 무대가 밝아지며 박덕성과 진우는 저마다 우울한 표정으로 앉아있다.

박덕성 어떻든 이 문제는 자네 자신의 문제만으로 돌리기엔 벅차단 말이야. 나야 어느 의미로 봐서는 제삼자이기도 하지만 그렇다고 언제까지나 좌시할 수도 없으니까…… (자리에서 일어서며) 장인 어른을 뵙고 갈까 했더니만…… 이만 가보겠네.

진우   응!

박덕성   참 학교 일은 어떻게 됐지?

진우   일주일에 우선 두 강좌만 맡기로 했지. 수요일하고 토요일.

박덕성   잘 됐군. 요즘은 외국을 다녀온 사람도 시간강사 자리 하나 못 얻어서 쩔쩔 맨다네. 거기 비하면 자넨 행운아야. 헛허.

진우   행운아?

박덕성   그렇지! 밥벌이하기 위해 취직 걱정을 안 해도 되니 말야. 요즘 세상엔 그것도 오복 중의 하나라네. 헛허……, 그럼…… (하며 무대 좌편으로 나간다)

진우   현관으로 나가지 왜 뒷문으로 나가나?

박덕성   시간을 절약하기 위해서지. 잘 자게.

진우   조심하게……

그는 잠시 동안 박덕성이가 나가는 뒷모습을 쳐다보더니 맥주병을 들어 술을 따른다. 그러나 술이 없음을 알자 안을 향해 식모를 부른다.

진우   아줌마! 아줌마!

이때 그로리아가 양실에서 커튼을 열어제치고 창을 연다. 주홍빛 전기스탠드가 꿈처럼 아름답게 방안을 비춰준다.

그로리아 여보! 왜 그러세요?

진우   (약간 당황한 빛을 보이며) 아, 아무 것도 아니야.

그로리아 손님 가셨어요?

진우   응.

그로리아 그럼 혼자서 뭘 하고 계세요? 들어오시잖구.

진우 (대답 대신 긴 한숨)

그로리아 여보! 나 할 얘기가 있어요.

진우 얘기?

그로리아 네! 방으로 들어오세요.

진우 바쁜 일?

그로리아 네.

진우 (자리에서 일어서며) 그럼 들어가야지. (하며 마루로 올라온다)

그로리아는 창을 닫고 문 앞에 와서 선다. 진우가 들어서자 그로리아
는 그의 목에 매달리듯 팔을 내맡긴다.

진우 무슨 얘기지? 그로리아!

그로리아 반가운 소식.

진우 반가운 소식?

그로리아 알아 맞춰보세요.

진우 글쎄……?

그로리아 흠…… 베이비.

진우 베이비?

그로리아 (고개만 끄덕인다)

진우 아니 그럼 애기를 가졌단 말이야?

그로리아 네! 진작부터 얘기할까 했는데…… 웬일인지 용기가 안 났어요.

진우 (그로리아의 팔을 풀어놓고 의자에 앉으며) 애기라……

그로리아 왜 그런 얼굴을 하세요? 당신은 우리들의 애기가 기다려지지 않
으세요!

진우 그로리아! 언제부터지?

그로리아 3개월……

진우 그럼 미국에서부터 알고 있었군?

그로리아 네.

진우 그럼 왜 진작 말하지 않았어?

그로리아 자신이 없었어요.

진우 자신이라니?

그로리아 사실인지 아닌지 판단을 신중히 해야겠다고 벼르다가 그만……

진우 아……

그로리아 아니, 왜 그러세요? 내가 애기를 낳는 게 싫으세요? 당신과 나와
의 예쁜 애기 말이에요.

진우 (혼잣소리처럼) 그렇게…… 빨리……

그로리아 저도 처음엔 믿을 수가 없었어요. 그렇지만 지금은 하루 빨리
애기를 낳고 싶어요. 당신과 나와의 좋은 점만을 따가지고 나오
는 애기를. 눈은 저를 닮았지만 살갗은 당신을 닮았으면 좋겠어요.

진우 그로리아.

그로리아 네?

진우 내가 이런 얘길 한다고 오해해서는 안 돼요.

그로리아 (가까이 와서 진우의 어깨에 고개를 기대며) 말씀하세요. 당신의 애
기라면 무엇이든 듣겠어요. 어서 말씀하세요.

진우 아직 애기를 안 가졌으면 좋겠어.

그로리아 뭐라구요?

진우 애기를 가지기엔 너무 일러. 그러니까……

그로리아 싫어요. 싫어. (하며 돌아선다)

진우 그로리아.

그로리아 우리가 애기를 갖는다는 게 뭐가 나빠요?

진우 나쁘다는 게 아니지. 다만……

245 열대어

그로리아 　다만 뭐예요?

진우 　지금 우리 가족들의 이해와 양해를 얻기 위해서 말이야.

그로리아 　어머님 말인가요?

진우 　잘 아는군.

그로리아 　눈치로 알아챘어요. 벌써 열흘 이상이나 따님 댁에 가 계시다니
　　　　……

진우 　(부드럽게) 그로리아! 내 애길 들어요. 우리 어머닌 결코 나쁜 분
　　　　이 아니야. 내가 결혼 전에 부모님에게 허락을 얻지 않았다는
　　　　걸 못마땅하게 여기시고 노하셨을 뿐이니까.

그로리아 　그렇다면 이제라도 허락을 받으면 될 게 아니에요? 왜 집을 나가
　　　　신 채 안 돌아오시나요?

진우 　아까 매제하고도 얘기했지만…… 아무래도 내일쯤은 내가 어머
　　　　니를 모시러 가야겠어.

그로리아 　그렇다면 이 문제는 간단히 해결이 날 텐데 왜 애기를 낳지 말라
　　　　는 건가요? 네? 그게 무슨 상관이 있느냐 말이에요.

진우 　(안타깝게) 그로리아!

현관 쪽에서 초인종이 울린다.

그로리아 　(울먹거리며) 당신의 진심을 말씀해 주세요.

진우 　지금까지 얘기했잖아?

그로리아 　내가 애기를 낳으면 집안 식구들의 오해가 안 풀린다는 이유가
　　　　뭐예요? 네?

진우 　그, 그건……

그로리아 　(차츰 흥분해지며) 나와 같은 깜둥이를 낳을까봐 걱정이 된다는
　　　　말씀이죠? 네? 깜둥이를 낳으면 남부끄럽고 창피하단 말씀이죠?

네? (발악적으로) 그렇죠? 왜 대답을 못하세요? 네?

진우 (자신도 모르게 격하여 뺨을 때린다) 그로리아.

그로리아 앗! (잠시 동안 감전된 사람 모양 멍하니 서 있다 말고 비틀걸음으로 뒷걸음치더니 침대에 엎드려서 통곡을 한다) 으악……

이때 현관 쪽에 양병섭, 이마리아, 진희, 그리고 은순네 들어선다.

양병섭 그래. 아무도 안 왔어?

은순네 장충동 서방님이 아까 다녀갔어라우.

진희 우리하고 엇갈렸나 봐요.

양병섭 그러기에 말이다. 아줌마는 어서 가 자요.

은순네 야. (하며 현관 쪽으로 퇴장)

진희가 먼저 온돌방으로 들어와 벽의 스위치를 누른다. 전등불이 환히 켜진다. 양병섭이 그로리아의 방 쪽을 힐끗 쳐다본다. 그러나 이마리아 여사는 마치 불결한 것을 보는 사람 모양으로 방 한 귀퉁이에 서 있다. 이 사이에 진우는 그로리아를 달래느라고 애를 쓴다. 그리고 스탠드만 남기고 불을 끈다.

양병섭 (들어서며) 그렇게 서 있지만 말구 앉아요. (앉는다)

진희 (재촉하듯) 어머니! (하며 치맛자락을 잡아당기며 앉으라고 눈짓을 한다)

이마리아 (신경질을 부리며) 앉건 서건 내 몸 내가 알아서 할 텐데 왜들 이렇게 간섭이 심할까? 내 참…… (하며 저만치 돌아앉는다)

양병섭 여보! 당신도 그 철따구니 없는 소리 작작 하구려.

이마리아 그렇죠. 그러니 이 집에서 철없는 나만 없어지면 모든 게 척척 잘 들어맞을 테니 안 들어오겠다는데 왜 따라다니면서 귀찮게

열대어

하느냔 말이에요.

양병섭　주부가 제 집 두고 밖에서 지내는 게 뭐가 잘한 짓이라고 그러오.

이마리아　딸 집이 남의 집인가요?

양병섭　박 서방의 눈치도 몰라?

진희　아버지두, 우리 집엔 일 년 내내 계셔두 상관없어요.

양병섭　너두 네 엄마를 닮았니? 글쎄 할 얘기가 있으면 서로 타협적으로 의논을 해서 건설적인 방향으로 처리를 해야지 그렇게 다짜고짜로 집을 뛰쳐나가면 어떻게 해요. 남의 이목이 두렵지도 않소?

이마리아　그게 두려우니까 나는 이 집에서는 한 시도 있을 수 없단 말이에요.

양병섭　뭐라구?

이마리아　제 말이 틀려요? 집에 찾아오는 교회 손님이 (양실을 가리키며) 저 방 식구들에 대해서 캐묻는 말에 일일이 설명하다간 입이 부르터서라도 말라죽을 거예요.

양병섭　여보! 임자는 매사를 순리대로 하지 않고 왜 그렇게 억지로만 생각하오.

이마리아　(휙 돌아앉아 마주보며) 뭐요? 내가 억지를 부리고 있다고요? 얘! 진희야. 네 얘기 좀 들어보자. 그래 내가 이 집에 들어오기 싫어하는 게 억지냐? 응?

진희　어머니. 그러니까 오늘은 아주 당사자를 불러놓고 솔직담백하게 말씀을 하세요.

양병섭　무슨 소리냐? 뭘 솔직담백하게 말하라는 거냐?

진희　그렇지 뭐예요. 단적으로 말해서 5월의 꽃동산보다 더 평화롭던 우리 집안이 누구 때문에 이렇게 소란해지고 음산해졌는가를 알고 있는 이상은……

양병섭　이상은 어떻게 하자는 거냐?

이마리아　나가달라고 할 수밖에 없죠.

양병섭　뭐라구?

이마리아　그게 불가능하면 내가 나가는 거구요.

양병섭　(노기를 띄우며) 여보! 몇 번 말해야 알아듣겠소?

이마리아　피차 매일반이죠. 내가 고집하고 있는 거나 진우가 고집하고 있
　　　　　는 거나 말이에요. 그러니 나의 진우가 내 앞에 무릎을 꿇고 사
　　　　　과를 한 다음 그 깜둥이를 이 집에서 나가게 하기 전에는 못 들어
　　　　　오겠단 말이에요.

양병섭　그렇지만 말이 그렇지 어떻게 돌려보내오, 보내긴…… 몇 번 말
　　　　　해 봐야 개미 쳇바퀴 도는 식의 얘기 밖에는 안 된다니까.

이마리아　흥! 당신은 언제부터 그렇게 그들 편이었수?

양병섭　그게 무슨 엉터리 같은 소리야. 한 가족 사이에 편이 무슨 편이요?

이마리아　가족이요? 흥? 차라리 우리는 한 가족이 아니었던들 이렇게 미워
　　　　　지지는 않았을 거예요.

양병섭　어떻든 진우를 불러다가 얘기를 합시다. 진희야. 네 오래비 좀
　　　　　불러라.

진희　　네. (하며 미닫이를 열고 나선다)

얼마 전에 스탠드 불을 끄고 나와 마루 기둥에 기대어 담배를 피고
있는 진우를 보자 진희는 섬찟 놀란다. 그리고 잠시 망설이다 말고
말을 건다.

진희　　오빠! 아버지가 부르셔요.

진우　　무슨 얘기냐?

진희　　어머니도 오셨는데 그렇게 모르는 척 하시기예요?

진우　　설고냐?

진희   (불쾌감을 억제하며) 어떻든 들어오세요.

양병섭   (밖을 향해) 진우야! 나 좀 보자.

진희   (재촉하며) 오빠!

진우는 담배를 뜰에다 내던지고는 결심이나 한듯 안방으로 들어선다.

진우   (서먹한 기분으로) 어머니 언제 들어오셨어요?

이마리아 (눈을 흘기며 돌아앉는다)

진우   아까 박 서방이 다녀갔어요. 저로서도 진작 찾아가 뵙고서 여러
       가지 말씀드리려 했지만……

이마리아 (비꼬며) 바빴겠지? 여러 가지 일들이……

양병섭   진우야. 너한테 이런 얘기해서 안 되었다만…… 무슨 타개책이
       강구되어야 한다고 보는데…… 네 생각은 어떠냐?

진우   알고 있습니다.

양병섭   알고 있어?

진우   그로리아 문제 말이죠? (한숨) 그러나 이것만은 전제조건으로 하
       고 말씀해 주십시오.

양병섭   뭐냐?

진우   그로리아와 나는 서로 떨어질 수 없습니다.

이마리아 뭐라구? 아니 그럼 이 에미보다는 계집이 더 소중하단 말이냐?

진우   소중한 건 바로 인간의 생명입니다. 누구의 것도 아닌 바로……

이마리아 듣기 싫다. 네가 미국에서 5년 동안 배워온 거라는 게 고작해서
       그거냐? 네가 서양식 생활에서 배워온 건 부모형제보다도 자기
       여편네를 지키는 거였니? 그런 깜둥이가 어디가 좋아서.

진우   어머니!

이마리아 다시 한 번 일러두지만 난 죽는 한이 있더라도 그 여자를 내 며느

리로는 못 받아들이겠다. 그것을 알고 있다면 네 좋을 대로 해.

진우   좋아요. 누가 뭐라든 그로리아는 내가 책임질 의무가 있는 여자 예요. 더구나 그로리아는 지금 홀몸이 아니니까요.

이마리아   뭣이?

양병섭   아니 그럼……

진희   어머나! (동시에)

진우   그로리아는 한국의 애기를 낳기를 원하고 있습니다. 살갗이 검지 않은 귀여운 애기를 낳겠다고 하느님에게 기도를 올리고 있답니다. 어머니, 그건 하느님의 용서를 받을 수 없는 일일까요?

이마리아   하나님의 용서?

진우   그래요. 그로리아는 어머니와 마찬가지로 하나님을 믿고 의지하는 여자예요. 그런데 어머니의 용서를 못 받는 일이라면 하나님의 용서도 못 받는 게 아닐까요?

이마리아   (자신의 이론이 불리해짐을 알자) 그래 네가 저지른 짓이 얼마나 떳떳하다고 우기는 거냐?

진우   저는 떳떳하다고 봅니다. 저와 그로리아가 서로 사랑하고 사랑하기 때문에 결혼한 건 하느님의 뜻이기도 해요. 그걸 왜 어머니가 막는 거죠? 하나님의 성실한 딸인 어머니께서 그로리아를 미워할 권리는 없다고 봐요. 그건 위선이에요.

이마리아   네가 이 에미의 신앙을 생트집 잡는 거냐? 어째서 위선이냐?

진우   위선이죠. 입으로만 하나님의 사랑을 받들고 칭송했지 자신의 생활에서는 이기주의에 사로잡힌 허식과 허영이야말로 지탄을 받아야 할 과실이죠.

이마리아   (어이가 없다는 듯) 여보! 들으셨죠? 지금 진우가 지껄이는 험담을 들으셨죠? 한 계집에게 눈이 어두워져 제 어머니를 욕되게 하는 불효를 똑똑히 보셨죠? 네? 아이구 분해라…… 아이구 원통해

라…… (하며 통곡한다)

진희 오빠. 너무하시잖우?

진우 내가 너무한 게 뭐냐?

진희 아무리 그러기로서니 어머니의 신앙까지 의심하시다니…… 어머니는 30년 동안 교회 일을 보살펴오신 독실한 교인이에요.

진우 그 독실한 믿음이 한 인간을 이해 못한대서야 무슨 소용이냐? 그것도 아무런 근거도 없는 막연한 우월감으로 인해서 말이다.

이마리아 오냐! 너는 유식하고 나는 무식하니까 마음대로 헐뜯어라. 에미를 헐뜯는 자에게 천벌이 없을 줄 아니? 천벌을 받는다.

진우 좋아요! 어머니가 그렇게 말씀하시지 않더라도 내가 이 집을 나가겠어요.

양병섭 (지금까지 묵묵히 앉아있던 양병섭의 눈이 빛나며) 진우야. 그걸 말이라고 하니? 집을 나가다니?

진우 아버지. 한국을 동경한 나머지 찾아온 그로리아의 순진한 소망을 상하게 할 수는 없습니다. 그로리아는 꼭 같은 유색인종으로서의 공통된 감정을 이해하기 위해서 나를 따라온 거예요. 한국에는 미국에서처럼 차별대우를 안 받으리라는…… 그런데 이 조그마한 가정 안에서부터 그런 대우를 받게 된다면 너무 잔인하다고 봐요. 그로리아가 너무 가엾잖아요? 네? 아버지?

양병섭 진우야! 그렇지만 엄연한 현실의 장벽을 어떻게 하겠니? 그건 이상도 아닌 그 이전의 생리라고나 해두자.

진우 아버지도 그럼…… 그로리아를 싫어하시는군요? 일제시대에 동경유학 가셨을 때 한국사람이기에 하숙방 하나 제대로 못 빌리곤 했던 그 피해의식을 이젠 그로리아에게 옮기시려는군요.

양병섭 진우야. 그건 얘기가 다르다.

진우 다른 게 뭐가 있어요? 우리가 다른 인종에게서 업신여김을 받는

거나 우리가 다른 인종을 멸시하는 거나 다른 게 뭐예요? 누가
더 잘났다는 거예요? 네? 말씀해 보세요.

이마리아 아니 얘가 정말 미쳤나?

진우 차라리 미쳤으면 좋겠어요. 나는 그로리아에게 어머니 자랑을
얼마나 했는지 몰라요. 그런데 그 어머니가 그로리아를 싫어하
시다니…… 아……

끓어오르는 격정을 달래지 못한 채 밖으로 뛰쳐나간다. 얼마 전에 양
실에서 나온 그로리아가 매달린다.

그로리아 양! 어디 가요?

진우 그로리아.

그로리아 여보. 다 들었어요. 다……

진우 걱정 말아. 나는 무슨 일이 있어도 이 한국 땅에다가 그로리아를
버리지 않을 테니까. 나를 믿어요.

그로리아 (감격과 비애에 얼룩진 표정으로) 여보! (하며 품에 안긴다)

진우 갑시다. 우리 두 사람만의 어항 속으로 돌아가요.

하며 양실로 들어간다.
멀리 야간열차의 기적소리가 서글프다.

암전

제4막

제1장

무대

전막과 같음.

전막부터 약 20일 후. 석양 때. 진찰용 가운을 입은 진우가 마루 한구석에 있는 전화대에서 통화를 하고 있다. 진규가 테라스에서 책을 읽고 있다.

진우 그런데 열은 평온이고 맥박도 정상이거든. (사이) 응? 수면? (사이) 글쎄 그게 좀 비정상적이야. 아마 일종의 신경쇠약 증세라고는 짐작이 가는데…… (사이) 응, 응, 그럼 내일이고 내가 집사람을 데리고 찾아갈 테니까…… (사이) 뭐라구? 예끼 이 사람. 의사의 아내라고 병나지 말라는 법이 있나? (쓰게 웃는다) 알았어. 그럼 내일 오후에 종합진찰을 받으러 갈 테니까 강 박사님께…… 미리 잘 좀 부탁드려 놓게. 응? (사이) 입원을 하게 될지도 모른다고? 음…… 그건 좀 곤란한데…… (사이) 음…… 아무래도 외국인이 되어서 말이야. 외부 사람 만나기를 꺼려하거든. 그래서 지금 집에서도 2층에다가 방을 따로 차리게 하구서…… 응, 응, 알았어. 아무튼 자세한 얘긴 내일 병원에 가서…… 응, 부탁하네.

그는 전화를 끊고 나서 무거운 한숨을 내리쉰다. 그리고는 마루 앞으로 나오며 담배를 피워문다. 그의 얼굴은 전보다 수척해 보이고 그늘이 졌다. 이때 진규가 힐끗 쳐다보더니 씩 웃는 말을 건다.

254   차범석 전집 3

진규	형, 형수씨는 좀 어때요?
진우	그저……
진규	아무것도 안 잡수신다니 걱정이죠?
진우	링거 주사를 놓아주고 있으니까 영양섭취는 괜찮아.
진규	2층에 문병차 올라가고 싶어도 어쩐지 어색해서요…… (빙그레 웃는다)
진우	가까이 안 하는 게 좋을 테지.
진규	왜요?
진우	사람을 가까이하는 걸 싫어하니까.
진규	(문득) 참 이상하죠?
진우	뭐가?
진규	처음부터 전 그걸 느꼈지만 형수의 눈빛은 분명히 어떤 수수께 끼를 품고 있는 눈이거든요.
진우	(혼잣소리처럼) 수수께끼라.
진규	그렇죠. 사람을 싫어하는 눈이라기보다는 차라리 목마르게 기다 리고 그리워하는 빛일 거예요.
진우	흥……, 네가 언제부터 관상가가 되었니?
진규	틀림없어요. 이래 뵈도 저에겐 눈빛을 점치는 힘은 있어요.
진우	그래서 네 의견은 어떻게 하겠다는 거냐?
진규	형, (사이) 형수와 이 집을 떠나가세요.
진우	떠나다니……, 이 집을 나가란 말이냐?
진규	가능하면 미국으로 가시든지…… 그게 어려우면 독립하세요.
진우	(침울하게 한숨을 뱉는다)
진규	형수가 한국을 찾아오실 때의 그 의욕이란 한낱 환상 같은 거예 요. 어디 가나 우리에게 따라다니는 편견이 왜 이 땅엔들 없겠어 요? 그게 없으리라고 생각한 것 자체가 큰 오산이었죠.

진우 너도 그렇게 생각하니?

진규 별 수 없어요. 사람의 관념이나 이념만으로 살아가기엔 우리 현실은 너무 벅차고 복잡해요.

진우 그렇잖아도 난 그걸 생각했어. 그로리아를 위해서는 딴 곳으로 옮겨야겠다고……

진규 그렇게 하세요. 우리 집에 하루 더 머물러 있으면 그만큼 형수의 병은 무거워질 거예요.

진우 내일은 정신신경과 전문의의 종합진단을 받기로 했다.

진규 일종의 노이로제 증세겠죠.

진우 글쎄……

이때 2층에서 그로리아의 뭐라고 외치는 소리와 간호원 미스 리의 비명소리. 그리고 유리병이 깨지는 소리가 울려퍼진다.

그로리아 (소리만) 나가요, 나가!

미스 리 (소리만) 이러시면 안 돼요. 앗!

진우 무슨 소리냐?

진규 형수가 왜 저러실까요?

미스 리 (2층에서 내려오며) 선생님! 선생님!

통퉁거리며 층계를 내려오는 소리가 나더니 파랗게 질린 미스 리가 오들오들 떨며 나타난다.

진우 무슨 일이야, 미스 리?

미스 리 저…… 사모님께서…… 사모님께서……

진우 어떻게 된 거야?

미스 리 저…… 저……

진우 그렇게 서 있지만 말고 어서 말해요. 이 간호!

미스 리 글쎄 제가 링거 주사를 놓아드리려고 왼팔 정맥에다가 주사기를 꽂으려고 팔뚝을 걷으니까…… 글쎄 난데없이 벌떡 일어나더니만 링거 병을 내던지면서 저리 아우성이지 뭐예요.

그로리아 (미친 사람처럼 울부짖는 소리) 양! 양! 양! 흑흑……

진규 형님 빨리 올라가 보세요.

진우 응……

진우가 급히 2층으로 뛰어 올라간다. 그로리아의 울음소리가 아직도 들리더니 이윽고 가느다란 흐느낌으로 변한다.

이때 병원 도어가 열리며 조수인 최덕호가 도수가 센 안경을 쓰고 고개를 내민다. 손에 주사기가 들렸다.

최덕호 무슨 소리야 미스 리.

미스 리 아이 무서워. 꼭 미친 사람 같다니까 글쎄…… 최 선생님도 올라가 보세요.

진규가 불안한 표정을 짓더니 서서히 2층으로 올라간다.

최덕호 누구 말이야?

미스 리 누군 누구? 젊은 원장 선생님의 부인 말이지. 글쎄, 링거 병을 못 던지게 했더니 내 팔을 꼬집어 뜯는데…… 이것 봐요. 멍이 들었잖아.

최덕호 (힐끗 넘겨다 보며) 헛허, 덕택으로 하마터면 동백 아가씨가 될 뻔했군.

미스 리　아이, 뵈기 싫어. 남의 속도 모르고 농담만 하셔.

최덕호　헛허……

미스 리　정말 미친 게 아닐까?

최덕호　무슨 소리야?

미스 리　그러고 보면 알고도 모를 게 남자라니까.

최덕호　남자라니?

미스 리　젊은 원장님 말이야…… 하고 많은 여자를 두고 왜 하필이면
그런 깜둥이 여자와 좋아지냈다지?

최덕호　사랑에 국경이 없다는 얘기도 못 들었어?

미스 리　그렇지만 아무리 선의로 해석하려 해도 납득이 안 가요.

최덕호　그렇다고 미스 리가 그렇게 납득을 할 필요는 없으니 안심하라
구…… 핫하……

미스 리　아이, 뵈기 싫어.

최덕호　자, 우리는 구경이나 하다가 떡이나 먹자구…… (재촉하듯) 빨리 들
어가요. 원장 선생님이 오시기 전에…… (하며 두 사람이 병원 쪽
으로 퇴장한다)

잠시 후 2층에서 진우가 그로리아를 부축하여 내려온다. 그로리아는
머리가 엉성하게 헝클어진데다가 눈이 전보다 더 움푹 패여 흡사 동
물의 그것과도 같다. 그 뒤에 진규가 따라 내려온다.

그로리아　싫어요, 싫어!

진우　내 말을 들어요.

그로리아　난 병원에 안 가요. 난 환자가 아니라니까요.

진우　환자인지 아닌지는 진단을 받아봐야 알잖아. 자, 어서. 옷을 갈
아 입고 나하고 같이 나가요. 그렇잖아도 내가 친구 병원에 미리

얘길 해 놨으니까.

이 말에 그로리아는 걸음을 멈추고 뚫어지게 진우의 얼굴을 응시한
다. 그녀의 눈빛은 전보다 더 반항적이며 어떤 증오의 불길까지 타오
르고 있는 것 같다.

그로리아 미리 애기를 해 두셨다고요?

진우 한국에서는 권위 있는 신경과 정신병원이니까 믿을 수 있을 거
요. 자, 그러니 어서…… (하며 등을 가볍게 친다. 이 말에 그로리아는
노골적으로 반발하여 방으로 들어간다)

그로리아 싫어요!

진우 (그녀의 태도가 너무나 강경하다는 데 놀라며) 그로리아. (하며 따라
들어간다)

진규는 멍하니 두 사람의 대화를 듣다가 무슨 생각이 들었는지 현관
쪽으로 나간다.

그로리아 (정면으로 대들며) 당신은 나를 정신병자 취급이시군요.

진우 뭐라구?

그로리아 그렇지 않단 말이에요? 도대체 누구의 양해를 얻고 그 병원에
미리 애길 했느냐 말이에요. 네?

진우 아니, 그게 무슨 소리야. 당신의 건강이 나빠진 걸 걱정했기에
나는……

그로리아 그래 하필이면 왜 정신병원에다 연락을 했지요? 네?

진우 그, 그건……

그로리아 당신네들은 모두가 나를 미친 사람으로 만들 셈이군요. 그렇죠?

　　　　　　　　　　　　열대어

진우　　　　(화를 내며) 그로리아.

그로리아　정확하게 말해보세요. 왜 내가 정신병원에 가야 하느냐 말이에요.

진우　　　　정신병원에 간다고 모두가 정신이상으로 생각하는 건 무식한 소
　　　　　　견이에요.

그로리아　그래요. 나는 정신병자에다가 무식한 여자니까요.

진우　　　　아니, 정말 이렇게 억지를 부리기요?

그로리아　(울음이 터져나오며) 좋아요. 당신까지 나를…… 나를 미친 년 취
　　　　　　급한다면…… 내게도 생각이 있어요. (하며 옷장을 열고 옷을 마구
　　　　　　침대 위에 내던진다)

진우　　　　(의아심과 불안으로) 그로리아. 어떻게 하겠다는 거야?

그로리아　내가 이 집을 나가면 되잖아요.

진우　　　　이 집을 나가?

그로리아　(계속 옷을 던지며) 그래요. 난 그 누구의 간섭도 받고 싶지 않아
　　　　　　요. 더구나 당신네들의 감시와 경멸은 싫단 말이에요.

진우　　　　(그로리아의 손목을 잡으며 달래듯) 그로리아 제발 이러지 좀 말아
　　　　　　요. 왜 내 뜻을 올바르게 이해하려 들지 않는 거지? 응?

그로리아　(그의 손을 뿌리치며 저만치 비켜선다) 그건 바로 내가 하고 싶은
　　　　　　얘기예요. 나는 모든 것을 참고 견디며 이해하려고 애썼어요. 그
　　　　　　렇지만 당신네들은 나를 이해하려 들지 않고 무언과 백안시하며
　　　　　　나를 대해 왔잖아요. 내가 이 집안에 싸고 도는 그 차가운 바람
　　　　　　을 못 느꼈다고 생각하세요? 당신의 어머니, 당신의 누이 그리
　　　　　　고……

진우　　　　그로리아. 제발 그렇게 흥분만 하지 말고 진정해요. 제발…… 당
　　　　　　신은 나와 결혼한 거야. 내가 당신을 이해하면 되는 거지. 그 외
　　　　　　사람이 설령 무슨 소릴 했다 한들 그게 무슨 상관이겠소?

그로리아　맞았어요. 나는 그 누구보다도 당신만을 믿고 있기에 미국서 한

국까지 건너왔어요. 그런데 당신마저도 나에 대해서······ (하며 쓰러져 운다)

진우 (물끄러미 그로리아의 어깨를 내려다 보면서) 그로리아······ 당신은 너무 지쳤어. 그동안 낯선 환경 속에서 신경을 필요 이상으로 소모시켰단 말이야. (부드럽게) 그로리아, 이젠 좀 쉬어요, 응?

그로리아 그래요. 그래서 나를 정신병 환자 취급을 했어요? 나를······ 생 사람을 억지로 환자를 만들려고······

진우 그게 아니래두.

그로리아 그럼 왜 사전에 저한테는 일언반구 의논도 없이 정신병원에 연 락을 했어요?

진우 그, 그건······

그로리아 (광적으로 손짓을 하며 방안을 거닌다) 그리고 나더러 애기를 낳지 말아 달라는 요구는 또 뭐예요? 나의 사랑의 씨를······ 아니 내 생명의 분신을 이 집에서는 받아들이지 않겠다는 게 아니겠어 요? 나 같은 깜둥이가 또 하나 태어나면 창피하니까······ 그렇 죠? 대답을 해보세요. 양! 양! 양!

하고 소리를 지르다 말고 제 풀에 격하여 머리를 쥐어뜯고 가슴을 치며 쓰러져 운다. 그런 광란의 여인을 냉철하게 보고만 있던 진우는 문 가까이 가서 병원 쪽을 향해 소리를 지른다.

진우 최 군! 최 군!

최덕호 (소리만) 네.

진우 내실로 들어와봐요. 빨리, 빨리!

이 말이 끝나기도 전에 최덕호가 흘러내리는 안경을 치켜올리며 황급히 등장한다.

최덕호 부르셨습니까? 작은 원장님.

진우 (차갑게) 빨리 구급차를 불러요.

최덕호 구급차를요?

진우 급하니까 빨리.

최덕호 네…… (하며 다시 병원 쪽으로 되돌아간다)

흐느껴 울던 그로리아가 구급차라는 말에 귀가 번뜩 뜨였는지 눈물로
엉망이 된 얼굴을 쳐들고 진우를 쳐다본다.

그로리아 구급차라구요? 나를 실어가겠단 말인가요?

진우 (냉정하게) 가야지! 당신은 의사의 치료를 받아야 해요. 그건 나의
의무니까…… 남편으로서의 권리란 말이요!

그로리아 권리? 당신은 내게 대해서 명령하는 권리밖에 없나요? 싫어요,
싫어! (하며 책이며 화병을 닥치는 대로 내동댕이친다)

이때 현관 쪽에서 이마리아 여사와 진희가 들어오다 말고 이 소란을
목격한다.

진희 무슨 일일까요?

이마리아 그러기에 말이다. (하며 방안을 들여다보며) 웬 일들이냐? 응? (하며
도어를 열자 그로리아가 던진 옷이 이 여사의 얼굴에 정통으로 마주친
다) 에그머니! (질겁을 하며 옷을 걷어치운다) 아니 이게 무슨 짓이
냐? 응?

진우 어머니! 제발 저 방으로 건너가 계세요.

이마리아 (그로리아를 쏘아보며) 아니 저게 눈에 보이는 게 없나? 응? 누구 앞에서 함부로 물건을 깨고 내던지고 지랄이야. 지랄이……

진희 (맞장구를 치며) 어머…… 방안 꼴 좀 봐. 아니 이게 누구 살림인데 함부로 깨고 던지고 야단일까? 참 별꼴이야.

진우 진희야! 저리 가 있으래두.

진희 오빠! 정신 있수 없수? 뻔히 두 눈을 뜨고도 이런 꼴을 못본 척하세요? 네?

이마리아 진우야! 네가 저 여자를 좋아한 건 자유겠지만 이 집은 네 집이 아니란 말이다. 알겠니? 네 아버지께서 피땀 흘려가며 벌어서 장만한 살림이란 말이야. 그런데 왜 네 마음대로 파괴하는 거지? 아니 저 여자가 뭐기에 우리 살림을 함부로 내던지는가 말이야.

진우 어머니! 글쎄, 여긴 제게 맡기세요.

이마리아 언제는 네게 안 맡기던? 흥! 마음대로 해라! 마음대로 해! (그로리아에게) 이것 봐. 얼마나 머리에 든 게 많고 가진 게 많은지 모르지만, 우리 집안에서는 이런 꼴 못 봐. 뉘 앞에서 이 버릇 없는 짓이지?

그로리아 (말없이 돌아서 있다. 저으기 반항적이다)

이마리아 남자가 세간 부수는 꼴도 못보는 난데 여자가 어떻게 감히 이런 흉측한 짓을 한다지? 이건 적어도 교양있는 한국 사람 가정에서는 있을 수 없단 말이야. 더 이상 못 보겠단 말이야.

진희 미국서 대학교육까지 받았다는 여자가 뭐 그래? 흥!

진우 (화를 내며) 진희야! 저리 가래두.

진희 흥! 그래도 오빠는 저 여자 편이구려! 어머니 가십시다. 우리가 여기 서 있다는 사실마저 싫다는 눈치군요. (그로리아를 가리키며) 거만하기가 꼭 독기오른 뱀 대가리군요.

이마리아 망하는구나! 망해! 에그, 어디서 저런 게 집안에 들어와서……

진우   그로리아…… 어머니에게 사과드려요, 어서!

그로리아 사과를 드려요? 제가 무슨 잘못이 있기에 사과를 드려요.

이마리아 뭐, 뭐라구? 아니, 지금 뭐라고 그랬지?

그로리아 인간을 인간으로 대우 못하는 인간이 어떻게 인간 대우를 받겠
        어요?

이마리아 뭐…… 인간 대우을 못 받는다? 아니 뉘 앞에서 함부로 그 주둥
        아리를 놀린다지? 응? (하며 대들자 진우가 사이에 낀다)

진우   어머니!

이마리아 비켜! 얘기가 나온 김에 내가 따져야겠다.

진우   그로리아는 지금 몸이 좋지 않으니 나중에 말씀하세요.

그로리아 난 환자가 아니에요. 내가 왜 환자예요? 왜?

이마리아 (겁을 먹고 물러서며) 아니 이게 정말 미쳤나? 응? 왜 이런다지?

그로리아 뭐? 미쳐요?

진우   어머니! 제발 저 방에 가 계세요. 그로리아는 내게 맡기세요.

이마리아 마음대로 하렴! 네가 데리고 온 사람을 네가 책임지지 언제 내가
        책임지겠다던?

진희   정말, 이건 남 부끄러워서 못살겠어요, 어머니.

        하며 이마리아 여사와 진희가 그로리아에게 경멸의 시선을 던진다.
        그로리아가 다시 발광을 한다.

그로리아 가요, 가! 다 가! (하며 테이블을 엎는다)

진우   그로리아! (하며 껴안고 말린다)

그로리아 놔요, 놔! 왜 나를 가두어 놓고 못살게 구는 거예요.

이마리아 (겁을 먹으면서) 아니 저게 정말 미친 사람 아니냐? 왜 이런다지?

진희   그렇다니까요. 어서 아버지께 연락을 해서……

진우   진희야! 제발 가 있어!

이때 밖에서 구급차 사이렌 소리가 가까워지고 차 멎는 소리가 들린다. 이윽고 병원 도어가 열리며 최덕호가 황급히 들어선다.

최덕호 작은 원장님! 구급차가 온 모양입니다.
진우   그로리아.
그로리아 난 안 가요. 안 가.
이마리아 구급차라니? 최 군 무슨 소리유?
최덕호 예……, 저도 잘 모르겠는데 아까 급히 차를 부르라고 해서……
그로리아 (침대 가를 붙잡고 버둥거리며) 나는 안 가요, 나를 여기 놔둬요.
진우   그로리아. 나를 믿고 어서 병원으로 가요. 당신은 치료를 받아야해. 어서!
그로리아 싫어! 싫어!

이때 현관 쪽에서 양병섭이 외출에서 돌아온다. 이 소란한 꼴을 보더니 최에게 몇 마디 소근거리다가 최가 급히 병원 쪽으로 나간다.

양병섭 (방으로 들어서며) 진우야!
진우   네.
양병섭 그만 놔줘.
진우   그렇지만……
양병섭 내 하라는 대로 해. 어서!

진우가 안았던 팔을 풀어주자 그로리아는 침대에 쓰러져 운다.

265   열대어

양병섭 (이마리아에게) 여보! 왜들 이 방에 들어와서 그래…… 자…… 우리는 저 방으로 갑시다.

이마리아 그, 그렇지만……

양병섭 가라면 가는 거래두…… (진희에게) 어서!

이 여사와 진희가 쑥덕거리며 나가자 양병섭은 진우에게 뭐라고 귓속말을 건넨다.

양병섭 과로한 사람에겐 수면이 특효약이다.

진우 네……, 그렇게 하겠습니다.

양병섭 (부드럽게) 그로리아…… 이제 내가 약을 지어 보낼테니 그걸 먹고 푹 쉬어라…… 너는 지금 휴식이 필요한 거야. 알았지? (하며 병원 쪽으로 나간다)

진우 (서글퍼지며) 그로리아…… 그로리아…… 정신을 차려! 아버지 말대로 해요.

그로리아 (더욱 슬퍼지며) 양! 양! (하며 목놓아 운다)

암전

제2장

무대

전막과 같음. 며칠 후, 밤.

그로리아의 방은 불이 꺼져 있고 온돌방에서는 이 여사가 열심히 기도를 올리고 있다.

테라스에서는 진규가 탁자 위에 다리를 올려놓고 기타 줄을 타고 있다. 우울하고 무거운 흑인 영가와 같은 가락이다. 그 옆에 진주가 서서 콧노래를 부르고 있다. 잠시 후 병원 도어가 조심스럽게 열리며 진희와 최덕호가 2층에서 내려온다. 두 사람은 몇 마디 소근거리더니 최에게 무엇인가 쥐어준다.

진희 아버지가 오시기 전에 꼭 좀 부탁해요. 자! 이 돈 받아 둬요.

최덕호 그, 그렇지만⋯⋯

진희 뒷일은 걱정 말래두. 최 씨에게 누가 끼치지 않을 테니까. 알았지?

최덕호 글쎄요. 그렇게 해도 괜찮을까요?

진희 걱정 말래두. 자 어서. (하며 최덕호의 등을 밀다시피 하며 병원 안으로 들여보낸다. 그리고는 주위를 살피며 되돌아 그로리아의 방안 기색을 살피더니 다시 온돌방으로 들어온다)

기도를 하고 있던 이 여사가 절망도 회의도 아닌 탄식을 내뱉는다. 환자에 가깝도록 맥이 없다.

이마리아 진희야!

진희 네!

이마리아 여태 집에 안 갔니? 아범도 기다릴 텐데.

진희 제 걱정보다 어머니가 큰 일이에요. 이렇게 가다가 어머니마저 환자가 되겠어요.

이마리아 (한숨) 이미 환자가 된 지 오래지. 난 죽은 몸이야.

진희 아이 어머니두! 왜 죽어요, 죽긴⋯⋯

이마리아 저것들이 집안에 있는 한 나는 죽은 몸이래두. 어디다 내가 얼굴

267 열대어

을 내놓고 나다니겠으며 누구하고 떳떳이 애길 주고받으며 살아
가느냐 말이다. 아이구. (하며 금시 눈물바람을 한다)

진희　걱정 마세요. 항상 달밤이겠어요?

이마리아　무슨 소리냐? 그렇다고 내가 집을 나간다는 것도 이치가 안 닿고
한 지붕 밑에서 같이 살자니 오장이 뒤집히고…… 자고로 짐승
보기 싫은 것은 봐도 사람 보기 싫은 건 단 하루도 못 본다는데
…… 에그 하나님도 너무 하셔…… (하며 다시 두 손을 모아 쥐고
입안의 소리로 뭐라고 중얼거린다)

이 사이에 최덕호가 병원에서 나와 조심스럽게 그로리아의 방으로
들어간다. 그는 침대에 누워있는 그로리아가 잠들었다는 걸 확인하자
탁자 위에 있는 약봉지에서 알맹이를 꺼내고 다른 약봉지하고 바꾸어
놓고 재빨리 나온다. 이때 테라스에서 마루로 올라오는 진주와 마주
친다.

진주　어머! 최 선생님 아직 퇴근 안 하셨군요?

최덕호　(몹시 당황하며) 환자는 자, 잠이 들었구만.

진주　(묻지 않은 말이라 미처 못 알아듣고) 잠이 들었어요?

최덕호　응…… 혹시 깨어 있으면 영양주사나 놓아 드릴까 했더니만
……

진주　우리 언니는 신경이 약하지 영양하고는 관계없어요.

최덕호　그, 그건 그렇죠. (일부러 딴전을 부리며) 나도 이제 들어가 봐야겠
군. ……시간이 늦었어. (하며 병원 쪽으로 퇴장)

이 사이에 서로 손짓으로만 대화를 주고받던 이마리아와 진희의 표정
이 사뭇 긴장된 표정으로 변한다.

이마리아 아니, 그럼 진정제가 아니라······

진희 (경계하라는 듯) 쉿!

이마리아 그렇지만 얘!

이때 진주가 2층으로 올라가려다가 온돌방을 기웃거린다.

진주 엄마!

이마리아 (몹시 당황하며) 공부하지 않고 왜 내려왔니. 어서 올라가 자거라!

진주 알고 있어요. 걱정도 팔자셔.

진희 얜! 말버릇이 왜 그 모양이니?

진주 저는 표준어로 말하고 있다고 생각하는데요.

이마리아 까불지 말고 어서 가서 공부나 해!

진주 네. 알아 모시겠나이다. 홋호······ (하며 2층으로 퇴장)

이마리아 (불안에 떨며) 얘! 진주가 혹시 엿듣지나 않았을까?

진희 그럴 리가 없어요.

이마리아 진희야! 그렇지만 그 약을 먹여서 혹시······

진희 염려 없어요. 마취제니까요. 그걸 한두 번 복용한대서 곧 어떻게
되는 건 아니니까요.

이마리아 그래도 어느 때고 한 번은 무슨 일이 나고야 말 텐데······

진희 그렇다고 어떻게 하시겠어요. 지금 같아서는 오빠가 그 여자를
미국으로 돌려보내려 하지도 않을 뿐더러 그 여자 역시 돌아갈
눈치는 안 보이던데······

이마리아 아······, 마취제는 먹여서 괜찮을까? (하며 안절부절 못한다)

진희 어머니! 모든 일은 제게 맡기세요. 전 어머니가 이렇게 나날이
쇠약해지는 걸 그대로 좌시할 순 없어요. 어머니께서 어서 건강
하셔야 해요. 그로리아 때문에 어머니를 희생시킬 수는 없어요.

어머니…… (하며 울먹거린다)

이마리아 (새삼 슬퍼하며) 아…… 하나님 아버지께서 끝까지 모르는 척 하시겠어요?

밖에서 기타를 치고 있던 진규가 신경질적으로 사납게 기타 줄을 긁어 탄다. 그 바람에 기타 줄이 핑하며 끊어진다.

진규 제기랄! (하고 혀를 찬다. 그리고는 끊어진 기타 줄을 만지작거리다가 기타를 마루에다 내던진다)

이마리아 무슨 소리냐?

진희 (내다보며) 진규가 기타를 내던졌나 봐요. 아마 줄이 끊어졌나 봐요.

이마리아 망할 것들. 왜들 하라는 공부는 안 하고 이렇게 애를 먹인담. (자리에서 일어나 미닫이를 획 열어제치며 외친다) 진규야! 2층에 가서 공부나 할 일이지 왜 거기서 소란을 피우니?

진규 어머니가 소란하다고 느끼실 만큼 제 기타 솜씨가 감동적이었군요. 흠…… (하고 껄껄거린다)

이마리아 아니, 뭣이 어째?

진규 이 세상에서 단 한 사람이라도 내 기타 솜씨에 관심을 가져준다는 것은 보람있는 일이죠.

진희 진규야. 지금 그런 농담을 할 때가 아니잖아. (하며 마루로 나온다)

진규 저도 진심에서 우러나오는 말이죠. 이 세상에 태어나서 단 한 사람의 공명자가 있다는 건 행복의 첫 조건이죠. 고독하지 않다는 것 말이에요. (기타를 다시 매만지며) 그러나 기타 줄이 끊어졌으니 어떡헌다! 이제부터 막 흥이 나는 판국에 이게 뭐람……

이마리아 어서 2층으로 올라가지 못하겠니? (하고 말하는 그녀의 언행은 몹시 초조하며 신경질적이다)

진규   어머닌 왜 우리를 2층으로만 올라가라는 거죠? 우리가 하나님을
        안 믿으니까 하늘로 더 가까이 가서 그 은총을 받으라는 것인가
        요? 헛허……

이마리아   아니, 저 애가?

진희   (안타깝게) 진규야. 너는 어머니께서 지금 제정신이 아니시라는
        걸 알면서도 어쩜 그렇게 태연히 농담만 늘어놓니?

진규   어째서 어머니나 누나는 내 얘기를 모조리 농담으로만 생각하시
        죠? 네? (하며 노골적으로 불쾌한 표정을 짓는다)

진희   그럼 네 얘기가 농담이 아니란 말이냐?

진규   흥! 그걸 구별 못하는 것도 비극이죠.

이마리아   너는 누구 약을 올리는 거냐?

진규   어머닌 누구 약을 올리시는 거예요? 내가 기타를 치다가 기타
        줄이 끊어진 소리에 지레 놀래가지구서 그렇게 아옹다옹하시는
        게 도리어 꼴불견이지 뭐예요?

이마리아   듣기 싫다. 이놈아!

진희   진규야! 제발 그 입 좀 닥치지 못하겠니? 넌 어쩌면 자식으로서
        부모의 마음을 그렇게도 몰라주니?

진규   사람이 사람의 마음을 안다는 게 그렇게 쉽지 않다는 증거죠.
        헛허……

이마리아   진규야!

진규   쉿! 조용히 하세요. 우리 집엔 또 한 분의 환자가 계시니까 조용
        조용히 지냅시다요…… (살금살금 걸음을 옮기며) 마음이 가난한
        자는 복이 있나니 이 집은 바로 너의 천국이니라. 헛허…… (하
        며 2층으로 올라가려는데 현관 쪽이 떠들썩하다)

        술이 취한 진우가 박덕성과 함께 들어선다. 이마리아와 진희가 몹시

놀라더니 정색을 하며 쏘아붙인다.

이마리아 진우야!

진우 (약간 비틀거리는 걸음걸이로 눈을 가늘게 뜬 채 어머니를 바라본다. 무겁게) 어머니!

이마리아 네가 웬 꼴이냐? 응? 내 앞에서 술주정을 해?

진우 저… (길게 숨을 뱉고) 술을 마셨습니다. 그러나 주정하기 위해서는 아니죠. 그건 여기 있는 매제가 더 잘 알고 있을 거예요.

진희 (남편에게) 어떻게 된 거예요?

박덕성 그, 그렇게 되었어.

진희 그렇게라니?

박덕성 처남이 몹시 쓸쓸해 하기에 한 잔……

이마리아 여보게 자네도 속 좀 차리게. 장모의 얼굴에 똥칠하는 것도 유분수지 만약에 교우들이 이 꼴을 보면 어떻게 생각을 하겠나?

진규 (계단에 걸터앉아서) 개천에서 용이 났구나 하고 감탄하겠죠. 핫하……

이마리아 뭐라구?

진규 그렇지? 형. 어머니 같은 독실한 신자에게 모주꾼인 아들과 사위가 한꺼번에 데모를 하니 기상천외의 사건이죠.

이마리아 듣기 싫어. 이놈아! (하며 때리려 하자 진규는 깔깔거리며 2층으로 퇴장)

진희 (남편에게) 에그 청록이 동색이라더니 잘 만났구려!

박덕성 흥!

진희 잔소리 말고 들어가요. 아버지 오시거든 인사나 여쭙고 갑시다.

박덕성 그래……

하며 이마리아, 진희, 박서방은 온돌방으로 들어간다. 그러나 진우는 엄습해오는 고독감을 참을 길 없어 허공을 멍하니 쳐다보고 있다가 양실로 들어간다. 그리고 벽에 있는 스위치를 누르자 방안이 훤하게 밝아진다. 이와 동시에 온돌방은 어두워진다. 침대에 그로리아가 잠들고 있다. 진규는 약간 비틀거리며 가까이 가서 그로리아의 잠든 얼굴을 물끄러미 내려다본다.

진우　(속삭이듯) 그로리아…… 가엾은 그로리아…… 그대로 언제까지나 깨어나지 말았으면 좋겠어. 그 대신 그 가슴에 더운 피는 흐르게 하고 내 옆에 있어줬으면 좋겠어. 그로리아…… 외로운 하늘 밑에서 울기보다는 차라리 그래도……

이때 그로리아가 잠을 깬다. 그리고는 공포에 떨며 상반신을 일으킨다.

그로리아　누구예요?

진우　그대로 누워있어요.

그로리아　당신이었구려……

진우　그로리아, 잠을 더 자요.

그로리아　또 나를 병원으로 데려가시게요? 난 안 가겠어요. 당신이 옆에 있는 한 잠을 들지 않겠어요.

진우　그건 오해야. 그로리아는 내가 지켜줘야 해.

그로리아　나는 아무 힘도 빌리지 않겠어요.

진우　그렇게 할 수 있다면야 누가 못하겠어?

그로리아　목이 타요.

진우　그럼 물을 마셔. (하며 탁자 위에 있는 물병을 들어 컵에 따르려다가 약봉지를 발견한다) 아! 여기 진정제가 있군! 흠…… 우리 아버지는 이렇게 세심하다니까……

그로리아 네?

진우 아버지가 당신에게 약을 지어놨단 말이야. 다른 병원에 입원하기 싫다니까…… 자, 이 약을 먹어요. (하며 약봉지에서 하나 꺼내서 준다)

그로리아 (긴장하며) 싫어요.

진우 약은 먹어야 해.

그로리아 그건 약이 아니에요.

진우 뭐라구?

그로리아 (차츰 광적인 눈빛으로 변하며) 당신네들은 어떻게 해서든지 나를 …… 나를 없애려고.

진우 무슨 소리야? 어제 아버지께서 당신에게 진정제를 계속 복용하게 한다고 하셨어…… 자, 먹어!

그로리아 싫어요! 그건 독약일 거예요. 내 육감이 틀림없어.

진우 여보! 당신은 왜 그렇게 매사를 의심하고만 살지?

그로리아 의심 안 하고 살 수만 있으면 좋겠어요.

진우 그건 망상이야. 자, 이 약을 먹어. (하며 억지로 내민다)

다음 순간 그로리아는 무슨 생각이 들었는지 약봉지를 받아들자 잠시 내려다보더니 침대에서 내려선다.

진우 어딜 가?

그로리아 좋은 걸 보여드리지요. (입가에 이상한 웃음을 띠우며) 두고 보세요. (하며 어항 가까이 가더니 약봉지를 펴고 가루를 털어넣는다)

진우 (놀라며) 그로리아! 무슨 짓이야?

그로리아 두고 보세요. 이제 약인지 독약인지 판가름 날테니까…… (마치 광인처럼 눈이 변하며) 보세요. 하얀 약가루를 보고 고기 떼들이 모여들고 있잖아요. 이제 이 아름다운 열대어는 힘을 못쓰게 될 거예요. 아니 입이 없으니 아프다는 말 한마디 못하고 어항 속에서 뜨고 말 거예요. 내가 이 병실 안에 갇혀서 죽듯이 말이에요, 헛허……

진우 그로리아 왜 이래? 정신차려요…… 정신……

그로리아 훗호. 모두들 정답게 약을 먹었어요. 바보. 바보들…… 이것들아! (갑작스레 긴장하며) 안 돼 - 그걸 먹으면 너희들은 죽는다. 바보야. 그건 독약이야.

진우 그로리아…

그로리아의 소리가 너무나 크고 충격적이어서 온돌방에 있던 사람이 서서히 마루로 나온다.

그로리아 훗호…… 여보! 저것 보세요. 한마리가 옆으로 누웠어요. (하며 어항을 가리킨다)

진우 응? (그의 눈이 경악과 의아로 범벅이 된다) 아니 이게…… 어떻게 된 거야?

그로리아 또 한마리가 숨가쁘게…… 아…… 또 떴어요!

진우 누구야? 누가 이런 장난을 했지?

그로리아 장난이 아니에요. 내 말이 맞았죠? 그것보세요. (정면으로 대들며) 이래도 내 말을 안 믿겠어요? 나를 미쳤다고 몰아요? 네?

진우 그로리아! 아니야…… 누가 이런 짓을 했는지 알아야 돼! 진규야! 진규야!

그로리아 당신네들은 모두가 한 속이 되어서 나를 죽이려는 거예요. 그렇죠? 그렇다고 솔직히 고백하세요.

하며 다른 사람을 휘돌아 본다. 여러 사람이 공포와 불안에 떨며 서로
외면한다.

진우   어머니! 누가 이런 장난을 했죠? 네?

이마리아 모른다. 난…… 몰라. (하며 마루로 나온다)

진우   (진희에게) 누가 약에다 극약을 섞은 게 분명하단 말이야! 누구냐?
        누가 이 방에 들어왔어?

진희   (말없이 외면한다)

진주   아까 최 씨가 나오던데……

진우   미스터 최가?

진주   네…… 새언니가 잠들지 않았으면 영양주사나 놓아줄까 했더니
        만 잠들었으니까 그만 가 봐야겠다고……

진우   (진규에게) 진규야! 그 최덕호가 분명하다. 어서 그놈을 불러오너라.

진규   그 사람이 왜 엉뚱한 짓을 했을까요?

진우   (신경질을 내며) 그걸 알아내기 위해서 최덕호를 불러와야 하잖
        아! 어서!

진규   알았어요. (하며 나가려 한다)

진희   갈 필요 없어.

진우   뭐? 필요가 없어?

진희   내가 마취제를 섞었을 뿐이에요. 최 씨는 아무 죄 없어요.

        (모두들 동요한다)

박덕성   여보! 당신이 왜 그런 짓을 해.

진희   그 길 밖에 없었으니까요.

진우   그 길이라니?

진희 어머니를 구하는 길은 그로리아를 잠재우는 방법뿐이었어요. 어
머니가 왜 이런 형벌을 받아야 하나요? 어머니가…… 왜…… 왜
……

진우 듣기 싫어! (하며 뺨을 친다)

진희 앗! (하며 비틀거린다)

진우 네가…… 네가……

진희 (흐느끼며 온돌방으로 뛰어든다)

이마리아 진희야! (하며 따른다)

그로리아 (광적으로) 말해보세요. 왜 대답을 못해요. 당신네들은 나를…… 나
를…… (다음 순간 그로리아는 어항을 들고 밖으로 뛰어나간다) 나는
안 미쳤어. 미치지 않았어요!

진우 그로리아! 왜 그래? (하며 따라 나간다. 그로리아는 뜰로 내려오더니
어항을 번쩍 들고 땅바닥에 내던진다) 그로리아 아…… (그 서슬에
그는 마루 끝에 쓰러진다) 그로리아… (하며 안아 일으킨다)

그로리아 (완전히 발광하며) 나를 보내줘요. 나를 어항 밖으로 보내줘요. 어
머니! 어머니! (하며 좌편으로 뛰어나간다. 그녀의 웃음소리가 길게
꼬리를 문다)

진우 그로리아! (하며 따라 나간다. 이마리아가 절망적으로 맥이 풀려 쓰러
지자 진희가 안아 일으킨다)

진희 어머니…… 내가…… 내가…… 잘못했어요.

이마리아 아니야…… 누구의 잘못도 아니다…… 흑…… (무대가 차츰 어두
워지는데 2층에서 내려오던 진규가 무대 중앙에서 중얼거린다)

진규 우리가 신을 죽인 것이다. 우리들의 칼에 신은 죽었다……

－막

장미의 성 (4막)

- **등장인물**

  윤병희(40), 여류조각가

  윤상애(18), 그녀의 딸, 여고 3학년

  이 씨(58), 그녀의 시어머니

  오영택(25), 상애의 가정교사. 영문학 전공하는 대학생

  김한기(44), 미술평론가 겸 화상 畵商

  일순(17), 식모

  기자

  사진기자

  청년, 윤병희의 남편. 회상장면에서 등장하며 대사는 없다.

- **때**

  현대 초여름부터 여름까지

- **곳**

  서울 교외에 있는 윤병희의 집

무대

서울 남쪽 관악산 기슭에 자리 잡은 윤병희의 집.

무대의 3분의 1은 아틀리에로 쓰이고 커튼을 경계로 해서 응접실 겸
서재로 쓰이는 방이 3분의 2의 넓이를 차지하고 있다.

집의 구조는 물론 벽에 걸린 그림이며 커튼 기타 자잘모름한* 소품에
이르기까지 멋과 운치가 잘 조화되어 있다.

뿐만 아니라 이 집의 주인인 윤병희의 병적이리만큼 깔끔하고 세밀한
손질이 구석구석까지 잘 가 있다는 인상이다.

아틀리에에는 추상파에 속하는 크고 작은 조각이며 그림이 여기저기
놓여 있고 그밖에 화구며 조각에 쓰이는 연장들이 잘 정돈되어 있다.

그 가운데 하얀 광목을 씌워놓은 조각이 유난히 눈에 띈다.

천장과 창에는 차일 구실을 하는 커튼이 드리워 있어 아틀리에에는 음산
한 기운이 가득 차 있다.

여기에 비해서 응접실은 사방으로 이중창이 있어 밝고 맑은 외계의
풍경이 그대로 시야에 들어온다.

무대 후면으로 장미원의 일부와 산줄기가 보인다.

정면 벽에 두 개의 출입문이 있다.

하나는 식당과 안채로 통하고 다른 하나는 뒤뜰로 통한다.

좌편 벽에 있는 문은 현관으로 통한다.

---

* 자잘한

제1막

무대

막이 오르면 초여름의 화사한 햇살이 눈부시게 응접실 안으로 흘러들고 있다.

이름 모를 새들의 우짖는 소리는 마치 시골 별장에 온 것 같은 기분이다. 이따금 두어 마리의 새가 짖어대는 소리에 섞이어 윤병희의 웃음소리가 흘러나온다. 그것은 주인과 개가 서로 장난을 하는 것 같은 인상이다. 기자가 소파에 앉아서 담배를 꺼내어 불을 붙이고는 방 안을 휘돌아본다. 그동안 사진기자는 뒤뜰 쪽 유리창 너머로 카메라를 내밀고 열심히 핀트를 맞추고 있다.

바른쪽 도어가 열리고 일순이가 쟁반을 들고 들어선다. 두 개의 큰 컵엔 분홍빛 딸기 주스가 담겨 있다.

일순은 기자와 시선이 마주치자 자기도 모르게 얼굴이 붉어지며 조심스럽게 탁자 위에다가 주스 컵을 놓는다. 촌티가 아직도 가시지 않은 것은 이 집 사람이 그만큼 평소에 사람을 대한 경험이 없다는 증거이기도 하다.

일순 (수줍어하는 눈치를 보이며) 곧 나오신다고… 조금만 기다리시래요.

기자 잡지사에서 왔다고 말했어?

일순 네-.

기자 손님이 오셨나?

일순 아니에요, 저…

이때 다시 개 짖는 소리가 들려온다. 한 마리가 아닌 두 마리의 개가 짖는 소리다.

일순   (그 소리가 나는 쪽을 힐끗 돌아보며) 목욕을 시키고 계세요, 죤하고 챠아리에게…

기자   (의아하게) 죤하고 챠아리? 그게 누군데? 친척 아들인가?

일순   어머! (하다 말고 웃음을 못 참겠다는 듯 손등으로 입을 가리며 킥킥거린다)

기자   아니 뭐가 우습지?

일순   (간신히 웃음을 참으며) 친척이 어디 있어요! 이 집 식구라곤 노할머니, 주인아줌마, 그리고 상애 언니… 나 이렇게 단 네 식구뿐이에요. 가정교사는 저녁때만 다녀가시지만…

기자   그렇지만 지금 목욕을 시키고 계신다 했잖아?

일순   (히죽거리며) 누가 사람 목욕을 시킨다고 했나요?

기자   (의아한 표정으로) 뭐라구? 사람이 아니라니…

일순   개예요.

기자   개?

일순   죤도 차아리도 이렇게 큰 수캐예요. (하며 두 팔을 크게 벌려서 개의 몸집을 가리킨다)

기자   (자기도 모르게 쓴 웃음을 지으며) 개 이름이었군! 난 또…

하며 딸기 주스를 마신다. 카메라를 만지고 섰던 사진기자가 돌아서며 가까이 온다.

사진기자   김형- 어떻게 된 거요? (손목시계를 보며) 시간이 너무 늦잖아… 총무과에는 자동차를 네 시까지 보내주겠다고 했는데… (하며 소파에 앉는다)

기자 (반농담조로) 윤병희 선생께서는 목하 목욕 중이시라오! (하며 딸기 주스를 마신다)

사진기자 대낮에 무슨 목욕이람! (일순에게) 아가씨! 우린 바쁜 사람이니 빨리 좀 나와주십사 하고 말씀드려요.

일순 곧 나오신대두요.

기자 개 목욕쯤은 아랫사람에게 시켜도 무방할 텐데.

일순 큰일 날 소릴 하시네요.

두 사람은 일순의 긴장된 표정에 압도당한 것처럼 동시에 쳐다본다.

일순 (비밀 얘기라도 하려는 듯) 우리 주인 아주머니께서는요 존하고 챠아리 목욕만은 절대로 남에게 안 맡기신답니다.

기자 그래?

일순 그리고 (뒤쪽을 가리키며) 장미밭에 들어가거나 꽃을 꺾는 날엔 큰 벼락이 떨어지고요.

사진기자 (딸기 주스를 마시고 나서) 하긴 저렇게 알뜰하게 가꾸어진 화원이고 보면 그 누구도 못 들어가게 막고 싶을 거야. 이건 화원이 아니라 하나의 성이지 장미의 성!

기자 장미의 성? (씽긋 웃으며) 이 형도 알고 보니 시인다운 센스를 지녔군 그래! 헛허… (다시 딸기 주스를 마시고 나서) 장미의 성이라…

사진기자 (약간 우쭐해지며) 어떻소? 그럴 듯 하잖소? 이번 가정 인터뷰 기사의 타이틀은 장미의 성이라고 뽑아보시지! 헛허…

기자 (탄복한 듯) 좋았어! 장미의 성!

사진기자 그 대신 아이디어 값은 톡톡히 치러야지 김 형!

기자 편집장에게 얘기해서 아예 이 기회에 편집부로 옮기시지! 헛허…

사진기자 헛허……

두 사람이 유쾌하게 웃고 있을 때 도어가 열리며 윤병희가 들어선다. 검정 슬랙스와 검정 반소매 스웨터 위에 낙타빛 하프코트가 차분한 분위기를 빚어내게 한다. 그리고 테가 굵은 안경을 이마에다가 쓴 채로인 그녀의 인상은 이지적이면서도 어딘가 사람을 경계하는 듯 그늘이 깊어 보인다. 겉으로는 조용해 보이나 밑바닥엔 거친 물줄기가 흘러내리는 것 같아 상대편을 당황케 만드는 타입의 여성이다. 젖은 손을 수건으로 씻는다.

병희 (무표정하게) 기다리시게 해서…

두 사람의 기자는 반사적으로 의자에서 일어나서 반쯤 허리를 굽힌다.

병희 (일순에게) 일순아! 존하고 챠아리는 마른 수건으로 잘 씻어준 다음 손질을 해줘…
일순 (주눅이 들린 사람처럼) 네.
병희 머리부터 차례로 빗어야 한다. 냉장고에 우유가 남아 있으니 그걸 마시게 하면 얌전히 있을 거야. 알겠지?
일순 네.
병희 할머니는 어디 가셨니?
일순 장미밭에 거름을 주시나 봐요.
병희 알았어! 어서 들어가 봐!

일순이가 손님들의 눈치를 살피면서 총총히 퇴장한다.
병희는 두 사람에게 의자에 앉으라고 손을 내밀고 권하면서 자신도 소파에 앉는다. 그녀는 반가운 낯으로 손님을 대한다느니 보다는 오히려 마지못해 사람을 대하는 듯한 표정이다.

장미의 성

기자 바쁘신 시간에 이렇게 찾아와서……

병희 (포켓에서 명함을 꺼낸 다음 이마에 건 안경을 고쳐쓰고 읽으며) 잡지 사에서 나오셨다고요?

기자 예, 실은 다음 호에 실릴 가정 인터뷰 기사를 취재하고 싶어서요.

병희 (안경을 벗어 손가락 사이에 끼며) 저는 원래가 그런 데는 취미가 없어요.

기자 예?

병희 신문이라든가 잡지 따위에 제 애기가 오르내리는 거 생리에 안 맞아요.

기자 (비굴할 정도로 밝은 웃음을 뱉으며) 잘 알고 있습니다. 윤 선생님께 서는 외부세계와의 접촉을 싫어하시기 때문에 이렇게 시내에서 멀찍이 떨어진 곳에서 고고하게 지내신다는… (하며 슬그머니 수 첩을 꺼낸다)

병희 고고해서가 아니라 겁이 많아서예요. (쓰게 웃으며) 저는 사람이 무서워서 사람들이 많이 모인 곳에는 아예 나가고 싶지도 않아요.

기자 그게 예술가적 기질이라는 게 아닐까요?

병희 글쎄요! 어떻든 그런 용건이라면 저는 사양하겠습니다.

하며 손끝에 들었던 명함을 탁자 위에 놓는다. 마치 받았던 물건을 되돌리려는 것 같은 동작이다.

기자 (무안을 당한 사람처럼 얼굴이 붉어지며) 그렇지만 이건 단순한 방문 기가 아니라… 말하자면 독자에게 선생님의 예술과 또 현대조각 에 대한 이해를 돕는데 그 목적이 있으니까요.

병희 (교만한 미소가 입가에서 이즈러지며) 현대조각에 대한 이해가 그렇 게 쉬운가요?

기자 (기회를 안 놓치겠다고 바짝 다가앉으며) 그러니까 이런 기회에 선생님께서 좋은 말씀을 해주셔야죠. 더구나 선생님의 작품이 지난번 로스앤젤레스에서 열린 국제미술전에서 입선까지 하셨으니 겸사겸사로 시기를 얻었다고 보는데요…

병희 (차가운 눈으로 바라보며) 그럼 사생활에 관해서는 묻지 않는다는 조건부라면…

기자 예? (어리둥절한 눈으로 바라본다)

병희 조각에 관한 얘기만 묻는다는 조건이라면 인터뷰에 응하겠어요. 그 대신 사생활에 관해서는 묻지 말아주세요.

기자 (농담삼아서) 그렇다고 신원조사를 하자는 건 아니니까 염려마세요.

병희 매스컴은 남의 일에 대해서 전기청소기 같아서 싫어요.

기자 전기청소기?

병희 모조리 빨아들이니 말이에요.

기자 헛허… 아주 철저한 쇄국정책이시군요.

병희 (쓰게 웃으며) 그것만이 내게 주어진 권리이자 무기라고나 할까요?

기자 (수첩을 펴고 몇 자 적으며) 국제미술전에 출품하셨던 작품 제목이 뭐였죠?

병희 〈능욕〉!

기자 (어리둥절해서) 〈능욕〉? 〈능욕〉이라니… 말하자면 남자가 여자를… 범한다는 그런 뜻 말씀인가요?

병희 반드시 남자가 여자를 어떻게 하는 것만도 아니지요. (담담하게) 여자가 남자를… 그리고 때에 따라서는 동성끼리도 서로 해치고 범할 수도 있으니까요.

기자 (약간 납득이 간다는 듯 볼펜 끝으로 콧등을 긁으며) 그러니까 단적으로 말해서 섹스 말씀인가요?

병희 순수한 에로티시즘이죠. 그 에로티시즘을 메타피지컬한 유머로 서 표현하고 싶어요.

기자 (빙그레 웃으며) 윤병희 선생께서 그런 제목의 조각을 제작하셨다 니 납득이 잘 안 가는데요.

병희 제가 여자라는 이유 때문인가요?

기자 물론 그것도 있지만 제가 알기엔 윤 선생께서는 (상대방의 눈치를 살피며) 외계와의 접촉, 특히 남성과의 교제에 대해서는 청교도적 인 결백성 내지는 편협성까지 지니고 계시다는 중평이던데…

병희 (어깨를 움츠리고) 글쎄요…

기자 17년 동안 독신으로 지내오실만큼…

병희 (날카롭게 쏘아보며) 약속이 틀린데요. 아까는 분명히 사생활에 대 해서는 안 묻기로 했었지요?

기자 (헛점을 찔린 듯) 이거… 죄송합니다. 헛허… (메모를 하며) 그럼 그 〈능욕〉이라는 작품에 대해서 좀 더 구체적으로 말씀해 주시겠습 니까?

병희 네… 그럼 먼저 그 작품을 보시고 나서… (소파에서 일어선다)

기자 그거 좋습니다. 보여주실 수 있으시다면… (따라 일어서며 사진기 자에게) 이왕이면 그 작품과 함께 한 장 찍지!

사진기자 그렇게 합시다.

사진기자는 권태로운 상태에서 해방이라도 된 듯 기지개를 켜고는 카 메라를 들여다보며 아틀리에 쪽으로 옮겨 간다.

이 사이에 병희는 칸막이가 되는 커튼을 확 열어제치고 천장에 친 커 튼도 잡아당기자 부채살 같은 햇살이 아틀리에를 향해 눈부시게 쏟아 진다.

그녀는 흰 광목이 씌워진 자기 키보다 약간 높아 보이는 작품을 가리킨다.

병희　이거예요.

기자　(호기심에 싸이며) 보여주십시오.

병희가 흰 광목을 제치자 두 개의 커다란 알루미늄 관이 나무토막으로 연결된 형태의 조각이 광선을 반사하며 한층 괴이한 느낌을 준다.
의외의 작품에 압도당한 듯 두 사람의 기자는 잠시 동안 어안이 벙벙해서 조각과 윤병희를 번갈아가면서 바라본다.
윤병희는 새삼스러운 감회에 잠기면서 자신의 작품을 안경 너머로 바라본다.

기자　(어처구니가 없다는 듯) 이게… 〈능욕〉이라는 작품인가요?

병희　그래요.

기자　무슨 뜻인가요? 〈능욕〉이…?

사진기자　괴상한 조각이로군요?

병희　(빙그레 웃으며) 글쎄요…

기자　저희들이 알기엔 조각이라고 하면 석고나 대리석을 재료로 해서 만든 줄 알았는데요. 이건… 알루미늄에다 나무토막이 아닙니까?

병희　그게 현대조각의 특징이라고나 할까요? 다시 말해서 오늘날 조각이라는 말은 넓게 건축까지도 포함한 조형이라는 말로 대치되고 있어요. 돌이나 석고를 재료로 해서 인체상에 담겨진 공간만을 찾는 게 조각이라는 생각은 이미 낡았어요. 우리는 자연을 그대로 묘사하거나 모조하는 게 아니라 과실이 나뭇가지에 열리듯

　　　　　　　　　　　장미의 성

우리도 자꾸만 넓은 공간 속에다가 새로운 과실이 열리게 하고 싶어요. 그러니까 평면으로는 표현할 수 없는 공간을 이 조각으로 표현해야겠다는 저항이 있을 뿐이에요. 쇠붙이건 나무토막이건 시멘트건 무엇이든 써서…

이렇게 열심히 얘기하는 동안 사진기자는 적당한 거리에서 두서너 번 플래시를 터뜨리며 사진을 찍는다.

기자   (열심히 기록하다가 자신의 이해력을 못 믿겠는지 어색하게 웃으며) 그런데 왜 하필이면 작품 제목이 〈능욕〉입니까? 그로테스크한데요.

병희   그로테스크하다고요? 저는 도리어 자연스럽다고 보는데요.

기자   말하자면 이 두 개의 알루미늄 판이 남자와 여자란 뜻인가요? (하며 조각을 매만진다)

병희   좋도록 생각하세요. (하며 의자에 걸터앉는다)

기자   이 작품을 제작하게 된 모티브랄까 그런 점에 대해서 설명해 주시겠습니까? (작품을 고쳐 보며) 우리 같은 사람에게는 도무지…

병희   외국에 가보면 이보다 더 진보적인 작품도 많아요.

기자   이건 전혀 독창적인 구상입니까?

병희   그렇다고는 볼 수 없어요. 언젠가 피카소의 소품에 〈능욕〉이라는 작품이 있어요. 그걸 보았을 때 뭔가 뇌리에 스쳐가는 게 있었어요.

기자   피카소의 〈능욕〉이라…… (메모한다)

병희   그 그림은 강인한 육체를 가진 남자와 한 여자의 벌거벗은 모습을 그린 그림인데 여자는 처절한 절규와 몸부림으로 남자에게 저항하고 방어하는 포즈를 취하고 있거든요. 그런데 이미 남자의 한 다리는 여자의 두 다리 사이에 버티고 있지 뭐예요. 다시 말해서 상반신의 반항에 비해 하반신은 이미 남성을 허용하지 않으면 안 되는…

기자 (입가에 호색적인 웃음을 띠우며) 드라마틱한 그림이군요 흐흐…

병희 그렇지만 나는 그 그림에서 음탕하다거나 추악하다는 인상을 받지는 않았어요. 실오라기 하나 걸치지 않은 두 사람의 육체에서 강인한 힘이라고나 할까, 아니 능욕 당하는 굴욕보다는 굴욕시키는 승리 같은…

기자 (병희의 설명에 매혹되며) 알고 보니 윤 선생님은 여성으로서 굉장한 자부심을 가지셨군요.

병희 그래요! 적어도 남성에 대한 나의 태도는 우월하다고 봐요! 그래서 나는 이 조각을 통해서 피카소가 미처 나타내지 못하는 두 개의 힘의 조화를 표현하고 싶었지요.

기자 (다시 메모하며) 실례지만 따님이 계시다고 들었는데?

병희 네… 지금 여학교 3학년이에요.

기자 그러니까 댁에는 남자 식구는 안 계시는 셈인가요?

병희 (의자에서 일어나며) 그렇다고 적적하거나 불안을 느끼는 적은 없어요. (창가로 가며) 저 장미밭에 서서 아침 저녁으로 관악산을 바라보고 있노라면…

기자 말하자면 장미의 성 안에 하나의 왕국을 세우신 셈인가요?

병희 왕국? (장난꾸러기처럼 고개를 이리저리 갸웃거리며) 아니죠. 나는 어느 섬에 표류해 왔다고나 해 두지요. 도시문명에서는 이 표류도까지……

이때 응접실에 있는 뒤뜰 쪽 도어를 열고 병희의 시어머니 이 씨가 등장.
나이에 비해서는 건장하고 깔끔하게 차렸다. 그녀의 손에 한 아름의 장미가 들려 있다. 엘리자베스, 피이스, 알렉산드리아… 빨갛고, 희고, 노란색이 눈부시다.

그녀는 방 한구석에 있는 꽃병에다가 장미다발을 아무렇게나 꽂아 넣고는 길게 한숨을 내쉰다.

아틀리에 쪽에서 인기척이 나자 힐끗 쳐다보고 안채로 통하는 도어 쪽으로 간다. 뭔가 못마땅한 표정이다.

이때 현관 쪽에서 초인종을 대신하는 오르골이 울린다. 둔탁하나 평화롭고 잔잔한 멜로디가 한결 듣는 사람의 마음을 차분하게 해준다. 도어를 열려다 말고 이 씨가 현관 쪽으로 퇴장한다.

병희가 응접실 쪽으로 걸어나오자 기자는 수첩에다가 열심히 메모를 하며 따라 나온다.

사진기자가 〈능욕〉이라는 조각을 마지막으로 촬영하고는 카메라를 챙기며 나온다.

병희는 자신의 세계를 되찾으려는 사람마냥 소파에 깊숙이 앉아 머리를 소파 등받이에 눕히듯 기댄다.

기자　(집요하게) 표류도라니… 말하자면 일종의 현실도피를 뜻하는 말인가요?

병희　도피가 아니라 방어라고 해두죠.

기자　무엇을 방어합니까?

병희　추한 것들……

기자　구체적으로 말씀해 주실까요?

병희　(그녀는 잠시 기자의 눈을 뚫어지라고 바라본다. 기자는 약간 어리둥절하며 그녀의 시선을 피하려는 듯 외면한다)

기자　사회악이라든가 아니면 권력의…

병희　(차게 웃으며) 난 예술가의 사회참여를 절규할 만큼 순진하지는 않으니까요.

기자 (더욱 흥미를 느끼며) 그렇다면 선생님께서 방어하시려는 그 대상이 어딘가는 있을 게 아닙니까?

병희 있지요…

기자 네?

병희는 자리에서 불쑥 일어서서 무대 정면으로 나선다. 그녀의 두 눈에는 증오도, 경멸도 아닌 복잡한 빛이 떠돈다.
그녀의 긴장된 표현에 불안을 느끼는 듯 기자가 시선을 모은다.

병희 (담담하려고 애쓴다) 남자예요… 나는 남자라는 이름의 동물을 방어하는 거예요.

기자 (자신도 모르게 표정이 밝아지며) 그렇다면 왜. (아틀리에 쪽을 돌아보며) 저와 같은 작품을 창작하셨지요?

병희 네?

기자 (고개를 갸웃거리며) 남성을 증오하고 적대하시는 선생께서 〈능욕〉이라는 조각을 제작하셨다면 그건 일종의 자기모순이 아닙니까?

병희 (빙그레 웃으며) 그럴까요? 어떻든 그 정도로만 알아두시면 되겠지요.

기자 (아쉬움을 나타내며) 가장 중요한 시기에 언급을 회피하시다니 잔인하시군요. 몇 마디만 더……

병희 어차피 인생은 잔인하게 살아가기 마련인걸요. 지금 우리 주변에 잔인하지 않은 게 있을까요? 정치도 사상도 사업도 그리고 사랑한다는 것도 결국은 수단과 방법을 가리지 않은 잔인성으로 가득 차 있는 게 현대라고 보는데요.

이때 상애가 재잘거리며 현관 쪽에서 들어선다. 그 뒤에 이 씨가 따른다. 예쁘고 깜찍스러운 교복차림의 딸을 보자 병희는 금시 표정이 밝아온다.

병희 　 상애야! 오늘은 왜 이렇게 일찍 들어오지?

상애 　 (책가방을 소파에다 내던지며) 농구 시합 응원을 간다기에 나는 빠져나왔어. (기자들을 힐끗 보며) 손님?

병희 　 응, 잡지사에서 나오셨단다.

기자 　 (명랑하게) 따님이신가요?

병희 　 네… (그리고 저만치 서 있는 이 씨를 보자 머뭇거리며) 우리… 어머니셔요.

이 씨는 불쾌한 낯으로 외면한다.

상애 　 엄마 그러고 보니 우리 식구가 다 모인 셈이네요.

병희 　 정말.

기자 　 (사진기자에게) 필름 여유가 있으면 가족사진을 찍을까?

사진기자 　 (사무적으로) 좋도록 합시다. (하며 금시 카메라의 핀트를 맞춘다)

상애 　 (장난꾸러기처럼 턱 밑으로 기자를 치켜보며) 정말이세요?

기자 　 저명하신 조각가 윤병희 선생 댁에 온 기념으로 찍어드리죠. 헛허…

상애 　 (금방 손뼉이라도 칠 듯 두 손을 가슴에 모아 쥐며) 고맙습니다. (어머니에게 매달리듯) 엄마! 어디서 찍지? 여기보다 밖으로 나가는 게 좋지 응?

사진기자 　 이왕이면 다홍치마라니 저 장미밭에서 찍으실까요.

상애 　 정말 그게 좋겠어요! 우리 엄마가 얼마나 소중히 가꾸어 놓은 장미밭인가를 알릴 겸…

병희 원 애도! 그걸 알리면 무슨 소용이냐?

상애 충분한 가치가 있지요. 꽃 종류만도 70종에다가 무려 2백 그루나 되요.

기자 (탄복하며) 굉장한 장미밭이시군요. 그럼 나가실까요. 기념사진이 니까.

병희 (마지못해서) 네! (이 씨를 보며) 어머니도 가시죠.

이씨 (냉담하게) 난 그만 두겠다! 어서 너희들이나 찍어라. (하며 기자들 이 마시다 남긴 주스 그릇을 챙긴다)

상애 할머니도… 잠깐 같이 나가서 사진 찍는 게 어때서 그래요! 우리 식구가 이렇게 사진 찍은 적도 없었잖아요. 네? (하며 이 씨의 손목 을 잡아 이끈다)

병희 어머니! 그렇게 하세요.

이씨 (노골적으로 반발하며) 싫대도 그러는구나! 내 걱정일랑 말고 어서 찍어요! (하며 두 개의 주스 그릇을 들고 좌편 도어 쪽으로 퇴장한다. 윤병희의 표정은 뭔가 이기지 못하는 고민으로 찌푸려진다. 그러나 상 애는 이 씨의 뒷모습을 향해 혀를 날름거리고는 아무 일도 없었다는 듯 명랑한 표정이다)

상애 엄마! 우리 둘이서 찍어요. 할머니의 고집불통은 세상이 다 아는 걸.

병희 응… 그럼 뒤뜰로 나가실까요?

병희가 두 기자에게 도어를 열고 인도를 한다.

네 사람이 장미원 쪽으로 나가자 일순이가 부엌 쪽에서 등장한다. 방 안에 아무도 없는 것을 발견하자 의아한 표정이다.

일순 아니 어디들 나가셨을까?

하며 현관 쪽 도어를 열어 보고는 되돌아온다.
이때 뒤뜰에서 웃음소리가 카랑카랑하게 들려온다. 그중에서도 상애
의 목소리가 가장 높고 명랑하게 들린다. 그러나 텅 빈 집안에 울려
퍼지는 웃음소리가 도리어 적막감을 더 짙게 안겨 준다.
일순이 창 너머로 사진을 찍는 광경을 내다보고 킬킬거린다.

일순 (혼자 소리로) 사진을 찍으시나봐… 훗호… 정말 예쁘시네… 훗
호…

이때 부엌 쪽에서 이 씨가 들어서다 말고 혼자서 킬킬거리는 일순이를
못마땅하게 쏘아 본다.

이씨 뭘 혼자서 중얼거리고 있니? 미친 사람도 아닌데……
일순 (한번 돌아보고는 다시 뒤뜰을 보며) 저것 좀 보세요! 상애 학생도
예쁘지만… 아줌마가 얼마나 고우셔요! 장미꽃보다 더 곱군요.

그러나 이 씨는 길게 한숨을 내뱉으며 우두커니 소파에 걸터앉는다.
뭔가 가슴 속 깊이 도사리고 있는 고민을 다 쏟아버리지 못하는 사람
마냥 안타까운 표정이다.

일순 (넌지시) 같이 찍으시지 왜 안 나가셨어요?
이씨 (불평을 내뱉듯) 내가 뭣 때문에 그 사이에 끼니 끼긴…
일순 (창밖으로부터 시선을 돌리며) 나도 저렇게 장미밭에서 사진 좀 찍
어 봤으면 좋겠어요. 추석 땐 고향에 내려가서 부모님한테 보여드

리면서 자랑을 한바탕 늘어놓게요.

이씨 (한숨을 뱉으며) 너는 사진을 찍어서 보낼 사람이라도 있으니 좋겠지만……

일순 (무슨 뜻인지 못 알아듣겠다는 듯) 할머닌 없으시나요?

이씨 네가 뭘 안다고 그러니? 어서 들어가서 일이나 해라.

일순 알았어요.

하며 부엌 쪽으로 나가려 할 때 현관 쪽에서 초인종이 울린다.

일순 오늘은 웬 손님이 이렇게 들이닥치는지 모르겠어!

하며 급히 뛰어 나간다. 이 씨는 멍하니 서 있다가 뒤뜰에서 들려오는 명랑한 웃음소리에 일종의 혐오를 느끼는 사람마냥 미간을 찌푸린다. 그리고는 창가로 가서 잠시 밖을 내다보더니 무슨 생각이라도 난 듯 급히 부엌 쪽으로 퇴장한다.
잠시 후 일순의 안내를 받고 김한기가 들어온다. 위아래 콤비네이션에 T셔츠 차림의 경쾌한 차림이다. 따라서 나이에 비해서 젊고 화사하게 보이는 중년 신사이다.

일순 잠깐만 기다리세요. 주인 아줌마께선 지금 뒤뜰에 계시니까 제가…

한기 (점잖게) 바쁜 일로 온 건 아니니까 손님이 가신 다음에 말씀드려요.

일순 네, 네.

일순이가 뒤뜰로 나가다 말고는 되돌아온다.

장미의 성

일순　아줌마께서 일루 오시네요.

하며 나간다.

한기　(파이프에 담배를 차곡차곡 재이며) 손님께서 벌써들 가셨나?

이때 무대 뒤에서 상애가 안녕히 가라고 작별인사를 하는 소리며 이에
응답하는 기자들의 목소리가 들린다.
개가 요란스럽게 짖어대자 병희가 말리는 소리도 들린다. 파이프에 불
을 붙이는 김한기는 문득 생각이 난 듯 아틀리에 쪽으로 가서 〈능욕〉을
유심히 바라본다. 그리고는 어떤 신비스런 상념에 잠긴 사람마냥 눈을
가늘게 뜨고 담배연기를 한가롭게 내뱉고 있다.
이윽고 지프차가 떠나가는 소리.
이때 뒤뜰 쪽에서 병희와 상애가 들어선다.
김한기를 발견한 병희의 표정은 퍽이나 당황한 빛을 보인다.

한기　주인이 안 계신 방에 와서… (하며 고개를 숙인다)
상애　안녕하세요, 김 선생님!
한기　오… 우리 상애 양 얼굴 보기가 얼마만이지? 지난 겨울 스케이트
　　　장에서 보고는…
상애　어머… 건망증도 심하시지! 엄마 작품의 입선 축하 파티가 있었
　　　을 때도 뵈었는데! 홋호……
한기　(과장해서 이마를 탁 치며) 오! 내 정신 좀! 헛허… 요즘은 이렇게
　　　건망증이 있어서 탈이라니까!
상애　건망증에 특효약이 있다던데 가르쳐 드릴까요?
한기　특효약?

상애 (서슴지 않고) 사랑을 하면 좋대요!

한기 뭐, 사랑? 헛허…… 윤 여사! 따님의 얘기를 들으셨소? 헛허……

병희 (눈을 흘기며) 상애야! 그게 무슨 말버릇이냐?

상애 정말이에요. 사랑을 하면 상대편의 눈썹이 몇 개인가도 헤아리게 된다나요. 그러니까…

한기 헛허… 이건 정말 못 당하겠는데요.

상애 김 선생님도 언제까지나 독신주의를 고집하실 자정이세요?

한기 아니 내가 언제 고집을 했나?

상애 그럼 왜 결혼을 안 하세요?

한기 나 같은 사람을 누가 받아들이지 않으니까 그렇지!

상애 어머! 외국인 상대로 한국 그림을 매매하신다면서 돈도 많으실 텐데요 홋호…

한기 이건 계속 강타로 나오시는군! 헛허…

하며 두 손을 번쩍 들어 항복하는 자세를 지어 보인다.

병희 상애야! 그만 들어가 봐! 오 선생님 오실 시간도 되었다.

상애 네, 네. 흠… 김 선생님 우리 엄마하고 재미나는 얘기랑 많이 하시고 저녁도 잡숫고 가셔요. 네?

한기 감사합니다. 영광으로 여기겠습니다.

하며 항용 외국 신사가 숙녀에게 대하는 포즈로 인사를 한다. 상애가 춤을 추듯 부엌 쪽으로 나간다.

두 사람 사이에 이상한 침묵이 흐른다. 병희가 아틀리에 쪽으로 가서 스케치북을 펴들고 책상 앞에 앉는다. 새로 시작된 작품의 스케치를 손질할 속셈이다. 그러나 그녀의 관심은 도리어 김한기에게서 무슨 말이 터져나올 것인가에 대해서 온갖 신경을 기울이고 있는 눈치이다. 김한기가 서서히 다가온다.

병희   (그림을 그리면서 담담하게) 웬일이세요! 우리 집엔 오시지 말라고 했잖아요.

한기   실은 할 얘기가 있어서…

병희   (여전히 쌀쌀한 어조로) 얘기 같으면 진작 끝난 줄로 알고 있는데요. 저는 분명히 말씀드렸을 텐데요. (연필을 열심히 움직이며) 저의 현재 심정이나 그리고 김 선생님에 대한…

한기   그 얘기를 하려고 찾아온 건 아니요.

병희   (비로소 고개를 들고, 낮으나 또렷하게) 그럼 또 무슨 얘기를 하시겠다는 거예요? 김 선생님, 우리 어머니께선 남자 손님이 찾아오는 걸 싫어하세요. 그걸 잘 아시면서 어째서 자꾸만 오세요? 제발 저를 이상 더 괴롭히지 말아주세요. 우리 상애하고 농을 하시는 것도 좋지만 전 견딜 수가 없어요! 그러니…

한기   (유들유들하게 웃으며 병희가 앉아 있는 자리를 중심 삼아서 한 바퀴 돈 다음 제자리에 버티어 서며) 그러니 나와의 결혼은 거절하겠다는 표시는 충분히 알고 있지요.

병희   그렇다면 왜!

한기   오늘은 그 얘기가 아니라니까요.

병희   예?

한기   (서서히 발길을 돌리며) 놀랄만한 소식을 가지고 왔지요!

놀랄만한 소식이라는 말에 병희의 안면 근육이 경련을 일으킨다. 그리고는 시선을 꽂는다.

한기 (상대편의 의사를 떠보려는 듯) 배영도 형에 관한 얘긴데…

병희 (눈에 날카로운 빛이 움직인다)

한기 미국에서 만났다는 사람이 있더군요.

병희 미국에서?

한기 (태연하게) 우리나라 관광차 온 미국 사람이에요. 며칠 전에 반도
     호텔에서 한국 그림을 사겠다고 만나자기에… 그래 얘기가 오다
     가다 배영도 형의 얘기가 나왔거든요.

이 얘기가 끝남과 동시에 병희의 손에 들렸던 스케치북이 마룻바닥에
떨어진다. 병희는 흔들리는 자신의 마음과 손을 안정시키려는 듯 잠시
동안 그대로 앉아 있다. 김한기가 그녀의 모습을 곁눈질로 훔쳐보더니
방구석에 놓여있는 브론즈를 어루만지면서 일방적으로 얘기를 계속
한다.

한기 한국의 현대미술 작품에 대해서 관심이 많더군요.

병희 (거의 무표정하게) 어디서 만났다구요?

한기 반도호텔!

병희 (여전히 냉담하게) 미국 어디서 만났는가 말이에요?

한기 아– 배영도 형 말이군! (빙그레 웃으며) 센트 루이스라나 봐요. 아
     직도 그림을 그리기는 그리는 모양인데… 생활이 어려운 모양이
     지요. (하며 눈치를 살핀다) 어떤 술집에서 벽화를 그려주기도 하
     고 손님들의 인상화를 그려주면서 근근이 생활을 하고 있다니까!
     그 미국 사람도 인상화를 그렸다는군요. 그런데 그 솜씨가… 대
     단하더래요. 처음엔 중국 사람인 줄 알았는데 한국서 왔다면서…
     서울엔 언제고 돌아오겠다고 하더라나요.

병희 (신경질적으로) 그만해요! 누가 그런 얘기를 하라시랬어요?

한기	그렇지만 나는…
병희	(의자에서 벌떡 일어나며) 제가 언제 그이의 안부를 물었는가 말이에요! 왜 새삼스럽게 그 얘기는 끄집어내서 저를…
한기	윤 여사! 그렇다고 묵살할 성질의 얘기는 아니라고 보는데요.
병희	무슨 뜻이죠?
한기	17년 동안 소식도 모르고 있던 사람인데… 그것도 바로 윤 여사의 남편이며 또…
병희	(날카롭게) 그이가 왜 내 남편인가 말이에요!
한기	(눈을 크게 뜨며) 그래요? 지금 그 얘기 사실이에요?
병희	배영도라는 사람은 이미 죽었어요. 적어도 내가 알고 있고 내가 결혼했던 그 배영도는 죽었단 말이에요. 그런데 어째서 새삼스럽게 그이 얘기를 끄집어내는 거예요!
한기	(공세에 몰리는 사람처럼) 제 얘기가 잘못되었다면 용서하십시오. 그렇지만 나는 어디까지나 윤 여사의 심정을 이해하려고 애썼기 때문에……
병희	(날카롭게 쏘아보며) 저를 이해하신다고요?
한기	무슨 곡절이야 있었던 간에 배영도는 한때 우리 화단에서 천재로 알려진 미술가였고 또 내가 평소에 존경하는 윤병희 여사와 결혼했다는 그 사실 만으로 이런 소식을 알려드릴만한 충분한 가치가 있다고 보는데요. (길게 담배 연기를 뱉으며) 그러나 윤 여사께서 그토록 불쾌하게 여기신다면 취소하겠습니다.

하며 병희의 반응을 살펴본다.
병희는 비로소 마룻바닥에 떨어진 스케치북을 주워 들고 책상에 놓은 다음 서서히 응접실 쪽으로 걸어 나온다. 김한기가 그녀의 일거일동을 주시한다.

창가에 서서 잠시 밖을 내다보고 있던 병희는 폭풍이 스쳐가는 가슴을 이겨내려는 듯 길게 숨을 내뱉는다. 멀리 디젤 기관차가 지나가는 소리가 쓸쓸한 이 방의 분위기를 짙게 물들인다. 어느덧 석양이 비켜간다. 김한기는 다 타버린 파이프의 담뱃재를 재떨이에 털고서 병희에게 가까이 간다.

한기   (조용히 그러나 죄송하다는 듯) 내가 공연한 얘기를 끄집어내시…… 윤 여사가 그렇게까지 불쾌하게 여기실 줄은 미처 몰랐습니다.

병희   (화석처럼 말이 없다)

한기   평소에 윤 여사께서 일신상의 얘기에 대해서는 함구책을 써왔고 그것이 밖에서도 이러쿵저러쿵 말도 많았지만…… 그래도 나만은 고독한 윤 여사를 이해하려고 애써왔으니까요. (좀 더 가까이 다가가서 속삭이듯) 윤 여사 내가 이런 얘기를 했대서 언짢게 여기지 마십시오. 윤 여사가 얘기는 안 했지만 마음속으로는 배영도 씨를 아직도…

병희   (홱 돌아서서 김한기를 정시하며) 아직도 못 잊어 하고 있다는 말인가요? 아직도 내가 그이를 사랑하고 있단 말인가요? 천만에! (그녀는 창가에서 떨어져 나와서 소파에 펄썩 주저앉는다) 그는 이미 과거의 사람이에요! 아니 그림을 그리려다가 지워버린 캔버스예요! 분홍빛 위에다가 보다 진한 잿빛으로 메꾸어 버린 아무 짝에도 쓸모없는 초상화였어요! 그런데 이제 와서 뭣 때문에 내가 그 잿빛 밑에 지워진 그림을 생각할 수 있는가 말이에요!

한기   (맞은편 소파에 앉으며) 윤 여사! 그 까닭이 뭐였죠?

병희   (말없이 바라본다)

한기   분홍빛 초상화를 잿빛 물감으로 지워버린 이유가 무엇입니까? 배영도 씨만큼 예술가적 천분이 뛰어났을 뿐 아니라 온후한 성격과 그리고 수려한 용모를 가졌던 청년이 왜 윤 여사에게 버림을 받아야 했을까요? 지금은 우리 화단에서 배영도라는 이름을 기억하는 사람도 드물게 되었지만 나는 아직도 기억하고 있지요. 지금 센트 루이스의 어느 술집 한 귀퉁이에서 낯선 길손들의 인상화나 그려주고 연명하고 있다는 천재를 윤 여사가 그토록 미워할 이유가 뭐냔 말입니다.

병희 (한기의 열띤 어조에 약간 동요의 빛을 보이며) 아니 김 선생님이 왜 그걸 알려고 하세요? 남의 사생활에 대해서 그것도 부부간의 사정을 캐물으려는 의도가 뭣인가 말이에요? 그만한 상식과 교양쯤은 지니고 계실 줄 알았는데 김 선생님도 통속적인 남성인가 보군요.

한기 (쓰게 웃으며) 통속적인 남성이라구요? 헛허… 하기야 난 장사치니까요. 명색이 미술평론가이지만 미술품을 사고파는 사람이고 보면 통속적인 장사치임에는 틀림없겠죠.

병희 (괴로움을 이기려고 눈을 지그시 감는다)

한기 (이상의 캐묻는 것이 실례라고 생각했던지 자리에서 일어서며) 그 미국 사람 말로는 배 형이 한국에 돌아오고 싶어 한다나요. (눈치를 보며) 그럼 이만 실례하겠습니다.

한기가 현관 쪽으로 향해 몇 걸음 옮기는 동안 병희는 눈을 감은 채로 앉아 있다.

병희 김 선생님!

한기 (걸음을 멈추고 돌아서며) 예! 나를 부르셨던가요?

병희 (살며시 눈을 뜨고 담담하게) 부탁 말씀이 있어요.

한기 나한테요?

병희 지금 그 얘기… 다른 사람에게는…

한기   (빙그레 웃으며) 비밀로 해달라는 말씀인가요?

병희   (비로소 한기를 보며) 네.

한기   두려우십니까?

병희   두렵다기보다는 부담이 돼서 그래요.

한기   무슨 뜻이죠?

병희   우리 집안에서는 이미 그이가 죽은 걸로 알고 있어요. 내 딸도 그리고 시어머니도…

한기   그렇지만 살아있는 건 확실합니다.

병희   김 선생님! 확실한 건 내 마음의 결심뿐이에요! 17년 전 그이가 내 집을 떠나갔고 내가 그이를 저주했던 일, 그리고 17년 동안 우리 집안에는 남자가 없었다는 사실만이 확실해요. 상애도 이미 아버지가 동란 직후 미국인 친구들 따라 미국에 간 이후 소식 한 장 없으니 이미 돌아가셨다고 믿고 있어요! 그러니 제발 그 얘기는 묻어 주세요.

한기   그렇지만… 세 사람 이상이 아는 비밀이란 이미 비밀이 아니라는 속담이 있습니다.

병희   (애원하듯) 김 선생님! 배영도는 이미 죽었다고 말씀해 주세요. 그를 만났다는 미국 사람에게도 동명이인이라고 말씀해 주세요. 네! 제 머리 가운데서 사라져 가버린 환상을 되불러 들이지 말아 주세요. 그이는 죽었어요! 아니 살아있다면 죽어야 해요! 그러니 제발 아무에게도 그 얘기는 말아주세요. 이 집안에 그이가 남긴 것이라고는 아무것도 없어요! 그이의 입김이나 손때가 묻은 거라고는 깡그리 없애 버렸어요. 여기는 내 집이에요! 윤병희의 집이에요! 그이가 남긴 모든 추악한 것을 털어버리기 위해서 나는 서울 시내를 떠나 이 호젓한 골짜구니에다 아름다운 장미로만 내 집을 에워싸게 했어요. 김 선생님! 어느 때고 그 이유를 말씀드릴 때가 오겠지만 제발 그 얘기만은 입 밖에 뱉지 말아 주세요! 부탁이에요.

한기 (뜻하지 않은 윤병희의 강렬한 호소에 마음이 허물어지듯) 알겠습니다. 약속하지요!

병희 (반가움을 이기지 못해) 김 선생님!

한기 윤 여사께서 그토록 간청하시는 일이라면… 제가 자진해서라도 비밀을 지켜드리겠습니다.

병희 고맙습니다.

한기 그럼 오늘은 이만…

하며 현관 쪽으로 퇴장.
혼자 남게 된 병희는 불안과 초조가 범벅이 된 어두운 표정으로 허공을 쳐다본다.

병희 (혼잣소리로) 정말 그이가 살아 있을까? 아니야! 그럴 리가 없어. 그이는 죽었어! 내 곁에 살아 있을 수도 없거니와 살아올 수도 없어! 그런데 내가 왜 그 일 때문에 이렇게 떨어야 하는 것일까? (자기 손을 보며) 두려운 일도 아닌데 왜 내가 그렇게 김한기 씨 앞에서 애원을 해야 했을까? 정말 내가 두려워하는 일이 아니었다면 왜…… (자리에서 불쑥 일어나며) 이러고 있을 일이 아니야! 김한기 씨에게 취소를 하겠다고……

하면서 급히 현관 쪽으로 나가려는데 들어서는 오영택과 마주친다. 대학생이라기보다 가냘픈 소년의 티를 벗어나지 못한 내성적인 용모다. 베이지색 바지에 하늘빛 스포츠 셔츠가 잘 어울릴 뿐 아니라 청결감을 준다. 손에 검정색 가방이 들렸다. 병희는 몹시 당황한 빛이다.

그것은 반가움을 은폐하고 일부러 사무적으로 꾸며대는데서 오는 자각 증세이다.

영택   (고개를 꾸벅하며) 안녕하세요?

병희   어머! 미스터 오! 어서 와요.

영택   어디 나가시는 길인가요?

병희   아, 아니에요. 손님이 오셨다가 가시기에 배웅을 나가려고…

영택   (알아차리고) 김 선생님 말씀이시군요. 벌써 대문 밖을 나가시던데요. 제가 인사를 해도 받는 둥 마는 둥 하면서…

병희   (가벼운 실망의 빛을 보이며) 그래요? 벌써 나가셨군요. 무슨 말 좀 전할까 했더니…

영택   제가 뛰어갔다 올까요?

병희   괜찮아요. 나중에 전화로 얘기하겠어요! (화제를 바꾸며) 우리 상애가 오늘은 일찍 돌아왔군요.

영택   네! 어제 얘기 들었습니다. 농구시합 응원이 있는데 안 가겠다고…

병희   어쩜, 가정교사인 미스터 오에게는 미리 이런 얘기를 하면서 엄마한테는 말을 안했을까? (하며 빙그레 웃는다)

영택   (멋쩍게 머리를 긁으며 비식 웃는다)

이때 도어가 열리며 상애가 들어온다.

상애   (연설조로) 피보다 물이 진할 수도 있을지니라! 홋호…

병희   어머나! (병희가 눈을 크게 떴다가 자기도 모르게 웃음을 털어 놓는다)

영택도 따라 웃는다.

상애   선생님! 제 방으로 올라가세요.

영택   응…

병희   아니다. 상애야. 이 방에서 공부해라. 내가 2층에 올라가 있을 테니!

영택   오늘은 일 안하시나요? (하며 아틀리에 쪽을 본다)

병희   머리가 아파서… 좀 쉬겠어요. 상애야 그렇게 해.

상애   엄마가 딸을 위해서 양보하시는 거야! 홋호…

병희   망할 것! 공부나 열심히 해. (영택에게) 그리고 말 안 들으면 매 좀 때려서라도 가르쳐줘요. (하며 돌아선다)

영택   네! 알겠습니다.

상애   오 선생님의 매보다는 내가 더 힘이 세다나… 홋호…

일동 따라 웃는다.

암전

제2막

무대

전막과 같음.

전막에서부터 약 네 시간 후, 초저녁. 창밖에 풍경은 이미 잿빛 어둠 속에 파묻혀 있다.

방 안에는 전등도 켜지 않고 캄캄한데 전축에서 음악이 흘러나오고 있다.

감미로운 브람스의 곡이다.

잠시 후 병희가 시원한 홈웨어를 입고 우편 도어 쪽에서 들어선다. 어깨와 무릎까지 팡파짐하게 흘러내리는 옷의 유동선과 어깨와 앞가슴을 노출시킨 꾸밈이 성숙한 여자의 아름다움을 더 짙게 풍겨준다. 마치 잘 익은 수밀도 水蜜桃 와도 같은 인상이다.

병희　(도어를 열며) 상애야! 불도 안 켜고 공부하니? 원 애도……

하며 벽에 붙은 스위치를 켠다.

다음 순간 방 안이 환해지자 책상 위에 책이 펼쳐진 채로 놓여 있는 것이 눈이 띈다.

병희　아니 애들이 어딜 갔을까? 게다가 전축까지 틀어 놓구서…

하며 방 한구석에 놓여 있는 전축의 뚜껑을 열고 음악을 멎게 한다. 음악이 흐르다가 갑작스레 사라지자 한결 적막과 허전함이 피부 가까이 느껴진다.

병희   어딜 갔을까? 두 사람 다 안보이니… (크게) 일순아! 일순아!

하고 부르며 소파로 가서 앉는다. 그리고 책상 위에 놓인 책을 들춰본다.
도어가 열리며 일순이가 들어선다.

일순   부르셨어요?

병희   어디들 갔지?

일순   상애 언니 말이에요?

병희   그래, 선생님도 안 보이잖아…

일순   음악 소리가 들리기에 방에 계신 줄 알았는데요. (두리번거리며)
          어디 가셨을까요?

병희   선생님이 가신 건 아니지?

일순   그럼요. 아홉 시도 못 되었는걸요. (문득 무슨 생각이 떠올랐다는
          듯) 혹시 거기 계신지도 모르죠.

병희   거기라니?

일순   (뒤뜰을 가리키며) 장미밭 말이죠.

병희   (마음 한 귀퉁이에 불안한 생각이 들며) 어떻게 알지?

일순   가끔 언니가 거기서 나오는 걸 봤어요.

병희   오 선생하고 같이 말이냐?

일순   네… 공부하다가 피곤하면 산보 나가시는 거래요.

병희   (불안을 느끼며) 가끔 그런 일이 있었다고?

병희는 말없이 일어서서 창가로 간다. 그리고는 창문을 활짝 열어젖힌다.
시원스런 저녁 바람이 불어오자 커튼이 하늘하늘 춤을 춘다.

병희   (냉랭하게) 일순아! 어서 들어와서 공부하라고 권해라.

일순   (어리둥절하게) 네!

하며 뒤뜰로 통하는 도어 쪽으로 간다.

병희   그만 둬! 내가 가겠다.

하며 돌아선다.

일순   네?
병희   존하고 챠아리에겐 밥 줬지?
일순   네.
병희   또 누룽지를 섞어준 게 아니지?
일순   아니에요.
병희   어서 설거지를 끝내면 목욕탕 청소나 해라.
일순   네!

일순 부엌 쪽으로 향한 도어를 열고 나간다.
병희는 걷잡을 수 없는 불안에 얼굴이 흐려진다. 뒤뜰로 나갈 것인가
에 대해서 선뜻 결심이 안 생기는지 방 안을 서성거린다.
이때 뒤뜰에서 상애의 웃음소리가 들려온다. 병희는 그 순간 긴장의
빛을 보이더니 소파로 가서 앉는다. 그리고 신문을 펴들고 태연한 자
세로 읽는 척한다. 뒤뜰 쪽 도어가 조심스럽게 열리며 상애와 영택이
가 들어선다. 뜻하지 않은 어머니의 모습을 보자 상애와 영택은 서로
시선을 마주치고 어깨를 움츠린다. 상애는 입에 손가락을 모두어 조용
히 하라는 신호를 한 다음 발자국 소리를 죽이며 어머니가 앉아 있는
뒤로 간다.

장미의 성

병희 (담담하게) 별빛 아래서도 책을 읽을 수 있더냐?

상애 (자신의 계획이 탄로난 데 대한 가벼운 실망을 나타내며) 엄마는 응큼쟁이야!

병희 (여전히 신문을 보며) 빈 방에 전축을 틀어 놓고 자취를 감춰버린 사람은 뭐라고 별명을 지어주면 좋을까?

상애 반딧불을 잡으러 갔어요.

병희 반딧불?

하며 신문을 접어놓고 비로소 두 사람을 바라본다. 영택은 그녀의 시선을 제대로 막아내지 못하고 외면을 한다. 그러나 상애는 여유만만하게 튕겨 버린다.

상애 창가에 반딧불이 날아들었어요. 그래서 그걸 잡으려고 따라가다 보니까 어느새 장미밭 안 연못가에까지 왔지 뭐유. 그래서 바람 좀 쏘이고…

병희 그럼 선생님도 너를 위해서 반딧불을 잡아주려고 나갔었어?

이 말에 상애와 영택은 반사적으로 시선이 마주친다.

병희 반딧불을 쫓아다닐 나이는 아닐 텐데… 그래 몇 마리나 잡았지?

하며 두 사람을 바라본다.

상애 너무 많아서 다 놔줬어요.

병희 놔줬어?

상애 그런 건 많이 가지면 가질수록 버리고 싶어지는 걸요.

병희   어째서?

상애   제철이 아니라서 그런가 봐요.

병희   초여름인데 벌써 반딧불이 나왔다니 반가웠을 텐데 왜 버리니?
         나 같으면 가지고 싶어지겠다.

상애   엄마가 정말 가지고 싶으시다면 제가 가서 잡아올게요. (하며 나
         간다)

병희   상애야!

상애   (가려다 말고 돌아본다)

병희   부엌에 들어가서 시원한 주스나 내오너라. 선생님도 드리고 나도
         마시게.

상애   네!

그녀는 예상 외로 순진하게 부엌 쪽으로 나간다. 상애가 사라지자 영
택은 더욱 안절부절 못하는 눈치다.

병희   (강압적인 말투로) 가까이 와서 앉지 응?

영택은 쑥스럽게 웃어 보이며 소파에 와서 앉는다. 병희의 시선을 이
마에다 느끼며 손을 부비기만 한다.

병희   내가 이런 얘기한다고 달리 생각지 말아요.

영택   (큰 눈동자에 긴장의 빛이 돌며) 예? (하며 침을 꿀꺽 삼킨다)

병희   (담담하나 위엄 있게) 상애에게는 학습 지도 이외의 어떠한 행동도
         삼가해줘야겠어요.

영택   (무슨 영문인지 모르겠다는 듯 그녀의 눈부시게 흰 목덜미를 바라본다)

병희   내년 대학 입학준비를 위해서만 필요한 사람이라는 걸 다짐했으

면 좋겠어요. 미스터 오는…

영택 선생님! 제가 무슨 잘못이라도…

병희 나는 지금 잘잘못을 가려내자는 게 아니에요. 우리 상애가 외롭게 자라왔고 또 이 집안에서 말벗이 없으니까 미스터 오에게 유달리 친근감을 느끼리라는 것쯤은 나도 이해할 수 있지만… 그렇지만…

영택 저를 의심하신다는 뜻인가요?

병희 의심이 부당하다면 경계한다고 해둘까?

영택 네? (검은 눈썹이 산 벌레처럼 움직인다)

병희 적어도 나는 남성에게 대해서는 그렇게 대하고 있어요. 미스터 오가 우리 집에 드나든 지도 어언 3개월이 지났지만……

영택 그동안에 제가 선생님의 눈에 거슬릴만한 행동을 한 기억이라곤 없습니다.

병희 그건 나도 인정해요.

영택 (강하게) 그런데 왜 (자신의 목소리가 의외로 높았다는 걸 의심했는지 스스로 얼굴을 붉히면서 소리를 낮추며) 죄송합니다. 그렇지만 제가 상애에게 야비한 짓을 했거나, 가르쳤다고 오해를 받기는…

병희 (여유 있게 웃어 보이며) 난 결코 오해를 하고 있는 게 아니라니까…

영택 그럼 뭡니까?

병희 아까 말했잖아! 경계를 하고 있다고… 돌다리도 두들겨보면서 건너가고 싶은 생각뿐이지! 더구나 딸 하나 뿐인 어머니로서는 상애의 모든 것은 그대로 나의 전부와 같은 것이니까! (길게 한숨을 내뱉으며) 미스터 오는 내가 왜 이런 얘기를 하는지 짐작도 못할 거야! 그렇지만 나는 쓰라린 경험이 있어요. 아니 상처라고 하는 게 제 격일지도 모르지만…

갑자기 심각해지는 그녀의 말투에 영택은 자기도 모르게 마음이 이끌려간다.

병희 인간에게 있어서 배반이라는 것보다 더한 악덕은 없을 거예요! 그것도 자기가 믿었던 친구나 애인이나— 그보다 더 가까운 사람으로부터 배반을 당했을 때의 아픔… 아니 그건 아픔이라기보다는 자신에 대한 측은감이지, 마치 동상에 썩어 문드러진 한 개의 손가락을 보는 심정이라고나 할까? 아프긴 하지만 떼어내야 되는 그 살덩어리에 대한 애착을 미스터 오는 모를 거예요! 그것은 분명히 자기 육체의 한 부분이며 그것이 없어짐으로써 남들이 보기에 얼마나 흉할 형태인가를 생각했을 때 인간도 미치고 마는 법이지요!

영택 선생님… 그 얘기가 왜 저한테 필요합니까? 저는 선생님 댁에 들어와 모든 책임과 성의와 그리고 신뢰감을 위해서 열심히 일해왔다고 자부하는데요.

병희 그러기 때문에 필요한 거예요… 미스터 오가 내게 대해서 성의와 신뢰감을 생각하듯 나도 미스터 오에 대해서 그만큼 관심을 보여왔으니까… 알겠어요?

그녀의 뜨거운 시선을 정면으로 이겨내지 못한 영택은 외면을 한다.

병희 (낮은 목소리로 애원하듯) 나를 실망시키지 말아요! 솔직히 말해서 미스터 오가 우리 상애와는 끝까지 하나의 구획선을 긋고 대해주길 바라는 것뿐이니까요… 아시겠어요?

영택 (마지못해) 네!

병희 하루에 네 시간씩 학과에 관한 공부, 특히 미스터 오는 영문과니

장미의 성

까 영어에 대한 학습지도만 부탁하는 거예요. 약속하지요?

영택   네…

병희   (부드러운 미소를 지으며) 고마워요. 미스터 오가 그렇게 순수히 내 청을 받아들여 준다는 게 나로서는 정말 기뻐요.

영택   그 대신 한 가지 질문을 해도 괜찮겠습니까?

병희   질문?

영택   (머뭇거리다가) 상애의 아버님 되시는 분은 누구신가요?

병희   ? (놀라움에 눈이 크게 뜨인다)

영택   돌아가셨다 하더라도 사진 한 장쯤은 있음직도 한데 이 집안에는 전혀 그런 자취도 찾아볼 수가 없군요.

병희   그걸 알고 싶어 하는 이유는?

영택   (얼버무리며) 그 그저… 알고 싶었을 뿐입니다. 상애도 가끔 궁금한 듯이 푸념을 하더군요.

병희   그럴 리가 없어… 상애는 나한테도 그런 질문을 한 적이 없는데 어째서 미스터 오에게 물어보겠어요…

영택   사실입니다. 상애는 겉으로는 퍽 명랑하고 상냥해 보이지만 제가 알기에는 누구보다도 민감한……

병희   상애 아버지는 돌아가셨어요! 상애가 한 살 때니까 벌써 17년 전 일이예요. 그래서 그 애는 아버지 얼굴도 모를 뿐 아니라 아버지가 왜 있어야 했는지조차 모르고 자라왔어요! 내가 아버지 몫까지 해줬으니까 그럴 수밖에 없겠지만…

영택   그걸 부인하자는 게 아닙니다. 다만 저는…

병희   (자리에서 불쑥 일어나며) 그 이상은 물을 필요도 없어요! (명령조로) 내가 얘기한 대로만 지켜주면 되니까.

이때 상애가 쟁반에다가 주스를 만들어 가지고 들어선다. 방 안의 분위기가 어색하다는 걸 눈치 차리면서도 일부러 명랑하게 행동을 취한다.

상애 기다렸죠? 글쎄 믹서가 말을 잘 안 들어서…

하며 탁자 위에다가 쟁반을 내려놓는다. 그녀는 세 개의 주스를 각자의
앞에 놓고 자기가 먼저 마신다.

상애 엄마! 솜씨가 어떻수?
병희 (한 모금 맛을 보고나서) 합격이다!
상애 선생님은요?

하며 영택을 쳐다본다. 그러나 영택은 책상 위에 널려 있던 책을 챙기
고만 있다.

상애 선생님… 주스 드세요.
영택 응? (돌아보고) 응… 이것 좀 치우고……
상애 싫어요. 그건 나중에 하셔도 되잖아요.

하며 주스잔을 억지로 들려주려고 하자 영택이 뿌리치는 바람에 그만
잔이 마룻바닥에 떨어져 산산조각이 난다.

상애 앗!
영택 아니…
병희 어머나…

세 사람의 시선이 동시에 한곳에서 마주친다. 그러나 병희는 뭣이 유

쾌한지 깔깔대고 웃는다.

병희   홋호……

상애   엄마… 왜 웃어요!

병희   네가 선생님께 지나친 정성을 기울인 탓으로 주스잔이 부풀어
      터진 게로구나… 홋호……

상애   엄마도 깍쟁이 같은 소리만…

영택은 쭈그리고 앉아서 유리조각을 주워서 휴지통에다 넣는다.

상애   관두세요. 일순이를 시킬 테니…

병희   상애야! 네가 치워야지 선생님을 부려먹는 애가 어디 있니…

상애   잠깐만 기다리세요. 걸레를 가지고 나올 테니까!

영택   괜찮아요. 내가…

그러나 상애는 밖으로 뛰어나간다. 딸이 수선을 피우던 모습을 보고
있던 병희는 영택에게 다가온다.

병희   내가 아까 한 말 상애에게는 눈치채지 않도록 해요. 알겠어요?

영택   네… (그는 자기가 가지고 온 책을 가방에 넣고) 그럼 이만 가봐야겠
      습니다.

병희   (탁상시계를 보며) 벌써 시간이 되었군요… 조심해 가세요. 내가
      자동차를 사야 미스터 오도 덜 고생을 할 텐데…

영택   별 말씀을…

이때 상애가 걸레를 가지고 들어오다가 현관 쪽으로 나가는 영택을

보고 섬찟 제자리에 선다.

상애 가시게요?

병희 시간이 다 되었다… 시내까지 들어가려면 한참인데.

영택 그럼 내일 또…

영택은 두 사람 가운데 그 누구도 보지 않은 시점에다가 인사를 하며 현관 밖으로 나간다.

상애는 다음 순간 이상스런 예감을 느꼈는지 걸레를 내던지고 현관 쪽으로 뛰어 내려가려고 한다.

상애 선생님! 잠깐만…

병희 상애야! 어디 가니?

그러나 상애는 이미 밖으로 뛰쳐나간 뒤이다.

두 마리의 개가 짖어대는 소리가 밤공기를 유달리 소란스럽게 울리고 지나간다.

병희는 방 한 귀퉁이에 놓인 전기스탠드에 불을 켠다. 주홍빛 갓을 뚫고 새어나온 전등불이 묘한 분위기를 자아내게 한다. 그녀는 샹들리에 등을 끄고 전축의 음악을 튼다.

그리고는 아틀리에 쪽으로 건너가서 불을 켜고 조각을 바라본다. 그다지 훤하지 않은 조명 아래 놓인 갖가지 작품들이 마치 살아있는 것처럼 기괴한 빛을 발산한다.

그녀는 그 가운데 놓인 능욕의 알루미늄 판을 서서히 어루만지기 시작한다. 그것은 마치 살아있는 동물의 등을 어루만지듯 정답고 사랑스러운 손길이다. 그 뭣인가에 대한 열띤 갈망을 억제하지 못하는 것 같은

장미의 성

자세이다.

얼마 후 상애가 현관 쪽에서 들어선다.

방 안의 조명이 전과 달라졌고 감미로운 음악이 흐르는데 대한 반발과 의아심이 치솟는다.

그녀는 전축의 음악을 거칠게 끄고 전등을 더 환하게 켠다. 음악이 멎자 병희는 마치 꿈에서 깨어난 사람처럼 응접실 쪽을 바라본다.

상애가 무겁게 입을 다물고 다가온다. 어떤 적의를 품은 표정이다.

상애   엄마!

병희   (그녀는 조각에다가 흰 광목을 서서히 입혀주고 있다)

상애   (전보다 크게) 엄마!

병희   선생님은 가셨니?

상애   무슨 얘기를 하셨죠?

병희   무슨 얘기라니…

상애   엄마가 오 선생님한테 무슨 얘기를 하셨는가 말예요!

병희   (조용히) 내가 내년에 대학 입학시험에 꼭 합격되게 해달라고 부탁했다. 왜……?

상애   (깨물어 뱉듯) 거짓말!

병희   (딸의 적의에 찬 시선을 응시한다)

상애   오늘밤 오 선생님 태도는 이상했어요. 지금까지 그런 일이라곤 없었는데…

병희   (담담하나 위협적으로) 이상한 건 네 자신이다.

상애   엄마야말로 이상해요!

병희   (화를 내며) 내가 어쨌다는 거냐?

상애   (지지 않고) 엄마가 오 선생님에게 무슨 얘기를 하셨기에 그렇게 우울한 표정이었어요. 아까 장미밭에서만 하더라도 명랑하게 얘기를 하셨어요. 그런데…

병희 오 선생님은 내성적이고 조심성 있는 성격이다. 명랑하게 보이는 것 뿐이야.

상애 그런데 왜 제가 없는 사이에 갑작스레 그렇게 우울해지셨는가 말이에요? 여느 때 같으면 손을 흔들어 보이며 가셨을 텐데 오늘은 뒤도 안 돌아보고 총총히 가셨어요.

병희 (자신 있는 어조로) 자기 공부가 바쁜 게지… 내년엔 졸업이니 논문도 써야겠고… 게다가 가정교사가 얼마나 고단한 일인데…

상애 엄마는 이해심도 많으시군요! 흥!

병희 상애야! 똑똑히 일러두지만 (자애롭게) 너는 대학 입학에 대해서만 모든 관심을 집중시켜야 된다. 알겠니? 그것만이 네 자신을 위해서, 그리고 이 엄마를 위해서도…

상애 그렇지만 엄마가 그런 식으로 나한테 압력을 가한다면 나도 생각이 있어요.

병희 압력이라니…… 이 애가 정말 못할 소리가 없구나……

상애 대학도 포기하겠어요.

병희 (거의 증오에 가까운 불길이 두 눈에서 이글거린다)

상애 남의 일에 대해서 왜 그렇게 간섭이 심한가 말이에요?

병희 엄마가 딸의 장래를 위해서 걱정하는 것도 간섭이란 말이냐?

상애 간섭과 애정도 분간 못할 만큼 엄마는 우둔하신가요?

병희 이 기집애가 정말…

하며 몇 걸음 다가선다.

상애 (똑바로 쳐다보며) 엄마는 내가 오 선생님하고 가까워질까 봐서 그러시는 거죠?

병희 (당황하며) 뭣이 어째?

상애 겁이 나는 거죠— 네! 아니면 아니라고 말씀해 보세요.

병희 (화를 내며) 그만 두지 못하겠니?

상애 (기를 쓰며) 싫어요! 싫어!

병희 상애야!

상애 (어머니에게서 떨어져 나가며) 엄마는 왜 솔직하지 못하세요! 달팽이처럼 껍데기를 등에 업고 다니세요! 아니 그 껍데기 속에 도사리고 앉아서 가장 영리한 사람인 양 뻐기는가 말이에요!

병희 (거의 이성을 잃을 정도로) 상애야! 정말 그만 두지 못하겠니? 엄마보고 뻐기다니…… 그런 천한 말버릇을 어디서 누구한테서 배웠지?

상애 그래요! 나는 천한 태생이니까 천한 말 밖에 쓸 수 없잖아요…

병희 (어이가 없어 입이 떡 벌어진다)

상애 그렇지만 엄마처럼 위선이나 허식의 껍데기를 뒤집어쓰고 싶지는 않아요…

병희 엄마가 언제 위선을 부렸단 말이냐? 엄마는 오늘날까지 너만을 위해서, 오직 너만을 위해서 모든 괴로움을 참고 이겨 왔는데…

자기도 모르게 감정이 격해지고 울음이 복받쳐 오르자 그것을 짙게 밀어버리려고 안간힘을 쓴다. 그러나 그럴수록 입술에 경련이 일어나고 뺨에는 어느덧 두 줄기 눈물이 주르륵 흘러내린다.

상애 엄마는 자기 자신이 이 세상에서 가장 깨끗하게 살아가고 있다고 생각하실지 모르지만 그건 허세에요!

병희 허세?

상애 여자가 17년 동안 고독을 이겨 나왔다는 게 미덕이라고 여기는 시대는 지났단 말이에요! 인적도 드문 골짜구니에 장미로 울타리를 막고 외부와의 접촉을 꺼려하는 엄마의 사생활을 찬양하는 사람보다는 도리어 조소와 의아의 눈으로 지켜보는 사람이 더 많다는 것을 아셔야 해요!

병희 너 어디서 무슨 얘기를 들었기에 그런 악담이니? 엄마의 생활을 누가 의아하게 생각했단 말이냐? 누가 조소하는가 말이다.

상애 그럼 엄마는 그게 정상적이라고 생각하세요?

병희 (다시 한 번 놀라운 표정으로) 뭣이 어째? 아니 그럼 내 생활이 정상적이 아니란 말이냐?

상애 그래요! 저는 엄마가 차라리 재혼을 하셨으면 했어요! 아버지의 얼굴도 기억 못한 채 자라나온 저는 친아버지가 아니라도 좋으니 아버지가 필요했었어요. 그렇지만 어머니는…

병희 그게 왜 잘못이냐? 엄마는 남자에게 대해서는 저주를 느꼈으면 느꼈지 그 이상의 관심도 친근감도 가질 수 없는 몸이다.

상애 그 이유가 뭐에요! 엄마가 남자를 저주하는 이유가 뭐냔 말이에요? 그런 고집이 신성하다고 생각하시나요? 그래서 제가 오 선생과 다정하게 지내는 걸 시기하셨어요?

병희 시기?

상애 그래요! 엄마는 질투하고 있는 거예요! 저와 오 선생 사이를 질투하고 있단 말이에요! 솔직히 말해보세요! 네?

하며 흥분한 상애가 어머니에게 육박해 오자 병희는 반사적으로 상애의 뺨을 세차게 휘갈긴다.

병희 듣기 싫어!

상애는 뜻하지 않은 어머니의 손찌검에 마치 감전된 사람처럼 멍하니 쳐다본다.

얼마 전부터 부엌 쪽 도어에서 나와서 두 사람의 언쟁을 지켜보고 있던 이 씨의 얼굴에 이즈러진 웃음이 깊은 계곡의 그늘처럼 패인다.

상애는 뒤늦게 되살아나는 분노와 슬픔의 덩어리가 치솟자 왈칵 울음을 털어놓는다. 그리고는 이 씨가 서 있는 것을 발견하자 그녀의 품에 가서 안긴다.

상애　할머니!

그리고는 비로소 소리를 내어 슬프게 울기 시작한다. 이 씨는 상애의 어깨와 등을 어루만지며 적의와 저주의 시선으로 병희를 응시한다. 비로소 이 씨가 거기에 있었다는 사실을 깨닫자 병희는 일종의 수치심과 죄의식에 얼굴이 확 달아오른다.

이씨　(차갑게) 다 자란 애에게 손찌검을 해서 어떻게 하자는 거냐?

병희　버릇을 고쳐놔야겠어요! (크게) 상애야!

이씨　(단호하게) 그만 해 둬!

병희　(압도당한 듯) 네?

이씨　상애가 무슨 잘못을 저질렀는지 모르겠지만 그렇게까지 혹독하게 대할 건 없잖니!

병희　(악에 바쳐) 어머니가 뭘 아신다고 참견이세요!

이씨　나도 참견할 만하니까 하는 거다.

병희　뭐라구요?

이씨　상애는 너에게는 소중한 딸이겠지만 나한테는 더 소중한 손녀다. 할미가 손녀를 아끼는 게 뭐가 잘못인가 말이다!

병희 어머니!

이씨 (상애의 얼굴을 들여다보며) 상애야! 어서 2층으로 올라가자. 여기 있으면 우리만 손해를 보게 된다. 어서!

상애 (더 슬퍼지며) 할머니! 난… 난…

이씨 울지 말래두 그러는구나. 누가 뭐래도 너는 할머니가 지켜줄 테니까 걱정 말아. (자신도 어느덧 서글퍼지며) 네가 이렇게 자라도록… 보지도 듣지도 못하고 에ㄱ 불쌍한 것아…

병희 (그것이 무엇을 의미하는 말인지를 잽싸게 알아내자) 어머니! 도대체 무슨 말씀이세요? 상애가 어쨌다는 거예요?

이씨 (무슨 얘기를 하려다 말고 원망스럽게 바라보더니) 에미의 마음은 누구나 매한가지다. 네가 상애를 생각하듯 나도… 나도…

병희 ●그만 두세요! 오늘 따라 왜 이러시는 거예요! 왜! (금시 울어버리고 싶은 심정이다)

이씨 내가 왜 이런 얘기를 해야만 되는지 모르겠지만 내 아들을 찾아 달란 말이다.

병희 네? (너무나 뜻밖의 말에 말문이 막힌 듯) 그게 무슨 말씀이세요?

이씨 내 아들은 살아있어… 어디선가 나를 기다리고 있다. 다만 집에 찾아오고 싶어도 못 찾아오는 거다.

병희 (마음에 꺼림칙한 점이 있어) 어머니… 그걸 말이라고 하세요?

이씨 네가 뭣 때문에 내 아들을 내 아들을 저버리는가 말이다……

그녀는 어느덧 상애를 떠밀고서 병희 앞으로 다가선다.
이 씨의 반짝거리는 눈에 위압을 당하는 양병희는 몇 걸음 뒤로 물러서 나간다.

이씨 내 아들이 무슨 잘못이 있기에… 받아들이지 않는가 말이다! 그

장미의 성

애는 누구보다도 내가 아끼고 사랑하던 단 하나의 혈육이었어.
그런데도 너는 내 아들을 이 집에서 내쫓았어!

병희 (참고 견디어 온 격정을 폭발시키며) 내가 내쫓은 게 아니에요… 자기 스스로 나간 거예요!

이씨 거짓말이다! 네가 못 들어오게 한 거야! 네가!

병희 그럴 만한 이유가 있었어요…

이씨 이유야 있건 없건 지아비를 내쫓고 쓰는 법이 어디 있단 말이냐? 그럴 바엔 차라리 나도 상애도 내쫓고 혼자 살 일이지…

병희 어머니! 웬 그런 악담을 그렇게 하세요! 어머니나 상애를 내가 왜 내쫓는단 말이에요.

이씨 (울음이 복받치며) 17년 동안… 나는 한마디 말도 않고… 이렇게 두더지처럼 살아왔지만… 이제는 더 참을 수가 없다. 상애가 자라날수록 나는… 나는 내 아들 생각에… 견딜 수가 없다!

병희 그러니 저더러 어떻게 하라는 거예요? 그 사람을 나더러 어디서 찾아오란 말이에요!

이씨 네가 그럴 생각만 있다면 못 찾을 게 뭐냐?

병희 나는 못해요! 못해요!

거의 미친 사람처럼 외치며 창가에 가서 흐느낀다.
두 사람의 격한 언쟁을 듣고 있던 상애의 얼굴에는 체념도 비애도 아닌 야릇한 그림자가 덮이기 시작한다.

이씨 상애야! 가자… 너만은 내 곁을 떠나서는 안 된다! 어서…

하며 상애의 손목을 끌고 부엌 쪽 도어로 퇴장한다. 그러나 상애는 어떤 미련을 느끼는 양 흐느껴 우는 어머니를 되돌아보며 나간다. 갑

324   차범석 전집 3

작스레 이 세상에서 버림을 받은 것 같은 고립감에 사로잡힌 병희는 얼굴을 쳐든다. 눈물로 얼굴이 사나운 야수처럼 이그러져 보인다.

병희 (혼잣소리) 그건 아니에요. 내가 내쫓은 게 아니에요! 그이가 나갔어요… 그이가 나를 버린 거예요! 버림을 받은 건 나란 말이에요. 그런데 어째서 내가 내가 형벌을 받아야 합니까!

하며 소파에 쓰러지며 슬프게 울기 시작한다.

암전

제3막

무대

전막과 같음. 전막부터 약 한 달 후. 다만 응섭실과 아틀리에 사이에 둘러진 커튼이 완전히 두 방을 갈라놓은 듯 쳐있고 아틀리에 쪽의 천정에 있는 차일용 커튼도 닫혀있어 오랫동안 사용을 안 하고 있다는 증거이다.

따라서 무대는 응접실만이 유난스럽게 환히 밝아 보인다. 막이 오르면 여름 한낮의 뜨겁고 지루한 분위기가 응접실 안과 뜰에 아지랑이처럼 피어오르고 있다.

창문은 활짝 열려있고 방 한구석에 선풍기가 놓여있지만 돌지 않고 있다.

상애가 창가에 의자를 가져다 놓고 두 다리를 길게 앞으로 뻗은 채 누운 듯 앉아 있다. 얼굴은 부채로 가려진 채로다. 매미 우는 소리가 한가롭다기보다는 차라리 권태롭게 들린다. 잠시 후 이 씨가 한약 그릇을 쟁반에 받쳐 들고 들어선다. 방 안에 들어서자 돌지 않고 있는 선풍기를 먼저 발견하고는 혀를 끌끌 찬다.

이씨 에그! 이 더위에 선풍기도 안 켜놓구서……

하며 선풍기 쪽으로 다가와서 스위치를 누르자 신나게 돌아간다. 이 씨는 잠이 든 상애를 조용히 깨운다.

이씨 상애야… 상애야, 약 먹을 시간이다.
상애 (그대로 누운 채로) 지금 몇 시에요?

이씨　(상애가 자지 않고 있었다는 게 대견스럽다는 듯 웃으며) 원 애두…
너 깨어 있었구나… 자 약 마셔라!

상애　(짜증을 내며) 몇 시냐니까!

이씨　그 글쎄… 아까 식당 시계가 넉점 치던 것 같더라…

이 말을 듣자 상애가 불쑥 일어나 앉는다. 전보다 얼굴이 헬쑥해 보인다.

이씨　자… (하며 약그릇을 내민다)

상애　(미간을 찌푸리며) 또 약이야.

이씨　또가 뭐냐… 아직도 한 재는 더 달여 먹어야 한다. 양약보다는
한약이 더 효험이 있어…

상애　흥! 할머니는 내가 아프다니까 겁이 나우?

이씨　겁이 나잖구?

상애　(이상야릇한 웃음을 지으며) 그렇다고 죽지는 않을 테니까 걱정 마
세요.

이씨　끔찍한 소릴… 자 어서 약이나 먹으래도…

상애는 아무런 부담도 느끼지 않고 약을 마시고는 빈 약그릇을 할머니
에게 준다.

이씨　방학 동안에 회복을 해야지… 나는 네가 건강해지는 일 밖에는
바랄 일이라곤 없다.

상애　거짓말!

이씨　뭐가 거짓말이냐?

상애　할머니가 바라는 일은 또 있잖우?

이씨　또라니?

　　　　　　　　　　　　　　장미의 성

상애 (두어 번 부채질을 하며 태연스럽게) 행여나 아버지가 살아서 돌아
오기를 바라고 계실 걸… 흠… (이 씨를 쳐다보며) 그렇죠?

이씨 (우울한 한숨을 내쉬며) 바란다고 이루어지는 일이라면야…

상애 실은 저도 어떻게 생겼을까 하고 막연하나마 머릿속에 그려볼
때가 있어요.

이씨 네 아버지를 말이냐?

상애 그렇다고 보고 싶다든가 그리워지는 건 아니구요.

이씨 (어이가 없다는 듯) 뭣이?

상애 할머니! 아버진 어떻게 생겼어요?

이씨 (어떤 환영을 쫓는 듯) 잘 생겼지. 말이 없고 하루 종일 화실에서
그림만 그리는 게 전부였단다. 중학교 때부터 그림에는 천재라는
칭찬을 받았었지.

상애 그래서 엄마하곤 미술대학에서 알게 되었다는 것까지는 저도 알
고 있어요.

이씨 (스스로 어떤 쓰라린 과거를 짓이겨 버리려는 듯) 그렇지만 사람이란
연분이 안 닿으면 못사는 법인가 보더라. 결혼 1년 만에 손바닥을
뒤집듯이 헤어졌으니…

상애 (흥미를 느끼며) 왜 그랬을까요? 그토록 사랑했다면서… 손바닥을
뒤집을 만한 이유가 뭐예요?

이씨 그건 나도 모른다!

상애 (납득이 안 간다는 듯) 그렇지만 그럴만한 이유가 있었을 게 아니에
요?

이씨 (짜증을 내며) 모르겠대두! 열길 물속은 알아도 한길 사람 속을 짚
을 길이 없다는 게 바로 네 엄마를 두고 하는 속담이겠지…

상애 그럼 엄마가 먼저 아버지를 싫다고 했나요?

이씨 (한숨을 뱉으며) 그렇다고 생각할 수밖에… (갑작스레 어떤 증오와

불만이 터지며) 네 아버지는 네 엄마한테 한마디 대꾸도 못한 채 쫓겨나다시피 했단다.

상애 쫓겨나다니요? 아버지가 무슨 잘못을 저질렀기에…

이씨 글쎄 말이다… 설령 남편이 무슨 잘못을 저질렀기로 아내가 남편을 집밖으로 몰아낼 수는 없지 뭐냐? 아내의 도리도 아니거니와 그건 체통 서는 집안 사람으로서는 가당치도 않은 일이다!

상애 그렇지만 그럴만한 이유는 있었을 게 아니에요? 왜 아버지는 한마디 말씀도 못하셨을까요? 엄마한테 얘기는 못해도 할머니한테는 할 수가 있잖아요?

이씨 네 아버진 어려서부터 성질이 암떠서*… 에미한테도 고분고분 얘기를 하는 적이라곤 없었단다. 동리에서도 오죽하면 섬색시라는 별명까지 얻었겠니…

상애 (호기심을 느끼며) 엄마하고는 정반대였군요. 그럼!

이씨 그렇지! 지금은 지나간 얘기지만 먼저 결혼을 하자고 졸라댄 것도 네 엄마 편이었지만 헤어지자고 말한 것도…

상애 엄마였군요?

이씨 (눈물이 글썽해지며) 못난 인간… 제 아내가 헤어지자고 했기로서니 집을 나갈 게 또 뭐람… 그것도 멀리 미국까지 말이다. 아들 하나를 믿고 살아온 에미에게는 빈집을 지키라고… (눈물을 삼키며) 난 지금도 그날 일을 생각하면… 가슴이 터질 것만 같고 채 삼키지도 못한 음식이 목구멍에 남은 것 같구나… 나는 죽을 때까지 이런 얘기를 안 하려고 했지만… 이제 너도 철이 났고 얼마 안 있으면 시집도 가게 될 나이니… 얘기를 안 할 수도 없게 되었구나…

---

*암띠다. 수줍은 성질이 있다.

상애 (마치 흥미진진한 옛날 애기에 감동되어가는 소녀처럼 이 씨의 치마폭에 매달리며) 할머니, 애기해 주세요. 알고 싶어요 네?

이씨 (아슬한 옛 추억을 더듬어가며) 네 아버지는 대학에 다닐 때부터 미군부대에 드나들었단다. 학비를 벌기 위해서 토요일 오후면 용산 쪽으로 나가서 미국 군인들의 얼굴을 그려주고는 얼마간의 돈을 받고 했었어. 벌이가 좋은 날은 초콜릿이며 파인애플을 한 아름씩 안고 들어오기도 했단다. 그런데 미국 군인 가운데 인심이 후한 사람이 있었던 모양이더라.

상애 학비를 대주었나요?

이씨 (석연치 않게) 글쎄… 그건 잘 모르겠지만 그 미국 사람이 네 아버지를 미국으로 데려가겠다고 자청을 했다지 뭐냐…

상애 그럼 잘 되었지 뭐예요. 아버지의 미술 재능을 인정했기에 그렇게…

이씨 그렇지만 네 엄마는 웬일인지 그걸 반대했었단다.

상애 왜 그랬을까요?

이씨 네 엄마도 나한테는 소상한 설명을 안 해주니까 모르지만 결혼식 때 그 미국 군인이 식장에까지 찾아와서 축하하는 걸 나도 봤다. 저희들끼리 무슨 말을 주고받는 모양이지만 나는 알아들을 수가 없었어… 다만 그 미국 사람의 모습이 어쩐지 서운하고 아쉬워하는 눈치인 것만은 뚜렷이 알 수가 있었다.

상애 아버지의 결혼을 축하하러 왔을 텐데요.

이씨 글쎄다… 그 후 얼마 안 있어 그 미국 사람은 본국으로 떠나갔단다. 그때부터 너의 아버지와 어머니 사이는 금이 가기 시작했단다.

상애 모처럼 미국 유학을 갈 수 있었던 기회를 놓쳤으니 아버지로서는 불만이었겠지요. 더구나 예술을 공부하는 데는 아무래도 미국이나 구라파 쪽에 나가야 한다는데!

이씨 나도 가끔 그런 얘기를 들었어… 그러나 네 엄마가 끝까지 반대했지 뭐냐… 그 후부터 네 아버지는 술을 마시기 시작하고 마치 병든 사람마냥 진종일 화실에 앉아서… (한숨을 내뱉으며) 이 집으로 이사 오기 전에 우리는 신당동에 살았었지만… 내가 그 좁은 화실에 웅크리고 앉아 있던 네 아버지의 야윈 모습을 볼라치면 가슴이 뭉클해지기까지 했었다.

상애 할머니 그건 엄마가 나쁜 게 아니에요. 아버지를 진심으로 사랑했기 때문에 먼 나라로 떠나가는 것을 굳이 말렸던 거예요! 그만큼 어머니가 아버지를 사랑했다는 증거이기도 해요. 안 그래요?

이씨 나로서는 짐작도 못할 일이다. 남편이 가고 싶어 하고 공부하고 싶어 하니 집을 팔아서라도 경비를 대줄 생각을 해야 할 텐데 네 엄마는 마치 젊은 시앗을 보는 여편네 모양으로 네 아버지를 들볶는 꼴도 몇 차례 보았다.

상애 그런데 어떻게 해서 아버지가 미국으로 떠나게 되었죠?

이씨 미국에서 편지가 여러 차례 왔었단다. 그때마다 돈도 부쳐오고……

상애 어머 그렇게까지 마음씨 고운 사람이 있었을까?

이씨 (어떤 과거지사가 생생하게 눈앞에 떠오르는지 불쑥 자리에서 일어서며 무대 전면으로 나온다. 이와 동시에 무대는 차츰 어두워지고 조명이 암흑 속의 이 씨의 얼굴만을 비쳐준다) 그날은 아침부터 비가 쏟아지고 있었다. 너는 그때 홍역을 치르느라고 안방에서 내가 병풍을 들친 채 내 품에 안겨 있었단다. 그런데 난데없이 화실 쪽에서 네 어머니가 언성을 높이며 외치질 않겠니?

병희 (소리만) 가요! 가! 그렇게 못 잊을 사람이라면 따라 나가란 말에요? 가…

어둠 속에서 물건을 내던지는 소리와 함께 화병이 깨지는 소리가 천둥소리처럼 크게 들린다.

이와 동시에 우편 아틀리에가 어렴풋이 나타난다. 창밖에는 가을비가 내리고 있어 방 안은 한층 더 음울하게 보인다.

창을 향해 서 있는 청년의 뒷모습은 퍽이나 가냘프고도 초라하게 느껴질 뿐 얼굴은 알아볼 수가 없다. 무대 한구석에 젊은 날의 병희가 몹시 흥분된 상태로 서 있다.

그녀의 손에 외국 항공 우편이 서너 통 들려 있다. 병희는 너무나 흥분과 분노에 쌓여 말소리가 떨린다.

병희 왜 대답을 못하세요. 네? 이제는 당신이 어떤 인간이라는 걸 알았으니까 가세요! 미국이건 지옥이건 가세요! 나는 그동안 설마하고 그래도 나의 육감이 당신과 그리고 우리들의 사랑을 욕되게 할까봐 그것만을 걱정해왔어요… 그렇지만 이제는 못 속여요! 이 편지가 있으니까. 태평양을 건너온 이 편지를… 아니 이것은 당신에게 온 편지가 아니라 당신이 보낸 편지의 답장이니…

말끝을 못 맺고 고뇌를 못 이겨 머리칼을 쥐어뜯는다.

병희 아… 내가 사랑했던 당신이… 내가 모든 것을 바쳤던 당신이… 이런 꼴로 이런 흉악한 모습으로 내 앞에 서야 하다니… 차라리 종로 네거리에 나가서 옷을 벗어요. 옷을 벗고 서울 시내를 걸어가요! 두려움도 부끄러움도 없는 당신 같은 사내들은 능히 할 수 있을 거예요! 어서 나가요! 나가!

하며 사나이의 등을 방망이질 하듯 마구 친다. 그러나 사나이는 여전히 등 돌아 서 있을 뿐이다. 병희는 스스로의 흥분을 이겨내지 못해 무대 앞쪽 테이블에 쓰러져 울음을 터뜨린다.

병희 내가 당신에게 내맡긴 진실을 고작해서 이렇게 찾아주기에요? 그럼 왜 결혼을 했어요! 왜…

하며 더 슬프게 원통하게 울기 시작한다. 그러나 역시 시니이는 길게 한숨을 들이켜 쉬고는 전과 꼭 같은 자세로 서 있다. 그러한 무관심한 태도에 발작적으로 분노와 저항을 느낀 병희가 살기를 품은 시선으로 대든다.

병희 어서 나가요! 이제는 나도 참을 수 없어! 나를 더럽히고 나를 여자 이전에 암컷으로 만들고만 당신을 용서할 수 없어요. 나가란 말이에요! 암컷과 수컷끼리의 가정은 내가 저주하겠어요! 당신들은 남자가 아니라 짐승이에요! 들판에서 떼지어 다니는 수컷들! 나가요! 나가!

하며 화병을 들어 벽에 던진다. 이와 동시에 번개와 함께 천둥소리가 요란하다.
사나이는 잠시 망설이더니 뒤를 돌아보지도 않고 천천히 도어 쪽으로 가서 잠시 서 있다가 길게 숨을 내뱉고는 나가버린다. 그러한 사나이의 행동을 지켜보고 있는 병희의 얼굴에 복수의 승리자가 느낄 수 있는 야릇한 통쾌감에 젖은 웃음이 떠오른다.

병희 다시는 내 앞에 못 나타날 거야… 다시는… 너는 남편이 아니라 동물이야… 동물… 홋호… (다음 순간 그 웃음이 울음으로 변한다)

그렇지만 내 딸은 어떻게 한다지? 인간과 동물 사이에 태어난 생명은 어떻게 한다지? 내 귀여운 상애에게서 그 더러운 피를 뽑아야 해… 그 더러운 피를 없애야 해… 하나님… 하나님… (마룻바닥에 쪼그리고 앉아서 기도하듯) 너무하십니다. 저에게 이런 시련을 내리다니… 차라리 저에게 독사발을 주실 일이지… 이런 호된 채찍질을 하시다니… 아… (하며 마룻바닥에 쓰러져 운다. 번개가 다시 천지를 꿰뚫고 지나간다)

잠시 후 무대는 어두웠다가 다시 처음 상태로 밝아진다. 이 씨의 애기에 매혹되듯 앉아 있던 상애가 자기 나름의 추리와 판단으로 서서히 고개를 끄덕거린다.

상애 결국 엄마는 저 하나를 지켜나가기 위해서 오늘날까지 지내오셨단 말이군요!

이씨 그렇게 생각할 수도 있지. 그렇지만 네 엄마가 너를 사랑하듯 나는 내 아들을 사랑하고 또한 너는 네 아버지를 찾는 게 인간이 아니겠니?

상애 할머니 그렇지만 그 편지에 어떤 사연이 쓰여 있었는지 모르지만 아버지가 미국으로 안 가셨던들 우리는 좀 더 행복했을지도 모르죠.

이씨 (후회스럽다는 듯) 그야 그렇지. 하지만 17년 동안 생사조차 알길 없는 네 아버지를 생각해온 나로서는 하루도 마음 편할 날이 없었단다.

상애 각자 자기 나름의 행복은 있는 법이에요.

이씨 뭣이! 자기 나름의 행복?

상애 그렇죠! (의외로 명랑하게) 그러한 아버지와 어머니의 사이에서 태

어난 저에게도 행복은 있겠지요. 흠… 그건 그렇고 엄마는 2층에
계셔요?

이씨　개를 데리고 산보나갔다 왜…

상애　(무슨 말을 하려다가 말고) 그만 두겠어요… (하며 부채질을 신경질적
　　　으로 한다)

이씨　상애야!

상애　할머니! 지금 몇 시예요.

이씨　(쓰게 웃으며) 넉점 지냈대두 그러는구나!

상애　(혼잣소리처럼) 왜 안 오실까!

이씨　누구 말이야?

상애　(대답 대신 자리에서 일어나 창가로 간다. 이 씨는 상애의 그러한 태도
　　　에 마음이 가는 점이 있다는 듯 한숨을 길게 뱉는다)

이씨　상애야, 오 선생은 안 오실게다. (이 말에 상애의 표정이 굳어진다)

상애　안 오신다구요?

이씨　기다릴 필요도 없거니와 기다려 봐야.

상애　(담담하게) 누가 오 선생님을 오시지 말라고 했나요?

이씨　(난처해지며) 공부도 좋지만 네 몸이 성해야지. 더구나 이 복더위
　　　에 공부를 한다는 건 섶을 지고 아궁이로 들어가는 격이지 뭐냐.

상애　그래서 엄마가 오 선생더러 오지 말라고 했나요? (조용한 말투이지
　　　만 눈에는 열기가 서려 있다)

이씨　(말없이 창밖으로 시선을 돌린다)

상애　(신경질적으로 버럭 소리를 지른다) 엄마가 왜 그런 일까지 간섭일
　　　까? 흥! 할머니도 그게 옳다고 생각하세요? 나를 이렇게 가두어
　　　두고 약이나 먹으면 된다고 생각하세요? 난 아프지 않아요. 환자
　　　가 아니란 말이에요!

이씨　그렇지만 너는 가끔 잠결에 헛소리를 하고 식은땀을 흠뻑 흘리고

하잖니?

상애 여름 감기에요.

이씨 (가까이 다가서며) 상애야! 네 병은 감기가 아니다. 의사선생님도 그렇게 진단을 내렸고 한의원도 진맥을 짚었잖아… 그러니 딴 생각일랑 말고 병을 고치도록 해라.

상애 제가 언제 딴 생각을 했어요?

이씨 그 그렇지만……

상애 나는 엄마가 시키는 대로 순종해 왔어요. 하루에 세 번 약을 먹고 오후엔 한 시간씩 낮잠을 자고 아홉 시엔 잠자리에 들고… (갑작스레 발악을 하듯) 그런데 왜 나를 이렇게 감시하고 꽁꽁 묶어 두려는 거예요.

이씨 묶긴 누가 묶었어?

상애 오 선생님을 못오게 한 건 뭐예요? 네? 제가 오 선생님한테 딴 생각이라도 품고 있단 말인가요?

이씨 (어처구니 없다는 듯) 그런 상소릴 하는 게 아니야!

상애 할머니가 그러셨잖아요. 딴 생각일랑 말라고! 흥! 엄마는 내가 오 선생님하고 같이 있는 걸 경계하고 계시는 거야! 아니 내가 오 선생님하고 친하게 지내는 걸 못마땅하게 여기고 있는 거예요! (할머니를 직시하며) 그렇죠? 그래서 나를 억지로 환자 취급을 하고 이제는 그것을 구실삼아 오 선생님도 이 집에 못 드나들게 하신 거예요. 엄마가 그렇게 시킨 거죠? 네? 그렇죠?

상애의 추궁이 너무나 신랄하다고 생각했던지 이 씨는 저만치 피한다. 그리고는 몹시 난처한 표정으로 서성거린다.

상애 흥! 누가 모를 줄 알구? 나도 다 안단 말이에요! 엄마가 오 선생을 못오게 하신 이유쯤은 나도 알고 남음이 있어요! 그것이 딸을 위하는 사랑이라고 우기시겠지만 어림도 없어요! 나도 이젠 내 생각대로 한단 말이야! 해!

상애는 자신의 흥분을 이겨내지 못한 나머지 부채를 내던지고 의자를 밀어뜨리고 하더니 창가에 가서 흐느껴 울기 시작한다.
그러한 상애의 흥분된 행동을 측은하게 바라보고 있던 이 씨는 약그릇을 탁자 위에 놓고 의자를 바로 세운 다음 서서히 다가간다. 그리고는 상애의 헝클어진 머리를 쓰다듬어준다.

이씨　　상애야!
상애　　(여전히 더 슬프게 울고 있다)
이씨　　실은…… 오 선생을 못오게 한 건… 나다. (울음을 뚝 그치고 고개를 든다) 네 엄마가 그런 게 아니야.
상애　　(눈물로 얼룩진 얼굴을 쳐들며) 할머니가 오 선생님을 못오게 했어요?
이씨　　(대답대신 긴 한숨을 뱉는다)
상애　　왜요? 무슨 이유로… (말하려다 말고) 내 건강이 나쁘니까 공부도 쉬어야 한다고 생각하셨나요?
이씨　　그게 아니야!
상애　　(이 씨의 변명에는 아랑곳 없다는 듯) 그게 저를 사랑하는 유일한 방법이라고 생각하셨나요? 하루에 세 시간씩 오 선생님께 영어 공부를 지도받는 게 그렇게 제 몸에 해로운 것이라고 생각하시나요? 아니면 엄마가 할머니에게 그렇게 시킨 일인가요? 네?
이씨　　아니래두! (할머니의 답변이 너무나 단정적이라고 생각하자 상애의 미간이 급히 흐려진다)

이씨	물론 네 몸이 갑작스레 약해진 것도 그 이유가 되겠지만… 오라는… (다음 순간 말을 하기가 난처하다는 듯 마른 침을 꿀꺽 삼킨다)
상애	무슨 일이 있었나요?
이씨	(담담하게) 오 선생은 우리 집에 드나들어서는 안 될 사람이더라.
상애	안 될 사람?
이씨	나도 처음에는 퍽 착실하고 순진한 학생이라 여겼고 또 고학생이니까 동정도 했었지만…
상애	오 선생님이 무슨 잘못이라도 저질렀나요? 할머니 말씀해 주세요.
이씨	그 사람이 직접 잘못을 저질렀다고는 볼 수 없지만서두…
상애	그럼 누가…
이씨	(결심을 하듯) 어떻든 그 사람은 우리 집에 안 드나드는 게 좋을 것 같다. 네 공부를 위해서라면 가정교사야 얼마든지 구할 수 있다.
상애	싫어요!
이씨	(얼굴에 당황하는 빛이 떠돈다)
상애	할머니께서 그 이유를 말씀해 주시지 않으신다면 제가 엄마한테 직접 물어보겠어요. 언젠가 엄마가 오 선생님보고 충고를 하셨던 기억은 있지만 우리 집에 다시는 오지 말라고까지 안했어요. 그런데 이제 할머니까지 덩달아서 오 선생님을 내쫓다니…… 제가 엄마한테 물어보겠어요.

하며 상애가 뒤뜰로 향한 도어 쪽으로 가려던 찰나 전화벨이 울린다.
이 씨도 상애도 섬찟한다.
그만큼 전화소리는 요란스럽게, 그리고 답답한 방 안 분위기를 뒤흔들어놓는다.
다시 전화벨이 울린다. 이 씨가 전화를 받으러 간다.
상애는 어떤 불안한 예감 같은 것을 느끼며 도어 쪽으로 간다.

이씨	여보세요? (기대가 어긋났다는 듯 쌀쌀하게) 네, 상애는 아직도 누워 있어요 네? (사이) 그럴 필요 없어요. (약간 어조에 가시가 돋치며) 당분간은 시험공부도 못시키겠다고 했잖아요! 네? (사이) 그러니 그리 알고……
상애	(홱 돌아보며) 오 선생님이신가요? 저 좀 바꿔주세요! (하며 급히 뛰어오자 이 씨가 전화를 끊는다. 분노와 경악에서) 왜 전화를 끊으세요?
이씨	받을 필요 없어! 이쪽에서 연락할 때까지는 쉬기로 했잖니?
상애	(반항적으로) 할머니까지 이러시기예요?
이씨	내 하는 일에 틀림은 없다.
상애	제 의사를 무시하는 거예요?
이씨	모두가 우리 가정을 위해서야. 너나 네 엄마를 위해서이다. 그리 알고 당분간은 공부도 잊어버려라.

이렇게 말하는 동안 상애는 마치 어려운 수수께끼의 답을 찾아내기라도 하려는 듯 이 씨의 얼굴을 뚫어지게 바라본다. 그러한 손녀의 시선을 의식하자 이 씨는 부러 못 본 척 약그릇을 들고 우편으로 나가려한다. 그 순간 상애가 잽싸게 이 씨의 앞을 막아선다.

상애	할머니!
이씨	그만 누워있거라.
상애	말씀해 주세요.
이씨	뭘 말하라는 게냐? 이제 와서…
상애	오 선생님을 못오시게 한 이유가 뭐냔 말이에요! 단순히 저의 건강을 걱정해서가 아닌 것만은 사실이에요, 그렇죠?
이씨	(말없이 상애의 얼굴을 지켜본다)

상애	오 선생님을 우리 집에 못 드나들게 하는 이유가 뭣인가 말씀해 주세요.
이씨	지금은 말할 수 없다.
상애	왜요?
이씨	차차 알게 된다. 어떻든 그건 너를 위해서 한 짓이니까 그렇게 알아서 해로운 건 없을 게다.

이때 두 마리의 개가 짖어대는 소리가 멀리서부터 차츰 가까워진다. 그 소리는 마치 정다운 사람끼리 시시덕거리는 소리 같기도 하다. 간간히 죤과 챠아리를 부르는 병희의 목소리는 마치 즐거운 놀이에서 돌아오는 아이들을 달래주는 것 같다. 이 씨가 급히 창가로 가서 밖을 내다 본 다음 상애에게로 다가간다.

이씨	상애야! 아직은 네 엄마에게 이 얘길 해서는 안 된다.
상애	(상애는 무슨 뜻이냐고 반문하듯 이 씨를 날카롭게 쏘아본다)
이씨	너는 그저 잠자코 있으면 되니까 알겠지?
상애	할머니 도대체 무슨 꾀를 부리고 계시는 거예요?
이씨	글쎄 내 시키는 대로 해!

이때 무대 밖에서 병희와 일순의 대화가 들려온다.

병희	(소리만) 죤에겐 고기를 더 줘라! 장미밭에서 또 쥐를 잡았단다. 호호.
일순	(소리만) 쥐를 잡아요?

이때 병희와 일순이가 현관 쪽에서 들어온다. 병희는 시원스런 밀짚모

자를 썼고 손에는 선글라스가 들려 있다. 가벼운 운동으로 이마에 솟구친 땀이 한결 그녀의 건강하고 풍만한 아름다움을 돋보이게 해준다.

일순   어쩜 죤은 그렇게 쥐를 잘 잡을까요? 진돗개도 아닌데…

병희   그러게 말이다. 참 신통도 하지. 지난번에 장미나무 뿌리를 상하게 하던 쥐였던 모양이지! 흠… 어서 가서 고기를 주래두!

일순   네. (일순은 무대를 횡단하여 우편 도어 쪽으로 퇴장한다. 이 사이에 병희는 묵묵히 서 있는 이 씨와 상애의 거동이 심상치 않다고 느끼면서도 부러 태연한 척한다)

병희   (상애에게) 약은 먹었니?

이씨   (상애를 대신해서) 지금 먹었단다.

병희   (이 씨 손에 들린 약그릇을 보자 미간이 흐려지며) 병원에서 지어온 약을 먹어야지 한약만 먹으면 어떻게 해요?

이씨   양약보다는 한약이 더 잘 듣는데두!

병희   그렇지만 의사 진단을 받았으면 의사의 지시에 따라야지. 어떻게…

상애   (돌아선 채) 엄마!

병희   (말없이 바라본다)

이씨   (잽싸게) 상애야! 이제 그만 올라가서 쉬라니까! 자 할머니와 같이 올라가자. (하며 등을 떠밀다시피 한다. 그러나 상애는 어머니의 표정에서 그 무엇인가를 찾아내기라도 하려는 듯 뚫어지게 바라본다)

병희   (일부러 부드럽게) 먹고 싶은 게 있으면 말해라.

상애   (담담하면서도 비꼬움이 섞인 어조) 파인애플을 먹고 싶어서 조르던 때는 지났어요.

병희   (불쾌감과 의아심이 뒤섞인 어조로) 때가 지났다니?

상애   특별히 먹고 싶은 음식을 청하는 습성은 이제 없어졌다니까요!

제 스스로 찾아 먹을 수도 있게 되었단 말이에요.

병희   상애야, 도대체 무슨 얘기를 하고 있지?

상애   (어머니의 눈을 응시하며) 속 시원히 말하라는 뜻인가요?

이씨   (약간 당황하면서) 또 열이 오르는 모양이지. 상애야 그만 네 방으로 가서 쉬라니까… (하며 팔을 이끈다)

상애   엄마! 가정교사를 그만 두게 한 이유가 뭐죠?

병희   오 선생님을? (하며 상애를 인자하게 그러나 장난꾸러기처럼 바라보며) 그만 두게 하진 않았다. 너는 아직도 그 얘기를 언짢게 여긴 모양인데…

상애   그렇지만 오 선생님은 오늘부터 안 오신대요.

병희   누가 그러던?

상애   할머니가요.

병희   (갑작스레 얼굴표정이 굳어지며) 무슨 연락이 있었어요? 어머니. (사이) 어디가 아프대요?

이씨   아니.

병희   그럼 어째서.

상애   할머니께서 오지 말라고 하셨대요.

상애는 시종 두 사람의 표정을 탐색자의 눈으로 바라본다.

병희   정말이세요? 어머니.

이 씨는 다시 한 번 병희의 얼굴을 바라보더니 서서히 우편 도어 쪽으로 나간다. 그녀의 그러한 태연스런 태도에 병희와 상애는 압도당한 듯 멍하니 지켜볼 뿐이다. 문지방에 서서 병희를 바라보던 이 씨가 최종적으로 어떤 단안을 내리듯 말한다.

이씨 나도 이 집 식구의 한사람이니까 그렇게 할 만한 이유가 있다. 나는 처음부터 그 학생을 가정교사로 데려온 데 대해서 탐탁하게 생각지 않았으니까.

상애 왜요? (하며 다가간다)

이씨 그 이유는 네 엄마가 더 잘 알고 있을 게다. (한숨을 뱉고) 그러나 결과는 내가 짐작했던 대로야. 어쩐지 비가 쏟아질 것 같은 날씨인데도 우산을 안 가지고 나온 사람의 심정이라고나 할까. (다시 길게 한숨을 뱉고 상애를 바라보며 조용히) 어떻든 비를 맞을 수는 없잖니?

하며 밖으로 나간다. 닫혀진 도어 앞에서 상애는 얼마동안 장승처럼 서 있다.
그러나 병희는 휘몰아치는 거센 바람에 흔들리는 가랑잎을 긁어모으려는 사람마냥 손으로 얼굴을 가린다.
그리고는 의자에 쓰러지듯 앉는다. 상애는 어머니를 돌아본다. 어느덧 눈빛에는 증오가 타오르고 있다.

상애 엄마는 비밀이 많은 분이에요.

병희 (그래도 두 손으로 얼굴을 가린 채 앉아 있다)

상애 언제까지나 자기만의 세계에서 살아가겠다는 거죠. 네?

병희 (고개를 번쩍 든다)

상애 그러나 저는 세상 사람들이 엄마를 유명한 조각가로 칭찬하는 찬사의 십분의 일만큼이라도 실감하고 싶어요.

병희 (낮게 속삭이듯) 들어가거라.

상애 (어머니의 말에는 아랑곳없다는 듯) 신비스런 여자라고 생각하겠죠? 그러나 저는 달라요. 밖에서 엄마를 보는 사람들과 나는 다르단

장미의 성

말이에요.

병희 (크게 꾸짖으며) 네가 뭘 안다고 그러니? 어서 들어가지 못해?

상애 혼자 있고 싶단 말이죠? 제가 엄마 가까이 있으면 엄마가 지니고 있는 신비감이 줄어들까봐서 겁이 나세요?

병희 (울부짖듯) 상애야!

상애 (광적으로) 할머니는 분명히 말씀하셨어요. 비를 맞기 싫어서 우산을 펴야겠다고. 그 우산이 무엇인지 나는 끝까지 알아내고야 말겠어요. 그리고 엄마가 지니고 있는 신비의 베일도 말이에요.

상애는 도어를 쾅 닫고 나간다.
혼자 남게 된 병희는 갑자기 휘몰아오는 고독과 불안에 부르르 몸을 떤다. 그리고는 허공의 일점을 응시하면서 속살거린다.

병희 상애야! 그것은 신비가 아니야. 하물며 나를 유명하게 만든 게 세상 사람들의 찬사는 아니다. 나를 칭찬해 주면 줄수록 서글퍼지는 엄마를 너는 모를 거야. 너는 모른다. 몰라.

병희는 격류처럼 밀어닥치는 울음을 어금니로 지그시 깨물고 있다. 이때 현관 쪽에서 초인종(오르골)이 둔탁하게 울린다. 그러나 병희는 마치 화석처럼 제자리에 서 있다.
일순이가 우편 도어에서 급히 나와 현관 쪽으로 간다. 멍하니 서 있는 병희를 의아한 표정으로 본다.

일순 (마음을 떠보려는 듯) 손님이 오셨나 봐요. (하면서 현관 쪽으로 가려고 한다)

병희 (조용하면서도 저력이 있는 어조로) 나를 찾으면 없다고 해.

일순　예?

병희　오늘은 아무도 만나고 싶지 않으니까.

일순　네. (그녀는 다시 한 번 의아한 시선으로 병희를 보며 밖으로 나간다)

병희는 길게 한숨을 뱉고는 방 안을 한바탕 거닐더니 장미밭 쪽으로 통하는 도어를 열고 나가려는 순간 전화벨이 울린다. 병희는 잠시 망설이다가 수화기를 든다.

병희　여보세요! 네. 제가 (미처 애기를 끝내기도 전에 별로 탐탁하지도 않게) 김 선생님이시군요? 웬일이세요? (사이) 긴한 용무가 있으시다구요? 그렇지만 밖에 나가고 싶지 않아요. 몸도 좋지가 않고. 네? (사이) 전화로 말씀하세요. 상관없으니까. (사이) 글쎄 오늘은 밖에 나갈 예정이 없어요. (사이) 아니에요. 김 선생님을 피하려는 게 아니라. 네, 말씀하시라니까요. 네? (사이) 놀랄 만한 사실이라니요? (갑작스레 긴장의 빛이 감돌고) 뭐라구요? (사이, 꺼질듯이) 한국에 왔다구요? 어제? (상대방의 통화는 아직도 계속되고 있으나 그녀는 자기 나름의 상념에 잠기어 서서히 수화기를 귀에서 떼어 놓는다. 그리고는 흔들리는 자신의 마음을 가다듬으려고 눈을 지그시 감는다. 혼잣소리) 그이가 왔어? 그이가 한국에. 그럴 리가 없어. 거짓말이야. 그이는 죽었어. 그인……

이때 일순이가 책을 들고 들어온다. 화려한 색도인쇄의 부인잡지를 펼치며 도취된 사람마냥 입이 헤벌어지며 다가간다.

일순　아줌마! 여기 아줌마 사진이 크게 났어요. 잡지사에서 여자분이 이 책을 주고 갔어요.

그러나 병희는 아무 대꾸가 없다.

일순 접때 오신 분이 찍으신 사진이에요. 어유 예쁘기도 해라. 아줌마 이것 좀 보세요. (소녀처럼 조잘대며 책을 내밀자 병희는 조용히 눈을 뜨고 책을 받는다) 사진이 아주 잘 나왔어요. (아틀리에를 가리키며) 저 방에 있는 조각 그림도……

이때 병희는 조용히 책장을 뒤지다 말고 책을 마룻바닥에 떨어뜨린 채 뒤뜰로 마치 몽유병 환자처럼 뛰어 나간다. 그러한 모습을 의아하게 바라보고 있는 일순이가 고개를 갸웃거린다.

일순 이상하다 왜 저러실까? 변덕도 심하기도 하지.

하며 떨어진 책을 주워 표지를 손으로 편다. 매미 우는 소리가 더 처절감을 풍겨주며 울어댄다.

암전

제4막

무대

전막과 같음.

전막부터 사흘 후. 석양 때.

소낙비가 한바탕 쏟아지려는지 멀리서 천둥소리가 여운을 남기며 사라진다. 그것은 방 안의 불안과 허전함을 더 느끼게 한다.

막이 오르면 김한기가 초조하게 담배를 피우며 방 안을 서성거리고 있다. 그리고 이따금 손목시계를 들여다본다. 누구를 기다리는 눈치이다. 우편 도어가 열리자 기다리고 있다는 듯 그는 도어 쪽으로 간다. 그러나 들어서는 사람이 상애임을 알자 약간 기대에 어긋났다는 듯 가벼운 실망이 얼굴에 떠오른다.

상애는 전보다 훨씬 병적이다. 우선 이상스러우리만큼 움푹 꺼진 깊숙한 두 눈에서 발산하는 눈빛이 어떤 동물적인 것을 느끼게 한다.

그리고 핼쑥해진 뺨과 이마에 흩어져 내린 머리카락이 일종의 처절감을 풍겨준다. 그녀는 서서히 방 안으로 들어서서 아틀리에 쪽을 멍하니 바라본다. 먼지가 부옇게 낀 흰 광목으로 뒤덮인 조각 〈능욕〉을 바라보고 있다.

한기 (반기며) 잘 있었어?

상애는 장승처럼 서 있을 뿐이다.

한기 (약간 멋쩍어지며) 어머니께선 안 나오시나? 아까 식모에게 내가 왔다고 여쭈라고 했는데.

상애   (자기 나름의 생각에서) 김 선생님! 한 가지 물어봐도 괜찮아요?

한기   (어리둥절해서) 무슨 얘긴데.

상애   우리 엄마가 왜 사흘 동안 2층에서 안 내려오실까요?

한기   사흘 동안? (생각 끝에) 그럴 리가 없는데. 내가 사흘 전에 전화를 했을 때만 해도…

상애   그날부터 엄마는 2층 침실에 틀어박혀서 아무것도 안 잡수시고 계세요. 문고리두 안에서 걸어둔 채로 말이에요.

한기   (비로소 숨겨진 사실을 알았다는 듯) 그렇게 되었어? 어쩐지 그래서 내가 여러 번 전화를 걸어도 식모가 받기에 걱정이 되어서 이렇게 찾아왔지…

상애   (돌아서며) 선생님께서 무슨 얘기를 하셨던가요?

한기   (당황하며) 아니 뭐… 그저…

상애   사실은 제가 그 날 엄마한테 버릇없이 막무가내로 말대꾸를 했었어요. 그래서 다음 날 아침에 엄마한테 사과를 하려고 마음먹었지만… (길게 절망적인 한숨을 뱉고) 이내 방에서 나오시질 않으셔요.

한기   (손에 든 담배가치가 다 타들어 가자 새 것으로 갈아 피우며) 나도 어머님을 직접 만나 뵙기 전에는 무어라 말할 수도 없지만…

상애   저 때문에 그러신 거예요. (눈물이 글썽해지며) 제가 엄마한테 버릇없이 굴었기 때문에 화가 나서 안 나오시는 거예요. (애절하듯) 김 선생님! 저 좀 도와주세요. 네? 김 선생님께서 제 본심은 그게 아니라는 걸 엄마한테 말씀해주세요.

한기   (난처한 표정으로) 한 지붕 밑에서 사는 모녀끼리 무슨 얘긴들 못하려고…

상애   아니에요. 우리 엄마는 보통 사람과 다른 데가 있어요. 겉으로는 조용해 보이지만 겨울밤의 조각달처럼 차고 날카로운 면이 있어요. 그래서 나는 다시는… 다시는… 안 보시겠다고… (자기 감정

을 감당 못하고 울음을 터트린다)

한기   그렇지만 어머니와 딸 사인데… 아마 어머님께선 다른 걱정거리가 있으신 거겠지… 그걸 상애가 이해를 해 드려야지…

상애   (눈물로 얼룩진 얼굴을 쳐들며) 무슨 걱정거리가 있으실까요? 아까도 일순이가 손님이 오셨다고 아무리 불러도 대꾸도 안 하셨어요. 그래서 제가 나온 거예요… (다시 매달리며) 김 선생님! 우리 엄마가 왜 그러실까요? 제가 미워진 게 아닐까요?

한기   (그녀의 손을 정답게 쥐어주고 달래며) 아무튼 내게 맡겨둬요.

상애   사실인즉 제게 잘못이라곤 없어요. 저의 가정교사인 오 선생님을 사전에 저한테는 한마디 말씀도 없이 그만두게 하셨어요.

한기   옳지… 그 예쁘장하게 생긴 대학생 말이군. 나는 친척인 줄 알았는데……

상애   친척은 아니에요. 고학생이에요. 영문과에 다니는…

한기   그래? (고개를 갸웃거리며) 그렇지만 꼭 닮았던데.

상애   누굴 말씀인가요?

한기   (주위를 경계하듯 은밀히) 상애는 아버지 얼굴을 기억 못하지?

상애   사진을 본 일조차 없어요.

한기   음!

상애   (눈치를 차리며) 그럼 오 선생님이 우리 아버지를 닮았다는 말씀인가요?

한기   (잠시 상애의 얼굴을 내려다보더니) 닮았어… 닮았잖구…

상애   (어떤 심적인 동요를 일으키며) 정말인가요? 어떻게 아세요?

한기   (깔깔대고 웃으며) 왜 모르나. 지금 서울 화단에서의 배영도라는 천재의 이름은 거의 잊혀가고 있지만 나는 기억하지.

상애   (바짝 다가서며) 김 선생님! 우리 아버지가 어떻게 생겼나요?

한기   몸은 깡마른 편이었으나 이마가 시원스럽고 눈이 매력적이었어.

일 년 내내 머리에 기름이라곤 바르는 적이 없었지. 약간 붉은 빛이 도는 노랑머리가 이마에 흩어져 있는 우울한 지성미! 그게 아마 천재적인 용모일지도 모르지만 나약해 보이면서도 심지가 들어 있고 우울해 보이면서도 어딘가 안에서 타오르는 불길이 있어 보이는 지성파였으니까. 그래서 (은근히) 상애 어머니가 적극적으로 구혼을 했었지만 말이야.

상애 (그의 말을 한마디도 놓치지 않겠다는 듯) 어머니는 지금까지 저에게 아버지에 관한 얘기를 해주신 적은 없었어요.

한기 (난처해지며) 그— 그야 상애의 마음을 상하고 싶지 않아서 그러신 거겠지.

상애 (무언가 섬광처럼 머리를 스쳐가는 영감을 느낀 듯) 알았다!

한기 (영문을 모르고) 알다니 무얼 안단 말이야?

상애 (자기대로의 생각에 잠기며) 할머니와 어머니가 승강이를 벌이신 일!

한기 언제?

상애 사흘 전에요. 오 선생님을 그만 두시게 하신 건 할머니 자신이었다고 말씀하셨습니다. 그렇지만 그 이유가 뭐냐고 물었는데도 할머니는 얼버무려 버리시더군요. 다만 처음부터 그 학생이 가정교사로 들어서는 건 반대였다고 분명히 말씀하셨어요.

한기 그런 일이 있었어?

상애 김 선생님! 오 선생님이 우리 아버지를 닮으셨다는 얘기 틀림없지요?

한기 (다짐을 하며) 내 말을 못 믿겠다면 할머니나 어머니한테 물어보면 되잖아.

상애 이제 알았다. 엄마가 한 달 전에 오 선생님한테 한 얘기도, 그리고 할머니가 그렇게…

이때 도어가 열리며 일순이가 들어선다.

일순 (약간 조급한 어조로) 아주머니께서 내려오세요.

한기 그래? (하며 탁자 위에 놓인 재떨이에다가 담배를 비벼 끈다)

상애 일순아! 할머니는 어디 가셨지?

일순 문안에 나가셨어요. 언니 약을 지어오시겠다면서… 아마 돌아오
실 때가 되었어요.

멀리서 천둥 치는 소리가 아련히 들려온다.

일순 비가 쏟아지겠어요. (상애가 뒤뜰로 나가는 것을 보고) 어디 가세요?

상애 장미밭에!

일순 방에 가서 누워 있어요.

그러나 상애는 아무 대꾸도 안하며 나간다. 한기와 일순은 이상하다는
듯 시선을 마주치며 쓰게 웃는다.

한기 까다로운 아가씨군!

일순 이 집 식구들은 모조리 대중을 잡을 수가 없어요.

한기 무슨 뜻이지?

일순 할머니는 할머니대로 주인아주머니는 아주머니대로, 그리고 상
애 언니는 언니대로 모두 자기 말이 옳다고만 우겨대니… 난 어
느 장단에 춤을 춰야 좋을지 모르겠어요.

한기 헛허… 충신은 두 임금을 섬기지 않는 법이니 그중에서 한 사람
만 택해야지.

일순 (겁이 나는 듯) 그러다가 밥줄 끊어지게요.

한기   그럼 다음 주인을 따라 가면 되지. 헛허……

이때 병희가 들어선다. 며칠 동안 자리에 누워 있었던 탓으로 헝클어진 머리를 아무렇게나 졸라서 질끈 맨 탓으로 소녀처럼 앳되게 보인다. 그러나 핏기가 없는 안색이 어딘지 허약해 보인다. 병희를 보자 일순은 사나운 개를 만난 강아지처럼 슬슬 눈치를 보며 부엌 쪽으로 퇴장.

한기   (호들갑을 떨며) 편찮으신 모양인데 이렇게 찾아와서 죄송합니다.
병희   (태연한 척 꾸미며) 앉으세요!

두 사람은 소파에 앉는다.
누가 말을 먼저 끄집어 낼 것인가를 서로 눈치로만 살핀다. 이 공백기를 틈타서 한기는 담배에 불을 붙인다.

한기   건강이 몹시 나쁘시다면 다음 기회로 하죠.
병희   사흘 전부터 긴히 하실 얘기가 있으시다면서…
한기   정말 괜찮겠습니까?
병희   졸도할 만큼 약하지는 않으니까요. 말씀하세요.

전보다 천둥소리가 더 크고 요란스럽게 들린다.

한기   (시침을 떼고) 배영도를 만났습니다.
병희   (무표정하게 앉아 있다)
한기   많이 변했더군요. (사이) 많이 변했다고는 하지만 실상은 구렛나루와 콧수염을 길렀다는 점을 빼고는 외모는 옛날처럼 세련되어 보이더군요… (하며 멋쩍게 웃는다)

병희 (눈을 지그시 감는다)

한기 (조용히) 윤 여사 한번 만나보시지 않겠어요?

병희 (응답이 없다)

한기 제가 그런 얘기를 하니까 윤 여사는 나라는 인간을 싱겁다고 생각하시겠지만 말씀이야… (쓰게 웃고) 언제는 청혼을 하던 인간이 이제는 억지로 배영도 씨를 만나게 하려든다고 우습게 생각되시겠지만 따지고 보면 인생이라는 게 그런 거 아닙니까? 윤 여시!

병희 (담담하게) 그런 것일까요?

한기 (허점을 찔린 듯) 네?

병희 언제고 자기 식성대로 음식을 골라 먹는 게 인생이란 뜻인가요?

한기 그 그런 뜻이 아니라 제 얘기는……

병희 김 선생님! 저는 그렇게 도량이 넓지도 못하거니와 감상적인 인도주의자는 못 되요.

한기 무슨 뜻이죠?

병희 (단호하게) 상식적인 사고방식이나 처세는 싫단 말입니다.

그녀의 또렷한 어조에 압도를 당한 양한기는 피어오르는 담배 연기를 멍하니 바라보고 있다.

병희 (냉철하게) 배영도 씨가 과거에 나의 남편이었음은 사실입니다. 그리고 단 하나의 혈육인 딸의 아버지였던 것도 그렇지만 지금은… (어조를 떨어뜨리며) 지금은 나와는 아무런 관계가 없는 남입니다.

한기 그렇게 뚜렷하게 금을 그을 수가 있을까요? 그동안에 어떠한 경로와 풍파가 있었는지 잘은 모르겠지만 역시 남편이요 아버지였다는 인연은 지울 수 없지 않을까요?

병희 우리 인간에게 중요한 건 인연이 아니라 사실이에요.

한기 네?

병희 지금은 피를 나누었다든가 피를 이었다는 게 아무런 소용도 없게 되었어요. 이미 현대인에게 있어서 피는 아무런 뜻도 힘도 없어지고 말았어요.

한기 냉혹해지자는 건가요?

병희 사흘 동안 그것을 생각해 왔어요.

한기 그거라니요?

병희 (자리에서 일어서) 빈사상태에 있는 환자에게 수혈을 하는 광경 말이에요. 피가 모자라서 수혈을 해야 할 경우 우리는 부모나 형제나 남편을 찾지는 않아요. 그 누구의 피가 되었건 그 환자의 혈액형과 같은 혈액을 사오라고 의사는 명령하고 또 환자의 가족은 그 명령에 순종하기 마련이에요. (날카롭게 한기를 돌아보며) 그것은 내 피가 아니에요. 부모도 형제도 부부도 아닌 바로 남의 피란 말이에요. (차츰 흥분하며) 그게 남의 피라고 해서 불결하게 여기거나 언짢게 여기는 환자는 없더군요. 그 피는 내 피가 아니라고 거절하는 환자는 없단 말이에요. 누구의 피가 되었건 상관 없어요. 나를 살려주는 피만이 내 피이지 그밖에 어떤 인연도 관계도 그건 이미 내 피가 아니란 말이에요.

한기 윤 여사께서 지금 무슨 뜻으로 그런 말씀을 하시는지 나는 짐작이 갑니다. 그러나……

병희 단서가 붙을 때는 이미 거절과 부인을 당한다는 뜻이죠.

한기 그러나 지난날의 배영도가 잘못이 있었다면 지금은 용서해야 할 시간이라고 보는데요.

병희 김 선생은 관대하시군요.

한기 윤 여사의 이론을 따르자면 상식적인 인도주의자라고 해두죠.

(하며 쓰게 웃는다)

병희 그렇지만 제가 17년 전에 그이에게서 받은 상처는 지금도 이렇게 흉악한 환상처럼 남아 있어요. 차라리 그이가 어떤 여자에게 미쳐서 넋을 잃어 내 곁을 떠나겠다면 차라리 아름다운 추억담이라고도 하겠지요.

한기 그러나 배영도는 미술공부를 하기 위해서 예술을 배우기 위해 처자를 버려야 했던 거예요. 17년 동안 이국땅에서 피어린 고독과 참회 속에서 울었노라고 넋두리를 하던데요. 그렇지만 예술을 위해서……

병희 (갑작스레 광적인 웃음을 털어 놓는다. 그 웃음소리가 어찌나 크고 날카롭고 그러면서도 돌발적이었던지 김한기는 벼락을 맞은 듯 멍하니 바라본다) 예술을 위해서라고요?

한기 그렇지요. 물론 지금에 와선 그 뜻을 이루지 못하고 초라한 모습으로 돌아왔으니 결과적으로는 패배자가 되었지만 그 동기는 어디까지나.

병희 (강력하게) 거짓말이에요. 거짓말이에요.

한기 아니 거짓말이라뇨?

병희 (증오에 찬 어조로) 예술을 위해서 바다를 건너갔노라고 그이 입으로 그렇게 말했나요?

한기 (얼버무리며) 그 그렇죠. 결국은 가난한 환경 속에서 고생을 하다 보니까 미국이라는 자유의 나라를 동경하게 되었고, 또……

병희 (히스테리컬하게) 헛허…

한기 윤 여사!

병희 그이가 미국으로 떠나간 건 사람을 찾아서이지 예술도 자유도 아니었어요.

한기 (뜻밖이라는 듯) 사람?

병희 (금시 맥이 풀리며) 그래요. 어떤 사랑의 마술사가 내뱉는 주문에 현혹되었다고도 할 수 있겠죠.

한기 아니 그럼 배영도 씨에게 다른 애인이 있었단 말입니까?

병희 애인?

한기 윤 여사 이외에 사랑하는 사람이 있었단 말씀인가요? 이건 정말 일급비밀이군요? 헛허……

병희 (고뇌를 이기려고 애쓰며) 그래요. 사랑하는 사람이 있었지요. 그것도 한국 사람이 아닌 (터질 듯) 미국 사람이……

한기 (과장을 해서) 그렇게 되었군요. 헛허. 그런데 왜 윤 여사는 지금까지 그런 얘기를 안 하셨습니까? 그 정도의 비밀이란 남성에게는 흔히 있을 수 있는…

병희 흔히 있을 수 있는 일인가요?

한기 그렇죠. 아내 이외의 다른 여자를 사랑한다는 것쯤을 이해 못하시다니 이제 보니 윤 여사도 대단한 순진파이시군요. 헛허.

병희 순진했을까요? 그 사실이 너무 불결했기 때문에 저는 기나긴 세월을 저 혼자서 이 가슴 속에다가 묻어버리고 살았어요. 아무도 모르게 나 혼자만이 깨물고, 또 깨물면 어느 때고 그것은 조각이 나고 또 가루가 되어 양잿물에 녹아나는 실오라기처럼 사라지리라고 그날이 오기만을 기다렸어요. 그런데 지금은 김 선생님이 채 녹아나지 못한 그 흉악한 형체를 파내려고 저를 괴롭히고 계시는군요.

한기 (그녀의 태도가 정상상태에서 벗어난 것 같은 기분에서 은근히 겁이 나서) 윤 여사 지금 무슨 말씀을 하고 계시죠?

병희 (그 순간 자기 자신의 의식으로 돌아온 듯 길게 숨을 뱉고) 저는 그이를 만날 수 없습니다. 그렇게 전해 주세요. 그리고 그이는 나를 한 여자가 아니라 한 마리의 암컷으로 변질시키고 말았어요. 그

한기 렁다고 이제 와서 그 책임을 묻자는 게 아니니까요. (하며 돌아선다)
윤 여사! 잠깐만!

병희 저의 조각이 익어갈수록 그리고 저의 이름이 세상에 널리 알려질
수록 저는 그를 저주하게 되었어요. 명성이라는 굴레 때문에 겪
어나가야 했던 그 가식의 진실들! 그러한 상처는 그 누구한테도
털어 놓을 수 없는 거예요. 사회적인 명성 때문에 저는 그만큼
비인간적인 인간이 되었을지도 모르죠. 의사 앞에서도 여자는 자
기의 몸을 벗어 보이기가 쑥스러울 때가 있는 법이지요. 그런데
어떻게, 어떻게 흉악하고 불결한 상처를 내보일 수가 있어요. 아
마 김 선생님은 나를 허영심이 강한 여자라고 비웃으실 거예요.
그래요. 제 자신의 상처를 감추려는 건 허영이요 가식일지도 모
르죠. 그렇지만 얼굴에 흉한 상처를 가진 여인이 그것을 남에게
보이지 않기 위해서는 극성스러우리만치 정성으로 화장을 하거
나 은폐술을 부리는 마음을 이해해 보세요. 여자가 거울 앞에서
자신의 흉한 얼굴을 바라보는 비애를… 그 비애를 모르실 거예요.

어느덧 병희는 흐느껴 운다.
먹구름이 하늘을 뒤엎었는지 방 안은 어둠 속에서 웅덩이처럼 가라앉
았다.
병희의 절실한 호소에 마음이 허물어진 김한기는 어떤 위로의 말과
행위를 생각해 내느라고 허공을 바라본다.

병희 김 선생님! (마음의 화평을 되찾으려고 애쓰며) 아까도 제가 말씀드
렸지만 그이가 한 여성을 사랑했던들 저는 이렇게 참혹한 생각으
로 세월을 보내지는 않았을 거예요.

한기 그럼 여자가 아니었습니까?

병희	그이가 따라간 사람은 미국 군인이었어요. (낮게) 캡틴 맥클레이!
한기	(너무나 뜻밖의 사실에 압도되어) 맥클레이 대위?
병희	(길게 숨을 뱉고) 그리고 그가 바로 그 사람을 내 곁에서 떠나가게 한 사랑의 마술사였죠. (체념한 사람처럼) 이제 모든 것을 아셨지요?
한기	음! (하며 모든 비밀을 눈치 차린 듯 고개를 끄덕인다)
병희	세상에서는 내가 냉정하고 교만하고 콧대가 센 여자라고 비난을 하고 있다는 것도 잘 알고 있어요. 하지만 나로서는 그럴 수밖에 없었어요. 남편을 빼앗긴 패배감도 컸거니와 자존심을 상실당하는 쓰라림은 더 컸어요. 그래서 저는 일체 바깥사람들과 상종도 안하고 오직 저 장미꽃으로 둘러싸인 이 집에서 나대로의 생활을 가졌던 거예요. 언젠가 잡지사 기자는 이곳이 바로 나의 왕국이요, 성이라고도 표현했지만 사실은 나의 예술과 사랑이 묻힌 묘지일지도 모르죠. 아니 그렇게 되고 말거예요. 어느 때인가는……

병희는 천천히 창가로 옮겨간다.
어느덧 빗방울이 후두둑 떨어지기 시작하고 바람이 일자 얇은 레이스 커튼이 선녀의 옷자락처럼 춤을 춘다.

한기	윤 여사! 그런 비밀이 숨어 있을 줄은 몰랐군요.
병희	철저한 비밀이었지요. 우리 식구들도 모르는 혈육에게는 더구나 입 밖에 낼 수 없는 불결과 굴욕 때문에 저는 대리석처럼 차게 굳어질 수밖에 없어요. 그 반항의식이 바로 저 〈능욕〉이라는 작품을 낳게 한 거예요.

이 말에 한기가 비로소 광목이 덮인 조각으로 간다.

병희   김 선생님! 그런 예비지식을 가지고 보신다면 그 작품의 또 하나
의 가치를 발견하시게 될 거예요. 커버를 제쳐보세요.

한기   괜찮습니까?

병희   (쓸쓸하게 웃으며) 김 선생님은 저를 이해해주실 단 한 분의 협력
자이시니까.

한기가 조각을 덮은 커버를 제쳐 버리자 차가운 광택의 알루미늄 관이
어둠 속에서 돋보인다.
한기와 병희는 저마다 각각 다른 상념에 젖어서 조각을 바라본다.

병희   제가 남성을 방어하고 저주하고 그리고 적대시하는 마음을 이해
해 주시겠어요? 김 선생님.

한기   이해가 갑니다.

병희   고맙습니다.

한기   그렇지만, 윤 여사! 눈앞에 막아선 현실은 현실대로 처리해 가야
지 않을까요?

병희   저에게 있어서의 현실은 이 조각뿐이에요.

한기   아니죠. 17년 만에 돌아온 탕아가 있잖소?

이 말에 병희 표정이 다시 굳어진다.

한기   윤 여사! 배영도는 갱생시켜야 합니다. 그래서 그의 머리와 심장
속에 얼어붙어 있는 예술적인 천재를 햇볕으로 끌어내야 해요.
(열을 올리며) 현재 그는 지쳐 있지만 누군가가 따뜻하게 어루만
져주기만 한다면 그의 천재는 다시 피어납니다. 봄기운 속에서
새싹이 트고 꽃이 피듯 배영도의 예술은 황홀하게 피어날 겁니

다. 윤 여사! 그러니 그를 용서해 주세요. 그가 새사람으로 태어나서 그림을 그리게 해주세요. 그의 그림은 구제할 필요와 자격이 충분히 있다고 봅니다. 윤 여사!

이때 얼마 전부터 현관 쪽 도어에서 두 사람의 애기를 듣고 있던 이여사가 방 안으로 들어선다.
비를 맞아서 머리며 옷이 흠뻑 젖었다. 손에 한약봉지를 싸들었다. 그러나 두 사람은 이 씨의 등장을 모르고 있다.

병희   (냉담하게) 못하겠어요. 배영도가 아무리 천재적인 재능을 지녔다 할지라도 그것과 내가 진 부채와는 바꿀 수 없어요.

한기   만약에 윤 여사가 배영도를 받아주지 않는다면 그는 갈 곳이 없게 됩니다.

병희   그 누군가가 또 나타나겠지요. 지난날 캡틴 맥클레이가 친절과 사랑의 손을 베풀듯이 (하고는 조소도 자학도 아닌 웃음을 털어 놓는다) 홋호……

한기   (정색을 하며) 윤 여사! 농담이 아닙니다.

병희   자존심이 농담이 될 수 없듯이 말이죠!

한기   배영도는 살려야 합니다. 그의 과거 사생활이 어떠했건 그의 재능은 살릴만한 가치가 있어요. 그러니 윤 여사께서 용서하세요.

병희   (단호하게) 싫어요, 싫어! (하며 응접실 쪽으로 뛰쳐나온다. 다음 순간 현관 쪽에서 서서히 걸어나오는 이 씨와 시선이 마주친다) 어머나!

이씨   (가까이 오며) 영도가 어디 있어?

병희   ……

이씨   내 아들을 용서 못한다니 그게 무슨 뜻이지? (한기에게 대들며) 영도가 서울에 왔습니까? 네? 어디 있습니까? 말씀해 주세요.

한기   (당황하며) 예, 저 며칠 전에 미국서 돌아왔습니다. 지금 시내 호텔에서…

이씨   (손에 든 약봉지를 떨어뜨리며) 어느 호텔이지요? 가르쳐 주세요!

병희   (강하게) 어머니!

이씨   (증오에 불타는 시선으로) 네가 용서 못해도 나는 용서하겠다. 내 아들은 내가 만나겠다. (한기에게) 여보세요. 어서 말씀해 주세요. 17년 동안 모두들 그 애가 죽었다고만 믿어왔겠지만 나는 그렇지 않았어요. 꼭 살아서 돌아오리라고 (울음이 터지려는 것을 깨물며) 어서 말씀해 보세요.

병희   어머니! 그이를 이 집으로 데려오시겠다는 거예요?

이씨   그게 잘못이냐? 상애에게 아버지를 찾아주는 게 잘못인가 말이다.

병희   (반항적으로) 상애에게 아버지는 필요 없어요.

이씨   (이성을 잃고) 그래 가정교사는 필요하단 말이지? 그것도 상애 아범과 너무도 닮은 학생을 불러들여서 흥, 내가 너의 속셈을 모르고 있는 줄 알지?

병희   아니 그게!

이때 상애가 뒤뜰 창밖에서 엿듣는다.

이씨   (막무가내로) 나는 눈도 없고 입도 없고 절구통인 줄 아니? 네가 처음부터 그 학생을 가정교사로 두겠다는 까닭을 나는 알고 있었단 말이야. 내 아들을 미워했다면 내 아들을 닮은 그 학생을 집안으로 끌어들일 리가 없잖니. 수많은 가정교사 희망자 가운데서 왜 하필이면 오영택을 채용했지? 아니 그것보다 상애하고 가까이 해서는 안 된다고 말리는 네 속셈이 뭐였는지 나는 안다. 네가 상애의 공부를 걱정하는 것처럼 밖으로는 내세웠지만 실상은 네가 그 학생에게 음흉한 생각을 품고 있었다는 것쯤은 내가 알아.

병희 (분노에 떨며) 어머니 그건 너무 해요. 제가 언제 그런…

이씨 나도 지금은 얘기를 할 시간이 되었으니까 한다. 세상 사람들은 너를 유명한 예술가라고 떠받들더라만 나는 하나도 기쁠 것도 없었다. 왜 그런지 아니? 네가 가면을 쓰고 겉치레만으로 세상을 속여 왔기 때문이야.

한기 할머니 진정하십시오. 그건 잘못 보신 겁니다. 윤 여사는 우리나라의…

이씨 일등 가는 미술가란 말이죠? 흥. 그렇게들 생각하겠지요. 저렇게 장미나무로 성을 쌓고 그 안에 도사리고 앉아있으니 바깥사람들이야 그 안의 생활을 알 까닭이 없겠지요. 하지만 나는, 나만은 안단 말이야, 알아.

병희 어머니! 제가 어쨌다는 거예요? 어머니의 아들 때문에 인생을 망쳐버린 저에게 그런 악담을 하셔야만 속이 시원하겠어요. 17년 동안 시어머니 아닌 친어머니처럼 섬기고 아버지도 없는 딸을 키워 오면서 나대로의 예술을 지켜온 제 생활이 어쨌다는 거예요?

이씨 네가 내 아들을 용서 않겠다면 나도 너를 용서 못하겠다는 것뿐이다.

병희 제가 어떻게 그런 추악한 사람을 용서해요.

이씨 추악하다고? 그럼 너는… 너는 뭐냐? 네 생활은 얼마나 깨끗했던가 말이다.

병희 어머니! (분노에 떤다)

이씨 네가 수캐를 기르고 목욕을 시키는 이유를 나는 안다. 하늘은 뭐라도 나는 알아!

이 말에 병희는 감전된 사람처럼 우두커니 서 있다. 밖에서 이 말을 듣고 있던 상애가 어떤 불길한 것에 대한 공포에 젖었다가 무슨 큰 결심이라도 했는지 급히 사라진다. 한기는 그 말의 뜻이 긴가 민가 하는 안타까움에서 두 사람을 번갈아 본다.

한기 할머니! 개 목욕을 시키는 게 나쁠 건 없지요. 댁의 개는 그만큼 값지고 귀한 종자라서…

이씨 흥, 그 얘기는 차마 입에 담을 수가 없어요. 그것보다 내 아들이 있는 곳을 가르쳐 주세요. 내가 찾아가겠어요. 어서요!

한기 (생각 끝에) 운성호텔 307호실입니다. 관철동에 있는……

이씨 운성호텔이라고 했지요? 알겠어요.

하며 안으로 들어가려는데 전화가 울린다. 세 사람은 저마다 제자리에 서 있다. 병희는 거의 실신상태에서 움직이려고 하지 않는다.
전화벨이 또 울리자 김한기가 전화를 받는다.

한기 여보세요! 그렇습니다. (사이) 네? 경찰서요? 네 계십니다. (사이) 잠깐만 기다리세요. (윤병희에게) 윤 여사 전화 받아보시지. 급한 일 같은데.

이씨 경찰서라고요?

한기 네.

병희가 비틀거리며 전화 있는 쪽으로 와서 수화기를 든다. 남은 두 사람은 주목을 한다.

병희 전화 바꾸었습니다. 제가 윤병희인데요. 네. (사이) 네? (긴장한 표정) 배영도 씨가요? 언제요? 오늘 낮에? 네, 네.

이씨 무슨 일이야?

두 사람이 바짝 다가선다.

한기   사고라도 났습니까?

이 말에 대답 대신 수화기를 한기에게 주고 병희는 소파에 쓰러지듯 주저앉는다. 슬픔보다는 어떤 허탈상태에 빠져있는 듯 멀거니 앉았다.

한기   (전화를 받으며) 그래. 병원으로 옮겼습니까? (사이) 적십자병원으로? 네, 네, 알겠습니다. 곧 가죠! (한기가 수화기를 내려놓는다)
이씨   우리 애가 무슨…
한기   (난처해서) 약을 먹었다나 봅니다.
이씨   네? 약을?
한기   호텔 보이가 뒤늦게 발견했는데 병원으로 운반해서 응급치료는 하긴 한 모양인데 위독하다고.
이씨   그런데 어떻게 여길 알았을까요?
한기   아마 유서라도 써놨겠지요. 윤 여사! 빨리 가보셔야 하지 않겠소?

그러나 병희는 돌처럼 움직이려고 하지 않는다.
이때 이 씨가 발작적으로 병희의 가슴팍을 휘어잡고 뒤흔든다.

이씨   네가 내 아들을 죽였다. 내 아들을 살려놔! 살려놔!
한기   (떼어 말리며) 할머니. 진정하세요! 이러실 게 아니라 어서!
이씨   영도가 죽었다면 나는 살아있을 필요도 없어요. (주저앉으며) 영도야, 영도야!

하며 통곡한다. 비는 더 세차게 쏟아지고 천둥이 울린다. 이때 무대

밖에서 연거푸 엽총소리가 두 발 터진다. 그리고 비명 같은 개의 울부 짖음이 들려온다. 방 안의 세 사람은 큰 충격을 받고 숨을 멎는다.

이씨   저게 무슨 소립니까?

한기   총소리 아니에요? 엽총소리 같은데?

병희   엽총?

다음 순간, 병희가 자리에서 벌떡 일어난다.
이때 부엌에서 일순이가 황급히 아줌마를 부르며 뛰어 들어온다.

병희   웬일이냐?

일순   (숨이 차서) 저, 상애 언니가.

이씨   상애가 어떻게 되었니?

일순   그게 아니라 상애 언니가 총으로 존과 챠아리를 쏘았어요!

병희   뭣이? 존과 챠아리를.

한기   그게 누굽니까?

일순   개예요. 개.

한기   개?

일순   빨리 가보세요. 아직 숨은 남아 있을 거예요. 어서요!

이 말에 이 씨는 어떤 불길한 예감을 느끼자 부엌 쪽으로 상애를 부르 며 뛰어간다. 한기도 일순도 따라 나간다.
혼자 남은 병희는 거의 정상적인 의식을 잃어버린 채 무대 한가운데 서 있다. 그리고는 뭔가를 중얼거린다.
이때 무대 뒤뜰에서 비에 흠뻑 젖은 상애가 방 안으로 들어선다. 눈에 는 살기가 감도나 육체는 지쳐 있다. 그녀의 손에 엽총이 들려있다.

장미의 성

그녀를 발견한 병희가 왈칵 치밀어 오르는 울음을 내뱉으며 상애를 안으려고 한다.

병희　상애야! 상애야!

상애　(냉혹하게) 가까이 오지 말아요. (하며 엽총을 들이댄다. 겁에 질린 병희가 뒤로 물러선다)

병희　상애야, 무슨 짓이냐? 나야 나! 엄마란 말이다.

상애　엄마가 아니에요. 나는 아버지도, 엄마도 없어요. 나는 나예요.

병희　상애야! 엄마 얘기를 들어!

상애　차라리 주정뱅이 얘기를 듣겠어요. 위선자! 위선자!

병희　엄마한테 하는 말이냐?

상애　이미 피는 소용이 없게 되었어요. 저마다 자기가 필요한 것을 차지하기에 혈안이 된 거예요. 우리는 모두가 짐승이 된 거예요.

병희　상애야, 아니다. 나는 아니다.

상애　거짓말! 내 총에 맞아 죽은 죤이나 챠아리하고 우리 가족은 아무런 다른 점이 없어요. 우리는 모두가 짐승이에요. 아무리 얼굴에 분칠을 하고 옷을 차려 입었어도 내가 내 편을 찾고 내 편이 남의 편으로 들어가는 걸 시기하고 미워하는 이상은 모두가 신도 인간도 될 수 없단 말예요.

병희　상애야! 네 말이 옳다. 그러니 제발 그 총을 치워라.

상애　두려워하시는군요. (길게 한숨을 내뱉는다) 염려마세요. 제가 엄마에게 총을 겨눈 게 아니에요. 사실은 엄마가 오 선생님을 우리 집에 있게 했던 이유가 엄마 자신을 위해서였던가를 알고 싶었던 것뿐이니까요.

그녀는 서서히 뒤뜰로 나간다.

병희   어디 나가니?

상애   존과 챠아리를 묻어줘야겠어요.

병희   안 된다. 가지 마! (하며 덥석 끌어안는다. 상애는 벗어 나려고 버둥거린다)

상애   놔요!

병희   상애야! 그럴 필요 없어. 네가 묻지 않아도 돼.

상애   싫어요, 싫어!

상애, 어머니를 뿌리치고 뒤뜰로 뛰쳐나간다.

그 바람에 마룻바닥에 쓰러진 병희는 얼마동안 그대로의 자세를 유지하고 있다. 잠시 후 그녀는 서서히 고개를 든다. 울고 있는 것이다. 그녀는 쓰러진 자리에서 아틀리에에 서 있는 조각을 쳐다본다. 꿈꾸는 듯 하다가도 금시 원망스런 눈빛으로 변하자 그는 불쑥 자리에서 일어나더니 조각을 힘껏 밀어뜨린다.

조각은 요란스런 소리를 내면서 마룻바닥에 쓰러진다. 그 소리는 물체가 쓰러지는 소리라기보다 어떤 신음과도 같은 고통스런 소리로 변한다. 바닥에 뎅그러니 누워있는 조각을 내려다보고 있는 병희는 서서히 쪼그리고 앉아서 알루미늄 판을 어루만진다. 그것은 마치 정다운 사람의 가슴과 등을 어루만지는 동작과도 같다.

그녀는 흐느끼기 시작한다.

비바람이 일며 천둥소리가 오랫동안 무대에 여운을 남기며 지나간다.

-조용히 막이 내린다

       장미의 성

대리인 (4막)

• 등장인물

> 기호태(49), 동서건설 사장. 해방 직후 미군을 상대로 토건업을 시작
>>> 하면서 치부를 함. 일제 말기에 지원병으로 일본군에 입
>>> 대한 경력을 지녔음. 사업욕이 강함

> 안정숙(47), 기호태의 아내. 이기적이며 물욕이 강하나 자식들에 대
>>> 한 애정도 그만큼 강한 여자

> 기상구(69), 기호태의 아버지. 일제시대에 일본인 고교경개 高橋敬介
>>> 가 경영하는 농장의 마름으로 일하다가 해방과 함께 그의
>>> 재산을 물려받음. 한때 정당에도 관계하였으나 지금은
>>> 신경통으로 와병 중

> 오씨(71), 기상구의 부인. 오직 남편의 병 수발로 날을 보내는 노파

> 자경(28), 기호태의 맏딸

> 인용서(35), 자경의 남편. 회사원

> 자균(26), 기호태의 아들. 아버지가 경영하는 회사의 총무과장으로
>>> 있으면서 실질적 비서직을 전담함

> 자영(19), 기호태의 둘째아들. 의과대학 1학년

> 임정은(23), 자균의 약혼녀

> 순심(18), 식모

> 김 목사(40세)

> 손님 A(40세)

> 손님 B(27세)

제1막

무대

실업가 기호태의 집 응접실. 신흥 부르주아지에게서 흔히 느낄 수 있는 천박하고 실리 본위의 꾸밈새가 눈에 띄는 방안.

무대 정면 벽에 식당으로 통하는 아치형 통로가 있고 좌편엔 현관으로 통하는 문이 각각 있다. 그리고 무대 좌편 앞쪽에 2층으로 올라가는 층계가 반쯤 보인다. 무대 중앙에 육중하게 버티고 있는 응접세트가 이 방 안의 분위기를 간신히 차분하게 만들어주고 있을 뿐이다. 책상이며 벽에 걸린 그림, 그리고 몇 개의 골동품은 그것들이 지닌 값어치와는 반대로 아무런 조화도 품위도 없어 보인다. 다만 이 집 주인이 돈을 많이 벌었으리라는 극히 피부적인 인상만을 짙게 해줄 뿐이다.

때는 초가을, 황혼.

불을 켜기에는 아직 일러 보이는 어스름한 어둠이 방안에 가라앉았다. 막이 오르면 현관 쪽에서 클랙슨 소리와 함께 자동차가 멎고 떠들썩한 사람들의 대화 소리가 흘러 들어온다. 이윽고 순심이가 묵직한 트렁크를 들고 들어온다. 한눈에도 그것은 먼 여행에서 돌아오는 주인의 물건임을 직감할 수가 있다.

순심이가 내실 쪽으로 가려 할 때에 휠체어에 기상구옹이 실려 나온다. 그 뒤에 등이 몹시 굽은 오 씨가 휠체어를 꼭 붙잡고 따라 나온다. 마치 휠체어의 일부분 같다. 기상구옹의 굵은 뼈대에서 그의 젊은 날의 건장했던 모습과 강직한 의지를 쉽게 상상할 수 있다. 그러나 심한 신경통으로 인해 시달림을 받아온 수 년 동안 이마와 미간에 밭이랑 같은 주름이 깊게 파여 현재의 병세가 악화되어 있음을 알려준다. 무릎 위에 진홍빛 모포가 덮여있다.

거기에 비하면 오 씨는 자꾸만 땅으로 꺼져 앉을 것만 같은 낮은 키를 조금이라도 더 크게 보이려는 듯 목만 불쑥 솟았다. 이가 빠진 입모습은 흡사 가뭄을 탄 논바닥에 움푹 패인 땅 구멍처럼 공허감을 준다. 다만 우윳빛 살갗과 작은 눈매에 서린 인자함과 무관심이 이 노파의 말년의 행복을 말해 주는 듯 언제 죽어도 미련은 없다는 표정이다.

순심 할아버지! 오셨어요! 오셨어!

기노인 누가 왔어?

순심 주인 아저씨께서 돌아오셨다니까요. 비행기에서 지금 막 내리셨대요. 힛히……

순심은 마치 자신이 기다리던 사람이라도 온 것처럼 들뜬 기분이다. 무거운 트렁크를 두 손으로 안아들고 내실 쪽으로 퇴장.

오씨 영감 그것 봐요. 아범이 영감 생신날에 맞추어 온 게 틀림 없대두요.

기노인 (반신반의하는 말투로) 왜 벌써 왔을까? 지난번 떠날 때 얘기로는 일본여행은 달포쯤 걸릴 거라더니…

오씨 그렇지만 아범이 지금까지 영감 생신날을 객지에서 지낸 적이라고는 없었는걸요. 모두가 효성이죠.

기노인 사업 때문에 일본까지 건너간 사람이 늙은 애비 생일 지내려고 돌아왔을까 원…

이때 기호태, 안정숙, 인용서, 자경이 현관 쪽에서 등장.
정력적인 체구와 동작이 나이보다는 훨씬 젊게 보이는 기호태는 교양보다는 상인기질이 더 짙게 풍기는 실업가. 개기름이 번지르르하게 흐르는 얼굴은 다소 고혈압인 것 같은 인상이다. 훌렁 벗어진 앞이마며 자라목에 배가 팽팽하게 나온 모습은 흡사 나폴레옹의 면모를 연상케 한다.

거기에 비하면 그의 아내 안정숙 여사는 훤칠한 키에 허리가 가늘어 얼핏 보기에도 미인형이다. 약간 꼬리가 치켜 올라선 눈매며 얄팍한 입술이 그녀의 사교적이면서도 이기주의적인 면을 나타내주고 있다. 좋은 아내이며 어머니이지만 밖에 나왔을 때는 교만을 향수처럼 몸에 담고 다니는 그런 여성이다.

그러한 어머니를 닮은 딸 자경은 부모를 위해 집안 걱정을 해주는 척 하면서도 실속은 빈틈없이 찾아내는 계산된 여성이다. 그러기에 그녀의 눈치는 비상하며 항상 자기 남편인 인용서의 우둔함을 못마땅하게 감지하고 꾸짖는다. 연애시절의 감미로운 환상을 신혼생활이 시작되면서부터 무참히도 빼앗기고 말았다고 넋두리를 해왔고 말끝마다 자신의 청춘과 순결을 변상해 달라고 남편에게 윽박지르는 여성이기도 하다. 그러나 인용서는 한 번도 그런 아내에게 마음 속으로부터 분노를 느끼는 일이라고는 없다. 처가 식구를 극진하게 받들어주는 것이 처세술의 제일조라고 생각하는 남성이기 때문이다. 그리고 남편이 아내를 조롱하고 굴복시키는 비결이란 낮이 아니라 밤에 만으로도 흡족하다고 믿고 있는 것이다.

호태　아버님 다녀왔습니다.

그는 거의 형식적으로 인사를 하고는 소파에 주저앉는다. 걷잡을 수 없는 흥분 속에 있는 사람 같다.

기노인　왜 이렇게 빨리 돌아왔지?

호태　예… 그럴 일이 있어서요. (오 씨에게) 아버님 약은 다 잡수셨나요?

오씨　응… 그런데 찬바람이 나면서부터 무릎이 더 쑤신다니… 병원에 가봤으면 좋겠더라만… (하며 며느리 눈치를 본다)

정숙　신경통이란 환절기에는 으레 더 도지는 법이에요 어머니!

오씨　그걸 누가 모르나… 하지만 네 아버지께서 무릎이 아프다고 못 견디어 하실 때는 옆 사람이 더 못 견디게 시달리는 걸.

정숙　그렇잖아도 아범이 신경통 약을 사왔대요. 저녁부터는 그걸 접수시도록 하세요 아버님.

기노인　오냐…

정숙　여보… 목욕하시고 갈아 입으셔야죠.

호태　아냐…… 그러고 있을 사이가 없어… 자균이에게 전화 좀 걸어요. 아까 내가 시킨 일이 어떻게 되었는지…

정숙　네.

정숙이가 전화 쪽으로 가려 하자 자경이가 재빨리 나선다.

자경　관두세요. 어머니… (남편에게) 여보 뭘 우두커니 서 있어요. 어서 전화 좀 걸어 봐요. 자균이가 회사에 있는지.

용서　응? 알았어…

용서는 피워 문 담배를 급히 끈다. 용서가 전화를 거는 동안 자경이가 아버지 곁으로 다가간다.

자경　아버지! 그럼 언제쯤 내려가시겠어요.

호태　비행기표 예약이 되면 내일이라도 내려가야지…

정숙　그럼요. 사태가 그렇게 된 이상은 빠를수록 좋겠죠. 안 그래요?

기노인　또 어딜 가니?

호태	네? 네, 시골에 좀 다녀올 일이 생겼습니다.
기노인	시골이라니…
자경	할아버지… (주위를 경계하며) 이번 일만 되면 우리 집안은 흠…… (이미 자기 말을 끝맺지 못할 만큼 가슴이 부풀어있다)
오씨	무슨 얘기냐? 자경아…
자경	노다지가 나온대요, 노다지가…
오씨	노다지가?
자경	네… 다른 게 아니라 저…
호태	자경아! 그만 둬!
자경	아버지! 좋은 일인데 할아버지 할머니께도 알려서 해로울 건 없잖아요.
호태	일이 되고 안 되고는 지금 말할 성질이 아니잖아
용서	(겨우 전화가 통했는지 숨을 돌리고는) 여보세요. 기 과장 계시오? 네? (사이) 기관장이 아니라 기 과장 말이에요. (강조하며) 기자균 총무과장… 뭐요? (사이) 비행장에 갔어요? 그건 나도 알아요. 비행장에서 헤어져서 항공회사에 들렀다가 회사로 돌아간다고 했는데… (사이) 뭐요? 여기 사장 댁이요, 응? 알았어.

용서는 전화를 끊고 돌아선다.

용서	비행장에서 아직 안 돌아왔답니다.
호태	빨랑 비행기 표를 예약해 놓으라니까!
정숙	자균이가 알아서 하겠죠.
오씨	아까부터 비행기 표를 사겠다는 얘기 같은데… 내일이 무슨 날인 줄이나 아니?
호태	네?

오씨   네 아버지 생신날이라는 걸 잊지 않았지?

정숙   원 어머님두… 다 준비를 해놨어요. 아버님 좋아하시는 싸리버섯
        도 사놓구 전어구이도 해놓구…

호태   (비로소 알았다는 듯) 참… 그러고보니 내가 여행 예정을 변경하길
        잘했군 그래 헛허… 해마다 아버님 생신날은 온 식구가 한자리에
        모이는 게 상례였으니까… 헛허…

정숙   훗호… 그럼요, 일이 되려면 이렇게 모든 게 척척 들어맞는가 보
        죠? 훗호… 참… 자경아! 너 부엌에 좀 나가봐라. 닭찜을 순심이
        가 어떻게 해놨는지 모르겠다.

자경   네! (들어가려다 말고 용서에게) 여보 당신 저녁 먹고 가요. 오늘밤
        에 아주 아버지 생신 축하파티를 해요.

정숙   (웃으며) 그래, 떡 있을 때 잔치 치르자… (모두 웃는다)

        그러나 기 노인의 표정은 마치 철문처럼 무겁고 차갑다. 그것을 재빨
        리 눈치 차린 호태가 약간 어색한 표정이다.

기노인   일본 회사와 기술제휴한다는 일은 잘 되었니?

호태   네… (사이) 그것보다 아버님… 이번에 일본에서 다까하시 씨를
        만났습니다.

기노인   (자신의 귀를 의심하듯) 다까하시?

호태   네, 다까하시 게이스께 씨 말입니다.

기노인   다까하시 게이스께?

정숙   (참견을 하며) 해방 전에 시골서 살았다면서요? 금광도 하고 농장
        도 크게 경영했다던 일본 사람 말이에요.

기노인   (거의 기성에 가까운 어조로) 오… 다까하시 상! 그분을 네가 만났단

374   차범석 전집 3

말이냐?

호태 네, 그래서 그 분이 계시는 치바까지 찾아갔었죠.

오씨 아이구… 그 어른이 여태 살아 계셨구랴…

기노인 (반가움과 놀라움이 뒤범벅된 상태에서) 어디 자세히 좀 말해라. 다까하시 상이 어떻게 너를 알아보시더냐!

호태 그럼요, 제가 일본군 지원병으로 입대할 때만 해도 스물한 살이었는걸요.

오씨 나도 생각이 나요. 정거장에서 내가 아범을 붙들고 울고 있으니까 그 어른이 내 손목을 꼭 쥐면서 위로 말을 던져줬지요. 전쟁터에 나간다고 다 죽는 법은 아니라구요.

호태 저도 기억이 납니다. (과거를 회상하듯) 다까하시 상은 일본 사람치고는 양심적이었죠.

오씨 (맞장구를 치며) 암… 우리 조선 사람들에게 얼마나 고맙게 대했었니! 그러기에 해방이 되고 일본으로 돌아가면서도 다른 일본 사람은 거의 알몸으로 쫓겨나가다시피 했지만 그 어른만은 정성어린 전송을 받아가며… 편히 돌아갔지… 물론 집이며 재산은 그대로……

기노인 (말을 가로채며) 임자는 가만히 좀 있어! 난 아범에게 묻고 있는 거야! 늙은이가 조팝을 먹었나!

기 노인의 언성이 의외로 날카롭게 터지자 오 씨는 민망해서 시무룩해진다.
그것은 단순한 충고라기보다 어떤 불쾌감과 분노에 싸인 초조감 같이 들린다.

기노인 그래 다까하시 씨를 어떻게 만났니? (어떤 불안에 떨며) 아니 그보

　　　　　　　　　　　대리인

다 내 안부를 안 묻더냐?

호태 왜요, 만나자 마자 제 손목을 꼭 붙잡더니 아버지 얘기부터 꺼내
던걸요. 죽기 전에 한번 만나고 싶다고…

기노인 (휠체어를 바싹 대며) 내 이름을 기억했어?

호태 그럼요. 기상구 씨가 춘부장이냐고 깎듯이…

기노인 그래 건강하시더냐?

호태 (얼굴이 약간 어두워지며) 그게… 신통치가 않아요.

기노인 음… 하긴 지금 나이가 칠십이 넘었을 테니까.

호태 일흔여덟이래요.

기노인 음… 그렇게 되었을지도 모르지. 내가 이렇게 늙었으니…

호태 해수병에다 간장까지 나빠서 바깥출입을 못한지가 2년째래요.

오씨 그런데 어떻게 아범이 온 줄 알아봤을까?

정숙 (자랑하듯) 어머님! 그게 아니라 아범이 일본산업시찰단으로 갔다
가 텔레비전 방송국에서 좌담회가 있어 나갔더래요.

오씨 (대견해서) 일본 텔레비전에 나갔어?

호태 네, 이번에 간 한국산업시찰단이 모두 서른두 사람이었는데 일본
측에서는 전례 없는 융숭한 대접을 했지요. 말하자면 우리 시찰
단의 비위를 맞추어야만이 자기네들 장사가 된다고 생각해서였
겠지만… 어떻든 도착하던 날부터 가려운데 손이 가듯 대접을
잘 하더군요.

기노인 음…

호태 그래. 텔레비전 좌담회를 끝마치고 밤늦게 호텔로 돌아갔더니 다
까하시 씨가 사람을 보내왔잖아요.

정숙 친필로 편지를 보내왔더래요. 꼭 만나서 할 얘기가 있으니 치바
까지 와달라면서 자가용차까지 보냈더래요.

기노인 (어딘지 불안한 태도를 은폐하려는 듯이) 용케도 알아냈구나. 네 얼

굴을 보고 내 아들인 줄 알아낼 수 있다는 게 어디 보통 사람이
해낼 수 있는 일인가 말이야.

정숙 그럼요. 물론 좌담회에서 인사 소개가 있었으니까 대충 짐작이야
했겠지만… 신문에 보도된 명단을 읽고 긴가 민가 했었대요. 그
래 사방으로 수소문도 했었나 봐요. 그래도 평소부터 우리한테
그만큼 관심을 품고 있었다는 증거지 뭐에요.

기노인 그래 만나서 무슨 얘길 했냐?

호태 (금시 호흡이 거칠어질 정도로 흥분하며) 네, 그게 꿈에도 생각지 못
할 일이었습니다. 정말 저는 그 얘기를 들었을 때 제 귀를 의심할
정도였으니까요.

기노인 얘길 해봐. 아까부터 하라는 얘기는 않고 변죽만 울리고 있으
니…

호태는 무슨 얘길 어디서 어떻게 시작해야 좋을지 모르겠다는 듯 자리
에서 벌떡 일어나서 몇 걸음 서성거린다.
그러한 아들의 태도를 목마르게 바라보는 기 노인 부부의 얼굴이 초조
하게 일그러진다.

정숙 여보! 제가 대신 말씀 올릴까요?

호태 아, 아니야. (기 노인에게 다가오며) 아버지, 몇 가지 여쭈어볼 일이
있습니다만…

기노인 내게?

호태 네! (하며 저고리 안주머니에서 수첩을 꺼낸다. 그리고는 종이쪽지를
조심스럽게 꺼내서 편다)

기노인 뭐냐? 그게…

호태 다까하시 씨가 써주신 쪽지입니다.

대리인

기노인 다까하시 상이 뭘 써줬단 말이냐?

호태 (긴장한 빛으로) 아버지 시골에 살았을 때 다까하시 씨 집을 기억 하십니까?

기노인 아니 그건 왜 갑자기 묻는 거냐?

호태 그럴 일이 있어서요…

기노인 시골을 떠나온 지가 20년이 지났지만… (기억을 더듬어가며) 대충 은 알 수 있다.

호태 그 집에 오동나무가 있었던가요?

기노인 있었지. 한여름이면 넓은 정원을 온통 뒤덮을 만큼 잎이 무성했 었지.

호태 (쪽지와 아버지의 얘기를 대조하며) 그곳에서 3~4미터 떨어진 곳에 석등이 있었던가요?

기노인 석등?

오씨 석등이라니?

정숙 돌을 새겨 만든 등 말이에요. 정원석으로 많이 쓰이잖아요.

오씨 (비로소 알았다는 듯 고개를 끄덕이며) 응… 그런데 난데없이 그건 왜 또 묻는 거냐?

정숙 (흡족한 웃음을 참을 수 없다는 듯) 바로 그게 노다지에요. 노다지! 홋흐…

오씨 응?

기노인 노다지? (며느리와 아들의 얼굴을 눈부시게 바라본다)

호태 아버지! (부르고 난 다음 행여 누가 엿듣고 있을세라 주위를 살피더니 아버지의 귀에다 대고 뭐라고 소근거린다. 그의 속삭임은 기 노인의 얼 굴에 크게 동요를 가져온다)

오씨 무슨 얘기냐? 나도 좀 알고나 지내자꾸나!

이번엔 정숙이가 오 씨의 귀에 대고 뭐라고 속삭거리자 오 씨의 작은 눈이 금시 접시처럼 동그랗게 변한다.

오씨 금덩어리가?

호태 (높아진 어조를 제지하듯) 어머니!

정숙 말조심하세요!

기 노인 부부는 곧이 들리지 않은지 서로 얼굴을 쳐다보고서 입을 떡 벌린다.

호태 아직 확인은 못했으니까 단정할 수는 없지만 다까하시 씨의 얘기 며 이 쪽지에 그려진 약도를 봐선 거의 의심할 여지가 없을 것 같습니다.

정숙 (덩달아서) 24년 동안 간직해온 자기 재산을 죽기 전에 밝혀야겠 다는 그분의 심정을 생각하면 그저 고맙기도 하고 황송하기도 하며… (그녀는 금시 복받치는 감동적인 울음으로 말끝을 흐려버린다)

기노인 (서서히 수수께끼를 풀려는 사람처럼 혼자서 휠체어를 굴리며 방안을 서서히 돈다) 오동나무… 석등 음…

호태 (따라 나서며) 다까하시 씨 얘기로는 자기가 죽어버리면 그 노다 지는 영영 이 지상에서 사라지게 될 것이니 어차피 자기 손에 넣지 못할 바엔 우리에게 양도하겠다는 거예요. 자기 건강이 좋 았던들 살아생전에 한번 한국 땅을 밟고 싶었지만 그럴 수도 없 고 그래서 저더러 그 노다지를 파게 되면 사진을 찍어 보내 달라 는 거예요.

기노인 노다지라… 깊이 파묻혀 있겠지…

호태 그게 불과 2미터 정도밖에 안 된다나 봐요. 다까하시 씨 말로는

24년 전 한국 땅을 떠나갈 때 자기는 잠깐 여행을 떠나는 기분으로 일본에 건너갔다는 거예요. 일본이 한국을 식민지화했고, 한국민을 착취한 것은 그 당시의 군벌이나 정치가들의 잘못이었지 자기 자신은 한국을 제2의 고향으로 여겨왔다구요.

기노인 그건 사실이다. 다까하시 씨는 사람이 좋았어. 농장을 경영했을 때도 소작인들에게 대해선 후하게 대해왔고 이웃에 환자가 있으면 몸소 약을 지어주기도 했으니까…

오씨 그리고 그 어른이 한국 김치를 얼마나 좋아했수… 김장철이면 으레 우리가 백김치를 한 항아리씩 담가주기도 했었지.

정숙 어머… 그래요? (남편에게) 여보! 이 다음에 일본 가시게 되면 당신도 김치를 가지고 가세요.

호태 소갈머리 없는 소릴…

기노인 그래… 그 석등 아래 파묻힌 금덩어리를 파서 어떻게 하겠다는 거냐?

호태 어떻게 하다뇨?

기노인 설마 너보고 다 가지라는 얘기는 아니겠지! 그걸 관리하는 것도 그렇거니와 그 소유권도 문제가 될게 아니냐.

호태 그게… 다까하시 씨 얘기로는 모든 권리를 저에게 일임하겠다는 거예요. 말하자면 저에게 줄 테니까 마음대로 하라는 거죠.

기노인 (긴장의 빛을 보이며) 뭣이?

호태 말하자면 제가 다까하시 씨의 대리인이 되는 셈이죠.

기노인 대리인?

호태 그럼요. 실질적으로는 소유자가 되는 셈이지요. 그 금덩어리를 파내는데 필요한 절차며 경비며 처분 일체를 저에게 일임하겠으니 사진만은 잊지 말아 달라고 심심부탁이더군요. 이것 보세요. 이렇게 위임장을… (그는 다른 안주머니에서 두툼한 서류를 꺼낸다)

기노인 (얼굴이 더 굳어지며) 그래 얼마나 묻혀있다던?

호태 그게… 시가로 줄잡아서 5억 원은 될 거래요.

정숙 (눈과 입이 동시에 벌어지며) 5억?

기노인 그래 승낙을 했었니?

호태 네?

기노인 다까하시 게이스께 씨의 대리인이 되겠노라고 승낙했는가 말이다.

호태 (의외로 냉담한 아버지의 태도에 의구심을 품으며) 그럼 거절하는 게 좋을까요?

정숙 아버님! 오억 원을 물리쳐요?

기노인 (외면을 하며) 신중히 생각해볼 문제라고 본다.

호태 무슨 뜻이죠?

기노인 (휠체어를 굴리면서) 다까하시 씨의 얘기가 황당무계하기도 하거니와 설사 그게 사실일지라도 이미 금덩어리는 없어졌을 것이다.

호태 네?

정숙 없어지다뇨?

기노인 그 집은 24년 전에 내가 다른 사람에게 팔았었다.

호태 아버지께서 파셨어요?

기노인 그렇지! 전쟁이 끝나자 다까하시 씨는 일본으로 돌아가면서 모든 재산 관리를 나한테 일임하고 떠났었지! 그 때만 해도 다까하시 씨가 살던 집은 너무나 넓고 거창해서 우리가 살기엔 적당치가 않았거든… 그래 미국 군정청 장교 관사로 쓰겠다기에 내가 처분을 했으니 그 집이 그대로 남아 있을 리가 없다. 우리도 그 후 서울로 이사했으니 말이다.

호태 그렇지만 그건 귀속재산이었는데 어떻게 아버지가 마음대로 처분할 수가 있었죠?

기노인 네 말을 빌리자면 나도 대리인이었지! 다까하시 게이스께 씨의 대리인이었어! 그런데 24여년이 지난 오늘날에 너도 그 사람의 대리인이 되었구나… (쓰게 웃으며) 헛허… 인연이라기엔 너무도 끈질긴 인연이지… (께름칙한 추억을 털어 버리듯) 여보! 방으로 들어가요.

그러나 오 씨는 어느덧 소파 한구석에 원숭이처럼 올라앉아서 졸고 있다.

기노인 (크게) 여보! 내 말이 안 들려?

오씨 (질겁을 하며) 네… 가요! (마치 악몽에서 깨어난 사람처럼 기 노인에게 다가간다) 부르셨어요? 영감.

기노인 지금이 몇 신데 벌써 자는 거야…

오씨 늙은이에게 잠자는 시간이 따로 있답데까… 원…

기노인 어서 들어가요!

오씨 네, 네…

오 씨는 휠체어를 밀고 내실 쪽으로 방향을 바꾼다.

정숙 아버님, 조금 있으면 저녁 진지 올 터인데… 식당으로 들어가세요.

기노인 자균이도 자영이도 안 돌아왔잖아. 오늘은 좀 늦더라도 다 함께 식사를 하자. (오 씨에게) 어서 밀어요!

오씨 네…

오 씨가 휠체어를 밀고 내실로 사라지는 동안 호태 부부는 한동안 말없이 서있다. 이 사이에 방안은 차츰 어두워지고 뒤창에서 새어드는 석양빛이 한층 붉게 물들어간다.

정숙 여보! 아버님 태도가 이상하죠?

호태 (말없이 긴 한숨을 뱉는다)

정숙 기뻐하시기는커녕 도리어 불쾌한 얼굴을 지으시잖아요?

호태 다까하시 씨를 만났다는 얘기를 안 할걸 그랬지?

정숙 그렇지만 아버님께서는 젊어서부터 다까하시 씨 밑에서 일을 봐 왔다면서… 누구보다도 반가워해야 할 처지인데…

호태 그건 사실이야. 아버지께서 한동안 정당에다 정치자금을 대줄 만큼 치부한 것도 따지고 보면 다까하시 씨가 남기고 간 재산의 덕이었으니까… 아버진 학벌은 없었지만 책임감이 강하고 고지식하기로는 젊었을 때부터 정평이 나 있었대. 그러기 때문에 다까하시 씨도 아버지에 대한 신망이 높았고 한국 땅을 떠날 때는 재산 일체를 떠맡기고 갔었지…

정숙 그런데 왜 아버지가 그런 태도를 취하시는가 말이에요. 당신이 다까하시 씨를 만났다고 하니까 아버님이 안색이 금세 변하셨어요.

호태 음… 왜 그러셨을까?

이때 현관 쪽에서 초인종 소리가 들려온다.

정숙 여보! 어서 목욕하시고 옷 갈아입으세요. 이제 자영이도 학교에서 돌아올 텐데… 아버님 생신 파티를 해요.

호태 그렇게 하지.

두 사람 내실로 들어간다.
초인종 소리가 다시 울린다.

정숙 (안으로 들어가며) 순심아! 현관에 좀 나가봐!

순심   (소리만) 네…

순심이가 식당 쪽으로 급히 뛰어나와 현관 쪽으로 간다.
이때 용서가 접시에 음식을 담아들고 나온다. 그의 입에는 이미 고기
덩어리가 한 볼때기 들어있어 왕성한 식욕을 해소시키는 중이다.
이윽고 순심이가 임정은을 데리고 들어선다. 검정 울 저지의 원피스가
그녀의 날씬한 팔다리를 더 인상 깊게 돋보인다. 그러나 수심이 가라
앉은 흰 얼굴이 어둠 속에서도 처절하리만큼 아름답다. 뜻하지 않은
손님이 나타나자 용서는 음식이 든 접시를 등 뒤로 감추며 방 한구석
에 몸을 피한다.

순심   큰 서방님은 아직 안 돌아오셨어요.
정은   회사에 전화를 걸었더니 벌써 퇴근하셨다던데… (팔목시계를 보
       며) 그럼 어디 계실까?
순심   어쩜 곧 들어 오실지도 몰라요.
정은   어떻게 알지?
순심   오늘 주인 아저씨가 일본서 돌아오셨거든요. 그런데 공교롭게도
       내일이 주인 아저씨 생신날이거든요. 해마다 생신날은 온 식구가
       모여서 파티를 연답니다. 아까도 얼핏 들으니까 돌아올 때가 되
       었는데 안 들어왔다고 기다리는 눈치였어요.
정은   (약간 얼굴이 밝아지며) 그래? 그럼 기다려볼까?
순심   그렇게 하세요. 오늘밤은 이 댁에 잔치가 벌어질테니 정은 아가
       씨도 저녁 잡수고 가세요.
정은   내가 이 집 식구도 아닌데 어떻게!
순심   할아버지 생일 파티에 (강조하며) 장차 손주며느리가 끼는데 어때
       요. 모두 기뻐하실 거예요.

정은	(초조하게 외면하며) 아니야. 난 여기서 기다렸다가 자균 씨 오시면
	잠깐만 뵙고 가겠어.
순심	그러지 마시고 큰 서방님 방에서 기다리세요.
정은	그럴까?
순심	그럼요. 정은 아가씨가 그 방에서 기다리는 게 어때서요. (의미
	있는 웃음을 던지며 은근히) 결혼식은 언제 올리시나요?
정은	(당황하며) 난데없이 결혼식이라니…
순심	지난봄에 약혼식을 올렸으니까 올 가을엔 결혼식을 올려야죠. 안
	그래요? 홋흐…
정은	어머! 순심이는 못할 소리가 없어! (수치심이 불쑥 솟는다)
순심	(금세 정색을 지으며 자못 심각하게) 그런데 약혼기간이 너무 길면
	안 좋대요.
정은	누가 그래?
순심	힛히… 잡지에서 읽었거든요. 남자들은 쉬이 마음이 식는다면서요?
정은	정말 순심이는 모르는 게 없어.
순심	에그! 정은 아가씨도 다 알면서 응큼하게 그러지 마세요. 힛히…
	(웃다말고 금세 시무룩해지며) 그게 사실인가 봐요.
정은	무슨 얘기지?
순심	실은, 요즘 그이 태도가 심상찮아요.
정은	그이라니? (눈치를 차리고) 옳아… 애인?
순심	한 달이 되도록 편지 한 장 없어요. 불도저 운전사에요. 군대에서
	배운 기술이라 제대 후에도 계속 일자리는 끊이지 않았어요. 동
	진강 댐 공사장에서 일하다가 석 달 전에 울산으로 일터를 옮겼거
	든요. 벌이도 괜찮은 편이에요. 그런데 전에는 한 달에 두 번씩
	꼬박꼬박 편지를 하던데… 울산으로 내려간 뒤로는 꼭 한 번밖에
	소식이 없었지 뭐예요.

대리인

정은   (자신의 어두운 심정으로 돌아가며) 일이 바쁜 거겠지. 편지 쓴다는 게 어디 그렇게 쉬운가. (한숨을 쉰다)

순심   아무리 바쁘기로 엽서 한 장도 못쓰겠어요? 정성이 없는 증거예요! 정성만 있으면 편지 아니라 수로 편지를 놔서라도 보낼 수 있어요.

정은   그렇지만 정성만으로는 통하지 않는 게 요즘 세상이야…

순심   지난여름에 휴가 나왔을 때 뚝섬엘 나갔다가 말다툼을 한 적이 있었어요.

정은   왜…

순심   빨리 결혼식을 올리자니까 그이는 앞으로도 2년만 참으라고 하잖아요. 그래서 난 2년이나 기다리다가는 말라죽겠으니 내가 울산으로 내려가겠다니까 나보고 미쳤느니 초쳤느니 하면서… (울먹거리며) 그리고 나서는 오늘까지 소식이 없어요. 아마… 내가 싫어졌거나 아니면…

정은   그럴 리가 있어? 순심이처럼 마음씨 좋고 바지런하면야 누가…

순심   아니에요. 남자는 그렇지 않은가 봐요. 무슨 일이든지 자기 실속만 채우면 금세 돌아서는 거래요. 아랫목에 밥그릇을 묻어놓고 남편을 기다리는 아내의 정성 같은 건… (더욱 슬퍼지며) 마음이 변했을 거예요… 그럴 줄 알았으면 진작 냉수를 떠놓고라도 식을 올릴 걸 그랬어요. 그이는 백만 원을 벌기 전에는 아예 식을 올릴 생각 말자고 하더니… 이제 나를… 흑…

정은   순심아! 울지 말어! 공사장 일이 바빠서 그럴 테지…

순심   난 이 집안에서는 누구한테도 그런 얘기는 못해요. 누가 내 얘길 들어줄 사람이 있어야죠. 그래서 어떤 날은 목욕탕에 물을 틀어놓고는 실컷 울기도 한답니다. 눈물을 흘려버리고 나면 한결 마음이 후련해지기도 하니까요.

정은	(쓸쓸히 웃으며) 기다려 봐요. 이제 꼭 소식이 올 테니.
자경	(식당에서) 순심아! 순심아!
순심	네! 네!
정은	그럼 나 2층에서 기다릴 테니까.
순심	네 빨리 올라가 계세요.
정은	다른 식구들에게는 내가 왔다는 얘기하지 말아요. 알았지?
순심	염려 마세요.

정은이가 2층으로 급히 올라가자 순심이가 식당 쪽으로 간다.
이때 식당에서 앞치마를 두른 자경이가 등장.

자경	여기서 뭘 하고 있니? 어서 밥도 뜨고 국 냄비도 얹혀 놔야지…
순심	네… 저…
자경	빨리 들어가 봐!
순심	네.

순심이가 식당 쪽으로 총총히 퇴장하자 용서가 손수건으로 입과 손을
닦으며 나온다.

용서	여보! 이제 그만 돌아가지.
자경	가긴 어딜 가요. 오늘 할아버지 생신 축하 파티를 연다는데…
용서	그까짓 게 무슨 파티야… 늙은이들 앞에선 거북스러워서 음식도 제대로 못 먹겠는 걸…
자경	먹는 게 문제예요?
용서	그럼 뭐가…
자경	노다지가 나온다잖아요! 노다지가…

용서	나오는지 들어가는지 어떻게 아누? (하며 담배를 피워 문다)
자경	(새침해지며) 그럼 당신은 그 얘기가 흥미 없으세요?
용서	흥미가 있지만 실속이 없어서 탈이지.
자경	왜 실속이 없어요. 오억 원짜리 노다지가 나온다는데 그 백분의 일을 치고도 오백만 원이란 말이에요!
용서	아들들이 있는데 출가한 딸 몫까지 있을까?
자경	(날카롭게) 여보! 딸은 사람이 아니에요? 딸은 자식이 아닌가 말이에요! (하며 윽박지른다)
용서	(밀려가며) 왜 날 이래… 말로 하자구 말로… 젠장!
자경	사람이 그렇게 되어 먹었으니 어느 장인 장모가 생각이나 할까… 쯧쯧…
용서	뭣이 어째?
자경	아무리 사위 자식 개자식이라지만 장인 장모 앞에선 흰 것도 검다고 해보고 어깨를 두들기라면 허리까지도 주물러주고 하는 비윗장을 가져야지 그렇게 곡마단에 도둑 굿 보러온 뜰마니 모양 변두리에서만 빙빙 도는 사위를 누가 예쁘다고 하겠어요! 에그…
용서	흥! 그렇게 해서 떨어진 거라도 있었다면 머슴 놈 장가가는 재미로 장작에서 기름을 짜는 격으로 살아보겠지만…
자경	여보… 당신 지금 무슨 소리하고 있어요?
용서	요컨대 노다지가 나온다 해도 우리 몫은 없으니 이만 돌아가잔 말이에요…
자경	(경멸의 눈초리로 쏘아보며) 마음 편해서 장수하시겠소.
용서	재물 복이 없으니 장수 복이라도 있어야지… 헛허…
자경	정말 가시기에요?
용서	장인 얼굴 봤으니까 가야지.
자경	그러지 말고 있어요. 할아버지는 식구가 한사람만 빠져도 노발대

발하신다는 걸 당신도 잘 아시면서… 응? (금세 애교를 피우며) 여보! 그러니 여기서 저녁 먹고 가요.

용서 그럼 집에다가 전화 걸어야지. 아이들 기다리는데 먼저 밥 먹이고 재우라고…

자경 네… 그리고 여보.

용서 응?

자경 혹시 할아버지나 아버지께서 물으시면 시원시원히 대답 좀 하세요.

용서 뭘 말이냐?

자경 뭣이든지 말이에요. 윗사람 비위를 맞추는 것도 복이 굴러오는 지름길이란 말이에요.

용서 말하자면 무조건 거수기 노릇 하라는 뜻이군! 홋흐…

자경 굿이나 보고 떡이나 먹는다는 사고방식은 버려요.

용서 그럼…

자경 어느 장단에 맞춰야 춤이 제대로 나오는가를 계산하란 말이에요! 이런 기회에 아버님께 말씀드려서 한밑천 잡아야 할 게 아니에요? 자균이는 총무과장인데 글쎄 당신은 뭐에요? 계장자리 하나로 벌벌 기고 있으니…

용서 좋도록 해요.

이때 현관 쪽에서 문 여는 소리와 함께 자영이가 등장. 안경을 쓰고 등이 약간 굽은 게 일견해서 신경질임을 알 수 있다. 한 손에 책이 들렸고 다른 한 손에는 기타가 들렸다.

자경 자영아! 이제 오니?

자영 (무표정하게) 누나 왔어? (용서에게) 오셨어요?

자경 응! 빨리 오잖구. 아버지께서 오셨단다.

자영 (절망한 빛을 보이며) 벌써 오셨어?

자경 벌써가 뭐야.

자영 (기타를 두들겨 보이며) 아버지가 여행하시는 동안이라도 마음 놓고 기타를 탈 수 있게 되었다고 방심을 했었는데 이제 그 꿈마저 깨어지는구나!

용서 헛허… 의과대학 1년생의 꿈치고는 너무 소박하구나!

자영 매형은 모르는 소리! 요즘 젊은이들이 기타를 타는 심리적인 요인은 일종의 파괴와 자학이거든요. 관악기를 부는 것보다 드럼을 치고 기타를 두들기는 모습을 상상해 보세요.

용서 그래 너는 뭐가 불만이냐?

자영 그런 거 없어요.

용서 없으면서 왜 공부는 안 하고 기타를 친다지?

자영 글쎄요! 구태여 말한다면 만족한 상태에 대한 불만이라고나 할까요. 흠… (하며 돌아보지도 않고 2층으로 올라가 버린다)

자경과 용서는 마치 물벼락을 맞은 사람처럼 멍하니 서 있다. 그리고는 어이가 없다는 듯 실소를 터뜨린다.

용서 만족에 대한 불만이라… 거 제법 철학적인데…

자경 그게 무슨 철학이에요. 속이 텅 빈 기타 통 같은 철학이지. 어서 집에 전화나 걸어요. 이제 자균이만 오면 우리 식구는 다 모이는 셈인데…

이때 내실 쪽에서 실내 가운으로 갈아입은 호태가 등장. 샤워를 하고 난 탓인지 피부에 윤기가 더 돌고 비대해 보인다.

호태 아… 시원하다. (소파에 앉으며) 자균이는 아직도 안 돌아왔니?

자경 네… 자영이는 지금 들어왔어요.

호태 그럼 이제 자균이만 들어오면 우리 식구는 다 모이는 셈이지…

자경 네… 음식도 다 준비되었으니까요.

호태 그런데 어딜 가서 이렇게 안 온다지?

자경 곧 오겠지요. (눈치를 보며) 아버지, 시원한 맥주나 내올까요? (용서에게 눈짓으로 재촉하며) 아범하고 같이 맥주나 드시면서 얘기하세요. 네? (다시 용서에게 눈짓을 한다)

용서 아버님! 한 잔…

호태 자넨 요즘 뭘 하나?

용서 그저… 그럭저럭 지냅니다.

호태 (못마땅해서) 젊은 사람이 그게 무슨 소린가? 그럭저럭이라니… 좀 더 패기를 가져봐! (주먹을 쥐어 보이며) 투지가 있어야지 투지가!

자경 그럼요… 홋호… 하지만 원래 아범은 몸이 약해서요.

호태 그럼 약을 먹는다든가 운동을 한다든가 해서 스테미너를 길러야지 그게 뭐냐? 응? 나를 봐라! 나를… 난 내일모레가 50이지만 아직도 남에게 지는 일은 없어요… 아니 지면서 살 바엔 차라리…

자경 아버지! 그러니 아버지께서 조금만 뒤를 봐주세요. 아범인들 왜 의욕조차 없겠어요. 요즘 세상이 어디 의욕만 가지고 되나요? 지하수가 많으면 뭘 해요. 파이프를 묻어야 물이 위로 솟구치는 이치와 마찬가지니까요.

호태 그래 자네는 뒤에서 밀어주는 사람이 없어서 제 구실을 못하고 있나?

용서 (난처해서) 네? 네… 말하자면 그렇다고도 볼 수 있지요. 헤헤…

자경 (날카롭게) 여보!

호태 이것 봐! 나는 지금까지 누가 뒤를 봐주지 않아도 내 힘으로 내

무대를 개척했어! 일본 놈들이 최후 발악을 하던 시대에 일본 군대에 끌려가서도 살아났단 말이야! 중국 땅에서 쥐를 잡아먹고 오줌을 마시는 등 온갖 역경 속에서도 나는 투지를 잃지 않고 운명을 개척해 나왔다.

자경 그렇지만 그때와 지금은 시대가 다르잖아요.

호태 다를 게 뭐가 있어? 도리어 지금은 출세하기 쉽지! 얼마나 살기가 편한 세상인가 말이다. 영어만 잘하면 얼마든지 출세를 할 수 있어요. 그리고 외국 유학도 얼마든지 떠나갈 수 있잖아… 그러나 아버지가 젊었을 때는 그게 아니었어! 왜놈들에게 항거하는 게 유일한 투쟁이며 생명이었으니까! 너희들은 그것에 비하면 파라다이스에 살고 있는 셈이다! 파라다이스!

이때 전화벨이 울린다. 용서가 급히 가서 전화를 받는다.

호태 나는 지금도 생각을 해본다만… 인생이란 제정신에서 살아야 해! 남의 장단에 춤을 추다간 자기멸망이 있을 뿐이다.

용서 (전화를 받으며) 네… 네? 응… 자균인가? 나야… 응… 아버지? 계셔! 전화 바꿀까? 응… 그래… (수화기를 내려놓고) 아버님 자균이한테서 전화 왔습니다.

호태 자균이? 빨랑 들어오잖구… 전화는… (자리에서 일어서 전화를 받으러 간다. 이 사이에 자경과 용서가 서로 눈으로만 멋쩍게 웃는다. 전화 받는 동안 정숙이 나온다) 나다. 어떻게 되었니? 응? 비행기 표가 없어? 내일 표가 없으면 모레 표라도 사야지. 응? 뭣이? 내려갈 필요 없다구? (긴장하며) 아니 누가 그런 소릴 하던? 응? 네가 장거리전화로 알아봤어? 응… 응? 그게 언제 얘기냐? 응? 벌써 10년이? (맥이 풀리며) 알았다… 아무튼 들어와서 얘기하자. 뭣이? 오늘 늦

는다구? 자균아! 오늘은 할아버지 생일 파티가 있으니 빨리 들어
와! (화가 나서) 약속이 무슨 약속이냐! 들어오라면 들어와! (하며
일방적으로 전화를 끊고 소파로 와 앉는다. 심상치 않은 분위기에 모두
를 불안과 초조가 감돈다)

정숙　여보! 자균이한테서 온 전화죠?

호태　(심각해지며) 음…

자경　무슨 얘기에요. 아버지.

호태　시골에 있는 그 집이 헐렸다는 거야.

정숙　그 집이라뇨?

호태　다까하시 게이스께 씨의 집이 헐리었다는구먼!

정숙　그럼 그 금덩이가 파묻힌 곳이 어딘지 알 길이 없겠네요.

호태　시에 가면 옛날 지적도며 도면이 있으니까 가려낼 수가 있겠지만…

정숙　어떻게 하면 좋아요?

호태　이렇게 된 이상은 법적으로 해결할 수밖에 없지.

자경　법적으로요?

호태　이런 경우 정식으로 채굴권을 획득하고 채굴된 금은 정부와 내가
협정하에 처리하면 되지!

용서　그렇지만 잡음이 없을까요?

호태　잡음이 있을 리가 없어! 난 어엿한 대리인이니까! 다까하시 게이
스께에게서 모든 권한을 위임받은 대리인이야! 걱정 없다! 헛허…

얼마 전부터 2층에서 자영이가 치는 기타 소리가 차츰 광적으로 높아
가며

암전

제2막

무대

전막과 같은 장소. 전막부터 약 두 시간 후, 밤 8시경.

전등불이 환히 켜 있어 방 안은 한결 화려하게 보이나 어딘지 공허한 분위기에 싸여있다.

막이 오르면 무대는 비어 있고 식당 쪽에서 단란한 식탁을 둘러싼 가족들의 담소 소리가 간간히 흘러나온다.

순심이가 2층 층계에서 쟁반을 들고 내려온다. 아마 정은에게 간단한 식사를 가져다주고 온 모양이다. 그녀가 층계를 다 내려올 무렵 현관 쪽에서 초인종이 울린다.

순심　이 시간에 누가 왔을까… 큰 서방님인가…

순심이가 쟁반을 탁자 위에 내려놓고 급히 현관 쪽으로 나간다. 식당 쪽에서 술이 거나하게 취한 용서가 나온다.

그는 포식 끝에 스며드는 졸음이 가득 찬 얼굴로 무대 중앙 소파에 길다랗게 눕는다.

잠시 후 자균이가 들어선다. 훤칠한 키에 이지적인 용모가 잔잔한 호수를 연상케 한다. 그러나 깊이 꿰뚫어보는 두 눈에는 한 가지 일에 대한 집착과 반항이 서려있어 일종의 위엄을 풍겨주기까지 한다. 순심이가 그 뒤를 따른다.

자균　아직도 식당에들 계시냐?
순심　네. 큰 서방님이 안 오신다고 여태 기다렸다가 얼마 전에야 시작했어요.

자균   (2층으로 올라가려다 말고) 참 전화 연락 안 왔던?

순심   아뇨. 참 서방님…

자균   응?

순심   (낮게) 손님이 기다리고 계세요.

자균   나한테?

순심   네. 2층 방에서…

자균   누군데…

용서   (벌떡 일어나며) 자네 약혼녀!

갑작스런 개입자에 자균과 순심은 깜짝 놀란다.

순심   에그머니…

자균   매형… 웬일이세요?

용서   헛허… 자네야말로 어떻게 된 일인가? 기다리다 지쳐서 술을 한 잔 했더니만 사지가 낙지 발처럼 늘어졌어… 게다가 노인네들 잔소리에 난 진절머리가 나서 목하 대피 중일세! 헛허…

자균   매형도 그 생리엔 안 맞는다는 뜻이군!

용서   헛허… 어서 올라가 보게. 아무리 약혼녀일지라도 그렇게 오래도록 기다리게 하면 뿔이 나는 법일세…

자균은 미묘한 심리적인 저항감을 느끼며 2층으로 올라가기를 꺼려한다.

순심   제가 식사를 갖다 드렸어요. 식욕이 없으신지 별로 드시질 않았 어요. (하며 탁자 위에 놨던 쟁반을 든다. 자균은 무슨 생각에 잠긴다)

자균   알았으니 들어가 봐.

순심   네… (하며 부엌 쪽으로 퇴장)

자균   순심아! 내가 왔다는 얘기는 하지 마라…

용서   (우두커니 서있는 자균을 보고) 무슨 일이 있었나? 어서 올라가 보잖
구…

자균   괜찮아요. (하며 담배 불을 붙인다)

용서   하긴 여자는 처음 길들일 때가 중요하지. 자네 누나 같은 여자는
내게 있어서 확실히 실패작이었어.

자균   매형의 사랑이 넘쳐흘렀겠죠.

용서   자균이… 자네에게 충고함세. 약혼 시절에 여자를 천사 모시듯
하는 건 오산일세! 알겠나? 여자는 누구나 다소간의 피학대증을
지니고 있는 법이거든. 매조이스트야.

자균   피학대증이라구요?

용서   그렇지! 남성에게서 정신적으로나 육체적으로 학대를 받는 가운
데 성숙해지는 법이야.

자균   헛허… 매형도 취하셨나보군요.

용서   아니야! 이건 내 체험을 통한 인생철학일세. 여자는 남자가 적당
히 괴롭혀줘야 해! 물론 거기엔 정도문제라는 걸 전제로 하지만
말이야… 그런데 세상에 마음 약한 남자는 여자를 손안에 쥔 보
석처럼 생각하기 쉽거든! 밤이나 낮이나 품고 있어야만 소중한
줄 아는데 그게 틀렸단 말이야! 그러나 대체적으로 약혼 시절에
는 금이야 옥이야 위하다가 결혼 후에 비로소 남자는 여자에게
학대를 가하기 시작하니까 그만 거기서 파탄이 생기는 거야…

자균   매형은 애처가가 되시기를 싫어하시는군요?

용서   싫어할 정도가 아니라 증오해! 아니 그건 내 스스로의 계산착오
에서 나온 실패작이었다니까! 그러니 남자는 여자에겐 모든 면에
서 인색해야 되네. 처음부터 낭비를 해서는 안 돼. 상대가 갈증을

느낄 정도로 만들어야 해. 찔끔찔끔 줘야 해. 알겠나?

자균   그러다가 여자가 반발하면 어떡하죠?

용서   문제없어! 이 세상에는 어딜 가나 대리인이 있기 마련이니까!

자균   대리인이라니요?

용서   그렇지. 학교선생을 대신해서 가정교사가 있고 이발관에 가면 이발사가 있고 목욕탕에 가면 때 밀어주는 사람이 있듯이 말이야! 헛허…… 어때? 이 얼마나 편리한 세상인가 응? 심지어는 빚을 주고 못 받는 경우에도 대신해서 빚돈을 받다 주는 사람까지 있으니 말이야 헛허…

자균   그럼 상대편 여자가 싫다면?

용서   다른 여자가 얼마든지 있지! (소리를 낮춰서) 아내가 아니라도 남편의 욕망을 충족시켜주는 여자는 얼마든지 있단 말일세! 핫하…

자균   (의외로 크게 웃는 소리에 약간 압도당하면서) 매형이 그런 사고방식을 가지고 있으리라고는…

용서   (냉큼 받아넘기며) 예전엔 미처 몰랐겠지! 헛허…

자균   정말이에요! 그래서 매형은 요즘 주로 대리인을 만나시느라고 바쁘신 모양이죠.

용서   (깜짝 놀라며) 아니 누가 그래?

자균   흠… 다 들었습니다.

용서   이것 봐 처남, 그 그건 말이야.

자균   헛허… 염려 마세요. 그렇다고 제가 예수를 판 유다의 후예는 아니니까요. 내게도 그만한 아량은 있습니다.

용서   헛허… 그렇다면 언제고 내가 그 사례를 톡톡히 냄세. 아니 내 힘이 필요할 때는 언제든 연락만 하게나.

자균   말하자면 빠아타제로 협상하자는 말이군요?

용서   그렇지. 세상에 공짜가 어디 있나! 가는 게 있으면 오는 게 있고

오는 게 있어야 가는 게 있지! 헛허

자균 (문득 무슨 생각이 들며) 매형! 아버지한테 무슨 얘기 못 들으셨어
요?

용서 들었지! (과장하며) 시가 5억 원 상당의 노다지가 나온다며?

자균 어떻게 생각하세요?

용서 어떻게라니!

자균 타당한 일이라고 여기세요?

용서 글쎄 생각지도 않은 횡재를 만났을 때의 흥분도 과히 나쁘지는
않지! 그것도 적잖은 돈이고 보면……

자균 (가벼운 실망의 빛이 감돌며) 그렇겠죠. 5억 원이면 큰돈이니까요.

용서 우리 샐러리맨으로서는 꿈에서 만져보기 힘든 돈이지.

자균 꿈이야 누구에게나 있으니까요.

용서 꿈이라고?

자균 그러나 꿈은 어느 때고 깨어나기 마련이니까요. 안 그래요?

용서 무슨 얘긴가?

자균 결론부터 말해서 저는 믿어지지가 않아요. 24년 전에 묻어둔 노
다지가 있을 것 같지도 않고, 설사 그게 있다손 치더라도 그 노인
이 뭣 때문에 아버지에게 그걸 내맡기겠는가 말이에요.

용서 그렇지만 위임장이며 도면 일체를 위임받은 것만은 엄연한 사실
아닌가! 말하자면 대리 행사를 할 수 있는 권한을 부여받은 거야.

자균 흥! 우리가 언제는 대리권 행사를 안 했던가요?

용서 뭐라구?

이때 2층에서 정은이가 서서히 내려온다. 다음 순간 자균과 정은의
시선이 마주친다. 그것을 잽싸게 눈치차린 용서가 자리에서 일어
난다.

용서 (부러 명랑하게) 안녕하십니까? 미스 임이 오셨다는 얘긴 들었는데…

정은 죄송합니다.

용서 안으로 들어오시잖구.

정은 아, 아니에요. 잠깐만 들렀다가 가려고 했는데… (하며 원망스러운 눈으로 자균을 바라본다. 자균은 서먹한 표정으로 그녀의 시선을 피한다)

용서 그럼 두 분이서 얘기하세요. 난 또 늙은이들의 넋두리를 안주 삼아 술이나 마셔야겠습니다.

정은 죄송합니다. 말씀 도중에.

용서 천만에요.

용서가 약간 비틀거림으로 식당 쪽으로 퇴장.
그 사이에 두 사람 사이엔 무거운 침묵이 흐른다.

정은 제가 전해달라고 부탁한 쪽지 받으셨겠죠?

자균 응!

정은 그럼! 왜 전화 안 걸어주셨어요?

자균 ……

정은 그렇게 바쁘셨나요?

자균 (담배를 피워 문다)

정은 남자들은 행복하겠어요.

자균 (무슨 뜻이냐고 되묻는 듯 돌아본다)

정은 모든 것을 잊어버릴 수 있는 정도로 바삐 돌아다닐 수 있으니 말이에요.

자균 빈정대지 말아요.

정은 그럴까요?

자균   뭣이?

정은   (지금까지 억제했던 감정을 비로소 터뜨리며) 빈정댄 건 바로 자균
        씨예요.

자균   내가 언제…

정은   약속시간을 어기고도 미안하다는 말 한마디 없이… 전화를 걸어
        달라고 메모를 전해놓아도 묵살해버리고 여자가 남자를 찾아다
        니면서 사정을 해도 피해 다닌 자균 씨야말로 저를 우롱하고 있
        는 거예요.

자균   그럴만한 사정이 있었어!

정은   변명은 듣고 싶지 않아요.

자균   변명할 만큼 한가한 나도 아니야.

정은   (날카롭게 시선을 퉁겨주며) 그럼 뭐예요! 언제까지 이렇게 지내긴
        가요? 결론을 내려주세요.

자균   (말없이 담배 연기만 뱉는다)

정은   결혼식을 늦추겠다는 이유가 뭔지 말씀해 주세요. 저를 사랑하지
        않는다면 좋아요. 저는 사랑을 구걸하자는 건 아니니까요. 다만
        서로의 마음과 마음을 어항 속처럼 훤히 들여다 볼 수 있는 상태가
        부러웠던 거예요! 만약에 우리의 사랑이 진실이었다면 말이에요.

자균   (담담하나 뼈가 든 말투로) 만약에 진실이 아니었다면?

        다음 순간 정은의 눈이 이상스런 광채를 발산하며 자균을 쏘아본다.

자균   이건 결코 정은이를 두고 하는 말은 아니야. (한숨을 뱉으며) 내
        자신에 대한 반성이라고 받아줘야겠어!

정은   요컨대 자균 씨의 사랑이 식었다는 말인가요?

자균   자신이 없어졌어!

정은 네?

자균 사람이 사람을 진실로 사랑한다는 게 가능한 것인가를 생각중이야.

정은 궤변은 그만둬요!

자균 좋을 대로 생각해! 그렇지만 나는 수치심을 갖는 것보다는 궤변이라도 좋으니 진실을 알고 싶어졌어!

정은 무슨 뜻이죠? 네? (매달리며) 자균 씨! 도대체 무슨 얘기를 하시겠다는 거예요? 부모님이 허락했고 우리 서로가 믿는 사이라면 떳떳하게 결혼을 할 수 있다고 봐요. 그 누구에게도 부럽잖게 우리는 사랑할 자신이 있는데 왜 자꾸만 피하시는 거죠?

자균 사랑할 자신이 있다고?

정은 있어요.

자균 그럼 내가 시키는 대로 할 수 있겠어?

정은 (반신반의로) 네?

자균 내가 진심으로 바라는 일이 있다면 그 청을 들어주겠는가 말이야.

정은 (조용하나 굳은 의지를 나타내며) 주님의 뜻을 어기지 않는 일이라면 하겠어요.

자균 자신의 뜻보다 주님의 뜻을 먼저 내세우는군…

정은 저는 어려서부터 신앙의 세계에서 자라 나왔으니까요.

자균 알고 있어!

정은 그러니 말씀하세요. 자균 씨가 진심으로 바라는 일이란 뭣인지 말씀해 주세요. 네?

자균 (잠시 동안 정은의 이슬 젖은 눈을 바라보더니) 왜 의사한테 안 찾아갔어?

정은 (숨이 턱 멎는 듯 제 자리에 선다)

자균 의사와 의논해서 빨리 손을 쓰라고 했는데 왜 차일피일 미루는가 말이요? 몸이 무거워지기 전에 손을 쓰지 않으면…

정은   (조용히) 그것만은 못해요! 나는 애기를 낳겠어요!

자균   그건 우리의 애기가 아니야!

정은   (항거하듯) 우리의 애기예요! 당신과 나의 사랑의 결정이에요! 하느
       님이 내려주신 최초의 사랑의 씨예요! 그런데 어떻게 그걸…

자균   (단호하게) 거짓말이야! 사랑의 씨라니! 새빨간 거짓말이야!

정은   (어안이 벙벙해지며) 뭐라고요?

자균   그건 하나님의 뜻이 아니었어! 하물며 내 뜻은 더 아니었단 말이
       야! 그리고 정은 씨의 뜻도…

정은   자균 씨! 그런 모욕적인… 아니 그럼 제가 다른 남자와…

자균   그런 뜻이 아니야.

정은   자균 씨의 뜻이 아니었다고 했잖아요.

자균   (괴로웠던 과거를 되새기며) 솔직히 말해서 두 달 전 그날 밤 이루어
       졌던 일은 내게 있어선 수치스런 일이었어! 나는 후회해왔어! 내
       품 안에서 발버둥치며 항거하던 정은을 목을 조르다시피 하며
       풀밭에 눕혔던 나는 결코 인간이 아니었을지도 모른단 말이야.
       아니 나는 그 순간만은 악마였을 거야. 나는 욕정의 포로가 되었
       을 뿐이었어! 약혼식을 올렸다는 형식을 빙자해서 우리의 관계를
       고의적으로 접근시키려는 하나의 힘의 과시에 불과했단 말이야!
       약혼을 한 이상은 우리는 무슨 짓을 해도 부끄러울 게 없다는
       하나의 형식을 이마에 나붙이고 덤볐던 거야. 마치 면허장이나
       위임장을 가지고 있으면 사회에서는 모든 것을 인정한다는 관례
       에 따라 행동했던 것뿐이었어! (다시 괴로워하며) 그런데 그게 바
       로 또 하나의 생명을 잉태케 한 거야. 그 누구도 원치 않았던 생
       명이지! 그 누구도 사랑을 느끼지는 않았어! 그날 밤 정은이는
       내게 안 빼앗기려고 안간힘을 썼고, 나는 억지로 빼앗고 말겠다
       는 아귀다툼이 있었을 뿐이었어! 그 증거로 정은이는 울었단 말

이야! 나는 후회했고. 그런데 어째서 그게 우리의 사랑의 씨인가
말이야! 사랑의 결정인가 말이야! 그건 주님의 뜻도 아니란 말이
야!

자균은 가슴 속에서 끓어오르는 불쾌한 감정을 짓이기려고나 하는 사
람처럼 돌아서서 두 주먹으로 스스로의 관자놀이를 쥐어뜯는다.
정은은 그러한 자균의 뒷모습을 연민의 눈길로 바라보더니 서서히 그
등을 어루만진다.

정은   (약간 볼 매인 소리로) 괜찮아요. 이미 지나간 일은 탓하지 마세요.
저는 누가 뭐라고 해도 우리 두 사람의 사랑의 씨라고 자부하겠
어요. 자균 씨! 그건 하나님의 뜻임에 틀림없어요!

자균   거짓말! 내 뜻이 아니란 말이야! 내 뜻이 아닌 것은 어느 것도
믿을 수가 없단 말이야!

정은   자균 씨! 왜 이러세요!

자균   그건 불결해! 내가 원치 않았던 것을 진실이니 사랑이니 하는 사
탕발림으로 겉치레를 하긴 싫단 말이야! 그러니 병원에 가요! 나
는 진심으로 우리가 사랑을 느꼈을 때 애기를 가지고 싶어! 아무
렇게나 태어난 생명이 어떻게 다 내 자식이라고 믿을 수 있는가
말이야! 그건 강간당한 거야! 강간당한 여자가 애기를 가졌다고
생각해봐! 그렇게 해서 태어난 애기를 일생을 두고 내 자식이요
혈육이라고 믿을 순 없어! 왜 그런 줄 알아? 응? 그건 자신의 뜻이
아니기 때문이야. 내 뜻이 아니기 때문이란 말이야.

정은   비겁해요! 철면피!

자균   뭣이?

정은   그걸 구실로 해서 나를… 나를 떼어버리겠다는 심보겠죠?

자균   (그녀를 안으며) 그건 아니야! 정은이! 그건 오해야! 나는 정은이를 이렇게… (키스를 하려 하자 정은은 완강히 거부한다)

정은   놔요! 놔요!

자균   사랑해!

정은   놔!

그녀는 거의 반사적으로 자균의 뺨을 때린다. 다음 순간 자균은 꿈에서 깨어난 사람처럼 멍하니 손을 떼고 서있다.

정은   위선자! 그런 식으로 나를 궁지에 몰아넣고서 파혼을 할 작정이었군요? 알았어요.

자균   그게 아니야. 난… 적어도 나는 내 뜻에 의해서 살고 싶은 것뿐이야!

정은   거짓말! 거짓말!

정은은 복받치는 울음을 깨물며 급히 현관으로 뛰어 나간다.

자균   (뒤따르며) 정은 씨! 나 좀 봐!

다음 순간 요란스럽게 현관문이 쾅 닫히는 소리가 울려 퍼지자 자균은 제자리에 주춤 서버린다. 식당 쪽에서 웃음이 터져 나온다.
이때 식당 쪽에서 정숙이 나온다. 멍하니 서 있는 아들을 보자 금시 희색이 얼굴에 가득 찬다.

정숙   자균이 왔었구나! 홋호… 어서 들어오너라. 어딜 여태 싸다녔지? 아버지께서 얼마나 기다리셨는데…… 저녁 안 먹었지?

자균	먹고 싶잖아요! (하며 2층 쪽으로 가려 한다)
정숙	할아버지께 먼저 인사드려야지! 네가 안 온다고 역정까지 내셨어요.
호태	(소리만) 여보! 누가 왔소?
정숙	네… 자균이가 왔어요. 자 어서 들어가자니까…
자균	옷 좀 갈아입고 내려오겠어요.
정숙	(유심히 얼굴을 들여다본다) 너 어디 아프니?
자균	아뇨!
정숙	그럼 밖에서 무슨 언짢은 일이라도 있었던 게로구나? 안색이 좋잖다!
자균	제 걱정일랑 마세요. (하며 2층으로 총총히 올라간다)
정숙	곧 내려와야 한다. 할아버지께서 기다리세요… (혼자서 씩 웃으며) 원 자식도… 저 애는 꼭 남의 집 하숙생 같다니까! 홋호…

정숙이가 식당 쪽으로 들어가려 할 때 용서, 자영, 호태, 기 노인, 오씨가 차례로 나온다.
기 노인도 호태도 술기운이 적당히 돌아서 벌겋게 상기돼 있다. 그러나 자영만은 이방인처럼 저만치 앉아서 기타 줄을 뜯고 있다.

호태	여보! 간단한 주안상을 차려서 내와요.
정숙	아니 약주를 또 하시게요?
호태	아버님께서 기분이 좋으시니 한잔 더 해야지! 아버님 괜찮죠?
기노인	응…
오씨	영감! 정말 괜찮겠수? 무식해서 그런지 신경통에 술이 특효약이라는 얘기는 금시초문이우…
호태	헛허… 어머니! 제가 신경통에 잘 듣는 약을 사왔다니까요!
오씨	에그 아무리 잘 듣는 약도 술 앞에서는 오뉴월에 송진 녹듯 녹아

없어져서 효험이 없어진대요.

기노인 잠자코 있어. 망구는…… 헛허!

일동은 따라 웃는다.

오씨 흥! 망구 얘기도 때로는 쓸모가 있는 법이에요. 개똥도 약이 되듯이.

호태 모처럼 기분 좋은 날에 왜 식모 초 고는 상이지. 어서 술 가져오너라!

정숙 네… 네… (식당을 향해) 자경아! 자경아! 그 술 가져와.

자경 (소리만) 지금 가지고 나가요.

호태 그런데 자균인 어디 갔소?

정숙 옷 갈아입고 내려오겠대요.

호태 그대로 있으면 어때서…

자경이가 소반에다가 몇 가지 안주와 술을 가지고 나온다.

자경 어디에다 놓는담.

호태 여기에다 놔라. 양탄자에 앉아서 마시면 어때서.

정숙 아버님도 계신데… 그러지 말고 이 탁자에다 옮겨놔요.

정숙이가 소반에 놓았던 접시와 술을 응접용 탁자에다 옮긴다.

자경 (저만치서 졸고 있는 용서에게) 여보! 당신도 가까이 오구려!

용서 응? 응… 나 많이 했는데…

호태 이 사람아! 오늘 같은 날은 좀 취해도 상관없네. 아버님께서도 안 하시던 약주를 드시는 밤인데. 그렇죠? 아버님…

기노인 (정숙이가 따라주는 잔을 받으며) 음… 참 세상은 좋은 세상이다.

할애비, 아들, 손자 그리고 손녀사위까지 한자리에 앉아서 술을 마시게 되었으니… 헛허… 안 그래 여보! (하며 오 씨를 돌아본다)

오씨 (마른안주를 까먹으며) 글쎄요… 좋은 세상인지 궂은 세상인지는 좀 더 두고 봅시다.

일동 까르르 웃는다.

자영이의 기타 소리가 문득 귀에 들어왔는지 호태가 돌아본다.

호태 자영아! 좀 신나는 거로 한 곡 뽑아봐라.

자영 신나는 거라뇨?

정숙 요즘 젊은 애들이 좋아하는 게 있잖던…

기노인 아니다! 그건 꼴사납더라! 다른 곡조로 뽑아봐!

자영 흘러간 옛 노래 말이에요?

기노인 그게 좋지!

오씨 에그… 창가 말고 노래 가락으로 해봐라… 요즘은 라디오고 텔레비전이고 말짱 신식 노래만 트니 언제 우리 가락을 듣겠던… 판소리도 좋고… 서도 잡가도 좋고…

자영 (농조로) 할머니도 주체의식을 찾으세요?

오씨 뭐? 나보고 주책이라고? 예끼놈!

자영 주책이 아니라 주, 체, 의, 식! 헛허… (기타 줄을 고르면서) 누나! 이렇게 의견이 저마다 다르니 어느 장단에 춤을 춘다지?

자경 한양 절충식이 어떠냐? 홋호…

자영 에라 모르겠다! 그럼 합니다.

모두들 손뼉을 치며 환영한다. 자영이가 잠시 생각하다가 〈애수의 소야곡〉을 뜯기 시작한다.

대리인

기 노인은 기 노인대로 호태는 호태대로 저마다 자기 감흥에 취해 감상적이다.

그러나 오 씨는 무관심하고 용서는 한 귀퉁이에 앉아서 잠이 들었다. 기타를 타는 자영은 신명이 나서가 아니라 어른들의 청을 마지못해 내신 받아주고 있다는 인상이다.

이때 2층에서 자균이가 내려오다가 층계 중간쯤에서 이 광경을 내려다보고 서있다. 그것은 하나의 진풍경으로 보이는 것 같다. 한 곡이 끝나자 모두들 박수를 친다. 맨 먼저 자영이가 자균이를 발견한다.

자영 자균아! 왜 그렇게 서 있니! 어서 내려와!

자균은 마지못해 가까이 와서 의자에 앉는다. 그러나 그의 표정은 이 분위기에 휩쓸릴 것 같지가 않다.

호태 자균아! 뭘 하고 이제 왔지?

자균 (사무적으로) 모레 비행기 예약을 해놨습니다. 아침 비행기뿐이래요. 8시 20분이라는군요.

호태 잘 했다.

기노인 넌 할애비의 생일도 모르냐?

자균 생신은 정확히 말해서 내일 아닙니까?

호태 하루 앞당겨서 축하 파티를 하고 있다.

자영 한 잔 들겠니? (하며 상대방의 의사 표시도 듣기 전에 술잔에 술을 따라준다. 그러나 자균은 술잔을 권하는 자영의 얼굴만 바라본다)

자경 (멋쩍게 웃으며) 왜 보니? 내 얼굴이 달라졌니?

자균 누나! 그만 돌아가 보는 게 어때?

자경   (비위가 상해서) 뭐라구?

자균   파티도 좋지만 남편을 위해 편한 잠자리도 살펴줄 줄 알아야잖아! 저것 좀 봐… (자균이가 턱으로 용서를 가리킨다. 소파 한 귀퉁이에 쓰러지듯 잠든 용서의 모습이 흡사 걸인같이 초라하다)

자경   (매섭게) 여보! 여보 일어나요!

용서   (벌떡 일어나며) 응? 벌써 그렇게 되었어?

자경   아니 뭐가 그렇게 되었다는 거예요?

용서   난 또… 출근시간이 되었는 줄 알았지! 홋흐… (하며 멋쩍게 웃는다)

정숙   자경아! 그만 돌아가거라. 인 서방도 고단한 모양인데…

자경   고단하긴요… 모처럼 우리 식구끼리 모인 조촐한 파티인데…

호태   애들만 두고 왔을 텐데 그만 돌아가 봐.

자경   그렇지만 오늘은…

용서   (자리를 털고 일어나며) 뭐가 그렇지만이야… 그만큼 먹고 놀았으면 되었지!

자경   이 이는 눈치도 없이 왜 이럴까 정말… (하며 꼬집어 뜯는다. 용서는 질색을 하며 피한다)

자영   헛허… 부부간에 저렇게 호흡이 안 맞아서야 뭣에 쓴담!

자경   까불어. 비린내도 안 가신 게!

기노인   자경아… 그만 가 봐! 나도 이젠 들어가 쉬겠다! (오 씨에게) 이것 봐! 그만 들어가요 응?

오 씨 부시시 잠을 깨며 일어난다.

오씨   그래요… (기지개를 켜며) 저도 졸려요.

정숙   아직 술이 남아있는데 더 드시지 않구.

기노인   아니다. 그만하면 흡족하다… 그럼 나 먼저 들어간다 (하며 오 씨에게 휠체어를 밀라고 눈짓을 하자 오 씨는 무표정하게 밀고 나간다. 모두들 인사를 보낸다)

자영   파티는 이제부터 가경*으로 들어갈 참이었는데 파장이 되었군!
자경   자균이 때문에 파흥이지 뭐야! 아이 시시해!
정숙   그만하면 됐어! 할아버지도 오늘밤은 아주 유쾌하신 모양이더라… 그렇죠? 여보.
호태   그럼… 자… 너희들도 어서 가 봐.
자경   네!
용서   그럼 안녕히들 주무세요… (그는 뒤도 안 돌아보며 현관으로 나간다)
자경   여보! 같이 나가요… (안을 향해) 순심아! 순심아! 내 핸드백 가지고 와! 여보! 같이 가요! (하며 따라 나간다)
정숙   택시로 가거라… 애들이 기다릴 텐데… (하며 두 사람을 따라 나간다. 순심이가 악어 핸드백을 들고 식당 쪽에서 뛰어 나온다)
순심   아줌마! 아줌마!
자영   벌써 나가셨어! 어서 나가봐!

순심이가 급히 현관 쪽으로 나가자 자영도 기타를 들고 2층으로 올라가 버린다. 지금까지 흥청거렸던 파티 분위기가 삽시간에 허전해지는 게 마치 썰물 때의 갯바닥 같다. 호태와 자균은 저마다 미묘한 심정에 사로잡혀 말이 없다. 정숙이가 현관 쪽에서 들어선다.

정숙   순심아! 문단속하고 일찍 자거라.

---

* 즐겁고 경사스러움.

순심　(들어서며) 아직 설거지가 남아있어요.

정숙　내일 아침에 해. 너도 오늘은 고단할거다. 동대문 시장을 세 번이나 오고 했으니……

순심　네. (그녀는 의자를 정돈하기도 하고 그릇을 챙겨 놓는다)

호태　(술병을 들며) 한잔 안 하겠니?

자균　그만두겠습니다.

정숙　(그러한 자균의 태도에 의아심을 품으며) 무슨 일이라도 있었니?

자균　그렇게 보이세요?

정숙　아까부터 도무지 말이 없으니…

호태　(술을 마시며) 자균이가 언제는 말이 많던가 원, 헛허… 그러기에 난 자균이를 내 아들이라기보다 과묵한 비서로서 신임하는 거야……

정숙　원 당신도… (문득 생각이 들며) 참 정은이도 오라고 할 걸 그랬구나! (자균의 표정이 굳어진다)

호태　그러고 보니 나도 정은이 얼굴 본지가 퍽 오래된 것 같다. 요즘도 만나니?

정숙　근자엔 안 들렸어요!

순심　(무심코) 정은 아가씨 말이에요? 아까 집에 왔었어요.

정숙　아니 언제…

호태　그런데 왜 그냥 가버렸지?

순심　큰 서방님만 만나고 가셨나 봐요?

자균　(꾸짖듯) 순심아! (그 기세에 밀려 급히 식당 쪽으로 퇴장)

정숙　(자균을 보며) 어떻게 된 거냐?

호태　여기까지 왔으면서 나를 안 만나고 가? 아직 식은 안 올렸지만 장차 며느리가 될…

자균　아버지! 그렇잖아도 그 일 때문에 드릴 말씀이 있습니다만…

호태 그 일이라니…

자균 정은이 얘기도 그렇고… 또 다까하시 씨의 일도.

호태와 정숙은 어떤 불길한 예감을 느꼈는지 서로 약속이나 하듯 시선을 마주친다. 무서운 침묵을 깨고 둔탁한 시계 소리가 열시를 알린다.

호태 (한숨에 술잔을 비우고 나서) 들어보자. 네 얘기란 뭐냐?

자균 정은 씨와의 약혼을 취소하겠습니다.

정숙 뭣이? 자균아! 너 그걸 말이라구 하니? 아니 정은이가 어디가 미흡하기에 파혼이냐 파혼이…

자균 제게는 과분한 규수 같아서요.

호태 과분한 처녀니까 파혼을 하자고? 헛허… 이것 봐! 이 아버지는 복잡하게 얘기하는 건 딱 질색이다. 흥정은 간결하게 끝내는 게 나의 생활신조니까!

자균 사랑할 자신이 없어졌습니다.

호태 자신이 없어?

자균 사무적으로 부부가 될 수는 있을지 모르지만 그 이상은 어려울 것 같아요.

정숙 난데없이 그게 무슨 소리냐? 부부가 되면 되는 거지 사무적인 부부는 또 뭐냐?

자균 남들이 다 그렇게 살아왔으니까 나도 그렇게 따라갈 수밖에 없다는 식의 사고방식이 싫어졌다는 말입니다.

호태 그럼 네가 정은과의 결혼을 거부하는 이유는 단순한 사고방식의 차이에서란 말이냐?

자균 (말없이 고개만 떨군다)

호태 적어도 나는 너의 배우자를 선택하는데 있어서는 어느 부모 못지 않게 신중했다고 자부하고 싶다. 독실한 기독교 신자의 가정에서, 최고 학부까지 나왔고, 경제적인 면에서도 흡족한 가정이고 게다가…

자균 아버지! 그게 무슨 소용이 있습니까?

호태 (불쾌하게) 그럼 도대체 뭐가 문제인가 말이다! 말을 해! 간결명료하게 결론만 얘기해! 나는 요즘 젊은이들의 궤변 같은 이론투쟁을 받아 들일만큼 한가롭지는 못하단 말이다. (그는 흥분 끝에 자리에서 일어선다)

정숙 여보! 조용조용히 좀 얘기하세요.

호태 남들이 살아 나온 방식을 따라 갈 수 없으면 네가 생각하는 방식은 또 뭐냐? 부모가 대학공부 시켜 놓으니까 이제 와서 한다는 소리가 고작해서 그거냐? 흥! 시세말로 기성세대 물러가라는 뜻인 모양인데 어림도 없다! 기성세대가 없이 신세대가 어떻게 태어났는가 말이다. 너희들이 제아무리 큰소리 쳐봐야 마늘 먹고 된장찌개 먹고사는 백성의 후손이란 건 씻을 수 없는 거야! 아니 너는 지금 낡은 사상에 젖어있는 나를 공박하고 싶겠지만 오늘의 네가 있기까지엔 할아버지나 내가 있었다는 사실을 부인 못할 거야.

자균 그걸 저더러 자랑으로 생각하란 말씀인가요?

호태 못할 건 또 뭐냐? 네 할아버지께선 손톱 밑에 가시가 박히고 멍들도록 일을 하셨다. 너희들처럼 청춘이 어떻고 이상이 어떻고 하며 입만 놀리고, 다리는 허공에 떠서 사는 젊은 시절이란 없으셨어! 그래서 공부는 못하셨지만 그래도 후손을 위해 재산을 모으셨기에 나도 그리고 너도 이만큼 행복한 현재를 누리고 있는 거야!

자균 거짓말 마세요!

호태　뭣이?

자균　누가 모를 줄 아세요? 할아버지나 아버지가 현재의 위치까지 기반을 쌓아올린 탑은 모두가 허위와 가식에 의해서 이루어진 거란 말이에요.

정숙　자균아! 그게 무슨 망발이냐?

자균　물론 고생이야 하셨겠죠. 그러나 따지고 보면 할아버지도 그리고 아버지도 남의 머슴살이에 불과했던 거예요! 종이었다니까요! 안 그래요?

호태　듣기 싫어!

자균　싫어도 들으세요. 언제고 한번은 얘기를 하고 싶었어요. 다까하시 게이스께의 농장 마름 노릇을 지내온 할아버지나 일본군대에 지원병으로 입대했다가 해방 후에 살아나온 아버지도 따지고 보면 권력과 금전의 시녀 노릇에 불과했던 거예요. 다까하시 씨가 쫓겨가면서 관리를 부탁한 재산을 밑천으로 치부를 한 할아버지는 해방 덕을 톡톡히 본 셈이지만 아버지는 사실상 그 피해자였다는 걸 잊으셨나요? 아버진 말끝마다 일본군대에 강제로 끌려간 것처럼 말씀해 왔지만 사실은 그게 아니었잖아요!

호태　뭐라구?

자균　아버지는 자의에 의한 지원병이었잖아요. 특별 지원병! 일본 정부가 베푼 덕으로 한국 청년도 영예로운 국방전선에 설 수 있게 되었다는 사탕발림을 곧이곧대로 믿으셨겠죠?

호태　거짓말이다. 나는 강제로 끌려간 거야!

자균　그렇죠! 할아버지가 일본 사람의 마름이니 그 아버지의 체면을 생각해서라도 남보다 빨리 지원할 수밖에 없었겠죠… 그것이 효도라고 생각하셨을 테니까요! 그래서 일본 청년을 대신해서 총칼을 휘두르며 만주와 중국에서 양민을 학살하고 심지어는 우리

독립투사들까지 죽였지 뭡니까! 네? 일본 청년을 대신해서 청부
살인까지 했단 말이에요. 그러고도 지금 와서는 항일투사인양 버
티고 뽐내는 애국지사가 그 얼마나 많은가 말이에요! 아버지! 말
씀해 보세요! 할아버지나 아버지께서 지금까지 자기 의사에 따라
서 행동한 적이 있으셨나요? 일본 사람 밑에서는 일본말을 배워
서 출세를 했고, 해방 이후는 영어를 배워야 출세가 빠르다고 생
각했던 과거를 부인하시겠어요? 남들이 다 그렇게 살아왔는데
우린들 어떻게 할 도리가 없다고 자기변명을 할 수도 있겠죠. 남
들이 모두 모자를 쓰고 다니는데 나만 맨머리로 나가면 쑥스러우
니까 무엇이고 머리에 쓰고 다니겠다는 심리였을 거예요. 그렇지
만 아버지! 지금 세상은 그게 아니에요! 이제는 우리 뜻에 의해서
우리 팔다리를 놀려서 살아가야 되는 세상이 온 거예요.

호태　그걸 누가 부인했니?

자균　그럼 왜 시골엔 내려가시겠다는 거예요!

호태　뭐라구?

자균　다까하시 씨의 얘기를 믿으세요? 정말 그 자리에 노다지가 묻혀
있으리라고 믿으세요?

호태　그럼 너는 그걸 못 믿겠단 말이냐? 도면도 증거물도 다 갖추어져
있는데도…

자균　안 믿겠어요! 설령 그 석탑 밑에서 금보다 더한 보물이 나온다
하더라도 그건 믿지 않을래요. 그건 해골바가지일 거예요!

정숙　자균아! 그게 무슨 끔찍스런 소리냐!

자균　옛 상전이 남겨준 유물을 감격스럽게 찾겠다는 아버지의 순정이
가엾어지는군요! 아니 어쩌면 그 늙은이가 터무니없는 망상증에
걸려서 지껄인 말을 곧이 듣고 흥분하시는 아버지가 왜 이렇게
초라해 보이십니까! 아버지! 내려가지 마세요. 그건 노다지가 아

닐 거예요!

호태   네가 참견할 일이 아니야! 다까하시 씨의 말씀은 틀림없어! 믿을만한 증거들이 충분해. 그리고 네 할아버지께서도 승낙하셨다!

자균   할아버지의 승낙이 무슨 필요가 있습니까? 할아버지는 다까하시 씨의 종이었단 말이에요!

호태   말조심 해! 종이라니…

자균   종이고말고요! 할아버지의 생사 문제까지도 좌우할 수 있는 권한을 쥐고 있던 게 바로 다까하시 게이스께 씨였어요! 그런데 이제는 아버지까지 그의 명령에 복종하겠다고 나서야만 됩니까? 뭣 때문에 종노릇을 합니까?

호태   나는 어디까지나 합법적인 대리인이다!

자균   세상의 웃음거리가 될 거예요!

호태   웃을 놈은 웃으라지! 그러나 내가 노다지를 캐내는 날엔 나를 비웃었던 자들도 모두 내 앞에 와서 무릎을 꿇을 거야. 헹! 그게 바로 인생의 묘미거든! 아니 우리가 종이면 어때! 현재는 명령을 내리는 왕이면 되는 거야! 나는 모레 비행기로 시골에 내려가겠다. 그리고 모든 법적 절차를 밟아 놓겠다! 누가 뭐라던 노다지는 그대로 버릴 순 없어! (아내에게) 여보! 그만 들어갑시다.

정숙   네? 네…

자균   아버지!

호태   (내실로 들어가려다 말고) 자균아! 인생의 승부는 이제부터야! 누가 진정 조소를 받아야 할 사람인가는 이제 알게 될 거야… 홧하…

호태가 퇴장하자 그 뒤를 따라 정숙도 눈치를 살피며 들어간다. 혼자 남은 자균은 자신의 흥분을 비웃는지 씩 웃고 나서 벽에 붙은 전기 스위치를 끈다.

방이 어두워진다. 그 속에서 자균은 돌처럼 서있다.

자균   가엾은 꼭두각시들… 꼭두각시들…

암전

제3막

무대

전막과 같음. 전막부터 사흘 후. 낮. 철늦은 매미 소리가 두어 번 길게
들려오더니 뚝 멎는다. 2층에서 자영이가 치는 기타소리가 한가롭다.
막이 오르면 무대 후면에 기 노인이 휠체어에 앉은 채로 뒤뜰 쪽을
내다보고 있다. 그러나 그것은 단순히 풍경을 내다보는 것이 아니라
자신이 지나온 과거를 더듬고 있는 것이다.

잠시 후 오 씨가 약그릇을 쟁반에 받쳐 들고 식당 쪽에서 들어온다.

오씨　　약 잡수셔요!

기 노인은 장승처럼 움직이지 않고 있다.

오씨　　약을 다려왔어요… 영감.

기노인　(딴전을 부리며) 전화는 안 왔지?

오씨　　무슨 전화 말이요?

기노인　(신경질을 내며) 아범한테서 전화연락 없었는가 말이야. 시골서…

오씨　　글쎄요… 난 모르겠어요. 자영이 어멈에게 물어보구려… 자 약이
　　　　　나 드세요.

기 노인은 비로소 몸을 정면으로 돌린다. 전과는 달리 얼굴에 어두운
그림자가 서려있다. 그는 오 씨가 내민 약을 아무런 감각도 느끼지 못
하는 사람처럼 한숨에 마시고는 약그릇을 쟁반에다 놓는다.

기노인 어멈은 안에 있어?

오씨 손님이 왔나 봐요. 나오라고 할까요?

기노인 아니… (휠체어를 두어 번 굴리더니) 시골에 내려갔으면 시외 전화
로라도 소식을 알리잖구… 기다리는 사람의 심정도 생각해 줘야
할게 아니야. (하며 혀를 찬다)

오씨 (문득 생각이 난 듯) 아무리 생각해도 믿어지지가 않아요.

기노인 뭐가? (하며 돌아본다)

오씨 노다진가 금덩어리가 나온다는 얘기 말이요.

기노인 홍! 뭘 아는 척 해! 모르면 낮잠이나 자지 않구.

오씨 그럼 영감은 그걸 믿으우?

기노인 일이 그쯤 되었으면 믿을 수밖에 없지! 나도 곰곰이 생각해 보았
지만 다까하시 씨 성격엔 능히 그런 곳에다가 감추어 둠직도 하
지… 그 위인이 얼마나 꼼꼼하고 빈틈없는 사람이었던가는 누구
보담도 이 기상구가 잘 알고 있거든! 그러기에 그 나이가 되도록
아범 얼굴도 잊지 않고 있었겠지. 물론 내 생각을 했겠지만…

오씨 영감을 잊지 않은 게 아니라 한국에다 남겨놓고 간 재산이 안
잊혀진 거예요!

기노인 뭐라구?

오씨 어디 그게 적은 재산이었우? 전답이며 집이며 가게며 그 많은 것
을 몽땅 빼앗기고…

기노인 (신경질을 내며) 듣기 싫어!

오씨 아이 깜짝이야! 괜시리 역정만 내서! 내가 잘못 얘기라도 했어요?
그럼…

기노인 (약간 당황한 기색을 보이며) 그게 왜 빼앗긴 거야 빼앗기긴…

오씨 그럼 빼앗긴 거나 다름없지 뭐유?

기노인 다까하시 씨가 나보고 맡으라고 했단 말이야. 일임을 할 테니 없

애버리지만 말고 잘 관리하라고 말이야.

오씨　그렇지만 이제라도 그 어른이 한국 땅에 나온다면 어떻게 해요.

기노인　나오긴… 나이가 일흔여덟에다가 신병으로 기동도 어려운 처지라는데… 설령 이제 나온다 하더라도 재산을 밑거름으로 이만큼 키우고 늘려왔으니 그 어른도 만족하겠지!

오씨　그렇지만 사람의 욕심이라는 게 어디 그래요?

기노인　아니 그럼 다까하시 씨가 자기 재산을 되찾겠다고나 했단 말이야?

오씨　(한숨을 푹 내쉬며) 어쩐지 그런 생각밖에 안 들어요.

기노인　그런데 왜 아범에게 그런 부탁을 해? 재산이 탐이 났으면 다시 돌려달라고는 못할망정 땅속에 감춰둔 금덩어리를 주겠다고까지 할 건 또 뭐야?

오씨　(난처해지며) 그야… 무슨 생각에서 그런 얘길 했는지는 모르지만… 어떻든 나는 개운치가 않아요. 아무리 사람이 좋기로 그런 어마어마한 금덩어리를 거저 가지라니…

기노인　아니 오늘따라 왜 이렇게 꼬치꼬치 파고만 든다지? (화를 내며) 망구는 입 좀 닥쳐요… 쥐뿔도 모르는 주제에…

오씨　내가 언제 안다고 했수?

이때 전화벨이 울린다. 전화의 거리가 멀기 때문에 냉큼 전화를 받기를 꺼려한다.

오씨　(안을 향해) 순심아… 순심아! 전화 좀 받아봐.

순심　(안에서) 네! 나가요.

전화벨은 여전히 울린다.

이윽고 식당 쪽에서 순심이 급히 나와서 전화를 받는다.

순심   여보세요! 그렇습니다…… 네? 큰 서방님이요? 어제 아침에 나가
      셨다가 아직 안 들어오셨는데요. 회사에 계실지 모르겠어요.
      네… 회사에 안 계시다구요? 글쎄요… 저도 잘 모르겠는데요. 실
      례지만 어디시라고… 네? 그렇지만 들어오시면 전화가 왔었다고
      전해야죠… 네 그럴 필요 없어요, 네? 알겠어요. 네. (전화를 끊고
      입을 삐쭉거린다)

기노인 어디서 온 전화냐?

순심   모르겠어요. 큰 서방님을 찾기에 안 계신다니까 다시 걸겠다고
      했어요. 전화 받는 말투가 아주 불친절해요. 뭐 그 따위가 있어.

오씨   순심아! 이 약그릇 가지고 가!

순심   네…

기노인 안에 손님이 왔다지?

순심   네! 언젠가 한 번 오신 남자 분이에요.

기노인 남자 손님?

순심   무슨 얘긴지 아까부터 주인아줌마 방에서……

오씨   웬 손님인지는 모르겠다만 응접실을 두고 안방에까지 들여보낼
      건 또 뭐냐.

순심   (반 농담조로) 중대한 용건이겠죠. 홋호……

기노인 무슨 말 좀 물어볼까 했더니만…… (오 씨에게) 들어갑시다.

오씨   네!

오 씨가 휠체어를 밀고 내실 쪽으로 들어간다.
그 모습을 지켜보고 있던 순심은 힐쭉 웃는다.
얼마 전부터 2층 기타 소리는 멎었다. 자영이가 내려온다. 기타를 케

이스에 넣은 채 들었다.

순심	어마! 학교 안 가셨어요?
자영	나도 사무가 바쁘단다.
순심	옳아… (기타 치는 흥을 내며) 또 이거 하러 가시는 거죠? 홋호…
자영	이제 한 달 밖에 안 남았거든. 재즈 페스티벌에서 우승을 하게 되면 너한테도 한턱 쓸게.
순심	말씀이라도 고맙습니다. 그렇지만 난 한 가지 모를 일이 있어요.
자영	(농담조로) 내가 인생상담에 응해줄까? 응?
순심	작은 학생 일이 걱정이에요.
자영	내 일?
순심	그렇죠! 학교에는 안 나가고 기타만 치면 언제 공부해서 의사가 되나요?
자영	홋흐… 다 되는 수가 있단 말이야.
순심	대학교에서는 출석도 안 부르나요?
자영	부르지.
순심	그럼 어떻게 하시려구 그러세요?
자영	출석을 부를 때 대신 대답해주는 사람이 있거든.
순심	대신 대답을 해요?
자영	그렇지, 그러니까 몇몇이서 짜가지고 말이야. 교대로 대리출석을 하는 거야!
순심	참 편리한 공부도 다 있네요. 그렇게 해서 장차 의사가 되시면 환자 진찰도 대신 시키시겠네요!
자영	헛허…… 장차 일은 그때 가서 해결 짓기로 하고 오늘 일만 걱정 하면 되는 거지! 참 어머니 안에 계시지?
순심	손님 오셨어요.

자영   그럼 어떻게 하나… (머리를 긁는다)

순심   (잽싸게 눈치 차리고) 이거 말이죠? (하며 손가락으로 동그라미를 만들어 보인다)

자영   기타 줄도 갈아 끼어야겠고, 돈이 있어야겠는데…… 손님 온지 오래 됐어?

순심   네… 아까부터 무슨 애긴지 소근 소근이에요.

자영   어떡한다지. (하며 초조하게 내실 쪽을 들여다본다)

순심   (마음을 떠보듯) 제가 꿔드릴까요?

자영   네가?

순심   많은 돈이 아니라면… 얼마나 필요하세요?

자영   천 원이면 돼.

순심   에게! 겨우 천 원이세요?

자영   아니 뭐… 겨우라고? (바싹 다가서며) 정말 너 돈 있니?

순심   작은 학생도 사람 무시하지 마세요. (뾰로통해지며) 식모 따위가 무슨 돈이 있겠는가 이거죠? 흥! 싫으면 그만 두세요. (하며 식당 쪽으로 가려고 하자 자영이가 막아선다)

자영   순심아!

순심   내 돈은 냄새가 날 테니까요.

자영   그게 아니라 난 네가 돈을 가지고 있다는데 대해서 경의와 경악을 금치 못하고 있는 거야.

순심   경의와 경악이라뇨?

자영   (아첨을 하듯) 말하자면 네가 그렇게 부지런하고 인심 후하고 그리고… 부자라는데 대해서 고맙게 생각하며 또 존경하고 있단 말이지!

순심   에게게… 돈 천 원이 부자에요? 훗호… 작은 학생… (은근히 자랑하며) 내가 그것만 가지고 있는 줄 아세요? 잠깐만 기다리세요.

순심은 등 돌아서더니 젖가슴 안에서 예금 통장을 꺼내 보인다.

자영 아니 그거 웬 거냐?

순심 저금통장! 흠…

자영 (신기하듯) 저금통장? 얼마냐?

순심 (자랑스럽게 통장을 펼쳐보며) 그건 가르쳐드릴 순 없구요. 아무튼 소 한 마리 값은 될 거예요.

자영 소? 아니 (두 손으로 뿔이 돋는 시늉을 내며) 이 소 말이냐?

순심 그렇죠! 고향을 떠나올 때 저는 명심을 했어요. 농가에서는 소가 없으면 사람 구실도 못하는 꼴을 너무 당해왔기 때문에 식모살이 하게 되면 소 한 마리 값은 벌어서 시골에 보내야겠다고… 흠… 이제 추석에 내려갈 때는 아마 황소 한 마리는 살 수 있게 될 거예요. 훗흐…

자영 (두 눈이 동그래지며) 정말 놀랬다!

순심 그런데 작은 학생은 내가 돈 천원쯤 못 빌려줄까 봐 깔보셨지요?

자영 글쎄 깔보는 게 아니라 난 어디까지나…

순심 돈 필요하시면 가져가세요.

자영 필요하고 말고… 기타 줄도 갈아 끼워야겠고 또…

순심 걱정 없으셔요. (역시 돌아서서 스커트 밑에서 지갑을 꺼내더니 백 원짜리 십 원짜리를 차곡차곡 접어둔 것으로 셈한다. 자영의 눈이 다시 한 번 크게 빛난다. 돈을 세며) 언제까지 주시겠우?

자영 응? 응… 늦어도 일주일 안에는 돌려줄게.

순심 일주일이요? (고개를 갸웃거리다가) 그럼 5부는 내야겠어요.

자영 5부라니?

순심 이자 말이에요.

자영 아니 그럼 너 나한테 고리대금 할 셈이냐?

순심 (응수하듯) 아니 그럼 작은 학생은 나한테서 무이자로 빌릴 셈이
었수?

자영 지저스 크라이스트! (하며 아연실색한 표정으로 바라본다)

순심 이것도 특별히 봐 드리는 거예요. 다른 사람 같으면 7부에 선이자
를 떼어서 주는데… 어떻게 하시겠어요? 싫으면 그만 두시고요.
(다시 돈을 지갑 속에 넣으려고 하자 자영이 잽싸게 돈을 가로챈다)

자영 알았어! 5부로 갚지!

순심 그 대신 기한을 엄수해야 돼요.

자영 알았다니까! (돈을 세다가 말고 걸레쪽지 같은 십 원짜리를 들어 보이
며) 얘… 이것 좀 바꿔다오… 5백 원짜리 두 장 없니?

순심 있어요.

자영 그럼 그걸로 바꿔줘! 이게 뭐냐. 마치 버스 차장 주머니에서 나온
돈처럼.

순심 그럼 이자를 많이 내야죠.

자영 뭣이 어째?

순심 달러를 바꿀 때도 백 불짜리와 십 불짜리는 값이 다르다면서요?

자영 (입이 떡 벌어지며) 너는 정말 아는 것도 많구나?

순심 훗흐… 담배가게 아줌마가 그러데요… 살림에는 눈이 보배라잖
아요. 힛히…

자영 알았어… (돈을 바지주머니에 구겨 넣으면서) 알고 보니 너는 본업
이 이거고 부업이 식모살이였구나!

순심 그렇게라도 해야 살지요! 고향을 떠나 서울에 올라올 땐 돈 벌
욕심으로 왔으니까… (수첩을 꺼내서 연필로 치부를 하며) 날짜를
엄수해야 돼요. 작은 학생! (하며 식당 쪽으로 퇴장한다. 그녀의 동작
을 지켜보던 자영의 표정은 어이없어 고소를 뱉는다)

자영 헛허… 이건 정말 털 뽑은 자리에다 털 심는 세상이구나… 5부

이자라…

이때 내실 쪽에서 정숙 여사와 김 목사가 등장한다. 김 목사는 종교인
으로서의 위엄성보다는 비굴하리만큼 겸손하고 여성적인 언사가 눈
에 띈다. 여러 사람을 대하고 설교하던 생활이 몸에 배어 친절이 그를
도리어 무기력하게 만들어버렸다. 그는 안경알에 입김을 불어 닦으면
서 정숙 여사에게 말을 던진다.

정숙 그저 목사님만 믿겠습니다.

김목사 따지고 보면 모두가 믿음이 부족한 탓이죠. 정은 양의 믿음이 독
실했던들 자균 군의 마음을 감화시킬 수도 있었겠고… 또 자균
군이 교회에 나와 믿음을 알게 되었던들 이런 사태까지는 안 일
어났을 게고… (허공을 향해서 얼굴을 쳐들고 잠시 눈을 감더니) 정말
요즘 젊은이들의 앞날이 걱정이외다. 모두가 눈앞의 향락만 바랬
지 내세에 있을 영광과 행복은 아예 생각지도 않으니…

정숙 (생각에서 깨어나며) 목사님!

김목사 네?

정숙 아무래도 이 일은 목사님께서 직접…

김목사 저더러 자균 군을 만나란 말씀입니까?

정숙 그게 좋을 것 같아요. 우리 자균이가 아직은 교회에 나가지는 않
지만 결혼을 하게 되면 어차피 제 집사람과 함께 교회에 나가게
될게고… 그렇게 되면 그 애에게 믿음을 심으실 분은 오직 목사
님뿐인 걸요.

김목사 그렇지만 저는 어디까지나 정은 양 쪽의 대변인으로서 온 것뿐이
에요. 그러니 이런 일은 부모님이 직접 말씀하시는 게 효과적이
라고 생각하는데요.

정숙 (난색을 보이며) 그렇잖아도 며칠 전에 제 아버지하고도 얘기가
있었습니다만…

김목사 아무튼 파혼이란 있을 수 없는 일입니다. 임 사장 댁으로서는 무
남독녀인데다가 그 어른의 사회적 지위며 우리 교회 안에서의
영향력을 생각한다면…

정숙 (약간 발끈해지며) 그 점에서야 저희들도 매한가지로 자균이의 조
부님이나 아버님의 명예를 생각한다면 이쪽이 더 급하고 딱하게
되었는 걸요.

김목사 그렇고 말고요. (손을 쓱쓱 부비며) 그러니 이 일은 양가의 명예를
위해서도 절대로 있을 수 없는 일이죠. 사실은 임 사장께서 직접
나오시려고 했지만 이런 일은 당사자보다는 제삼자가 중간에 끼
어서 얘기를 건네는 게 좋을 것 같아서요… 네… 그럼 전 이만
가보겠습니다.

정숙 죄송합니다. 목사님께 이런 심려까지 끼쳐드려서…

김목사 (현관 쪽으로 나가면서) 아무튼 저는 이 기회에 이 댁의 가족 전원
이 우리 교회에 나오시기를 주님께 기도드릴 생각입니다. 믿음이
강하면 이런 문제는 상상조차 할 수 없습니다. 네… 그럼 안녕히
계세요.

김 목사가 현관 쪽으로 퇴장하자 정숙 여사도 뒤를 따른다. 방 한 귀퉁
이에서 엿듣고 있던 자영이 무대 중앙으로 나오며 콧방귀를 뀐다.

자영 흥! 믿음이 강하면 만병통치라. 그럼 나도 오늘부터 아침저녁으
로 기도나 올릴까? (기도하듯) 주여! 일주일 후에 갚아야 할 일금
천원과 이자 5부를 이 어린 양에게 내리시옵소서. 그 약속을 어기
는 날에 나는 한 소녀 앞에서 이루 말할 수 없는 수모를 받게

될 것이며, 그리하여 저는…

이때 현관 쪽에서 돌아오던 정숙 여사가 자영의 거동을 보고는 미간이
흐려진다.

정숙   자영아!
자영   네? (하며 어머니를 돌아보자 멋쩍게 웃는다)
정숙   그게 무슨 소리냐?
자영   아, 아무 일도 아니에요.
정숙   (신경질을 내며) 도대체 너희 형제는 어쩌자고 에미 속을 썩히니?
자영   (당황하며) 네? 제가 언제 어머니 속을 썩혔우? 나는 음악대학에
       가고 싶었지만 어머니 뜻대로 의과대학을 지원해서 당당히 합격
       을 했는데 내 참……
정숙   이제 대학에 갓 들어간 주제에 벌써부터 여자를 알아서 어떻게
       하겠다는 거냐?
자영   어머닌 알지도 모르고 괜시리…
정숙   괜시리가 아니에요! 괜시리…… 너도 이제 대학생이 되었으면
       부모 처지도 생각해야 할 게 아니야. 하라는 공부는 안하고 밤낮
       그놈의 기타통만 두들기고 다니니 어느 세월에 의학 공부를 한다
       지?
자영   걱정 마세요! 이래 뵈도 다 생각과 계획이 있으니까요!
정숙   생각이 있다는 게 고작해서 여자에게 수모를 받고 다니니?
자영   여자요? 헛허……
정숙   웃을 일이 아니에요! 너희 형제는 왜들 그 모양이냐? 약혼한지
       두 달 남짓 한데 파혼을 하자고 하는가 하면 너는 또……
자영   형이 파혼하겠대요?

정숙	그렇단다.
자영	음… 역시 그렇게 되고 말았군?
정숙	뭐가 어째?
자영	제가 보기에도 두 사람은 조화가 안 되는 것 같더군요.
정숙	(어이가 없어지며) 아니 얘가 갈수록 태산일세.
자영	두 사람이 모두 내성적이어서 틀렸어요. 한쪽이 참하면 다른 한편은 괄괄하든가 한편이 모가 나면 다른 한쪽은 둥글넓적하던가 해야만 하모니가 이루어진다는 건 자연의 섭리이자 상식인 걸요. 그런데 내가 보기엔 형도 그리고 약혼녀도…
정숙	약혼녀가 뭐냐! 네 형수 될 규수보고.
자영	어떻든 현재는 약혼녀 아니에요? 요컨대 서로가 반발할 것 같은 위험성이 엿보였어요. 음악적으로 말해서 화음이 안 될 것 같았어요. (차츰 자기도취에 빠지며) 이건 하나의 감각적인 판단이기도 하지만 역시 예술가에게는 이 감각과 영감이 중요하거든요. 기타 선생님이 나보고 센스가 있다나요. 풍부한 센스에 민감한 포용력이 있어서 남보다는 숙달이 몇 배나 빠르다나 봐요. 흣흐… 어머니! 어때요?
정숙	넌 도대체 지금 무슨 얘길 하고 있니?
자영	제 음악에 대해서 얘기하는 중입니다.
정숙	누가 그걸 알고 싶다고나 했어? 어서 나가!
자영	알았어요. 나갈 테니 돈 좀 주세요.
정숙	돈 좀?
자영	버스 회수권도 사야겠고…… 책값도 있어야겠고 또…
정숙	그저께도 책값으로 2천 원 줬잖아.
자영	그, 그건 샀어요! 그리고 이건 해부학 책인데 새 책은 5천 원이 넘는 걸 청계천 헌책사에서 사니까 그 정도로 살 수 있는 거예요.

이것만 보더라도 제가 얼마나 아버지 어머니를 위하고 있는가 짐작할 수 있으실텐데 (눈치를 보며) 어머닌 괜시리 그러신다.

정숙 (약간 녹어지며) 괜시리가 아니라 네 아버지께서 사업이 바쁘신 데다가 집안일이라고는 전적으로 나한테만 떠맡기시니 이건……

이때 자동차가 서는 소리에 이어 클랙슨 소리.

정숙 아버지가 오시나봐! (안을 향해 크게) 순심아! 어서 나가봐!

자영 빨리 주세요. 아버지 오시기 전에.

정숙 에그 속상해서…… 내 방 경대 위에 핸드백 있으니 가져가! 2천 원 만이다!

자영 오케이! (하며 내실 쪽으로 뛰어가다가 식당에서 나오는 순심이와 마주친다)

순심 에그머니!

자영 조심해! 이자 받으려면……

순심 네?

자영 헛허…… (하며 내실로 뛰어간다)

순심이가 현관 쪽으로 나가려 할 때 호태가 들어선다. 어떤 불안과 의혹에 싸인 표정이 매우 심각하게 굳어있다.

정숙 웬일이세요? 사전에 전화 연락이라도 하시고 오실 줄 알았는데……

호태 (소파에 덥석 주저앉으며) 자균인 어디 갔소?

정숙 회사에 갔지 어디 가요.

호태 (쏘아대며) 회사에 없으니까 하는 소리지!

정숙	아니 그럼 회사에 들렀다 오시는 길이에요?
순심	아까 어떤 사람한테서 전화가 왔던데 회사에 전화 걸었더니 안 계시더래요.
정숙	너는 어서 들어가서 목욕탕 소제나 해. (남편에게) 점심 전이시죠?
호태	생각 없어!

순심이는 심상치 않은 분위기를 눈치 채며 식당 쪽으로 들어간다. 호태는 담배연기를 허공에 푹푹 내뱉고 있다.

정숙	(걱정스러운 어조로) 여보! 시골 가신 일은 어떻게 되었어요?
호태	골치 아프게 되었구먼!
정숙	다까하시 씨가 살던 집이 정말 헐렸던가요?
호태	헐렸어! (하며 긴 한숨을 뱉는다)
정숙	(실망의 빛) 그래요?
호태	10년 전에 큰불이 났었다는구먼……
정숙	아니 그럼 그 오동나무도 석등도 자취를 알 수 없을 터인데 어떻게 해요?
호태	게다가 설상가상으로 그 자리에 상가가 들어섰지 뭐야. 상가라야 시골 점포니까 대단치는 않지만 30여호의 점포 주인들이 어떻게 나올지가 문제거든!
정숙	그럼 어떻게 해요? 그 사람들더러 물러가라고 할 수도 없고…… 그렇다고 금을 파내겠다고 말할 수도 없고……
호태	별수 없어! 난 처음 계획한대로 약정금을 내걸고 그 집을 철거시켜 달라고 행정 당국에다가 서류를 내는 수밖에. 그 땅은 귀속재산이어서 아직도 국유지거든! 그리고 집은 일종의 무허가 건축인데 당국에서 묵인해온 터이니까 법적으로는 얼마든지 일을 집행

할 수가 있게 되었단 말이야.

얼마 전에 자영이가 내실에서 나오다가 이 말을 엿듣다가 넌지시 대꾸를 한다.

자영 아버지! 그게 순조롭게 될까요?

호태 안될 건 또 뭐냐? 나는 어디까지나 정정당당히 법적으로 하는 거다! 연고권으로 보나 정상으로 보나 나는 엄연한 다까하시 게이스께 씨의 법적인 대리인이란 말이다!

자영 저는 법적인 해석은 모르겠구요. 그렇게 되면 그 점포를 전부 철거시켜야 할 텐데 그 상인들이 잠자코 있겠어요?

호태 (불끈 화를 내며) 제깟 놈들이 가만히 안 있으면 어떻게 하겠다는 거냐? 안 나가고 버티겠다면 버텨보라지! 나는 어디까지나 합법적으로 처리해나가는 것뿐이다! (주머니에서 서류봉투를 꺼내 보이며) 이렇게 다까하시 씨의 위임장을 가지고 있고 또 금을 채굴하게 되면 그만큼 국고 수입이 늘게 될 테니 모든 조건은 구비한 셈이지!

정숙 그럼 두려울 건 없지요! 생각지도 않았던 금덩어리가 나왔으니 이건 정부로서도 권장해야 하고 보호해야 할 일이지 뭐냐?

자영 글쎄 이론상으로는 그렇게 말할 수도 있지만 현재 그 터전에다 집을 짓고 생계를 유지하고 있는 상인들로서는 반드시 그렇지도 않죠? 금이 나오건 석유가 나오건 자기네들에게 어떤 재정상의 보장이 있기 전에야……

호태 이놈아! 너는 도대체 누구 편에서 얘길 하고 있는 거냐?

자영 누구 편이라뇨? 저는 다만 제삼자로서 냉정히 판단하는 것뿐입니다.

호태   제삼자? 이놈아! 그래 자식으로서 애비의 사업에 동조는 못할망
         정 그렇게 시비조로 나와야만 속이 시원하겠니?

자영   원 아버지두. 제가 언제 시비조로 나왔어요? 헛허…… 저는 다
         만……

호태   듣기 싫어! 나는 적어도 너희들을 위해서 그리고 크게는 나라를
         위해서 하는 일이지 결코 내 사복을 채우자는 건 아니란 말이야!

정숙   그렇죠! 설령 그곳에서 금이 나왔다고 하자! 그래 그걸 우리가
         독식하게 되었니? 아버지 말씀대로 나라에도 얼마만큼은 바쳐야
         되겠고 나머지는 다까하시 씨에게도 사례를 해야 하고…… 그렇
         게 되면 사실상 우리에게 떨어지는 건 얼마 되지 않지! 그렇죠?
         여보 (하며 남편에게 추파를 던진다)

자영   헛허……

호태   이놈아! 뭐가 우습냐?

자영   어머니 애기는 마치 뒤뜰에서 앵두라도 따라가 이웃끼리 나눠
         먹는 식으로 말씀하시잖아요? 어떻든 저는 잘은 모르겠지만 그
         곳에서 금이 나온다는 게 실감이 안 나요! 언젠가 우리나라에서
         도 석유가 나온다고 법석을 떨던 일도 있었지만 말이에요.

호태   이놈아! 그것과 이것과는 성질이 다르다.

자영   다르다고 보면 다르고 같다고 보자면 같겠죠? 헛허…… 어떻든
         아버지 성공을 빕니다. 헛허……

호태   아니 저 자식이……

자영이가 현관 쪽으로 나가려다 말고 들어서는 자균과 마주친다.

자영   형! 아버지께서 기다리세요.

자균은 대답도 하는 둥 마는 둥 그대로 스쳐 지나간다.

자영이가 빙글 웃으며 나간다.

자균이 응접실로 들어서자 호태와 정숙의 표정이 각각 다르게 긴장한 다. 자균은 잠깐 머뭇거리더니 2층으로 올라가려 한다.

호태   자균아!

자균   (걸음을 멈춘다)

정숙   아버지께서 시골 갔다 오셨는데도 잘 다녀오셨느냐고 인사말도 없니? 집에서 기르던 개가 하루만 집을 비웠다가 돌아와도 반갑 게 대하는 게 인정이란다.

자균   회사에서 얘기 듣고 왔어요.

호태   여기 좀 앉아. 할 얘기가 있다.

그의 어조는 겉으로는 조용한 것 같으나 상대방의 의중을 꿰뚫는 가시 가 숨어 있는 것 같다. 자균은 말없이 다가와서 선다.

호태   앉아!

자균   (말없이 앉는다)

정숙   (서먹한 분위기를 눈치 차리며) 전 들어가서 시원한 화채나 타오겠 어요.

정숙은 눈치를 힐끗 살피고 나서 식당으로 들어간다. 호태는 아직도 절반쯤 남은 담배를 새 담배가치로 갈아 피운다. 그것은 담배를 피운 다기보다 새로운 공세를 가할 자세를 의미하는 것 같기도 하다.

호태   네 의견 좀 들어보자.

자균   무슨 말씀인가요?

호태   너는 밖으로 돌아다니면서 내가 다까하시 씨의 유산을 관리하는 문제에 대한 악선전을 한다며?

자영   (묵묵히 앉아있다)

호태   처음부터 네 태도가 석연치 않았다는 건 나도 짐작이 가지만 그 이유가 뭐냐?

자균   (담담하게) 그 점에 대해서는 진작 말씀드렸을 터인데요.

호태   구체적으로 말해! 너하고 이론투쟁은 이상 더 하기 싫다!

자균   삼대 째 종노릇 하기는 싫다는 것뿐이에요.

호태   (불쾌감이 터지듯) 삼대 째 종노릇?

자균   할아버지, 아버지, 그리고 나… 왜 우리는 꼭 같은 길을 가야만 합니까? 아니 왜 다까하시 게이스께가 우리의 길잡이가 되어야 합니까! 이미 시간도 흘러가버린 거예요! 할아버지나 아버지께서 살던 시간은 사라졌단 말이에요. 저는 저의 시간을 가지고 싶을 뿐이에요. (사이) 이유는 그것뿐입니다. 아버지께서 노다지를 캐시겠다면 저는 더 이상 상관치 않겠어요. 물론 반대도 찬성도 아닌 저대로의 행동만을 지킬 테니까요!

호태   (초조하게 벌떡 일어서며) 도대체 무슨 잠꼬대냐? 응? 현실적인 상황을 생각해봐! (서류를 들추며) 우린 지금 무려 5억 원에 해당하는 재산을 눈앞에 두고 있는 거야! 그건 상상도 못할 만큼 어마어마한 재산이란 말이다.

자균   그걸 어째서 아버지가 상관하십니까? 다까하시 게이스께의 재산을 왜…

호태   (당당하게) 위임을 받았다고 했잖아! 나는 그걸 횡령하자는 것도, 사기하자는 것도 아니란 말이야! 나는 어디까지나 법에 의해 법이 보호하는 법적인 대리인으로써 국가와 민족을 위해 이바지하겠다는 것뿐이야! 그게 왜 잘못인가 말이다!

자균   아버지! 그러나 그것 때문에 30호의 점포를 가진 영세상인들이
        피해를 입는다는 걸 모르세요? 그들도 대한민국 국민이란 말이
        에요.

호태   무허가 입주자야!

자균   그래도 법의 보호를 받을 자격과 권리는 아버지와 마찬가지로
        가지고 있는 거예요!

호태   아니 그럼 너는 이 애비보다 그 사람들을 위해서 반대하는 거냐?

자균   그것이 전부는 아닐지 모르지만 적어도 감정적으로는 그 사람들
        의 사정이 저한테는 실감이 갑니다. 일본 사람이 묻고 간 재물을
        파내기 위해 생활의 기반을 잃어야 할 이유는 없으니까요.

호태   (타이르듯) 내가 언제 그 사람들보고 굶어 죽으랬니? 나도 마음속
        으로는 다 생각이 있어서 하는 짓이다. 만약에 그곳에서 금이 나
        오는 날이면 그 상인들을 위해 집을 지어줄 계획을 세우고 있다.

자균   만약에 금이 안 나오면 어떻게 되죠?

호태   (다시 화를 내며) 너는 어째서 그렇게 악의로만 생각하니? 왜 일이
        안되기를 바라는가 말이야?

자균   안되기를 바라는 건 아니에요! 아버지, 지금 그곳 사람들이 아버
        지보고 뭐라고 하는 줄 아세요?

호태   뭐라고 하다니?

자균   이것 보세요! (그는 주머니에서 차곡차곡 접은 삐라를 꺼내 보인다.
        그것은 벽에 붙었던 벽보를 떼어왔는지 붉은 글씨가 범벅이 되어 있다)

호태   이게 뭐냐? (그는 펴본다. 다음 순간 그의 얼굴이 화끈 달아오르더니
        금시 백짓장처럼 핏기가 가신다)

자균   보셨지요? 아버지를 매국노라는 거예요. 아니 할아버지의 과거
        까지 샅샅이 들춰서 인신공격으로 나섰단 말이에요.

호태　이놈의 새끼들! 아니 이걸 어디서 구했지? 난 거리에서 이런걸 보지도 못했는데…

자균　제가 직접 뜯어 왔습니다.

호태　아니 그럼 너도 거길 다녀왔니?

자균　네, 아버지께서 자동차로 먼지 안개를 피우며 지나간 뒷자리에서 시민들이 뭐라고 욕설을 퍼붓는 줄 아십니까? "역적도 세상 만나면 충신이구나!" 이러더군요.

호태　나보고 역적이라고?

자균　아버지께서 소위 지방유지라는 사람들과 얘기하셨을 때 저는 바로 그 상가사람들과 말을 나눴어요. 물론 내 신분을 밝히지는 않았으니까 눈치를 차리지는 않았지요. 아버지, 그 지방유지라는 작자들은 마치 아버지를 개선장군이나 맞은 듯이 기염을 토하고 비위를 맞추기에 정신이 없었겠지만 일반 시민들은 그게 아니었단 말이에요. 그 아버지에 그 자식이라느니, 왕대밭에 왕대 나고 팥 심은 데서 팥이 나지 별 수 있겠느냐는 거예요. (차츰 격해지며) 아버지! 우리가 이제 와서 무엇 때문에 이런 조소를 받아야 합니까? 24년이 지난 오늘에 와서 왜 옛 상처를 만인 앞에서 들춰내기 위해 옷을 벗어야 하는가 말이에요!

호태　옛 상처? 아니 우리가 무슨 상처가 있었단 말이냐?

자균　있고말고요. 할아버지도 아버지도 따지고 보면 제 정신에 살아온 적은 없었으니까요! 언제나 그 누군가를 위해 일했고, 그 누구의 명에 따라 말했고, 그 그림자를 등에 업고 살아 왔잖아요!

호태　건방진 소리 말아! 네가 뭘 아는 척 하니?

자균　특별지원병으로 일본군대에 들어간 게 전혀 타의에 의한 것이었다면 아버지는 다까하시 게이스께를 미워해야 되요. 그가 남겨두고 갔다는 금덩어리가 있다면 그걸 돌려줘야 할 거예요. 아버지

와도 아무런 관계가 없는 물건이니까요. 그런데 어째서 아버진 흥분하고 계시죠? 그 5억 원의 재산이 마치 아버지의 재산이나 되는 것처럼……

호태   내 것이나 다름없지! 물론 그 일부는 다까하시 씨에게 보내 주겠다. 그렇지만 그건 엄연히 내게 준 재산이야!

자균   치욕의 유산일 거예요.

호태   (분노와 모욕감에 떨며) 이놈! 네가 이 애비를 우롱하는 거냐?

자균   세상 사람들의 얘기를 대변했을 뿐이에요. 다까하시 씨가 맡기고 간 재산을 팔아서 치부한 할아버지도, 그 재산을 밑천으로 사업을 하신 아버지도, 결국은 더러운 유산을 늘려왔다는 거예요. 그런데 이제는 저에게까지 그 유산을 물려주시려는군요? (자리에서 일어나며) 저는 받지 않겠어요! 거절하겠습니다. 이제는 내 두 다리로 걸어가겠습니다.

하며 2층으로 뛰어 올라간다. 얼마 전부터 내실 쪽에서 나와 있던 기 노인이 멍하니 허공을 쳐다보고 있다. 오 씨가 근심스럽게 나온다.

오씨   아범아, 무슨 일이기에 자균이가 저리 언성을 높여가며 떠드는 거냐?

호태   (약간 당혹한 빛을 보이며) 아무 일도 아닙니다 그저…… 제가 꾸지람을 했더니만……

다음 순간 돌처럼 휠체어에 앉아있는 기 노인과 시선이 마주친다.

기노인   (혼잣소리처럼) 그랬을지도 몰라……

호태   (미처 알아듣지 못하고) 네? 아버님 지금 뭐라고 하셨죠?

기노인 내가 이렇게 다리 병신이 된 건 바로 그것 때문일지도 모르지… 두 다리를 가졌으면서도 혼자서 걷지도 못하고 이렇게… 이렇게… (그는 휠체어의 손잡이를 붙들고 와들와들 떨기 시작한다)

오씨 영감!

호태 아버님! 왜 이러세요? 네?

오씨 또 다리가 쑤시세요?

기노인 이봐! 나 좀 붙들어 줘! (하며 휠체어에서 일어서려고 버둥거린다)

호태 아버님! 왜 이러세요? 갑자기……

기노인 혼자서 걸어봐야겠다… 자… 내 손을 좀…

오씨 별안간에 왜……

기노인 잡으라면 잡아!

오 씨가 마지못해 기 노인의 손을 붙잡아주자 기 노인은 안간힘을 쓰며 휠체어에서 일어나 마룻바닥으로 옮겨 선다. 그는 심한 고통을 이겨내려고 입술을 깨문다. 그리고 한 걸음 내딛는다.

호태 아버님! 괜찮으시겠어요?

기노인 놔라! 자균이 놈을 불러! 내가 혼자서 걷고 있다는 걸 보여줘야겠다. (크게) 자균아! 자균아! 자균아!

기 노인은 마치 절규하듯 외치다가 그만 마룻바닥에 쓰러지고 만다.

호태 아버님!

오씨 여보! 괜찮으세요? 네?

호태 어디 다친 데는……

기노인 (절망적으로) 안 돼! 나는 안 돼! 안 돼! 흑… 흑…

기 노인은 마치 짐승처럼 울부짖는다. 그것은 뼈아픈 참회와 자기학대와 그리고 발악의 소리이다.

2층 층계에서 자균이가 내려다본다.

암전

제4막

무대

전막과 같음. 전막부터 약 일주일 후. 황혼.

자균이가 소파에 앉아서 골똘히 생각에 잠기고 있다. 그의 한 손에 들린 담배가 다 타들어가도 모르고 있다. 2층에서 자영이가 치는 기타의 서글픈 음률이 방안 분위기를 더 쓸쓸하게 만들어준다.

막이 오른다. 내실 쪽에서 정숙 여사, 자경 그리고 용서가 등장한다.

자경 그래 의사는 다녀갔어요?

정숙 응… 왼쪽 다리는 관절염으로 옮겨진 것 같다잖아.

자경 어머! 그럼 입원하셔야겠네요.

정숙 글쎄 입원을 하시래도 네 할아버지 고집이 어디 들어먹어야지… (얘기하다 말고 자균을 본다) 아니 너 언제 들어 왔었니?

자균은 세 사람에게 눈으로만 인사를 하고는 담배를 갈아 피우고만 있다.

정숙 아버진 아직 회사에 계시니?

자균 내무부와 상공부에 들리셨을 거예요.

용서 (소파에 앉으며) 그 일은 잘 진척이 되고 있나?

자균 네?

용서 노다지 발굴 작업 말이야.

자균 (흥미 없다는 듯) 글쎄요! 잘 되겠죠.

용서 (반 농담조로) 이 사람아! 총무과장께서 그런 대답을 하시다니 장난이 좀 지나치신데…

자균 나… 총무과장 그만 두었어요.

용서 그만 두다니?

자균 오늘 사표를 내고 왔어요.

정숙 뭐 사표를 냈어? 자균아! 그게 무슨 소리냐?

자경 홋호… 앤 돌았어! 아들이 아버지한테 사표를 내는 법이 어디 있니?

자균 요즘 세상엔 그보다 몇 갑절 희한한 일도 많은데요.

정숙 (가까이 다가앉으며) 자균아! 너 지금 맑은 정신으로 하는 소리니?

자균 어머니와 꼭 같은 정도겠죠.

자경 그래 아버지한테 직접 냈어?

자균 상무한테 냈으니까 막바로 올라갔겠죠.

자경 너 정말 어떻게 된 게 아니냐?

자균 누나 눈에도 내가 그렇게 보여?

자경 그래 이유가 뭐냐? 사표를 냈다니 그럴만한 이유가 있을 게 아니냐.

자균 있다고 하면 있고 없다고 하면 없는 게 항상 이런 때의 이유가 되겠죠?

정숙 뭐라구?

자경 애, 넌 호강에 겨워서 그렇지! 네 나이에 대 회사의 총무과장이면 어떤 자리인데 그래 그만두어 두긴… 네 매형은 입사 9년에 아직도 계장님이시란다.

용서 여보 그게 무슨 걱정이오? 나도 아버지가 사장이면 이렇지는 않을 거요. 선산의 묘자리가 나쁜 탓이지 헛허… (하며 자균의 어깨를 툭 친다)

정숙 (못마땅해서) 인 서방! 자네도 철따구니 없긴 그 누굴 닮았나보군. 사표를 내는 게 무슨 장난이라던가?

용서	원 장모님도… 평양감사도 내가 싫으면 그만인데 뭘 그래요. 헛 허…
자균	그렇죠. 아버지 회사 아니라 금덩어리로 방석을 깔아준대도 내가 있고 싶어야 직장이죠.
정숙	어쩜 처남 매부 간에 그렇게도 닮았누! 쯧쯧.
용서	천생연분이란 부부간에만 있는 건 아닌가 보죠? 헤…
자경	(앙칼지게) 여보! 웃을 일이 아니란 말이에요!
용서	그렇다고 울어야 할 일도 아니잖아? 젠장… 안 그래 자균이…
정숙	애 그렇게 우멍거지처럼 앉아있지만 말고 속 시원히 얘기 좀 해 봐…
자균	저더러 무슨 얘길 하라는 거예요!
정숙	사표를 낸다는 걸 백화점에서 복권 뽑는 식으로 생각해서는 안 된다. 지금이 어떤 세상이라는 걸 모르니? 설령 네가 그 자리를 그만 둔다더라도 먹고 입고 하는 데는 별 걱정이 없다고 생각하겠지만 우리에겐 그보다 더한 걱정이 있잖아!
자균	걱정이라뇨!
정숙	체면이라는 게 있잖니? 세상에서 이 일을 알게 되면 네 아버지 체면은 뭐가 되며 우리 집안은 또 뭐가 되겠니? 응, 아버지가 사장인데 그 아들이 사표를 냈다니 그 집안이 제대로 돌아가는 집안이라고 생각하겠니? 회사 안에서만도 그렇지! 다른 사원들이 네 아버지를 어떻게 보겠는가 말이다!
자균	어머니! 그럼 싫더라도 아버지 체면을 위해 그대로 눌러 붙어야 하나요?
정숙	글쎄 싫어질 이유가 뭐냔 말이다. 남들은 취직을 못해서 발광을 하는 세상에 어엿한 회사에 어엿한 중간 간부사원으로 아버지를 보필하며 일을 해나가는 게 얼마나 든든하고 흐뭇한 일인데……

　　　　　　　　　　　　　　　　대리인

안 그래?

자균 사진으로 보는 청계천이 아름답듯이 말이죠.

정숙 뭐라구?

자균 어떻든 전 오래전부터 신중히 생각한 끝에 한 일이니까요, 어디가나 떳떳하다고 봐요.

정숙 (격해서) 그렇지 못해!

자균 (그녀의 위엄에 약간 밀려나가며) 그럼 제 행위가 잘못이란 말이에요?

정숙 잘못이잖구! 종로 네거리를 막고 길가는 사람에게 물어봐라! 네가 한 일이 뭐가 잘했는가!

자균 (쓴웃음을 뱉으며) 좋을 대로 생각하세요. 다만 저로선 아버지나 할아버지 힘에 기대지 않고도 살아갈 자신은 있으니까요! 휠체어에서 일어서시려다 쓰러진 할아버지하고는 다르단 말이에요! 다까하시 게이스께 씨의 유산을 파내기에 혈안이 되어 광분하시는 아버지처럼 살고 싶지는 않아요.

정숙 듣기 싫다! 네가 아버지에게 욕설을 퍼붓는 게 잘난 짓이라고 생각할지 모르지만 너는 네 아버지를 저버리지는 못한다.

자균 버릴 때 가서는 버려야 해요! (하며 자리에서 불쑥 일어난다. 자경은 동생의 단호한 언행에 약간 질린 듯 멍하니 보고 있다) 어머니! 제가 어떤 일시적인 감정으로 사표를 냈다고 생각지 마세요. 그동안 저는 아버지께 드릴 수 있는 말씀을 다 드렸다고 봐요. 그러나 아버진 내 얘기를 들으시려고도 안 하셨어요. 말하자면 어린애 취급을 하신 셈이죠. 그렇지만 지금 사태는 아버지가 생각하고 계시는 것만큼 순조롭지는 못해요.

자경 (불안을 느끼며) 무슨 일인데? 그럼 금덩어리를 파내기가 어렵게 되었니?

자균   아버지께선 말끝마다 합법적으로 일을 해 나가신다지만 법이라
      는 게 만인을 만족시켜주는 태양 광선과는 다르다고 봐요! 아니
      태양에도 그림자가 있기 마련인 걸요.

정숙   그럼 너는 어떻게 하겠다는 거냐?

자균   새로 시작하겠어요!

자경   뭘 새로 시작하겠는 거냐?

자균   모든 걸! 내 의사에 따라 내 몸을 움직이며 살겠어요! 아버지께서
      받아주지 않으신다면 이 집을 나가게 될지도 모르겠어요.

용서   이건 '탕아 돌아오다'가 아니라 '효자 가출하다'가 되겠군 그래!
      훗흐……

자경   당신은 왜 그렇게 세상을 비웃는 투로만 보세요! 한번쯤은 진실
      을 쏟아보세요!

용서   아니 이번엔 나한테 화살인가! 여보! 그만 돌아갑시다. 할아버지
      문병 차 왔으니 용무도 끝난 셈인데…

자경   아버님도 안 뵙고 가겠어요?

정숙   모처럼 왔으니 저녁이나 같이 먹고 가게나…

용서   할아버지께서도 편찮으신데… 저희들까지 와서 번거롭게 해드
      리면…

이때 전화벨이 울린다.
자경이가 급히 가서 전화를 받는다.

자경   여보세요… 그렇습니다. 네? 기자균 씨요? 네 실례지만 어디시
      죠? 병원이요? 네… 잠깐만 기다리세요. (수화기를 내리며) 자균아!
      전화 받아봐! 병원이란다.

자균   병원? 없다구 하잖구!

자경 있는 사람보고 어떻게 없다고 하니… 어서 받아 봐.

자균은 내키지 않는 듯 자리에서 일어나 전화를 받는다.

자균 전화 바꾸었습니다… 네? 정은 씨요?

정숙 정은이가 어떻게 되었대?

자균 (몹시 당황해하며) 글쎄요… 대신 전화를 건 모양인데… (다시 통화가 되어) 나에요! 웬일이야. 병원에서 전화를 다 걸고… 응? (긴장하며) 뭣이? 아니 그게 정말이오? 언제… 응… 알았어…

자균은 어려운 문제를 풀기 위한 사람처럼 고개를 떨어뜨리고는 수화기를 놓는다.

자경 정은이가 어디 아프대?

자균 아뇨…

정숙 무슨 얘긴지… 시원스럽게 말 좀 하려무나! 너는 왜 그렇게 모든 것을 혼자서 묻어버리기를 좋아하니 원…

자균 (사이) 어머니.

정숙 왜!

자균 제 약혼 문제 말이에요.

정숙 (흥미를 느끼며) 응! 얘기가 잘 되었니? 김 목사님 얘기도 들었겠지만 말이야…

자균 실은 그일 때문에!

정숙 어떻게 되었어!

자균 빨리 결혼식을 올렸으면 좋겠습니다.

정숙 (뜻밖의 말에 어안이 벙벙해지며) 아니 넌 며칠 전까지만 해도 파혼을 해야겠다더니!

자균 그건 취소하겠습니다.

용서 도대체 어느 편을 취손가? 약혼을 취소하겠다는 건가? 아니면 파혼을 취소하겠다는 건가?

자균 (어쩐지 흥분을 억누르지 못한 채) 결혼을 하겠다니까요! 정은 씨가 그것을 요구해온 거예요. 자세한 얘긴 나중에 드리겠지만 김 목사께도 전해주세요. (하며 밖으로 나가려 한다)

정숙 어디 가니?

자균 병원에요!

자경 병원엔 왜… 정은이가 입원이라도 했다던?

자균 입원을 하게 될지도 모르죠. 다만 지금까지 고집해 오던 일을 양보하겠대요.

용서 양보를 해?

자균 말하자면 자기 탈피를, 매미가 껍질을 벗듯이 새로운 옷으로 갈아입는 순간이니까요. 어머니 그럼 다녀오겠어요!

자균은 여러 사람의 반응은 아랑곳없이 현관 쪽으로 뛰어 나간다.

정숙 도대체 무슨 영문인지 모르겠구나.

자경 정은이가 병원에 왜 들렸을까요? 어머니, 제가 전화를 걸어 볼까?

정숙 전화를 걸다니… 어디로 말이냐?

자경 혜화동 임사장 댁에 걸어보면 알게 아니에요. 정은이가 어디 아프냐고…

정숙 아냐… 그럴 필요 없어요. 자균이는 엉뚱한 아이라서 좀 더 두고 기다려 보자…

얼마 전부터 2층에서 자영이가 치는 기타의 음률은 광적인 템포로 바뀌어지고 있다.

정숙   망할 녀석! 밤낮 저 지랄이니 원…

자경   (2층을 향해) 자영아! 자영아!

자영   (기타 소리 멎고) 왜 그래… 누나…

자경   조용히 좀 해라. 귀청 터지겠다. 할아버지께서 주무시니 조용히 좀 해야지…

정숙   천치와 천재는 종이 한 장 차이라더니 정말 저 녀석은…

이윽고 자영이가 2층에서 고개를 내민다.

자영   왜 그래? 누나.

정숙   글쎄 너는 지금 집안이 어떻게 돌아가고 있다는 것도 모르니?

자영   네? 어떻게 돌아가다뇨? (하며 내려다본다)

정숙   할아버지께서 병상에 계시니 좀 조용해야 할게 아냐…

자영   아… 괜찮아요. 그래 뵈도 우리 집안에서 할아버지는 제 음악을 이해해주시는 유일한 협력자니까요. 훗흐…

자경   애, 속없는 소리 작작해! 의과대학생이 기타에만 미쳐 날뛰니 장차 의사는 어떻게 되려고 그러니?

자영   이것 봐! 슈바이처 박사가 음악가라는 얘기도 못 들었우! 자고로 과학과 음악과는 겉으로는 정반대 같지만 알고 보면 공통점이 많다구요. 일례를 들어서…

정숙   듣기 싫어요! 너는 도대체 누굴 닮아서 그렇게 말이 많니?

자영   아버지와 어머니를 닮았겠죠. 헛허.

용서   그렇지! 그래! 헛허… 우문현답치고는 최고구나! 헛허…

자경 여보! 조용히 좀 해요.

이때 밖에서 초인종 소리가 들린다.

정숙 누가 왔나부다. (자영에게) 나가봐라.

자영이가 나간다.

자영 아버지는 아니실 텐데!

용서 자동차 클랙슨 소리가 안 났잖아! 손님이겠죠. (시계를 보며) 여보 가는 거요. 있는 거요?

정숙 저녁이라도 먹고 가라니까! 이제 아버지께서도 들어오실 테니!

이때 현관 쪽에서 자영이와 손님들이 주고받는 얘기가 높아진다.

손님 A (소리만) 안에 들어가서 기다리면 되잖소.

자영 (소리만) 글쎄 안 계신다니까요. 나중에 오세요.

손님 B (소리만) 나중에 또 올라올 처지도 못 되요. 우린…

정숙 (용서에게) 자네가 좀 나가보겠나.

용서 네! 어떤 자식들이야.

용서가 현관 쪽으로 나가려하자 두 사람의 사나이가 들어선다. 얼핏 보기에는 시골서 올라온 사람임을 알 수 있는 차림새. 손님 A는 사십 고개의 키가 후릿하게 깡말랐고 손님 B는 이십 대의 어깨가 떡 벌어진 청년이다. 모처럼 나들이라고 해서 자기 딴에는 성장을 했으나 촌티가 역력한 모습들이다.

손님 A 실례하겠어요.

손님 B 음…

두 사람은 방 안을 휘둘러보면서 서로 눈짓을 한다.

정숙 (약간 불쾌한 표정으로 자영에게) 웬 손님이냐?

자영 글쎄 아버지를 찾으시기에 안 계시다니까 마구…

손님 A 저… 사모님이신가요?

정숙 네… 주인께서는 부재중인데요. 회사로 찾아가 보시지 그래요.

손님 B (무뚝뚝하게) 회사엔 들렀다 오는 길이오!

정숙 네?

손님 B 만나서 긴히 드릴 말씀이 있다고 해도 만나주질 않는데 어떻게 하겠소. 그래서 염치를 무릅쓰고 자택으로 찾아왔습니다. 에헴!

그는 의자에 덥석 주저앉는다.
자경과 용서는 서로 눈짓으로 말을 권한다. 그러나 상대방의 위세에 눌려 감히 얘기를 못 건네고 있는 눈치이다.

자영 글쎄 댁의 사정은 그렇지만 안 계시다는데 막무가내로 들어오는 법이 어디 있어요?

손님 B 뭐 법이오? 언제 우리가 법대로 살았소? 흥! 염병헐! 우린 그 법 때문에 망한 사람이란 말이오!

용서 여보세요. 무슨 일이 있어 그러신지 모르지만 좀 조용조용히 얘기하시지.

자경 (덩달아서) 집안에 환자가 계셔요.

손님 A 우린 무식해서 예의범절도 모릅니다. 시장바닥에서 장사나 해먹고 사는 백성들이오. 그러니 잘못된 것이 있더라도 용서하시오…
네…

손님 B 흥! 아무리 우리가 사람답잖다더라도 시골서 일부러 찾아온 정의
로 봐서라도 만나는 줘야 할 게 아니냔 말이여! 그런데 사무실에
있으면서도 없다고 딱 잡아떼고는 뒷문으로 뺑소니를 쳐? 헹! 서
울 놈들이 원래 미꾸라지새끼처럼 미끄럽게 잘 빠져나간다는 건
들어서 알지만 말이여! 사람이, 그러면 못써! 못써… 다 같은 사
람인데 무식한 장사라고 괄시하면 못쓴단 말이여! (손님 A에게) 형
님! 성냥 있소?

손님 A가 성냥을 꺼내주자 그는 꽁초담배에 불을 붙여 문다.

정숙 (심상치 않은 공기를 눈치 차리며) 저… 무슨 용건이신지 나하고 얘
기하실까요?

손님 B 사모님이요?

정숙 주인은 여러 가지로 바쁜 분이라서 들어오신다 하더라도 밤늦게
들어오실 거예요. 그러니 제가 대신 들어두었다가 오시면 곧이곧
대로 전하죠. 그럼 되겠죠?

손님 A 말하자면 사모님이 기호태 사장을 대신하시겠다는 거요?

정숙 네. 그러니 저한테 말씀하세요.

손님 A와 B는 서로 귓속말로 몇 마디 소근거리더니 손님 A가 안주머니
에서 서류를 꺼낸다.

손님 A 좋습니다. 그럼 여기다가 기호태 사장의 도장을 찍으시오.

정숙 도장을 찍다뇨… 아니 이게 뭡니까?

손님 B 연판장이오.

정숙 연판장이라뇨?

손님 B 우리가 빌어먹고 사는 시장을 헐고 그 자리에서 노다지를 캔다는 얘기를 들으셨겠죠?

정숙 네? 네! 아마 그렇다나 봐요.

손님 A 그 일 때문에 우린 전 상인이 대책위원회를 조직해서 여러 번 당국에다가 진정서를 내고 탄원서도 내봤지만 어제는 강제철거령이 나왔지 뭡니까?

정숙 발굴작업을 하려면 집은 헐어야겠죠.

손님 B 그럼 우리보고 어떻게 살아가라는 겁니까? 우린 그 자리에서 10년 이상 발을 붙이고 살아온 사람들인데 하루아침에 철거를 하라니 22가호에 매달린 230명의 가족들이 당장에 어디로 나가며 무엇을 먹고살란 말입니까?

정숙 그거야 댁의 사정이고 우리로서는 다만…

손님 A 법적으로 수속을 했을 뿐이란 말씀이시겠지요? 네, 법대로 하셔야겠지요. 법을 어겨서는 안 되고말고요. 하지만 이건 기호태 사장께서 조금만 생각을 해주시면 잘 될 수가 있습니다. 네!

용서 뭔데요?

손님 A 몇 달 여유를 주십사는 겁니다. 아시다시피 장사치는 추석 대목이 노다지가 아닙니까? 이제 달포 남짓하면 명절 대목인데 지금 당장에 철거를 하라니 너무하시지 뭡니까? 그래서 기 사장님께서 몇 달만 사정을 봐주시겠다고 여기 도장을 찍어주시면 일은 끝이 나는 겁니다. 그런데 기 사장님께서는 우리를 피해 다니고만 있으니 딱하게 되었지 뭡니까?

손님 B 말이 나왔으니 망정이지 그 자리에 일본 놈이 노다지를 묻어 뒀다지만 그걸 어떻게 믿겠소? 아니 설령 묻어두었다손 치더라도

24년이 지났는데 그게 그대로 온전할 것 같아요? 내 생각에는 절대로 없을 것이오!

정숙 그걸 어떻게 단정할 수 있죠?

손님 B 있죠! 원래 그 자리가 다까하시 씨의 집터였는데 불에 타 없어졌고 그 자리에 시장이 들어섰는데, 집을 짓는다고 몇 번이고 땅을 파헤쳤을 텐데 금덩어리가 그대로 있을 것 같아요? 이건 분명히 모략입니다.

정숙 모략이라니?

자경 아니 누가 누굴 모략했단 말인가요?

손님 B 금이 나온다는 핑계로 우리를 몰아내겠다는 심산이에요. 지금까지 우리는 철거령을 받고도 버티어 왔으니까요.

정숙은 처음 듣는 사실에 약간 동요의 빛을 보인다.

손님 A 그 땅은 전부터 여러 사람이 눈독을 들여왔지요. 불하를 맡으려고 했지만 우리 상인들이 완강히 반대를 해왔답니다. 그러니 이제는 안 되겠다 싶어서 금이 나온다는 핑계를 내세워 가지고서 우리를 몰아내려는 잔꾀인 것 같아요.

손님 B 틀림없어요. 형님! 이건 어떤 놈이 꾸며낸 잔꾀예요. 그러니 우리가 억울하게 당할 수는 없죠 뭐요. 우린 죽는 한이 있더라도 그 자리에서 안 물러나기로 결심을 했으니까요. 빌어먹을! 이래도 죽고 저래도 죽을 바엔 아주 그 자리에서 자식새끼들과 농약을 마시고 몰살 죽음을 하기로 작정이 되어 있단 말이오!

자경 아이 끔찍해라!

손님 A 그러니 기 사장님께서 이 정상을 참작하셔서 기한을 연기해 주십사 하고 이렇게 찾아왔습니다. 내년 봄까지만 기다려주시면 우리

대리인

들도 그동안에 차근차근 정리를 해야겠소.

손님 B 따지고 보면 다까하시라는 사람이 금을 묻어둘 리도 없지요. 아니 묻었다고 해도 뭐가 예뻐서 기호태 씨한테 물려줍니까!

얼마 전에 내실 쪽에서 기 노인이 휠체어를 밀고 나온다.

정숙 (불쾌해서) 무슨 말씀이죠?

손님 B 사모님! 나는 잘 모르지만 집안 어른들 얘기로는 기호태 사장의 아버지께서 그 다까하시 씨의 마름 노릇을 했다죠?

자영 엄마! 마름이 뭐야?

손님 A 점잖게 말해서 심부름꾼이고 나쁘게 말하면 머슴살이지! 안그래? 헛허……

손님 B 맞았소! 머슴살이지요. 헛허……

자영 머슴살이라구요?

정숙 말씀 삼가세요!

손님 B 사실이 그렇지 뭡니까? 게다가 그 사람이 일본으로 쫓겨갈 때 잘 부탁한다고 남겨두고 간 재산을 물려받아서 부자가 되었잖아요. 제 얘기가 틀립니까?

정숙 (크게) 그만 나가주세요! 누가 당신네들보고 그런 얘기 해달랬어요.

손님 A 사모님! 그렇게 역정을 내실 게 아니라 차근차근 생각해 보세요. 우리사 예나 지금이나 가난하게 살아왔으니까 그렇다 치고라도 기 사장 댁은 이제 이만큼 부자가 되셨으니까 우리보다야 형편이 낫지 뭡니까! 그러니 가난한 사람들 사정도 봐주시고 또 옛 고향 사람들이 잘 살게끔 돌봐주셔야지 이제 와서 가난한 고향 사람을 못살게 한대서야 되겠습니까?

손님 B 흥! 그러기에 개구리가 올챙이 시절을 잊는다는 말도 있잖소? 다 쓸데없어요. 중이 고기 맛 보면 빈대 잡아먹는 격으로 돈맛을 알면 더 먹고 싶어지나 보죠, 젠장! 좌우지간에 우리는 여기다가 도장만 찍어주시면 됩니다. 만약에 안 찍어 주시는 날에는!

정숙 어떻게 하겠어요? 죽이겠어요?

손님 A 원 사모님도… 별 말씀을… 기호태 사장이 그 다까하시 씨의 대리인이시니까 그분이 금덩어리를 파는 일을 중지하겠다면 되는 거 아니겠소? 신청자 이름이 기호태 사장이니 말씀이에요. 사모님, 그러니 제발 여기다 도장을 찍어 주십시오.

손님 B (지금까지의 거친 태도가 일변하며 그는 마룻바닥에 무릎을 꿇는다) 사모님! 불쌍한 사람은 구해 주십시오. 그 도장 하나로 우리 230명의 생사가 걸려 있답니다. 네? 그러니 제발…

손님 A 이렇게 두 손 모아 빕니다. 사모님!

그들은 꼭 같이 무릎을 꿇고 합장한다. 그것은 약한 자가 마지막으로 신의 자비를 구하는 태도이다. 그러나 정숙 여사를 비롯해서 자경, 용서, 자영은 차마 정시를 못하고 시선을 돌린다.
이때 기 노인이 서서히 다가온다.

기노인 어멈아!

정숙 네?

모두들 뜻하지 않은 기 노인의 등장에 놀라는 표정들이다.

자영 할아버지! 왜 나오셨어요!

기노인 (담담히) 도장을 찍어줘라!

정숙	그렇지만 아범 얘기도 안 듣고…
기노인	찍어줘! 아범에게는 내가 얘기할 테니까.
자경	할아버지 그건 안 돼요.
기노인	되고 안 되고는 내가 판단할 문제야! 찍어 줘! 자영아 어서 가서 도장을 가져와.
손님 B	이 은혜를 다 어떻게 갚겠습니까! 고맙습니다.
정숙	아버님! 아범이 돌아오면 얘기를 들어보시고서.
기노인	그럴 필요 없다! 다까하시 씨의 재산은 원체 내가 관리하기로 되었으니까. 그건 내가 처리할 권리가 있어.
정숙	그렇지만 법적인 대리인은 아범이에요.
기노인	(발악을 하며) 시키는 대로 할 일이지 웬 말이 많아! 자영아! 어서 가져오래두!

자영은 내실로 들어간다.

기노인	자네들은 나를 모를테지? 내가 기상구일세… 기호태의 애비된 사람일세… (어느덧 그의 표정이 부드럽게 펴진다)
손님 A	말씀은 진작부터 들어왔습니다만… 이렇게 만나 뵙게 되니…
기노인	나도 고향을 떠나 온지가 근 20년 가까워서… (한숨) 시골도 많이 변했을 테지…
손님 A	글쎄요. 다른 고장은 나날이 변해간다는데 우리 고장은 예나 지금이나 변하는 거라고는 없어요. 있다면 인심이 사나워지고 젊은 놈들 버릇이 나빠진 점이나 들 수 있을는지…
기노인	헛허… 언제고 나도 고향에 한번 내려갈까 했더니… 이젠 몸이 말을 안 들어서… 이제 죽을 날을 기다리는 것 뿐이야.
손님 A	무슨 말씀을… 오래오래 사셔야죠.

이때 자영이가 도장을 가지고 나온다.

자영 할아버지 여기 있어요.

기노인 네가 찍어줘라.

정숙 아버님!

자경 할아버지!

기노인 어서…

자영이가 손님 A가 내미는 서류에다가 도장을 찍어준다. 손님들은 서류를 소중히 품에 넣는다.

손님 A 고맙습니다.

손님 B 감사합니다. 형님 그럼 모두들 기다리는데 어서 가봅시다.

손님 A 응… 그럼 영감님 오늘은 바빠서 이만…

기노인 어서 가보게.

손님 A, B가 황급히 현관 쪽으로 뛰어나가자 정숙 여사와 자경은 보물을 빼앗긴 사람처럼 멍하니 서있다.

용서 할아버지! 괜찮으시겠어요?

기노인 (긴 한숨을 뱉고) 내가 할 수 있는 일은 그것뿐이다. 이제 내가 할 수 있는 일은……

이때 자동차 클랙슨 소리와 함께 차 멎는 소리가 들리자 정숙 여사의 얼굴에 금시 생기가 돈다.

대리인

정숙   자영아! 아버지가 오셨나봐!

자경   어서 나가봐요.

정숙, 자경, 자영은 급히 현관으로 나간다. 갑작스레 텅 비어버린 것 같은 공허가 기 노인의 마음을 쓸쓸하게 해준다.

기노인   오늘이 며칠이냐? 이제 팔월 보름이 다가오겠지…

용서   네!

기노인   수레 좀 밀어라. 안에 가서 쉬겠다.

용서   네! 할머닌 어디 가셨나요?

기노인   그 망구는 이제 잠자는 일밖에 모르니까 홋흐.

용서가 휠체어를 밀고 내실 쪽으로 가려는데 기호태가 급히 들어선다. 그 뒤에 정숙, 자경, 자영이 따른다. 심상치 않은 사태를 예기하고 있는 눈치들이다.

호태   (굳어진 표정으로) 아버님! 그게 사실입니까? 제 도장을 찍어 주셨다구요?

기노인   (담담하게) 오냐.

호태   왜 그런 짓을 하셨어요? 제 얘기도 들어보시지 않구서.

기노인   물어보나 마나 찬성해줄 것 같아서 그렇게 해줬다.

호태   (안타까워서) 아버님! 이제 와서 도장을 찍으면 어떻게 해요! 철거 작업에 쓸 불도저며 기재 일체를 오늘에야 시골로 보내기로 하고 내일부터 작업을 시작하기로 했는데 왜 아버님 마음대로 그런 짓을…

기노인   내 마음대로 못할게 뭐야.

호태   네?

모두들 긴장의 빛이 감돈다.

기노인   그 일은 내가 결정할 수 있어! 다까하시 게이스께 씨의 재산 일체
        에 대한 관리권은 내게 있으니까!

호태   그건 옛날 일이에요.

기노인   뭣이!

호태   관리권은 저에게 있어요! 발굴 신청인의 명의는 '기호태'로 되어
        있단 말이에요.

기노인   듣기 싫어! 누가 뭐래도 순서로 봐서 관리인은 나야!

호태   아버지! 갑자기 왜 이러세요? 네! 5억이라는 재산이 눈앞에 있는
        데 그걸 버리시기예요?

기노인   (한숨) 다른 사람보고 가져가라고 해… 이젠 남의 재산을 관리하
        거나 처리할 생각은 없어졌다. 자균이 말대로 하자면 내 다리로
        서지도 걷지도 못하는 주제에 남의 재산 걱정을 하게 되었는가
        말이다. 다 가져가라고 해!

호태   난 그렇게 못하겠어요.

기노인   뭐라구?

호태   아버지께서 아무리 그렇게 말씀하셔도 법적인 대리인은 저에요.
        '기호태' 이름으로 되어있단 말이에요.

기노인   너는 언제까지나 그 대리인만을 고집하면서 살 생각이냐?

호태   내게 부여된 권리는 행사해야죠. 그것이 나의 전부예요! 권리는
        포기할 수 없어요!

정숙   아버님! 너무 하셔요.

자경   그럼 우린 어떻게 하라고!

호태	(용서에게) 이봐! 장거리 전화를 걸어!
용서	네? 어디로요?
호태	여기 번호가 있으니! (하며 명함 한 장을 꺼내준다) 지금 당장에 연락을 해서 그 도장은 무효라고 말해라!
기노인	걸지 말아!
용서	네?
호태	걸으라니까!
용서	네!
자경	여보 뭘 하고 있어요. 어서 전화를 걸지 않구!

용서가 전화를 걸려고 하자 벨이 울려 퍼진다. 그는 망설이다가 수화기를 든다.

용서	여보세요… 네… 계십니다… 어디시죠? 김 목사님이시라구요? 네… 잠깐만 기다리세요. (정숙 여사에게) 어머님 김 목사님한테서 전화에요.
정숙	김 목사님이… 무슨 일일까…

정숙이 수화기를 바꾼다.

정숙	김 목사님이세요? 저에요! 네… (사이. 크게 놀라며) 네? 정은이가? 언제요. 지금? 아니… 아까 자균이가 병원에서 전화가 왔다고… 네… 네 그럼 자균이가… (맥이 풀리다가 다시 화가 나서) 그게 왜 자균이 잘못입니까? 의사가 실수해서 수술이 잘못 된 게지 우리 자균이가… 정은이를 죽였단 말이에요? 네? 책임이요? 그걸 왜 우리가 책임을 집니까! 나는 못 지겠어요! 누가 낙태 수술을 시킨

것도 아니고 자기 발로 걸어가서 수술을 받아놓구서… 네? 고소
를 해요? 하세요. 마음대로… 그러나 똑똑히 들어두세요. 목사님
이 고소를 운운하는 건 우습다구요… 네? 그렇죠. 목사님이 그럴
권리가 어디 있습니까? 뭐요? 대리인이요? 흥! 아무튼 나는 모르
는 일이에요! 정은이가 죽은데 대해서는 나는 책임 없어요! 없어
요! 없어요! 없어요!

정숙 여사가 발악을 지르는 동안 무대는 차츰 어두워지고 무대 한구석
에 비에 흠뻑 젖은 자균의 모습만이 떠오른다.

자균 　모두가 이렇게 모른다고 하면서도 자기 권리만은 주장하는가 봅
니다. 할아버지도 그리고 아버지도 아니 어쩌면 나도… 가질 것은
다 가지면서도 꼭 필요한 것은 어디다가 빠뜨리고 사는 대리인들,
정은이는 의사가 죽인 게 아닙니다. 제가 죽였습니다. 의사가 나
를 대신해서 수술을 했을 따름입니다. 수술을 시킨 건 나였어요.
그러나 법은 의사를 처벌하겠지요. 나를 대신해서 수술한 의사는
벌을 받고 나는 다만 슬픈 눈물을 밤비처럼 흘려버리면 끝이 나는
거군요. 아…… 나는 믿을 수가 없어요. 모두가 자기 자신을 잃고
있어요. 장본인은 없고 대리인만이 거리에 홍수를 이루고 있군
요… 모두가 그 사람들이군요…

－막

안개소리 (1막 2장)

- **등장인물**

    정아

    철민, 트럭 운전사

    학수, 철민의 친구, 옛 전우

    행상인

- **때**

    현대. 가을. 안개가 짙은 새벽부터 아침

- **곳**

    서울 역전. 어느 고층빌딩 옥상에 세워진 단칸방

무대

고층빌딩 옥상에 임시로 세워진 판잣집의 내부. 우편 벽에 건물 아래층으로 통하는 도어가 있고 좌편에는 옥상으로 드나들 수 있는 도어가 있다. 정면 벽에 유리 창문이 있어 방 안에다가 태양광선을 뽑아들이는 유일한 구실을 하는 셈이다. 명색이 집일뿐 널빤지로 사방을 막고 지붕을 이었다는 인상이며 건축으로서의 미도 뼈대도 없어 보이는 허술한 꾸밈이다.

방 한구석에 흰 광목 커튼이 드리워 있어 그 안은 주방으로 쓰이는 셈이다. 세간이라야 싸구려 침대와 철제 캐비닛 한 개. 그리고 사과 궤짝을 이용해서 만든 찬장이며 의자가 있다. 다만 방 한구석에 놓인 주홍빛 소형 경대가 어울리지 않게 돋보일 뿐이다.

때는 가을. 새벽 동트기 전.

제1장

막이 오르면 정아가 스웨터를 어깨에 걸친 채 침대에 비스듬히 누워있다. 책을 읽다가 그대로 쓰러진 채 잠이 든 것이다. 멀리서 기관차가 증기를 뿜는 소리가 들리기도 하고 디젤 기관차가 지나가는 소리도 들려온다.

이 소리에 정아가 소스라쳐 깨어난다. 그녀는 거의 반사적으로 머리맡에 놓인 사발시계를 들여다본다.

정아   (혼잣소리) 어머…… 벌써 다섯 시가 되었나…… (정아는 침대에서 일어나 창가로 간다. 값싼 포플린 프린트 천으로 드리워진 커튼을 제치고 유리창을 연다. 그 순간 우유빛 안개가 방으로 흘러온다. 밖은 아직

도 어둠 속에 잠겨 있고 안개가 자욱이 싸이어 아무 것도 보이는 거라고는 없다)

(숨을 길게 뱉으며) 아…… 안개가 끼었네…… 오늘은 날씨가 개이려나 봐. (그녀는 다시 한번 심호흡을 한 다음 유리창을 닫는다. 그리고는 유리창에 비쳐진 자신의 얼굴을 들여다보더니 두 손으로 헝클어진 머리를 쓰다듬어 넘긴다)

(돌아서며) 통행금지 시간이 지났으니 돌아올 때가 되었는데……
(그녀는 커튼이 있는 쪽으로 가서 음식이 든 냄비를 열어 본 다음 연탄 풍로에다가 얹는다. 그리고는 벽에 걸린 앞치마를 집어서 허리에 두른다. 이 때 콘크리트 층계를 천천히 올라오는 발자국 소리가 새벽녘의 고요를 깨뜨리고 울려 퍼진다. 그것은 마치 아득한 땅 밑쪽으로부터 울려오는 듯 느리고도 또렷하게 들려온다. 처음에는 그 발자국 소리를 미처 알아차리지 못했는지 밥상을 행주로 천천히 훔치던 정아의 얼굴에 행복한 미소가 활짝 피어오른다)

(기다리는 사람의 소식이라도 듣는 양) 아…… 오나봐! 어서 상을 봐야지! (그녀는 갑자기 서둘러 조그마한 밥상에 식기며 수저를 놓기 시작한다. 그리고는 바삐 커튼 안을 드나들며 조반상을 차리는데 여념이 없다. 이 사이에 층계를 올라오던 발자국 소리가 점점 가까워진다. 그녀는 유행가를 흥얼거리며 냄비 뚜껑을 열고 찌개에다 양념을 치고는 간을 본다. 그녀의 태도는 신접살림을 차린 새댁이 남편을 기다리는 그러한 설레임과 행복감으로 가득 차있다. 이윽고 발자국 소리가 멎는다. 정아는 최후의 순간에서 숨이 멎는 것 같은 압박감을 느낀다. 그러나 그것은 불쾌감이 아니라 안타까운 기다림으로 변한다. 조심스럽게 노크 소리가 들린다)

(쌩긋 웃으며 장난기 있는 어조로) ……들어오시와요. (흠…… 하며 부지런히 일손을 놀린다. 이윽고 도어가 열리며 철민이 들어선다. 허술

한 바지에 잠바를 걸쳤다. 그는 말없이 문지방에 서서 방 안을 둘러보고 있다. 커튼 안쪽으로 들어간 정아는 약간 설치듯 어조를 높여서 말을 건다)

(소리만) 당신이요? 통행금지 시간이 해제되었기에 오실 줄 알았어요. 잠깐만 기다리세요. 지금 찌개를 덥히고 있으니까요. 당신이 좋아하는 조기찌개…… 그동안에 세수를 하세요. 비누는 창문 옆에 있을 거예요. (정아가 약간 수선스러우리만치 떠들어대는 동안 철민은 거의 무표정하게 그녀의 얘기를 듣고만 있다. 그리고는 서서히 방 안으로 들어선다. 커튼 안에서 식기가 부딪치는 소리가 들린다)

(소리만) 속셔츠는 있다가 목욕을 한 다음 갈아입으세요. 트럭은 돌아올 때는 짐이 많았나요? 참 소주도 한 병 샀어요. (하며 정아가 찌개그릇을 들고 커튼 안에서 나온다. 다음 순간 정아와 철민의 시선이 허공의 한 점에서 굳어버린다. 멀리서 기적소리가 울리며 지나간다. 그 요란스런 바퀴소리가 아슬히 꼬리를 물고 지나가는 동안 두 사람은 돌처럼 서 있다. 이윽고 정아의 안색이 백지장처럼 허옇게 되더니 손에 든 그릇이 흔들리기 시작한다. 그 모습을 잽싸게 눈치 차린 철민이 외면을 하며 담담하게 입을 연다)

철민 　(허공을 보며) 오랜만이군! (정아는 비로소 손에 든 그릇을 밥상에 내려놓고는 저만치 피해가듯 옮겨 선다. 철민은 담뱃갑을 꺼내 불을 붙인 다음 연기를 권태롭게 내뱉는다) 정아……

정아 　……

철민 　행복해?

정아 　(눈을 감는다)

철민 　행복할테지? 이렇게 서울 시가를 한눈 아래 내려다 볼 수 있는 8층 건물 옥상에다 사랑의 보금자리를 꾸미고 사니까…… (사이) 학수는 트럭을 몬다지? (정아는 말없이 의자에 앉는다)

철민	학수는 재수가 좋은 놈이야······ 어엿한 직업 있겠다. 주인을 잘 만나서 단칸방일망정 이렇게 집이라도 마련했으니까. 게다가 정아 씨까지······
정아	철민 씨!
철민	(특히 씨를 강조해서) 철민 씨? 훗흐······ 씨라!
정아	(무안을 당한 듯 얼굴을 떨어뜨린다)
철민	벌써 우리 사이가 그렇게 되어 버렸나? 훗······ 그러고보니 내가 실연을 한 셈인가? 아까부터 옛날 버릇 그대로 정아, 정아, 하고 함부로 불렀으니······
정아	(감정을 억제하며) 왜 왔어요······
철민	어떻게 찾아왔느냐고 묻지 않는다니······ 결심이 다 되어 있다는 눈치군······ 훗흐······
정아	비꼬지 마세요.
철민	좋도록 생각하지······ 정아가 나를 철민 씨라고 깍듯이 존대할 만큼 거리가 멀어졌으니······ (길게 담배 연기를 내뱉는다. 전보다 가까이서 기적소리가 울려온다)
정아	(전보다 좀 강하게) 왜 오셨어요.
철민	······
정아	여길 어떻게 아시고.
철민	돌아가란 말인가?
정아	······
철민	훗흐······
정아	(신경질적으로, 그러나 크지 않게) 그렇게 비웃지 말라니까요!
철민	이젠 웃는 자유까지 빼앗아가야 시원하겠어?
정아	······
철민	학수한테서 배웠나?

정아   (눈을 지그시 감는다)

철민   3년 동안 나는 두 사람을 찾아 다녔어! (정아의 표정이 굳어지며 눈을 똑바로 뜬다) 포천, 파주, 인천. (쓰게 웃는다) 그런데 등잔 밑이 어둡다고 서울에 있을 줄이야…… 그것도 뭇사람이 드나드는 서울역 바로 턱 앞에 살고 있었다니…… 하나님도 장난이 지나치셨지…… 하기야 나같은 무신론자까지 하나님이 도와주실 만큼 한가하시지도 않겠지만……

정아   누구한테서 들었어! 여기 있다는 걸……

철민   나한테 귀띔을 해준 사람을 때려 주겠어? 기밀을 누설시켰다고 말이야!

정아   (자포자기하게) 좋을대로 생각하세요……

철민   배짱인가?

정아   ……

철민   훗흐…… 목이 마른데 마실 것 좀 주겠어? 술이 있으면 더 좋겠군! 학수가 마시다 둔 소주가 있겠지. 그 친구는 군대에 있을 때도 시큼한 막걸리나 정종 따위는 맹물처럼 여겼으니까…… 응? (정아는 잠시 생각을 하더니 문득 결심을 한 듯 자리에서 일어난다. 찬장 문을 열고 술병과 잔을 꺼내서 탁자 위에 놓는다. 그런 모습을 철민은 말없이 내려다보고만 있다) 오…… 이건 아직 마개를 트지 않은 새 병인데…… 흠…… 괜찮아? 내가 먼저 개시를 해서……

정아   드세요.

철민   고마워. (철민은 소주병의 마개를 뽑은 다음 잠시 정아의 눈치를 본 다음 잔에다가 술을 따른다) 나혼자 마시기는 안됐어…… 그럼, (하면 한숨에 마신다) 아…… 술이 스쳐가는 이 촉감…… (뜻있는 미소를 뽑으며) 사람을 찾아다니는 동안 주머니는 빈털터리가 되었지만 술은 늘었거든…… (다시 술을 따른다. 그리고는 한숨에 마신다. 입맛을 쩝쩝 다신 다음) 한잔 들겠어?

정아 사양하겠어요.

철민 나하고 소주 한잔 마신데서 화를 낼 학수는 아닐텐데…… (하며 씩 웃는다)

정아 (딴전을 부리며) 그게 저한테 찾아온 용건이시라면……

철민 (잽싸게 받으며) 돌아가란 말인가?

정아 (날카롭게 쏘아본다)

철민 난 만날 사람이 있어…… (담배를 핀다)

정아 네?

철민 만나고 가겠어?

정아 그이는 지금 여기 없어요, 대전까지 짐을 싣고 갔어요, 그러니
……

철민 상관없어! 기다리면 돌아올 게 아니야. (하며 다시 술을 따른다)

정아 (몸이 달아서) 철민 씨!

철민 (신경질적으로) 상관 말래도! (손에 들었던 술병을 쾅하고 탁자 위에 놓는다. 어색한 침묵이 흐른다. 한숨을 내뱉고) 여기서 눌러 붙겠다는 건 아니니까 걱정 말어! 내가 쓸개 빠진 놈이 아닌 다음에야 여자 하나에 남자 둘이서 한방에 뒹굴 줄 알아? 간단 말이야! (술을 마신다)

정아 그렇지만……

철민 뭐야.

정아 (금시 울먹거리며) 왜 만나겠다는 거예요. 우리는 이미 결혼을 한 거나 마찬가지예요. 결혼식만 안 올렸지 지금은 이미……

철민 나도 마찬가지였어!

정아 (항의를 하는 듯 시선을 꽂는다)

철민 3년 전만 해도 우리는 부부나 다름 없었단 말이야! (이 말에 정아가

단념하듯 눈을 감는다) 내가 군대에 있을 때 일주일이 멀다하고 동
두천까지 찾아왔던 정아였어! 토요일 오후부터 일요일 저녁때까
지 한시도 떨어지지 않겠다던 정아였지…… 밤나무 숲이건 진달
래 밭이건…… 그리고 허술한 여인숙 골방이건, 그러나 지금은
…… 정아는 서울의 높은 빌딩 옥상에서 성을 쌓고 살고 있으니
…… 나는 그 성을 지키는 성지기만도 못하게 되어 버렸어!

정아 그러니 나더러 어떻게 하란 말이에요.

철민 울지 않겠단 말이군…… 후회 같은 건 안 하겠단 말이군…… 헛
허…… (철민은 어이가 없다는 듯 웃어 제끼지만 그 웃음소리는 어딘
지 공허하고 허세를 부리는 약자의 소리같다. 그는 창가로 가서 유리
창문을 드르륵 연다. 안개가 목욕탕 안의 증기처럼 흘러든다. 그러나
하늘은 보얗게 밝아오고 있다. 새벽 거리를 질주하는 자동차 소리가 아
스라히 들려온다. 철민은 길게 숨을 들여 마신다) 이렇게 안개가 짙게
낀 날은 죽음을 생각게 하더군! 모두 죽여 버리고 싶은 충동을
느꼈단 말이야. (이 말에 정아의 얼굴이 굳어진다) 그렇지만 막상
높은 곳에서 안개 낀 세계를 내려다보니 기분이 상쾌해지는군!
헛허…… 이 맛에 사람은 저마다 높은 자리를 차지하려고도 하
고 높은 집을 짓고 싶어지는 모양이지? 응? 정아? (하며 그녀를
돌아본다. 이때 층계를 올라오는 발자국 소리가 들릴락 말락하게 울려
온다. 그것을 식별할 힘은 정아에게만 있는 것이다)

정아 (긴장한 어조로) 그이가 와요.

철민 뭣이? (하며 바깥소리에 귀를 기울인다. 층계를 올라오는 발소리가 리
드미컬하게 들린다) 학수가 온단 말이지.

정아 어서 나가요! 어서!

철민 나가?

정아 여기 있으면 안돼요.

철민 난 할 얘기가 있어 왔다니까.

정아 안 돼! 나가요.

철민 어차피 지금 나가면 계단에서 만나게 돼!

정아 옥상으로 나가는 문이 있어요. 아침까지만 기다려요, 네?

철민 헛허……

정아 철민 씨, 저를 살려주세요……! 네 저렇게…… 저렇게 올라오고 있어요, 자세한 얘긴 나중에…… 몇 시간 후에 하겠어요. 지금은 안돼요. (이 사이에 발소리와 함께 휘파람 소리가 가까워진다) 옥상으로 나가요! 거기서 몇 시간만 고생해요, 네? 철민 씨! 나중에 제가 받아야 할 형벌은 뭣이든 받겠어요. 그러나 지금은 안돼요. 이렇게 빌겠어요 철민 씨! (그녀는 마치 기도하는 사람마냥 두 손을 앞가슴에 모아 쥐고서 애걸을 한다. 그녀의 처절하리만치 애처로운 모습을 내려 보고 있던 철민은 무슨 생각이 들었는지 씩 웃어 보인다)

철민 좋아! 내가 자리를 피해주지!

정아 고마워요……

철민 흥! 언제나 결정적인 순간에는 약해지고마는 나였으니까!

정아 저쪽 문으로 나가세요, 어서요. (정아는 철민의 손을 이끌며 옥상 쪽으로 통하는 도어를 연다) 기다려 주세요! 고생이 되시겠지만……

철민 알았어! (철민이가 밖으로 나가자 정아는 황급히 도어를 닫고 등을 기대어 서서 길게 숨을 내쉰다. 지금까지 참아오던 긴장과 초조가 한꺼번에 허물어지는 것 같다. 이때 출입문이 열리며 학수가 들어선다. 건장하고 명랑한 청년이다. 그의 손에는 보따리가 들렸다)

학수 여보!

정아 (아직도 가슴의 설레임을 가라앉히지 못한 채 서 있다)

학수 아니 왜 거기 서 있지?

정아	골치가 아파서…… 옥상에 나가서 바람을 쏘이고……
학수	(가까이 와서 뺨을 어루만지며) 밤바람은 해로워요! (낮게) 우리들의 애기가 감기들면 어떻게 해? 헛허…… (정아도 억지로 웃음을 지어 보이려고 하나 안면근육이 굳어 버렸다. 학수는 탁자 위에 보따리를 풀어 놓으며 명랑하게 재잘거린다) 당신이 좋아하는 송이야…… 시골 장에서 떨이로 사왔지…… 그리고 깨하고 밤도…… 이것 봐! (잘 영근 밤알이 함석지붕에 우박이 쏟아지듯 굴러 떨어진다. 다음 순간 탁자 위에 놓인 술병에 시선이 멈춘다) 아니! 웬 소주병이지?
정아	네? 네…… 저! 제가,
학수	당신이 마셨어?
정아	네……
학수	당신이 소주를 마셔?
정아	저녁 먹은 게 소화가 잘 안되어서, 그리고 이렇게 안개가 자욱한 밤은 쓸쓸해져서……
학수	헛허…… 그것 참 유쾌한데. 쓸쓸한 방에 혼자서 소주를 마시는 여인! 멋있는데 헛허……
정아	당신이 오시면 드릴려던 술이었지만 제가 먼저 마셔버렸어요. 죄송해요. 그 대신 제가 안주와 반찬을 장만했어요…… (술을 따르고 잔을 들어서) 한잔 드세요.
학수	밥상 받고서……
정아	먼저 드시고요, 자……
학수	아니, 오늘따라 왜 이렇게…… 카, 가만히 있어.
정아	제가 억지로 드릴께요. 자, 입을 벌리세요.
학수	헛허…… 자, 아…… (학수가 입을 벌리자 정아가 술잔을 기우린다)
정아	빈속에 소주가 흘러가는 촉감을 알아야 술맛을 안다죠?
학수	응? 헛허,

정아	자, 안주로는 이 밤! (그녀는 밤 한 개를 냉큼 이빨로 깨서 민첩하게 껍질을 벗겨 입에 넣어준다. 학수는 행복에 겨운 듯 으드득 깨물어 먹는다)
학수	당신도 먹어……
정아	밥상도 가지고 나올께요.
학수	음! 그럼 난 몸 좀 씻어야지, 어떻게 먼지를 뒤집어썼던지…… 옥상으로 물 좀 떠나 주겠어? 냉수욕 좀 하게.
정아	안돼요!
학수	우리 집에서 거기밖에 몸을 씻을 곳이라곤 없잖아……
정아	오늘은 안개가 끼어서 날씨가 차요, 그러다가 감기드시면 어떻게 하시려고…… 몸은 좀 있다가 공동탕에 가서서 씻으시고 어서 진지부터 잡수세요. 저도 당신하고 같이 먹으려고 기다렸어요.
학수	미안한데…… 애기 엄마를 굶게 하다니…… 헛허!
정아	여보! 그럼 잠깐만 기다리세요, 상을 내올께요.
학수	아니야, 우선 목욕탕에 가서 몸 좀 씻고 와야겠어! (잠바를 벗어던지고) 이래가지고는 모처럼 당신이 정성껏 장만한 음식맛을 제대로 맛볼 수 없을 거야.
정아	그럼 다녀오세요.
학수	면도기 어디 있지?
정아	경대 서랍에 있어요. (학수가 면도를 꺼내서 수건에 돌돌 말아서 쥔다)
학수	비누갑. (정아가 말없이 냉큼 비누갑을 내밀자 학수는 그것을 받은 다음 그녀의 뺨에다가 키스를 한다) 오늘은 강원도까지 가야해.
정아	쉴 사이도 없으시겠네요.
학수	우리가 쉬게 되었어? 어서 부지런히 벌어서 오두막이라도 좋으니 내 집을 마련해야지. 속초까지 가는 김에 돌아올 때는 오징어 장사나 해볼까 하는데……

정아 여보! 오늘은 쉬세요, 밤새 차를 몰고 오셨는데 또 나가시면……

학수 그게 무슨 상관이야, 난 날마다라도 좋으니 일거리만 생기면 좋
      겠어!

정아 (금시 목이 메이며) 여보…… (하며 말끝을 맺지 못한 채 학수의 품에
      다가 얼굴을 파묻고 운다)

학수 울긴…… 오늘따라 왜 이런다지?

정아 아니에요…… 당신한테 너무…… 미안해서……

학수 미안한 건 바로 나야…… 고생만 시켜온 당신이……

정아 제발! 그만! 그만!

학수 (그녀의 등을 어루만지며) 그럼 나 목욕 갔다 올 테니까 그 동안에
      식사 준비를 해놔 봐요.

정아 네, 그럼 다녀오세요.

학수 오늘은 내가 목욕탕에 첫손님이 되겠는 걸! (학수는 휘파람을 불면
      서 춤을 추듯 밖으로 나간다. 층계를 뛰어 내려가는 소리가 리드미컬하
      게 들린다. 정아는 마치 심한 노동을 마친 사람마냥 가벼운 현기증을
      느끼며 창가로 비틀걸음으로 다가간다. 어느덧 창밖은 보랏빛에서 장밋
      빛으로 변해가고 안개는 전보다 옅게 끼었다. 정아는 기도하는 사람처
      럼 창 앞에 서서 중얼거린다)

정아 아! 안개가 걷혀 가나보다. 차라리 내게는 그대로의 장막이 필요할
      지도 모른다. 낮도 없는 안개로 자욱해진 내 방 하나만 있으면
      되는 건데…… 그 누구도 보고 싶지 않고 그 누구에게도 보이고
      싶지 않은 안개 속에서 살고 싶었는데…… 아! 안개가 걷혀 가면
      어쩐다지? 이 높은 곳에서 내려다보는 것도 오늘로 마지막인
      데…… (문득 제정신이 들며 옥상으로 시선을 돌린다. 그녀는 초조해
      진 마음을 달래며 방 안을 서성거리다가 무슨 결심이라도 하듯 옥상
      으로 향한 도어를 연다. 다음 순간 어떤 가벼운 놀라움에 온몸이 움추려

지는 듯 그녀는 두 손을 가슴에 모아쥔다. 조심스럽게) 이것 봐요! 철
민 씨! 거기서 주무시면 어떻게 해요, 어서 일어나세요.

철민 (잠에서 깨어나는지 기지개를 켜는 소리만 들린다) 아…… (이윽고 철
민이가 두 손으로 양 어깨를 문지르며 들어선다. 곤한 잠이 아직도 깨지
않은 눈빛이다)

정아 들어오세요.

철민 내가 잠이 들었나보군…… 홋호……

정아 죄송해요.

철민 나는 안개 속에서 잠을 잤나봐. 아무것도 안 보이더군…… 눈을
뜨고 있어도 안 보이는 어둠 속에서 하늘도 땅도 온통 캄캄한
밤…… 그렇지만 뭔가 들리는 것 같았어. 분명히 뭔가 들리는
것 같았어. 분명히 뭔가 귓전에 울려오는데…… 나는 그 소리가
뭣인지 모르겠더군…… 그 소리를 들으려고 안간힘 쓰는데 정아
가 나를 부르더군! (그는 담배를 꺼내어 불을 붙인 다음 연기를 길게
내뿜는다) 그게 무슨 소린지 알겠어?

정아 나 같은 여자…… 그런 유식한 얘기는 몰라요.

철민 사랑하는 남편의 품에 있을 때 상대방의 심장 뛰는 소리도 안
들렸어?

정아 (눈을 스스로 감는다)

철민 나는 안개 속에 안겨 있었으니까 어쩜 그건 안개소리였을지도
모르지.

정아 안개소리?

철민 산에 가면 산이 우는 소리가 있다더군…… 또 바다가 우는 소리
도 있는데, 안개인들 소리가 없으라는 법은 없겠지, 안 그래?

정아 어떻게 하시겠어요.

철민 (허점을 찔린 듯) 응?

정아　그이를 만나서 무슨 얘기를 하시겠다고 했잖아요.

철민　(사이) 해야지! 어디 갔지?

정아　목욕을 갔어요.

철민　그럼 나는 학수가 목욕 갔다 오는 동안 내려가서 설농탕이라도 사먹고 오겠어! 내가 올 때까지 못나가게 해요.

정아　철민 씨!

철민　걱정 말어! 그렇다고 내가 죽이지는 않을 테니까!

정아　할 애기가 있으면 나한테 해주세요. 모든 책임은 나한테 있으니까.

철민　책임?

정아　그래요, 학수 씨에게는 잘못이라고는 없어요. 학수 씨는 나를 사랑해주는 잘못밖에……

철민　나는 사랑을 안했단 말인가?

정아　……

철민　사랑의 두께가 얼마나 되는지, 그 무게가 얼마나 되는지 나는 모르고 살아왔어! 그러나 이제는 내가 학수와 마주쳐서 그것을 겨뤄야 할 시간이 온 거야. 학수가 목욕을 하고 올라올 때 나는 배를 채우고 오겠어……

정아　철민 씨! 잠깐만, (그러나 철민은 태연히 문을 열고 나간다. 혼자 남게 된 정아는 허탈한 상태에서 멍하니 서있다)

(암전)

제2장

1장부터 약 한 시간 후.

정아와 학수가 마주 앉아서 아침을 먹고 있다. 그러나 학수의 왕성한 식욕에 비해 정아는 거의 형식적으로 수저를 움직이고 있다. 창은 완전히 밝았고 거리의 소음이 전보다 크게 들린다.

정아 여보.

학수 응?

정아 한 가지 물어봐도 돼?

학수 뭐야!

정아 저……

학수 뭐냐니까?

정아 우리 이사를 해요.

학수 이사?

정아 딴 곳으로…… 아무도 모르는 곳으로 가요.

학수 원…… 헛허…… 그래서 우리는 이렇게 빌딩 옥상에다가 방을 얻어서 살았잖아! 당신이 세상에 뛰어들기 싫다고 해서…… 아무도 만나보고 싶지도 않거니와, 또……

정아 그렇지만 여기도 싫어졌어요. 하늘 밑에서는 어디나 다 마찬가지인가 봐요.

학수 (농담) 그럼 땅 밑으로 들어갈까? 굴을 파고…… 헛허……

정아 할 수만 있다면 그렇게 해요……

학수 (정색을 하며) 진짜야?

정아 ……네……

학수 (사이) 무슨 일이 있었어?

정아 (사이) 실은…… 여기 있다는 걸 눈치 차린 사람이 있어요.

학수 눈치를 채려? 그럴 리가 없는데…… 우리가 이 옥상에서 살고 있다는 건 아무도……

정아	알고 있다니까요!
학수	누구야?
정아	(사이, 담담하게) 철민……
학수	철민? (거의 반사적으로 숟갈을 놓는다) 아니 그걸 어떻게……
정아	(사이) 여기 왔었어요.
학수	언제?
정아	어제…… 그리고 오늘 또 찾아온다고 했어요.
학수	어디 있었는데? 그동안……
정아	모르겠어요.
학수	이상하다, 어떻게 여기 있는 걸 알았을까?
정아	그러니 이제는 이 높은 옥상에 살고 있다는 것도 무의미해졌지 뭐예요.
학수	그렇지……
정아	여보! 그러니 오늘이라도 좋으니 다른 곳으로 옮겨요! 네?
학수	생각할 문제지…… 주인한테 사정얘기를 해야겠고…… 또 방을 얻으려면 그만한 돈도 있어야 하겠고…… (층계를 올라오는 발자국 소리가 아련히 들려온다)
정아	(공포에 떨며) 여보!
학수	응?
정아	저 소리…… (층계를 오르는 발소리, 점점 크게 들린다)
학수	저게 누구야?
정아	그이에요.
학수	그이?
정아	철민……
학수	그걸 어떻게 안다지?
정아	여보! 숨어요! 어서요!

학수　내가 왜 숨어 숨긴…… 난 아무런 잘못도 없어!

정아　그래도 지금은 그걸 따질 때가 아니에요! 여보! 피하세요, 올라오고 있어요!

학수　싫어!

정아　여보, 철민 씨는 무슨 짓이라도 저지르고 말거예요.

학수　나도 막을 힘은 있어!

정아　안돼요!

학수　싫어! 올테면 오라고 해! (이때 밖에서 들려오던 발소리가 멎는다. 그 순간 두 사람은 서로 얼굴만 쳐다본다)

정아　(공포에 떨며) 여보 왔어요. (학수는 다가오는 적을 막기라도 하듯 자리에서 일어나 도어쪽을 노려본다. 이때 노크 소리가 들린다. 조급하게) 어서 옥상으로 나가요.

학수　그럴 필요 없어! 난 떳떳하게 대하겠어! (다시 노크 소리가 들린다)

정아　여보.

학수　문을 열어줘!

정아　그렇지만……

학수　싫다면 내가 열어주지. (자리에서 일어난다)

정아　안돼요, 여보! 열면 안돼요!

학수　걱정 말어! (학수는 천천히 도어쪽으로 가서 잠시 멈칫하더니 이윽고 도어를 연다. 정아는 불안과 공포에 떨며 한구석으로 피한다. 이때 전기 기구 행상인이 고개를 내민다. 아연해지며) 아니…… (등에 지고 손에 들고 짐 속에 파묻힌 행상인이 들어선다)

상인　전기 곤로 들여 놓으세요. 월부로 드립니다……

학수　곤로?

상인　네, 외국산보다 성능이 좋습죠. 일부도 되고요 네……

학수　핫하……

상인　아니 왜 그러십니까?

학수　헛허…… 여보 곤로야 헛허……

정아　곤로라뇨?

상인　아주머니! 한 개 들여놓으세요. 값은 써보시고 내셔도 됩니다. 여러 가지 있습니다.

학수　아니, 여기 사람이 산다는 걸 어떻게 알았소?

상인　원 아저씨도…… 헷헤…… 하늘 아래 어디면 사람이 못 사나요. 그런 농담 마시고 하나 쓰세요.

학수　(화를 내며) 안 산단 말이야!

상인　아니 이 양반이……

학수　왜 사람을 놀라게 하는가 말이야.

상인　아니 제가 언제 놀라게 했습니까?

학수　잔소리 말고 가라면 가! (학수는 상인의 목덜미를 쥐자 힘껏 밀어뜨린다. 그 서슬에 전기기구가 방바닥에 와자지껄 소리를 내며 쏟아진다)

상인　뭐 이런 사람이 있어! 누가 여기서 산다고 했소? 간단 말이에요 가!

학수　나가, 나가! (학수의 광적인 태도에 질린 행상인은 흐트러진 기구를 긁어모아서 황급히 퇴장한다. 학수는 분노에 떨며 도어를 거칠게 닫고는 돌아선다)

정아　(낮게) 여보.

학수　(거칠은 숨소리) 빌어먹을……

정아　(울음이 터지며) 그것 봐요, 당신도 여기선 살고 싶지 않은 거예요. 여보! 가요 네?

학수　(한숨) 여보 내가 내가 왜 이렇게 화를 냈을까? 그 불쌍한 상인에게까지 말이야!

정아　그러니까 옮겨요. 우리가 살고 싶은 곳으로 가요. 숲속이건 땅속이건 아무도 안 오는 곳으로…… 우리를 알아볼 수 없는 곳이라면 어디든지 가요.

학수   생각해 보자니까.

정아   (울음을 터뜨리며) 죄송해요…… 전…… 전…… (노크 소리가 다시 들린다)

학수   응? 이건 또 뭐야.

정아   누굴까요? (무거운 침묵이 흐른다. 다시 노크 소리가 들린다)

학수   (화가 나서) 누구야! (이윽고 도어가 열리며 철민이 들어선다. 그와 학수와 정아의 시선이 미묘하게, 그리고 민감하게 교차된다) 아니!

정아   어머!~

철민   학수, 오랜만이군! 훗흐. (그는 당황하는 두 사람의 표정에는 아랑곳하지 않고 방 안으로 들어선다. 조롱하듯) 드디어 만났군! 헛허, 우리 세 사람이 이렇게 한자리에 모여보기도 3년만이지? 아마…… (사이) 응? 그렇지? 학수. (하며 의자에 앉는다)

학수   (차갑게) 용건부터 말하게.

철민   성급하군!

학수   오늘은 강원도까지 차를 몰아야 해, 시간이 없어!

철민   시간이 없어?

학수   바쁘단 말이야.

철민   나도 바빠……

학수   뭣이?

철민   학수! 너는 너를 위해 바쁘겠지만 나는 3년이라는 시간을 너를 위해서 허비해 왔단 말이야. 이제는 그 시간을 되찾으러 왔다!

학수   무슨 뜻이지?

철민   주인이 나타났으면 돌려줘야지. 안 그래? (정아는 고개를 떨어뜨린다) 더 구체적으로 말하라는 뜻인가? (사이) 말하지, 정아를 데리러 왔다.

정아	(눈을 사르르 감는다)
학수	······
철민	(한숨) 지난 일은 묻지 않겠다. 지난날의 내 애인을 네가 빼앗아 살아왔다는 그 시간과 감정의 누적은 묻지 않겠다. 다만 내가 3년 동안 찾아내고야 말겠다고 벼르고 또 버둥거렸던 내 노력을 생각해주면 되는 거야. (과거를 되새기듯) 우리는 둘도 없는 친구였으니까······ 군대에서도 쌍둥이로 불리우리만큼 다정한 친구였지······ 다만 네가 나보다 일찍 사회로 되돌아 왔다는 사실 이외에는······ 훗흐! 내가 왜 이렇게 묻지도 않은 얘기를 한다지? 응? 학수! 내 뜻을 받아주겠지?
학수	(냉담하게) 미안하지만 거절하겠다.
철민	······
학수	정아는 내 아내야! 식만 안 올렸을 뿐이지 내 아내야! 우리는 다가오는 크리스마스날 결혼식을 올리기로 했다! 그래서······
철민	그래서? (사이) 어떻게 하겠다는 게지?
학수	새살림을 차리는 거다! 새로 태어날 새 생명을 합한 세 식구 들어설 방을 얻어서 살림을 차리겠다.
철민	(광적으로) 핫하······ 헛허······
학수	철민아!
철민	여자가 애기를 낳는 게 그렇게 의미가 있는 있는 것인 줄 아니? 아니, 남자가 아버지가 된다는 게 그렇게 값진 일인줄 알아? 낳기 싫어서 몇 번이고 흘려버릴 수도 있는 게 사람의 생명이다. 너는 정아에게 어머니가 되기를 바랐지만, 나는 이미 지난날에 그 어머니가 될 뻔했던 정아를 여러 번 봤다! 그게 무슨 의미가 있는가 말이다!
정아	(그녀는 비로소 소리 죽여 흐느낀다)

철민   정아! 그렇게 울고만 있지 말고 얘기를 해보시지 응?

학수   (어이가 없다는 듯) 정아!

철민   문제는 사랑한다는 것뿐이야. 그 사랑을 깊게 해주는 것은 애기
        도 새집도 수입도 직업도 아니란 말이다! 나와 정아는 지난날 그
        렇게, 사랑했었다. 밤나무 그늘이건 여인숙의 어둔 골방이건
        …… 우리는 사랑한다는 사실만을 믿어왔었다.

학수   그러니까 네가 정아를 데려가겠단 말이지?

철민   이제야 결론에 도달했군! 훗흐. (그는 여유 있는 태도로 담배를 꺼내
        물고 라이터를 켠다) 태우지.

학수   그만두겠어.

철민   거절이냐? 좋아! (그는 담배와 라이터를 포켓에 넣는다. 태도가 돌변
        하며 강압적으로) 내 청을 거절하는 거야?

학수   (깨밀 듯) 유감스럽지만…… 정아는 내 아내다.

철민   나도 마찬가지 대답을 해야겠어! 정아는 내 아내다!

정아   철민 씨!

철민   최종적인 심판은 정아가 내리겠단 말인가? 나는 정아를 되찾기
        위해서는 언제까지나 따라다닐 거야! 지금처럼 발바닥에 물집이
        생기면 생길수록…… 더 끈덕지게 찾아다닐 거야! 그것만은 알
        아둬.

정아   철민 씨! 저를…… 저를 용서해주세요. 제가…… 제가 잘못했어요.

철민   그게 무슨 뜻이지? 나는 용서를 받기 위해서 온 게 아니라니까!
        항복을 받기 위해서 온 게 아냐!

정아   그렇지만 저는…… 제 자신이 저지른 잘못을 누구보담도……
        잘 알고 있어요…… 철민 씨를 배반하고 학수 씨에게로 달려
        간…… 그런 여자예요! 그러니……

철민   그러니 이번에는 내게로 와야 한단 말이야.

정아	네?
학수	(동시에) 뭐라구?
철민	나는 육체적인 순결을 찾는 놈이 아니야. 내가 눈을 감아도 눈앞에 보이는 것, 귀에 들려오는 소리만 있으면 사는 거야! 그것뿐이야. 순결도 정절도 그리고 봉사도 필요 없어! 오직 내가 가지고 싶고 듣고 싶은 것을 차지하는 것뿐이니까!
학수	그러나 나는 엄연히 살아있다! 내 곁에 정아가 있듯이 나는 살아 있단 말이다.
철민	나도 살고 싶다.
학수	세 사람이 함께 살 수는 없다.
정아	(그녀는 비로소 소리를 내며 울기 시작한다)
철민	그렇지! 우리 두 사람 가운데 누군가는 없어야 한다. 한 여자에게는 한 남자만이 필요해. 그 남자가 없어지면 다른 남자가 있어도 되지만……
학수	(분노) 그럼 도대체 어떻게 하겠다는 거냐? 결투라도 하겠니?
철민	결투? 그것 좋군!
정아	안돼요! 안돼! 결투를 하다니 그게 무슨……
철민	정아! 겁이 나나? (정아가 철민에게 매달리며 애걸한다)
정아	철민 씨! 제발 이러지 마세요! 나 같은 여자! 나 같은 창녀! 나 같은 살덩이를 왜 찾으세요? 네? 돌아가 주세요! 나는 이미 학수 씨의……
철민	애기를 가졌단 말이지? 그것뿐이야.
정아	(광적으로) 이러지들 마세요! 왜 내게만 이렇게 형벌을 강요하는 거예요, 세상이 무서워서 하늘 가까이 높은 곳에서 별과 안개만을 바라보는 가엾은 여자에게…… 왜 이렇게 이렇게 매질을 하시는 거예요! 왜…… (그녀는 통곡을 한다. 그럴수록 철민은 냉철해진다)

　　　　　　　　　　　　　　　　안개소리

철민	여자의 눈물! 최후의 순간에서 결정을 짓는 게 바로 그것이라는 상식은 버리자! 자 학수! 어떻게 하겠나, 정아를 내게 돌려보내겠나 아니면……
학수	그것 못해! 할 수 없다!
철민	그럼 결투를 하는 거지!
학수	좋아…… 나가자.
철민	어디로
학수	저 옥상으로 가자! 거기는 그 누구도 말릴 수 없어서 좋다!
정아	안돼요! 여보! 그런 어리석은 짓을 왜 해요! 안돼요! 안 돼!
학수	정아가 그럼 말해! 누구를 따르겠는가를 말해!
정아	(그녀는 울음을 멈추고 멍하니 서 있다)
철민	그렇지! 그 태도만 확실하다면 우리는 결투를 할 필요도 없지, 그러나 나는 양보 못하니까!
정아	못해! 못하겠어요. 그것만은! 그것만은!
철민	좋았어! 그럼 나가자! (두 사람이 자리에서 일어나서 옥상으로 나가려 하자 정아가 먼저 학수에게 우루루 좇아와 매달린다)
정아	여보! 나가지 말아요! 여보!
학수	기다려! 안심하고 기다려.
정아	안된다니까.
학수	놔요! (하며 뿌리치자 저만치 쓰러진다. 그 서슬에 책상이 넘어진다)
정아	으악? (두 사람은 옥상으로 나가고 밖으로부터 문고리를 거는 소리가 차갑게 들린다) 여보! 여보, (그녀는 뛰어가서 문을 두드린다) 위험해요! 왜들 이러는 거예요! 문 좀 열어요! 여보! 철민 씨! (거의 실신할 상태에서 절규하는 정아의 목소리를 비웃기라도 하듯 밖에서 두 사람이 치고 박고 하는 소리며 비명 소리가 들려온다. 정아는 허공의 어느 일점에서 자기의 환상을 찾기라도 하듯 천천히 자리에서 일어선다. 이와 동

시에 무대는 차츰 어두워지고 물소리 바람 소리, 그리고 거리의 소음 등이 한꺼번에 엉키며 이상스러운 분위기를 자아낸다. 무대는 완전히 어두워지고 헝클어진 정아의 모습만이 돋보인다. 차분히 가라앉은 목소리로) 왜들 이러시는 거예요, 우리가 찾아가는 길이 어디인지 알고 있나요? 모두가 자신에 찬 사람같군요. 가지고 싶은 것과 얻고 싶은 것을 가져서 어떻게 하시겠다는 거예요. 그건 이미 우리에게는 의미가 없어졌단 말이예요. 철민 씨! 내가 철민 씨를 버렸다는 것도 사실이지만 학수 씨가 나를 차지했다는 것도 엄연한 사실이에요. 자욱한 안개 속에서 별빛이 보이지 않는다고 짜증을 낼 수는 없잖아요. 그건 안개의 탓도 아니거니와 별빛의 탓은 더구나 아니에요. 그렇지만 우리는 가지고 싶었고 듣고 싶었어요. 철민 씨를 싫어해서가 아니에요. 나를 먼저 안아주고 내 귓전을 울려주는 그것만으로 충분해요. 저는 그것만을 쫓아간 것 뿐이에요. 그렇지만 이제 두 분이 다 나를 쫓겠다면…… 두 분이 다 내 목소리를 들으시겠다면 이제는 제가…… 제가…… 소리를 끊어야 할 차례인가 봐요. 학수 씨…… (꺼질 듯) 안녕…… 안녕 …… (정아는 옥상 쪽을 바라보며 서서히 밖으로 나간다. 이와 함께 무대는 다시 전처럼 밝아지고 격투 소리는 더 처절하게 들린다. 잠시 후 누구의 목소리인지 단말마를 고하는 비명이 들린다. 그리고는 잠시 침묵이 흐른다. 이윽고 옥상 쪽의 도어가 열리며 피투성이가 된 철민이가 비틀거리며 들어선다. 옷은 갈기갈기 찢겨 있고 머리는 헝클어져서 마치 사경에서 헤매이다 나온 사람같다)

철민   (기진맥진해서) 정아…… 정아…… (그러나 정아가 안 보이자 부엌 쪽 커튼을 열어제친다. 거기 안 보이자 불길한 예감이 스쳐간다. 전보다 높은 어조로) 정아! 어디 있어! 정아! (그러나 이미 그녀의 대답을 들을 수가 없다고 생각하자 층계 쪽으로 향한 도어를 열고 아래층을 향해 크게 부른다) 정아! 어디 있어? (그러나 그의 목소리는 공허한 메아리를 이루어 되돌아온다. 초초와 불안에 싸인 철민이가 되돌아오다가 책상 앞에서 쓰러지듯 주저 않는다) 정아! 학수는 죽었어! 내가 죽였어! 정아를 되찾기 위해서 죽인 거야! 그런데 정아 어디 갔어! 어딜! (발작적으로 일어나서) 정아! 나는…… 나는 어떻게 하라고…… 정아! 또 정아를 찾아다녀야 하나…… 그는 미칠 듯이 정아를 부르짖으며 밖으로 뛰쳐나간다.

─막